ATTENZIONE ESECUTIVA, MEMORIA E AUTOREGOLAZIONE

UNA RIFLESSIONE NEUROSCIENTIFICA SU FUNZIONAMENTO, ASSESSMENT, (RI)ABILITAZIONE

Francesco Benso

ATTENZIONE ESECUTIVA, MEMORIA E AUTOREGOLAZIONE

UNA RIFLESSIONE NEUROSCIENTIFICA SU FUNZIONAMENTO, ASSESSMENT, (RI)ABILITAZIONE

hogrefe

Attenzione esecutiva, memoria e autoregolazione
Una riflessione neuroscientifica su funzionamento, assessment, (ri)abilitazione
Francesco Benso

ISBN: 978-88-98542-32-1

Viale Antonio Gramsci 42, 50132 Firenze
www.hogrefe.it

Coordinamento editoriale: Jacopo Tarantino
Redazione: Alessandra Galeotti
Impaginazione: David Nieri
Figure e grafici: Eva Benso
Copertina: Stefania Laudisa

Ai "ragazzi" dell'aikidō.
Ai collaboratori dell'Associazione di Neuroscienze Cognitive: Clinica, Ricerca, Intervento (ANCCRI).

Ringraziamenti

Si ringraziano i collaboratori e colleghi che nel tempo hanno favorito con le loro osservazioni il formarsi del materiale per alcune parti del libro. Non li cito per la numerosità e perché potrei dimenticarne qualcuno. Nonostante i contributi, la quantità di informazioni assemblate ha allungato i tempi di consegna e lo possono dimostrare chiaramente le pagine di bibliografia.
Esplicitamente ringrazio chi ha inciso più direttamente su questo volume:
il prof. Sergio Morra per le utili puntualizzazioni e per il materiale fornito per il capitolo 4 sulla memoria di lavoro;
il prof. Massimo Turatto per le utili puntualizzazioni e per il materiale fornito per il capitolo 3 sull'attenzione esecutiva;
le dott.sse Eleonora Ardu e Grazia Maria Santoro per il supporto continuo e l'invio del materiale di ricerca giacente nei loro database;
la dott.ssa Eva Benso per i grafici "meditati";
la dott.ssa Ilaria di Negro (per l'intenso e puntuale lavoro di rilettura e di ricostruzione della bibliografia), la dott.ssa Paola Sciandini (per le riletture) e la dott.ssa Federica Mazzoli per le formattazioni bibliografiche. Ogni inevitabile errore o imprecisione che emergerà in questo volume dipenderà esclusivamente dalle mie sviste;
mia moglie Carmela Sciandini perché conoscendo e praticando il "monastero laboratorio" mi ha permesso i "ritiri" necessari facilitandomi ed aiutandomi con la solita generosità. I miei figli Eva e Michele che mi hanno sempre supportato;
la casa editrice Hogrefe, con la quale si è instaurato un rapporto di stima e fiducia per la serietà e la competenza da loro dimostrata. Questi aspetti di credibilità reciproca hanno messo in secondo piano le inevitabili formalità burocratiche. Ciò mi ha permesso di lavorare con dedizione su di un prodotto nel quale ho potuto esprimermi liberamente, pensando soprattutto al contenuto scientifico.

L'autore

Francesco Benso
Docente di Neuroscienze cognitive, ha insegnato Psicologia fisiologica, Psicobiologia e Psicologia dell'attenzione presso l'Università degli Studi di Genova. Membro del Gruppo Promotore del Polo Universitario di ricerca "M.T. Bozzo" dell'Università di Genova, è stato Direttore scientifico dei Corsi di Perfezionamento di Psicopatologia dello sviluppo presso la stessa Università.
Consulente e formatore in neuroscienze cognitive e in neuropsicologia clinica in università italiane, aziende sanitarie locali, ospedali e centri clinici e sportivi, concentra la propria attività di ricerca sui modelli mentali, con studi sui circuiti logici e le reti neurali, e su teorizzazione e sperimentazioni in ambito attentivo/cognitivo/motorio, con applicazione di tempi di reazione (e cronometria mentale in genere), PET, EEG, rilevamento dei movimenti oculari, test carta e matita progettati ad hoc. Ne derivano la creazione di nuovi strumenti di misura, la costruzione dei principi che regolano trattamenti cognitivi di provata efficacia, applicazioni teoriche e pratiche all'età dello sviluppo, al trauma cranico adulto, all'anziano, alle demenze e al mondo dello sport. Tiene inoltre corsi con équipe multidisciplinari dove sono proposti lavori di meditazione dinamica consapevole, di ricarica attentiva e di strategie cognitive, per sportivi, coach, clinici, terapisti, insegnanti.
Oltre che di pubblicazioni su riviste scientifiche nazionali e internazionali, è autore di due volumi: *Sistema attentivo-esecutivo e lettura. Un approccio neuropsicologico alla lettura* (Il leone verde, 2010) e *Neuropsicologia dell'Attenzione. Teoria e Trattamenti nei disturbi di apprendimento* (Edizioni Del Cerro, 2004).
Maestro di aikidō riconosciuto dalla Federazione Internazionale (IAF), l'Aikikai Foundation Aikidō Hombu Dojo di Tokio gli ha conferito il 12 gennaio 2014 il diploma di 6° dan, con la qualifica di esaminatore fino a 4° dan.

Indice

PREFAZIONE

Questo volume viene scritto con il "noi" non per sfoggiare un pluralis maiestatis che non mi appartiene, ma semplicemente perché quello che espongo non lo sento come il frutto esclusivo del mio personale pensiero. Le esperienze vissute con Maestri orientali e occidentali, praticanti e colleghi, con cui ho condiviso appieno molti punti di vista, si fondono insieme agli studi di neuroscienziati, logici e matematici, alcuni dei quali nemmeno conosco, ma che mi hanno comunque influenzato ed entusiasmato con i loro scritti e le loro ricerche, colmando le lacune che impedivano ed ostacolavano il mio personale cammino verso la conoscenza. Grazie a tutti loro ho scoperto delle piccole verità ed ora mi sembra di scrivere coralmente, tentando di far tacere l'Ego. Alcuni di loro mi hanno aiutato ad essere consapevole di come l'Io, con i suoi pensieri intrusivi e rimuginanti, disturbi la mente e crei attaccamenti e situazioni che la imprigionano (cfr. anche Goleman, 2013). Il vero nemico è l'Ego, che diventa pericoloso soprattutto dopo i successi, quando si gonfia di orgoglio, oppure quando non ottiene le cose cui è attaccato e pertanto si lamenta e si autocompatisce (chi non ha peccato scagli la prima pietra... Il nemico è sempre in agguato ed è molto forte, almeno per quanto mi riguarda). Mi hanno fatto scoprire da giovanissimo che la Via che cerchi di percorrere è l'unico motivo vero e realizzante per cui valga la pena spendersi. Nel contempo, però, si richiede paradossalmente una quotidianità normale ed entusiasta nelle cose più banali dove controintuitivamente bisogna cercare di fare al meglio ciò che non reputi importante (ma lo è per alcuni altri). Poi ci si accorge che la vera Via non ammette strutture, supponenze ed è imprevedibile. È tutto diverso da quello che si crede nei primi punti di vista ingenui e necessita di lucidità, per coglierla e per riprenderla nel caso venisse persa (niente di più facile). Spesso sorprende, anche nelle banalità quotidiane, quando ci si accorge che quello che si cerca per il proprio spirito non è nell'Himalaya, ma si trova molto vicino. La ricerca del Sé non si afferma per mezzo di viaggi dispendiosi o con privilegi dovuti al benessere economico o alla fama. Sono momenti che possiamo sperimentare, se lo vogliamo, nella cameretta di casa, oppure quando si diviene pienamente consapevoli della sublimità di una situazione umoristica creativa, di un movimento particolarmente elegante o di frammento di un teorema di matematica; tutti aspetti in grado di avvicinare a Quello che si sta cercando, più di mille seriose frasi sull'etica.

È una grossa difficoltà per me dover comunicare con gli scritti o con brevi frasi, perché per ogni argomento mi si aprono caleidoscopi di immagini provenienti da tante fonti diverse che gestisco discretamente, ma che mi bloccano nell'esposizione sotto pressione temporale, non sapendo come e da che parte cominciare. Quando, ad esempio, mi si chiede di fornire qualche informazione sulle funzioni cognitive, come premessa mi viene in mente di rispondere (ma non lo faccio) che: *una funzione cognitiva è un costrutto ignoto (fa parte della "scatola nera" che studiano le neuroscienze cognitive), che si sostiene su delle inferenze indirette. Tali inferenze sono di tipo abduttivo (non deduttivo), quindi, se non verificate ripetutamente e costantemente, ricadono nella fallacia dell'anteposizione del conseguente (come fa emergere chiaramente Poldrack nel suo modello che definisce "inferenza inversa"). Pertanto non vi è nulla di certo e la loro esistenza è solo probabile (e qui si aprono contemporaneamente tutti i filoni delle fallacie aristoteliche, delle teorie dei sistemi, dei circuiti cerebrali, dei modelli mentali proposti, falsificati o ancora utili e altro ancora...).* Mi sembra impossibile affrontare certi argomenti negli interventi di pochi minuti, la comunicazione sarebbe imperfetta e fraintesa... Pertanto, in molte occasioni, consapevole di questo limite comunicativo, so che la cosa migliore da fare è... tacere… o deviare su argomenti più di superficie. Questo sforzo chiarificatore l'ho tentato in questo volume fornendo al lettore tutti gli strumenti per capire. La scommessa è che, se leggerà attentamente, dopo i primi due capitoli comprenderà perfettamente ogni sfumatura della frase apparentemente "criptica" appena scritta sopra. Frase che, come vedremo, è l'essenza irrinunciabile per dibattere di neuroscienze, di modelli e di funzioni, se si vuole veramente affrontare l'argomento in modo incisivo.

Francesco Benso

PROLOGO

La linea portante di questo studio ha radici lontane, costituisce il confluire di conoscenze che derivano dall'Oriente e dall'Occidente. È una sorta di lunga esperienza personale in cui il primo laboratorio è ed è stato il corpo/mente. È il ripetersi in piccolo di quello che in Mind and Life stanno costruendo il gruppo di Sua Santità il Dalai Lama e l'équipe di neuroscienziati come Goleman e Davidson. Molti anni sono serviti a conciliare quello che si intravedeva dall'inizio, quando si intuiva già che le risposte ad alcuni problemi che interessavano il cervello/mente avrebbero potuto trovare efficaci soluzioni dal confluire di studi sugli stati attentivi, meditativi (in senso allargato), sui modelli mentali e cerebrali, controllati da sperimentazioni rigorose, appoggiandosi anche alla matematica e alla logica. A quei tempi solo un piccolo cenno a tale impostazione, "in confluenza di civiltà", poteva incontrare ostili risposte da parte degli addetti ai lavori (eppure Jung aveva già scritto molto in tal senso). Facendo tesoro di questa esperienza, uno dei punti fermi per poter procedere è stato quello di non svendere la nostra scienza come banali ricette "new age". Siamo consapevoli che già questa prima restrizione rappresenta una forma di particolare chiusura che ci ha accompagnato. Questo aspetto, ancora oggi, ci impone di non dire tutto, ma di riservarlo a chi dimostra quel vero interesse che trasforma in soddisfazione i sacrifici che impone la pratica (tutto quello che abbiamo proposto come test e trattamenti lo abbiamo provato personalmente). Il laboratorio si sposta dalla nostra mente/corpo all'esterno per tornare al corpo/mente. In questi anni, non abbiamo mai anticipato quello che le neuroscienze non avevano ancora dimostrato per rimanere soprattutto e sempre scienziati (sicuramente d'altri tempi; con inevitabili connotazioni di eccentricità rispetto al ruolo, ma con le carte in regola) quali volevamo e vogliamo essere (come spero che questo volume faccia capire). Nelle formazioni di taglio neuroscientifico ho cominciato a rivelare la lunga esperienza di tecniche orientali solo dopo che si è affermata la stessa "mindfulness" sperimentalmente e dopo che si sono consolidate le ricerche che hanno giustificato la bontà di tali tecniche (Tang, Rothbart e Posner, 2012; Davidson e Lutz, 2008). Come possono confermare alcuni professionisti che hanno partecipato negli anni a diversi miei corsi, mai feci cenni sulla meditazione, sulle tecniche di empatia, di controllo respiratorio, di attivazione energetica, ecc. prima del 2013. Nel 2012 usciva come primo timido tentativo di esternazione un mio capitolo sul sistema esecutivo e le arti marziali, in un libro adottato nel corso di Pedagogia dell'Università di Urbino.

Attraverso la pratica che segue lo studio (nello zen si suol dire "non chiedere il perché, ma il come fare"), si diviene consapevoli che chiunque può coltivare e far emergere il proprio Sé Universale, molto spesso mascherato dai pensieri rimuginanti alimentati dall'Ego (immerso nella confluenza delle false sovrastrutture create dal ruolo sociale; la maschera della persona junghiana che non dà pace). *È quella saggezza che ciascuno di noi può esprimere quando riesce ad interrompere il rumore assordante del dialogo interno prodotto dall'Ego stesso* (cfr. anche Goleman, 2013). Tutti lo possiamo, chi più e chi meno, ma chi si occupa di psicologia in genere deve poterlo fare soprattutto nei momenti diagnostici, di intervento o di colloquio. Chi pratica la mindfulness, o da prima ancora tecniche di consapevolezza meditativa, sa e prende vera coscienza di quanto l'Ego sia confondente, limitante, infarcito di giudizi collettivi fuorvianti e soprattutto contrario all'*intelligenza creativa, l'unica forma di intelligenza vera e non misurabile.*

Per occuparmi di quello che mi interessava veramente, la strategia è stata di risparmiare tempo evitando, almeno in parte, strutturazioni leganti e costrittive, mansioni (anche di prestigio sociale). Tutto ciò ha permesso di poter dedicare più tempo al "monastero laboratorio" con una certa libertà di scelta. Non è stato sempre facile, ho agito sentendomi a volte spaesato, fuori dal tempo e dal contesto, poco supportato, a volte anche poco convinto nel rinunciare a incarichi che comunque un po' mi attraevano. In questi frangenti si comprende la forza della "regola" che ripaga sempre e ti fornisce un senso di appartenenza comunque sia[1].

Dopo periodi di apparente isolamento e di preparazione è venuta naturale l'"apertura". In realtà, mi sono mosso sempre cercando un confronto scientifico con studiosi di valore, per non rischiare di intraprendere percorsi "solipsistici". Ho discusso modelli e ipotesi con diversi neuroscienziati italiani e francesi; personalmente devo molto anche all'appoggio sempre pronto per l'alta stima reciproca dell'amico di studi (e non solo) prof. Massimo Turatto, che è stato di recente uno dei direttori del CIMEC di Rovereto (uno tra i più prestigiosi centri europei di neuroscienze). Dopo le prime aperture all'esterno, sono incominciate richieste di formazione e di collaborazione (ASL, università e centri clinici[2]); ho accettato anche per poter imparare, estendere, confrontare, formare ed applicare quanto emergeva dai nostri studi e sperimentazioni. Tutto ciò ci ha anche dato la possibilità di estendere il raggio delle nostre sperimentazioni, di avere a disposizione popolazioni patologiche di diverso tipo (età evolutiva, adulti e anziani) e, soprattutto, strumentazioni che non avremmo potuto permetterci. Abbiamo realizzato dei "laboratori itineranti", utilizzando nostri protocolli e aprendo ricerche con PET, risonanze magnetiche, EEG e

[1] La "regola" non è un'imposizione passiva, ma la scelta attiva e consapevole di un "posto energetico" e ciò ci permette ogni giorno (comunque ci si senta fisicamente) di iniziare con le nostre "pratiche", lo studio, le riflessioni. In essa troviamo rifugio e forza per affrontare realtà esistenziali non sempre facili e gradevoli.

[2] Così è stato anche con il Polo Universitario M.T. Bozzo di Genova formato da valenti studiosi che nei primi anni della sua costituzione ha finanziato i miei lavori di ricerca.

altri supporti ancora. Questo ci ha permesso di studiare e verificare i modelli sotto diversi aspetti. Il libro che vi apprestate a leggere esporrà una parte di quanto stiamo realizzando.

Infine, vorrei condividere e chiarire quali sono alcune delle aspirazioni che mi hanno indotto a scrivere questo volume. Sto pensando a un'operazione vicariante che mi permetta di essere sostituito virtualmente dagli stessi scritti per scaricare su di essi la pressione delle richieste di formazione. Questo, inoltre, faciliterebbe anche l'ingresso più diretto ed autonomo nei nostri corsi di formazione di alcuni miei giovani e valenti collaboratori. Penso alla legge dei cicli come la natura ci insegna, sento la spinta a ritornare, in modo certamente diverso, nel silenzio del "monastero laboratorio". Il desiderio è questo, curiosamente non mi sono mai posto degli obiettivi a lunga scadenza nemmeno quando ero giovanissimo, consapevole già allora che tutto può finire da un momento all'altro. Pertanto, per me non cambia niente, nonostante siano passati diversi anni; vedo il futuro solo imminente, sempre come una volta. Ora desidero tornare nel "silenzio attivo e produttivo", con lo stesso entusiasmo che avevo molti anni fa; poi, se ci saranno o non ci saranno altri cicli, o delle modifiche del programma di vita, accoglieremo ciò che viene e valuteremo momento dopo momento; intanto, a nessuno è dato saperlo.

L'atmosfera che ci accompagnerà

Per entrare nell'atmosfera giusta mi faccio accompagnare da una frase che è stata fondamentale per me e che appare in tutti i miei libri. La voglio contestualizzare ricordando che è scritta dall'antropologo Carlos Castaneda. Questi pubblica negli anni '70 una serie di volumi dall'incerta affidabilità sulla reale esistenza del protagonista (lo stregone Yaqui Don Juan Matus) che, tuttavia, mantengono quel profilo di saggezza che si legge nei testi antichi. È come se l'Autore, avendo studiato le filosofie e le religioni più antiche, esprimesse questa saggezza ambientandola, però, nel deserto di Sonora. È interessante quanto detto da Octavio Paz, premio Nobel 1990 per la letteratura, sull'operato di Carlos Castaneda: "Sono più interessato al lavoro di Castaneda, piuttosto che alle storie riguardo alla sua persona. A chi importa se Don Juan e Don Gennaro esistettero veramente? Questo è 'pensare povero'. Ciò di cui mi interesso è il lavoro di Carlos Castaneda: idee, filosofia, paradigmi. Se i libri di Castaneda sono fantasia, sono i migliori libri di finzione che io abbia mai letto".

Ne *L'Isola del Tonal*, così Castaneda definisce l'umiltà del vero guerriero[3] Don Juan:

> Ciascuno di noi ha bisogno di tempo per capire questo concetto e riuscire a viverlo pienamente. Io, per esempio, odiavo anche solo sentir pronunciare la parola umiltà. Sono un indio, e noi indios siamo sempre stati umili, non abbiamo mai fatto altro che abbassare la testa. Pensavo che l'umiltà non fosse

[3] Don Juan racconta che vi è una gerarchia che indica un cammino da percorrere per ottenere la "conoscenza". Il primo passo è diventare "cacciatore", alcune delle cui caratteristiche sono: acquisire l'arte dell'agguato, saper sparire al mondo: "un cacciatore non lascia tracce altrimenti diventa egli stesso preda". Un "cacciatore" è un accanito ricercatore che può diventare un "guerriero impeccabile", vivendo ogni momento con intensità, entusiasmo e senso di giustizia sempre pensando che potrebbe essere l'ultimo evento della sua vita. Il guerriero può diventare un "uomo di conoscenza" se riesce a spogliarsi della storia personale e ad imparare l'arte del "vedere".

adatta al guerriero. Mi sbagliavo! Adesso so che l'umiltà del guerriero non è l'umiltà del mendicante. Il guerriero non abbassa la testa dinanzi a nessuno, ma nello stesso tempo, non permette a nessuno di abbassare la testa dinnanzi a lui. Il mendicante, invece, si butta in ginocchio e si umilia davanti a chiunque giudichi superiore, ma nello stesso tempo pretende che chiunque gli sia inferiore si umili davanti a lui [Carlos Castaneda, *L'Isola del Tonal*. BUR Rizzoli, 2001].

Questa interpretazione dell'umiltà che ho intercettato circa cinquant'anni fa non mi ha più lasciato, è molto gandhiana e arricchente. È difficile, anzi, molto difficile da mettere in pratica in entrambe le sue richieste, ma è diventata fonte di ricerca e di impostazione di vita per molte persone che vogliono essere "guerrieri di pace", come le vere arti marziali ci hanno insegnato. Qui viene utilizzata perché crei il giusto sottofondo, per significare che il rapporto tra chi insegna e chi ascolta è dialogico ricorsivo. Chi "sale in cattedra" deve sapere che non deve mai pretendere che altri chinino la testa. Questo è un frangente dove il "guerriero" non si deve "trasformare" nel "mendicante", che sarebbe solo capace di affermarsi mediante la sua autorità o il suo potere (l'*Ipse dixit*) anche contro i dati della scienza… Nel contempo il "guerriero" ha profondo rispetto, ma nessun timore reverenziale verso qualsiasi scienziato vero ed affermato, quando anche nel suo piccolo fornisce giornalmente il proprio contributo di studio o di ricerca.

Tutto quello che abbiamo fino ad ora comunicato (e che in parte esporremo in questo volume) è stato valutato sperimentalmente anche utilizzando ottimi lavori prodotti dalla letteratura. *Di tutto quello che sappiamo che non è stato ancora validato dalla scienza nulla diremo, come abbiamo sempre fatto.* In altri termini, si sono mantenuti vivi due vincoli provenienti dalle due culture: quella orientale che suggerisce di non divulgare le tecniche, specialmente nei confronti di chi non ne comprende il significato profondo; quella occidentale che richiama alla prudenza nell'interpretazione dei dati. Questo doppio filtro, la chiusura e il ritiro imposto dai nostri studi e da questa sorta di piacevole "vocazione alla ricerca", ha reso il sistema piuttosto "incapsulato" e un po' arida la nostra comunicazione dei risultati ottenuti. Vedremo in seguito le citazioni di alcune nostre pubblicazioni/ricerche che, come abbiamo appena detto, sono sottomisura rispetto all'ingente mole di dati e risultati che abbiamo nei nostri database. Dati che comunque arricchiscono le nostre conoscenze e che condividiamo anche con importanti centri scientifici universitari e clinici in diverse parti d'Italia. Tuttavia, la corsa alla pubblicazione a tutti i costi, come avrete capito, non è e non è stata una nostra prerogativa. Questo aspetto lo viviamo anche come una sorta di "mancanza" verso la comunità scientifica, un nostro limite e di conseguenza, almeno in parte, senza stravolgere il nostro cammino, stiamo cercando di rimediare dedicando impegno e un'apertura maggiore alla comunicazione scientifica (già a partire da questo volume).

INTRODUZIONE

Il premio Nobel 2017 per l'economia è stato assegnato a Richard Thaler con la seguente motivazione: "Ha inserito ipotesi psicologicamente realistiche nelle analisi del processo decisionale economico, esplorando le conseguenze di una 'razionalità limitata', di preferenze sociali e di mancanza di autocontrollo". La motivazione si rifà al concetto di "razionalità limitata" per cui Herbert Simon (1916-2001) nel 1978 vinse egli stesso il premio Nobel. L'individuo nei sistemi complessi non applica appieno le sue doti razionali, ma utilizza percorsi più "viscerali", emotivi, per prove ed errori e, pertanto, non sempre ottimali. Lo stesso Goleman (2013), che citeremo abbondantemente in questo volume, raccontando di Kahneman (anch'esso premio Nobel nel 2002 per l'economia su argomenti attinenti), sostiene che i circuiti cerebrali più dedicati all'emotività e all'affettività estromettono quelli cognitivi quando l'individuo prende decisioni importati per la vita. Questi aspetti sono inseriti in questo libro soprattutto nel capitolo 1, dove l'oggetto non è l'economia, ma la neuroscienza cognitiva. Abbiamo applicato questi punti di vista psicologici ai modelli cognitivi, valutando quanto di "trendy viscerale" e di "razionalità limitata" vi sia anche nella (neuro)scienza.

Il premio Nobel per l'economia dice che le scelte operative con ricadute importanti sulla comunità internazionale non seguono la logica, ma dei trend umorali emotivi; noi diciamo che vi è un aspetto delle neuroscienze molto trendy che soffre della stessa problematica. Oltre a valutare lo stato delle cose, proponiamo una "cura" che è quella di un'approfondita analisi razionale delle diverse situazioni che si presentano, sia a livello di ricerca, che di clinica. Per fare ciò reputiamo necessari strumenti di logica e di metodologia che cerchiamo di fornire dedicandovi loro l'intero capitolo 2. Siamo consapevoli, come direbbe Thaler, che non si vince l'emotivo con il cognitivo, e quindi non cambieremo lo stato delle cose, ma il nostro intento non è convincere, ma dare un nostro piccolo e sincero contributo al rigore scientifico; il nostro compito finisce lì, la scienza non si sviluppa con la "maggioranza".

Umoristicamente, ci viene da dire che la preoccupazione, a questo punto, sarebbe la seguente: "oggi fa trendy dire che la scienza è trendy". In altri termini, la nostra critica sulle tendenze della scienza è anch'essa trendy. Per uscire dal loop che porta al paradosso, diciamo, come sosterrebbe il logico matematico Alfred Tarski (si veda più avanti), che il termine ha due significati linguistici diversi. Dire che la scienza è trendy è linguaggio oggetto, invece la presa di consapevolezza su quello che si sta affermando si pone ad un livello più alto, "meta". Il fatto che con tali argomenti (che metacomunicano e criticano le tendenze utilitaristiche della scienza) si vincano i Nobel non ci dispiace affatto, visto che alcuni di questi aspetti sono stati da noi evidenziati e, soprattutto, vissuti in questi ultimi quindici anni.

Nel capitolo 3 introdurremo l'argomento inerente alle funzioni esecutive, che chiameremo FE (non sempre utilizzeremo l'acronimo), e cercheremo di presentarle al lettore in modo approfondito, richiedendo il necessario sforzo al fine di comprenderle oltre le descrizioni stereotipate e semplificate (trendy). Tutto ciò porterà a conoscere, con più precisione, cosa viene veramente indagato quando si misurano le FE e dunque come è possibile stimolarle ottenendo vantaggi anche sugli apprendimenti in generale. Per affrontare un argomento così complesso forniremo, per quanto è possibile, gli strumenti per comprendere il linguaggio delle equazioni fattoriali e i limiti degli strumenti di misura in generale. Questi aspetti sono fondamentali per il clinico scrupoloso, che deve scegliere i modelli teorici per inquadrare le diagnosi e conoscere le prove che utilizza (indipendentemente ed oltre le "istruzioni per l'uso"). Come già accennato, non mancheranno riflessioni sulle fallacie del ragionamento, sorrette da inserti sulla logica formale, per facilitare la comprensione di diverse affermazioni contraddittorie che emergono dalla clinica e dalla stessa ricerca.

Non sarà trascurato il fatto che le misure e i trattamenti mettono in stretta relazione un essere umano con un altro essere umano. Pertanto, si farà cenno a tecniche finalizzate a promuovere nell'operatore uno stato di particolare consapevolezza meditativa, funzionale a favorire l'alleanza terapeutica durante l'interazione tra clinico e paziente. Tale stato potrà influire positivamente anche sulla difficile abilità del sapersi affrancare il più possibile dai pensieri collettivi fuorvianti anche durante le diagnosi, favorendo, quando necessario, la "sospensione del giudizio". In tal modo sarà più naturale poter evitare conclusioni avventate e saper attendere ulteriori dati per chiarire con maggior certezza le diverse ipotesi emergenti dalla valutazione. Quest'ultimo aspetto non è solo l'applicazione di una mera conoscenza teorica del "come si dovrebbe fare", ma comporta una consapevolezza autoregolativa, che si esercita praticando il "pensiero unico" e la sua successiva trascendenza in meditazione (da noi proposto come training per operatori e pazienti nei nostri corsi di formazione), come analoghi studi sia sulla mindfulness, sia del gruppo di neuroscienziati di Mind and Life (lo vedremo nei capitoli che seguono) stanno affermando a livello sperimentale. Il capitolo 4 sarà dedicato ad un approccio storico e modellistico sulla memoria di lavoro insieme alla descrizione dei circuiti cerebrali implicati. Nel capitolo 5 appariranno le reti neurali attentive, modelli cognitivi sugli apprendimenti e diversi suggerimenti sui trattamenti cognitivi, che saranno comunque rintracciabili in molti paragrafi sparsi per l'intero volume.

Abbiamo, pertanto, inserito suggerimenti pratici per chi si occupa di ricerca nell'ambito neuroscientifico, per i clinici che svolgono attività diagnostica o per quanti vogliono imparare i fondamenti necessari per applicare i trattamenti cognitivi. Infine, vogliamo segnalare i diciassette inserti di approfondimento che si incontreranno lungo tutto il volume, o monografie su temi specifici: questi permettono di isolare ampie trattazioni complete e approfondite su argomenti fondamentali per la neuropsicologia, con interi paragrafi dedicati, oltre che alle funzioni esecutive, al pensiero scientifico abduttivo, al concetto di modulo e ai sistemi automatici, alla memoria di lavoro, alle reti attentive; le monografie possono contenere ripetizioni ridondanti per permettere una sorta di completezza esaustiva per ogni argomento. Ogni inserto è identificabile per titolo e numerazione propria e il fondo ombreggiato.

Il libro si chiude con delle appendici che possono essere intese sia come approfondimenti di alcuni argomenti, sia come introduzione ai trattamenti cognitivi. Le appendici i e ii si riferiscono alle criticità messe in luce nel capitolo 1 e ai collegamenti "Oriente-Occidente". La iii parla degli "stati di flusso" ed è un utile spunto di lavoro per i coach e gli insegnanti, oltre che per i clinici riabilitatori. La iv, con l'esempio del teatro d'improvvisazione, fa comprendere come ci si possa affrancare dal materiale specifico quando si è in grado di appoggiarsi a modelli teorici, per sollecitare determinate abilità cognitive. Nell'appendice v vengono descritti diversi nostri lavori sperimentali, dai quali si può desumere (almeno in minima parte) la quantità di studi e di dati che abbiamo a disposizione nel nostro laboratorio, molti mai comunicati. Tali studi hanno fornito risultati in linea con la letteratura a sostegno dei nostri modelli teorici. Stiamo pubblicando a rilento per motivi organizzativi, e a causa dell'esiguo numero di persone dedicate viene privilegiata la nostra conoscenza diretta dei fenomeni e la curiosità scientifica. Per la verità dobbiamo dire che su alcuni punti ancora poco chiari in letteratura viene anche mantenuta una forma di voluta sobrietà nelle pubblicazioni: è esattamente il trend contrario di quanto sta succedendo, per giustificate esigenze di tipo economico e carrieristico, nel mondo della scienza in generale (nel capitolo 1 chiariremo questo aspetto). Infine l'appendice vi si collega ai trattamenti cognitivi e riassume alcuni punti indispensabili per chi vuole veramente affrontarli.

I primi due capitoli sono irrinunciabili per comprendere, anche dal punto di vista della terminologia e del lessico, le parti che seguono.

Suggerimenti per la lettura

Capita di leggere o sentire definire molto "scolasticamente" le FE con concise descrizioni che ne forniscono improbabili, ma precise connotazioni, seguite da ben determinati elenchi che le contraddistinguono univocamente, insieme al suggerimento di determinate prove che vorrebbero misurarle indipendentemente l'una dall'altra. Se si evita di seguire certi filoni che fanno trend tutta questa univocità non risulta e lo dimostreremo in questo volume con le citazioni dirette di neuroscienziati molto accreditati. Chi è arrivato a formarsi una conoscenza alimentata passo passo dall'evoluzione dei modelli che rappresentano i sistemi centrali (come il sistema attentivo supervisore – SAS – di Norman e Shallice, 1986, e l'esecutivo centrale di Baddeley, 1986) ha dovuto flessibilmente mutare la propria posizione parallelamente alle modifiche apportate ai modelli stessi. Si è arrivati ad affermarne la multi-componenzialità, ma nulla ha mai dimostrato appieno l'assoluta completa totale separabilità delle FE come a tutt'oggi vengono da molti interpretate. Pertanto, chi ha seguito tutta l'evoluzione scientifica ha cambiato nel tempo i primi ingenui punti di vista, caratterizzati dalla tendenza trascinante verso la separabilità delle singole funzioni. Tutto ciò ha per noi avuto un risvolto di positività, perché da tali trasformazioni si sono generate domande, dubbi e la necessità di sviluppare una teoria coerente, affrontando l'argomento non solo dal punto di vista del cognitivismo stretto, ma anche cercando di armonizzare le informazioni provenienti dall'ambito delle neuroscienze, attraverso l'applicazione della metodologia sperimentale controllata e utilizzando un meta-punto di vista epistemologico. L'aspetto che sperimentalmente si sta ora realmente affermando è quello dell'interazione tra le funzioni e non quello di indipendenza assoluta.

La graduale conoscenza delle FE, come misurarle, come potenziarle, compresi i grossi interrogativi che rimangono (che saranno in parte gli argomenti di questo volume), ha avuto per noi un particolare fascino, dovuto anche al senso della scoperta che si affermava soprattutto quando gli studi tratti dalla letteratura coincidevano con i nostri dati e le nostre posizioni teoriche. Dopo una revisione di alcuni modelli, si sono tracciati i limiti per una corretta metodologia di ricerca che devono sempre e comunque fare i conti con la complessità del sistema.

Le FE sono diventate un argomento alla moda e pertanto, essendo molto praticato a tutti i livelli, anche parte della letteratura risulta improvvisata e fuorviante. Chi dovrebbe parlare? A questo punto verrebbe da citare Lao Tzu (604 a.C.-531 a.C.) quando dice:

> Chi sa non parla; chi parla non sa.

Solo che anche noi per coerenza rischieremmo di non poter parlare... Potremmo parafrasare dicendo che "chi sa parla poco rispetto al presupponente rumore che accompagna alcune teorie sulle funzioni esecutive".

Seguendo i diversi capitoli si capirà che non c'è niente di semplice e di lineare nello studio e nella misura delle FE. Questo non lo consideriamo un difetto, ma il dato reale di partenza, spesso anche entusiasmante, per chi vuole affrontare e comprendere di più i processi cerebrali che non ammettono semplificazioni indebite o la cosiddetta "illusione della profondità esplicativa"[1] (Goleman, 2013). Questo sforzo permette di arrivare a decifrare i modelli mentali di funzionamento e pertanto di riuscire, in un certo modo, a misurare e a stimolare con maggior efficacia.

Per poter continuare, sempre aiutati da Lao Tzu che preso alla lettera ci ha precedentemente bloccati con un doppio legame alla "Bateson"[2], citiamo questo suo aforisma che richiederebbe un successivo minuto di silenzio perché si rivolge al nostro vero Sé:

> Sapere di non sapere è saggezza suprema, non sapere di sapere è un male.

[1] Che vuol significare quando ci si sente erroneamente sicuri della comprensione di un sistema complesso anche quando, in realtà, ne abbiamo una conoscenza superficiale.

[2] Un doppio legame si instaura ogniqualvolta bisogna forzatamente rispondere a due messaggi contraddittori. Watzlavick, Beavin e Jackson (1967), citando Gregory Bateson, portano l'esempio della madre di un soggetto schizofrenico che va a trovarlo. Se l'abbraccerà verrà allontanato. Se non lo farà, gli verrà detto: perché non mi abbracci? È una sorta di paradosso psicologico come quando ci si sente dire: "sii spontaneo", o più sottilmente ancora "rilassati!".

La riflessione che nella prima parte ricorda la saggezza socratica, nella seconda induce ad avere quella visione positiva dell'uomo che intimamente ha la fiammella (da alimentare) del suo vero Sé[3].

Seguendo il suggerimento di Lao Tzu, consapevoli delle nostre inadeguatezze ancora alimentate in maniera alternata dall'Ego (con cui abbiamo aperto una vera e propria battaglia), ci sentiamo di poter esporre e argomentare in modo approfondito sulla teoria delle funzioni cerebrali superiori, continuando questa difficoltosa, ma per noi entusiasmante, avventura anche in questo volume e in scritti analoghi, in preparazione per la letteratura internazionale.

È importante far notare che il resoconto che faremo, le critiche che emergeranno e in altri termini il filo conduttore di quanto affiorerà dall'intero volume, sarà precipuamente il frutto di citazioni dirette che riporteremo dalla letteratura. Parleranno soprattutto diversi altri autori e noi ci limiteremo a commentare e a tirare le conclusioni (sia in ambito clinico che di ricerca). Ci siamo pertanto adoperati a condividere parte della bibliografia che ha fatto da contorno alle nostre ricerche sperimentali di questi ultimi anni.

[3] Se ci riflettiamo, è simile alla doppia visione del concetto di umiltà di Don Juan. A tal proposito, da diversi secoli, più recentemente con Carl Gustav Jung, con l'avvento della mindfulness e con gli studi di eminenti neuroscienziati (come Goleman e altri del gruppo di Mind and Life), si perpetua il fertile ponte di conoscenze tra Oriente e Occidente (già molto attivo ai tempi dell'antica Grecia).

1

DISCREPANZE, STRATIFICAZIONE DELLA CONOSCENZA E GIUDIZI COLLETTIVI FUORVIANTI

Cominciamo col dire a chi vorrebbe utilizzare test psicometrici di qualsiasi tipo che dovrebbe almeno in parte sapere che gli strumenti di misura presentano, in generale, delle criticità. Questo ce lo insegna la fisica che, non a caso, comprende una disciplina che viene definita "misure". È noto, ad esempio, che il valore riportato dagli strumenti di massima precisione è da considerare uguale al valore vero (ignoto) più l'errore. La psicologia sperimentale deve valutare, utilizzando una strumentazione spesso non paragonabile alla fisica, sistemi a volte molto sfuggenti (vedremo anche alcune criticità che presentano le neuroimmagini). Heisenberg, nel suo principio di indeterminazione, fa capire come vi siano dei limiti oggettivi nelle indagini, quando ci si spinge troppo oltre (estrema frammentazione), pur utilizzando una strumentazione potentissima. Egli sostanzialmente sosteneva che più energia si utilizza, più il campo da indagare viene perturbato (se si cerca la massa non si trova la posizione, se si cerca la posizione sfugge la massa)[1]. Pertanto, a livello di misure neuropsicologiche la cautela nell'interpretazione dei risultati è un aspetto irrinunciabile, soprattutto quando si pretende di valutare costrutti minimi con strumenti che misurano in modo più grossolano una quantità di funzioni non tutte note.

1.1. Considerazioni cautelative e primi suggerimenti per i clinici

I seguenti consigli potranno favorire un atteggiamento proficuo per meglio accettare quanto seguirà e sicuramente per migliorare la professionalità clinica.

Per esperienza diffidiamo del professionista che di fronte a un manuale di test salta i modelli teorici che lo hanno ispirato, pensando di poter utilizzare le prove leggendo direttamente la parte che spiega le modalità di somministrazione con le successive tabelle dei dati normativi. Per questo motivo, emergono poi delle relazioni diagnostiche che invece

[1] In teoria viene utilizzato il termine *massa* per una spiegazione più divulgativa; si tratta invece di *posizione* e di *quantità di moto*, ma la quantità di moto non è altro che la massa moltiplicata per la velocità dell'oggetto.

di organizzare i dati in un profilo di funzionamento, che rispecchia i modelli teorici, non fanno altro che giustapporre i risultati dei diversi test, elencandoli discorsivamente.

La fiducia sulla validità esplicitata nel manuale, e quindi su cosa misura un test, non è un atteggiamento prudente, perché spesso da una analisi del compito emerge che si valutano anche altri aspetti non direttamente esplicitati (come faremo notare più e più volte in questo volume).

Di conseguenza, bisogna sapere che per effettuare indagini che coinvolgono le funzioni cognitive di livello alto, già di per sé sfuggenti, è d'obbligo soffermarsi a riflettere e divenire consapevoli che non sempre ciò che si misura è quello che si pensa di misurare.

Se si parte dall'affermazione, non nostra, ma condivisa, che "non esiste un test che possa rappresentare appieno una singola funzione esecutiva", anche un giovane clinico alle prime armi, se ha un minimo di motivazione, si allarma e comprende che è necessario porsi il dubbio e dedicarsi agli aspetti teorici che presenteremo, per avere una visione critica e la conoscenza necessaria ad interpretare i dati con la dovuta cautela.

È necessario anche saper valutare i livelli delle argomentazioni per affermare le convinzioni scientifiche. *Non bisogna accettare il principio di autorità (Ipse dixit) o di maggioranza (lo dicono tutti) o di negazione senza una spiegazione valida logicamente (non è così, perché lo dicono i maggiori esponenti di...).*

Noi argomenteremo fino in fondo ogni nostra posizione per sostenere ciò che affermiamo. Questo sarà uno dei tratti distintivi di questo scritto.

1.2. Le criticità degli strumenti di misura e l'interpretazione superficiale dei dati

Cominciamo con il riflettere seriamente sui problemi comuni a tutti gli strumenti di misura (come dicevamo avviene anche in fisica). Essi risentono di particolari criticità che li possono rendere anche inefficaci (poco potenti), inadatti quando forniscono risultati che vengono interpretati meccanicamente ed erroneamente per quello che il test sostiene di misurare e a volte non misura. La logica che ha portato alla costruzione di un particolare test e la successiva analisi del compito che propone la conoscenza dei meccanismi sottostanti al compito stesso, sono operazioni fondamentali (che spettano anche al clinico che vuole utilizzare quelle determinate prove). Tali criticità valgono in generale e sempre per tutti gli strumenti di misura (pensiamo solo agli errori sistematici, casuali, soggettivi, noti in fisica e a volte trascurati in psicologia) e saranno in questo lavoro riferite soprattutto nella valutazione delle funzioni esecutive (FE) o meglio (come vedremo) dell'*Executive Attention*. Vogliamo evitare che le prove psicometriche in generale, e soprattutto quelle che presenteremo, siano utilizzate al mero livello di una routine clinica "ingenua" dove l'aspetto diagnostico si basa esclusivamente sui valori di soglia riscontrati nei test (è, non è, è quasi…). Ad esempio, capita che un soggetto con seri problemi visuospaziali e *non intellettivi* cada in certi test che vorrebbero misurare il QI, ma chi si sofferma solo sul dato finale scrive mandatariamente di un possibile ritardo cognitivo. In questo ambito ci sentiamo di spendere ancora alcune parole, perché trattare le misure delle funzioni intellettive è inerente e costituisce un ottimo esempio di quello che andiamo presentando in questo volume (valutazione di sistemi di alto livello). Tuttavia, i risvolti teorici critici, il conseguente impatto sociale, l'utilizzo spesso inadeguato, richiederebbero più capitoli che non sono lo scopo di questo libro. Inseriremo alcuni liberi pensieri sul QI nell'appendice i.

Possiamo a questo punto cominciare a valutare quanto sia necessario conoscere a fondo gli strumenti utilizzati, analizzando i compiti che propongono, appoggiandosi nel dubbio a indagini strutturali su popolazioni (con la cautela che suggeriremo dopo), e avendo chiari il più possibile i modelli mentali implicati che permettono di interpretare, fare ipotesi e cercare di confermarle nel corso delle sedute[2].

1.3. Affrontiamo brevemente la criticità del concetto di "discrepanza" e di QI

Il concetto di discrepanza indicherebbe che una abilità può essere considerata "lacunosa" qualora vi fosse una differenza significativa tra tale abilità e il QI. Il QI (notate... non diciamo l'intelligenza che è un'altra cosa) sarebbe la linea di base del funzionamento di quel determinato individuo e tutto ciò che è significativamente sotto a questa ipotetica linea, anche se di natura diversa, sarebbe un'anomalia deficitaria. La diagnosi stessa di disturbo specifico dell'apprendimento (DSA) ha comportato (e per certi versi comporta), nelle linee guida, la necessità di trovare una sorta di discrepanza tra il punteggio del QI e il punteggio degli apprendimenti[3]. Solo un valore del QI compreso in un range definibile nella norma e una caduta, ad esempio, nella lettura, permettono la diagnosi di dislessia. Questa distinzione, che vorrebbe indicare che la lettura è indipendente dal QI, lega invece i due sistemi in modo logicamente forte come spiega puntualmente Stanovich (1991, 2005). Egli sostiene che se si valuta il QI, si presuppone che vi siano influenze del QI stesso sulla lettura; tuttavia non emergono, dai dati dei disturbi di lettura, divisioni tra i gruppi ad alto e basso QI. Egli critica il concetto stesso di "discrepanza", per diversi comprensibili motivi. Dai titoli dei suoi lavori si evincono frasi del tipo: "con la definizione di discrepanza l'intelligenza ci ha portato fuori strada per quel che concerne il disturbo di lettura?"; oppure: "Il futuro di un errore: la misurazione della discrepanza continuerà a rendere la disabilità di apprendimento una pseudoscienza?".

Dello stesso parere di Stanovich è Siegel (1989, 1992, 2006). In questi lavori gli Autori mettono in evidenza come vi sia poca differenza tra i lettori in difficoltà ad alto e

[2] In questo testo ci sforzeremo di portare il clinico o il ricercatore molto vicino ai meccanismi cerebrali e mentali che sono sottostanti alle logiche degli strumenti che abbiamo approntato (cfr. Benso, Ardu, Santoro e ANCCRI, 2018).

[3] Dalle *Linee Guida dell'Istituto Superiore della Sanità 2011. Allegato al documento Consensus Conference "Disturbi specifici dell'apprendimento"*: "Secondo la Consensus Conference (2006), il principale criterio necessario per stabilire la diagnosi di DSA è quello della 'discrepanza' tra abilità nel dominio specifico interessato (deficitaria in rapporto alle attese per l'età e/o la classe frequentata) e QI totale (adeguato per l'età cronologica)". Ciononostante, dagli studi condotti su lingue ortograficamente opache e trasparenti non emergono differenze significative nel confronto tra gruppi di soggetti con DSA distinti per essere "discrepanti" e "non discrepanti" [...] Pertanto, come suggerito nell'allegato della Consensus Conference del 2011, si raccomanda di considerare con maggiore flessibilità il criterio di discrepanza rispetto al QI.

basso QI (quindi perché misurarlo?)[4]. Inoltre, sottolineano che il QI dei dislessici risente per forza della debolezza in lettura, viste le richieste di conoscenza del vocabolario, della comprensione e di altro materiale linguistico semantico, che sono abilità che si incrementano anche attraverso la lettura stessa. Possiamo aggiungere che la situazione è ancora più pesante se si valuta che Stanovich teorizza un "*core* fonologico" per la dislessia e, quindi, si sofferma ad osservare soprattutto l'influenza negativa del materiale di tipo linguistico. Questo argomento diventa ancora più incisivo (nel falsare la misura del QI) se si pensa alle recenti dimostrazioni di multicomponenzialità della lettura (cfr. ad es., Menghini et al., 2010; Benso, Clavarezza, Caria e Chiorri, 2013; Varvara, Varuzza, Sorrentino, Vicari e Menghini, 2015). Se si allarga il campo ai soggetti con DSA in genere, l'influenza delle disabilità attentive, visuospaziali e altro sulla prova che misura il QI è chiara ed incontrovertibile. Potremmo dire, come già sostenevano Siegel (1989, 1992, 2006) e Stanovich (1991), che non ha molto senso misurare il QI (fine a se stesso) in soggetti con DSA, riconfermando, però quanto riportato in nota 4.

In altri termini, un QI basso va valutato e considerato come la difficoltà del soggetto in questione nelle attitudini per rapportarsi con l'ambiente cognitivo e va sostenuto e aiutato, ma non misura la vera intelligenza. Anche in questo caso non bisogna confondere la funzione o il sistema con lo strumento di misura. È importante qui distinguere il QI (quello che appare come risultato fornito da un determinato strumento, con i limiti che abbiamo già esposto) dall'intelligenza (inafferrabile qualità che si basa su diverse facoltà anche implicite, appartenenti soprattutto alla specie *Homo sapiens*, non pienamente definibile e difficilmente quantificabile). Potremmo ribadire che la misura del QI diventa un fondamentale assessment delle attitudini, molto importante per operare sulle difficoltà dell'individuo, più o meno gravi, in atto. Ciò porterà l'entourage clinico, familiare, scolastico verso una particolare consapevolezza di come relazionarsi e di come instaurare un progetto di potenziamento che indirizzi verso il superamento dei particolari disagi riscontrati o anche solo il miglioramento della qualità della vita (a seconda della gravità).

Stanovich, nel suo lavoro del 2005, si mostra esasperato dal perpetuarsi, dopo decenni e decenni, del concetto di "discrepanza" *The future of a mistake: will discrepancy measurement continue to make the learning disabilities field a pseudoscience?* che, pur non avendo fondamenti scientifici, viene pedissequamente riproposto anche nei manuali diagnostici (come vedremo sarà un po' il *leitmotiv* che ci accompagnerà nei capitoli successivi, anche su certi aspetti delle funzioni esecutive; è il continuo affermarsi del "viscerale" attraverso la "razionalità limitata"). Dello stesso parere sono Ruggerini, Manzotti, Daolio e Lami, (2017), che così si esprimono, citando a p. 47 Elliott e Grigorienko (2014): "Uno dei miti più radicati associati alla dislessia è che essa dovrebbe essere definita in relazione all'intelligenza. La così detta 'definizione per discrepanza' riconosce come dislessici solo quelli i cui livelli di lettura sono significativamente peggiori di quanto ci si aspetterebbe sulla base della loro intelligenza (tipicamente misurata da test di QI). Le ricerche degli

[4] Un test come la WISC, indipendentemente dalla misura del QI, è ricco di informazioni sulle attitudini e questo è utile per un inquadramento generale della diagnosi di DSA.

ultimi vent'anni hanno dimostrato la follia di questa credenza. In modo sconcertante, mentre il modello della discrepanza è stato screditato (e non più richiamato dai gruppi di pressione della dislessia) è ancora ampiamente impiegato dai clinici".

1.3.1. Riflessioni sulla discrepanza e sui modelli neurocognitivi

L'idea della discrepanza nasce anche dal pensare che le abilità sarebbero alimentate dai sistemi centrali esecutivi attentivi e dalle risorse, che sono limitate. Questi processi sono parte dell'intelligenza o molto vicini all'esprimersi di essa e, in aggiunta, sono anche trasversali a tutte le diverse abilità sottostanti. Pertanto, si può pensare che tali abilità dovrebbero funzionare allo stesso modo e solo una anomalia modulare, che crea appunto discrepanza, potrebbe rompere questo equilibrio.

Il nostro punto di vista è diverso, in quanto sosteniamo che non è patologico, ma fisiologico e "normale" avere delle discrepanze quando l'abilità che si esprime a livello più basso è appunto nella norma. Distingueremo perciò la discrepanza patologica (quella criticata sopra dai diversi autori) da quella fisiologica (teorizzata da noi come un'inevitabile differenza nelle abilità di un individuo).

1.3.2. La discrepanza fisiologica

È bene sottolineare che quanto andiamo delineando sulla "discrepanza fisiologica" è un modesto spunto teorico, non paragonabile al più "appassionato" movimento definito Neurodiversity Movement che "indica un movimento politico associato alla lotta per la conquista dei diritti civili, critico con i sistemi nosografici attuali, orientati a rendere patologico ciò che non è statisticamente nella media. I fautori della neurodiversità vogliono considerare le differenze come spunto di arricchimento e non come occasioni per definire le patologie e far emergere la 'malattia'" (Ruggerini et al., 2017, anche per una collocazione sistematica e chiarificatrice della neurodiversità).

Dal nostro punto di vista vogliamo solo sostenere che, considerate le configurazioni dei circuiti neuronali che si vanno formando nel tempo, le discrepanze da individuo a individuo sono fisiologiche, senza dover scendere nei riferimenti diagnostici o nosografici. L'evoluzione delle neuroscienze ha sorpassato il concetto, ormai obsoleto, ma ancora implicitamente operante nell'animo di molti studiosi, di funzioni precise, collocate in specifiche aree cerebrali. Si è giunti, da tempo, a una visione più dinamica che prevede dei circuiti disposizionali dinamici multicomponenzionali. Quest'ultimo approccio porta anche a teorizzare aspetti come quello della *discrepanza fisiologica*. In altri termini, partiamo da modelli che, pur essendo "aperti", conservano comunque la modularità della mente basandosi però su network ed attivazioni (cfr. ad es., Gazzaniga, 2009). La formazione di tali circuiti, che esprimeranno una modularità complessa, passa attraverso diversi processi che sentiranno anche l'influenza del caso, del contesto, oltre che della genetica. Le risorse limitate che attivano e spingono i processi di modularizzazione si spostano dove c'è l'applicazione di determinate funzioni. Non si può pensare che tutti i network siano sollecitati per lo stesso tempo nel corso degli anni, con la stessa intensità motivazionale e funzionino tutti allo stesso modo (genetica e altro).

È improponibile pensare di livellare le abilità di un uomo. Ad esempio, tutti conosciamo molte persone geniali nel loro campo ed assolutamente inadeguate in altri ambiti.

Le varie abilità si basano su circuiti disposizionali (Damasio, 1994), che in parte sono innati e in parte derivano dall'esperienza (cfr. la teoria della modularizzazione in Karmiloff-Smith, 1992, e del gradiente modulare in Farah, 1994). Qualsiasi individuo è più portato a sviluppare particolari abilità piuttosto che altre; ciò dipende: dalla genetica, dall'ambiente, dalle inclinazioni, dagli interessi, dalle disponibilità della cultura del luogo. Le risorse sono limitate e proprio per questo si formeranno giocoforza delle differenze[5] non potendo alimentare più circuiti contemporaneamente. Se tali risorse vengono impiegate per più tempo in un settore, risulteranno meno sviluppati i circuiti meno stimolati. Si formano, di conseguenza, tanti circuiti disposizionali che rappresentano reti di neuroni specializzati nel linguaggio, nella percezione visiva, nella lettura o nelle operazioni più centrali, come ricordare, inferire, stare attenti volontariamente, ecc. Questi circuiti hanno collegamenti tra di loro a diversi livelli e hanno tuttavia aree e sviluppi parzialmente indipendenti[6].

Pertanto, la discrepanza fisiologica nasce dalla normalità, a differenza di quella che viene sostenuta come patologica, dove emergono difficoltà e risultati sotto la norma. Si può così valutare un ipotetico disturbo di lettura come un problema di sviluppo indipendente da particolari predisposizioni o dal poco utilizzo del network (uno dei fattori di esclusione della dislessia). In tal caso vi è un vero e proprio deficit di un circuito composto dai "sistemi centrali e dal modulo", che ha trovato inaspettate difficoltà di assemblamento nella formazione della complessa rete neuronale di supporto alla lettura (dovute ad una causa tra le varie possibili che possono bloccare lo specifico sviluppo). La discrepanza fisiologica, pertanto, è un'altra cosa, non c'entra con la patologia. Chiarito questo possiamo dire, secondo il modello da noi proposto, che la differenza tra abilità nasce dall'investimento che facciamo delle risorse limitate su particolari attitudini: se il profilo è "piatto" non avremo discrepanze di sorta. È anche vero che quando le batterie testistiche sono povere, ovvero non vanno ad indagare le molteplici abilità che si possono sviluppare, i profili risultanti saranno facilmente indifferenziati. Questo giustifica in parte le credenze nelle omogeneità degli apprendimenti.

1.4. Prime brevi considerazioni sul concetto di "modulo": il modello di Fodor reinterpretato

Premettiamo che saremo più esaustivi sulla modularità nel secondo capitolo con paragrafi interamente dedicati; ora faremo solo alcune considerazioni per sviluppare alcuni modelli interpretativi.

Jerry Fodor direbbe che quando appare nel sistema visivo una penna, le onde elettromagnetiche dei segnali luminosi vengono *trasdotte* da coni e bastoncelli in segnale

[5] Oltre gli studi sulla capacità limitata della memoria di lavoro, si può pensare che la quantità di risorse elettrochimiche del sistema nervoso centrale siano una quantità variabile entro range ben definiti, espandibili, ma comunque limitate.

[6] Questi aspetti li vedremo meglio nel paragrafo 2.4 dedicato interamente ai moduli, nel capitolo 3 dedicato alle funzioni esecutive e nel capitolo 5 quando si affronteranno i modelli teorici.

elettrochimico interpretabile dai neuroni (il trasduttore compilato di Fodor, 1983). In seguito, dopo la computazione modulare del sistema visivo emergerebbe una rappresentazione della penna a livello di *output superficiale* ("stupid", sempre secondo Fodor), che per essere interpretata deve procedere verso i sistemi centrali dove se ne valuteranno la funzione, le caratteristiche visive, uditive, cinestesiche ecc. Al livello dell'uscita superficiale dal modulo, il percetto è decodificato visivamente, ma non si sa ancora cosa rappresenti, saremmo allo stadio dell'agnosia associativa[7].

La modularità dei sistemi complessi (già a partire dalla percezione, dal linguaggio per arrivare alla lettura, alla motricità) non sembra così incapsulata e separata dai sistemi centrali. Nascerebbe uno iato tra moduli e sistemi centrali dovuto al rigido incapsulamento dei primi che arrivano a processare fino all'output superficiale. Una rappresentazione così rigida e asettica, a nostro parere, potrebbe non essere così facilmente interpretabile dai sistemi centrali e non regge le evidenze delle numerose prove di penetrabilità emerse dalla letteratura (cfr. ad es., Moran e Desimone, 1985; Woldorff et al., 1993; Reynolds, Pasternak e Desimone, 2000; O'Connor, Fukui, Pinsk e Kastner, 2002). Noi abbiamo teorizzato che le precoci penetrazioni dei sistemi specifici fungano da "adattatore di impedenza"[8], rendendo il materiale in uscita dal modulo già un po' più simile alle rappresentazioni astratte che avvengono a livello centrale. Pertanto, un modulo complesso fonderà (non totalmente) i due sistemi (periferico e centrale) in circuiti unici e parzialmente separati per ogni abilità. Tali moduli si presenteranno nella conformazione di circuiti cerebrali più o meno attivati in tutte le componenti, in base al compito da svolgere; circuiti che saranno parzialmente separati, parzialmente sovrapposti e meno incapsulati nel processo di modularizzazione (apprendimenti). Si formeranno dei network di attivazione completi, unici, ma interagenti. Secondo il nostro modello, la penetrazione delle risorse attentive non è libera, ma regolata da spinte strategiche, motivazionali ed emotive (cfr. cap. 5).

In altri termini, Fodor chiude i moduli incapsulandoli fino all'output superficiale, poi i sistemi centrali dovrebbero occuparsene per ridescrivere. Viene da pensare che ricevere un materiale così specifico non dovrebbe essere semplice per i sistemi centrali; è come pensare di inserire un qualsiasi microfono in un qualsiasi amplificatore (se non si adatta

[7] L'agnosia associativa appare in pazienti lesionati quando questi, pur discriminando visivamente bene gli oggetti, non riescono a capire più di cosa si tratta e quindi non possono fornirne il nome. Tuttavia si distingue dall'anomia, perché su descrizione verbale, o attraverso informazioni tattili, l'oggetto viene riconosciuto e denominato. Si distingue anche dal deterioramento che porta alla demenza perché, appunto, gli agnosici associativi riescono nei compiti che esulano dalla modalità visiva. A loro volta gli anomici si distinguono dal deterioramento demenziale perché riescono a mimare l'uso o a inserire gli oggetti in determinate categorie. L'agnosia associativa si distingue anche dall'agnosia appercettiva, perché in questo caso è la rappresentazione dell'oggetto stesso ad essere degradata. Riprendendo il linguaggio "modulare": nell'agnosia appercettiva è distorta la rappresentazione dell'output superficiale del modulo visione, nell'agnosia associativa l'output superficiale è intatto, ma saltano le relazioni attraverso le vie visive con i sistemi centrali (semantici, attentivi, pre-motori). *Così, abbiamo anche fatto un esempio di diagnosi differenziale in neuropsicologia.*

[8] Un adattatore di impedenza è un hardware elettronico utile ad assemblare due apparecchi diversi per metterli in comunicazione, in modo che il segnale del primo sistema possa passare al secondo senza troppi intoppi e dispersioni. Ad esempio, un microfono che viene inserito in un amplificatore deve avere un'impedenza in uscita adattata con i circuiti in ingresso dell'amplificatore stesso.

l'impedenza dei due, l'assemblamento non funziona). Si ipotizza che questa descrizione fodoriana della modularità, nella prima fase modulare, eccessivamente incapsulata e poi, nella seconda fase cognitiva, eccessivamente interagente, sia poco conforme a ciò che emerge dalla realtà, dove si rileva meno incapsulamento nel livello più periferico e tuttavia, si trova ancora una certa distinzione/sovrapposizione dei sistemi superiori. I sistemi centrali impegnati a ridescrivere organizzano presto, molto presto il materiale da elaborare (l'adattatore di impedenza), penetrando i sistemi specifici e creando interi circuiti di attivazione che rappresenterebbero i moduli più complessi (cfr. cap. 5, fig. 5.7).

1.4.1. Un modello teorico che spiega alcuni aspetti inerenti ai comportamenti definiti patologici

La descrizione di questi modelli interpretativi che seguirà è complessa e la bibliografia della letteratura internazionale a sostegno di quanto andremo ad argomentare c'è e la presenteremo più dettagliatamente nei prossimi paragrafi per non interrompere il flusso del discorso che già crea di per sé problematiche espositive.

Cogliamo ulteriori differenze in quelle che abbiamo nominato "discrepanze patologiche" (quando i valori di un'abilità sono sotto la norma) che fanno riflettere. Quando il QI (e non l'intelligenza) è superiore ai valori rilevati sui moduli deficitari, può risultare un DSA. Mentre può essere molto diversa una situazione dove i moduli superano il QI. Un soggetto che calcola benissimo in modo anche sorprendentemente efficiente e risulta basso nel QI, è con maggior probabilità sofferente. Il disagio va tuttavia inteso come riferibile a determinate attitudini e alla vita sociale e non come intelligenza e sensibilità. Potrebbero, ripetiamo "potrebbero", essere sindromi simil autistiche e, se lo fossero, il QI non è da considerare perché non misurabile per definizione; può risultare forzatamente basso perché non c'è possibilità di comunicare su certe lunghezze d'onda con le forme riduzionistiche dei test. Inoltre, una sensibilità superiore e la conseguente tensione emotiva e i tempi di risposta rallentati completano il quadro di non applicabilità. Credo che sia difficile esprimere questi concetti in chi ancora crede che l'intelligenza sia una e misurabile, non varrebbero le dimostrazioni più stringenti (sappiamo di dover fare i conti con la "razionalità limitata" che è invincibile), meglio allora affidarsi a una frase di Einstein citata da Goleman (2013):

> La mente intuitiva è un dono sacro e la mente razionale è un fedele servo. Noi abbiamo creato una società che onora il servo e che ha dimenticato il dono.

È molto importante far rilevare che l'intelligenza intuitiva definita da Einstein potrebbe assomigliare all'intelligenza fluida, ma non certamente ai QI misurati con prove che valutano l'intelligenza fluida stessa.

In questi casi, i moduli sarebbero scollegati dai processi centrali che dovrebbero favorire la comunicazione, oppure ancora sono collegati, ma i sistemi centrali stessi comunicano poco tra loro. Viene a mancare quell'interazione tra moduli che, secondo il nostro modello (e quello di molti altri compresa Annette Karmiloff-Smith), avviene oltre un dato livello del processo e senza la quale non c'è lo sviluppo della possibilità di ridescrivere, reinterpretare la rappresentazione del materiale computato dai sistemi di ingresso. Se non c'è condivisione tra i diversi sistemi, non c'è poi la possibilità di arrivare all'astrazione, alla generalizzazione, alla metafora... ma molto rimane misterioso e l'intelligenza vera, quella intuitiva di cui parlava Einstein, forse è anche in eccesso in molti di questi casi, soprattutto quando si capta una particolare sensibilità, addirittura anticipatrice, che crea emozioni travolgenti e non gestibili per l'individuo stesso. Se i soggetti così contraddistinti si concentrano ossessivamente (quasi impossibilitati da questa sorta di perseverazione a staccarsi da certi pensieri ricorrenti, per arginare anche le ansie) su di una particolare abilità, la amplificano a detrimento delle altre (che non dispongono più di risorse già assorbite altrove). Su queste perseverazioni contano anche le motivazioni trascinate da un sistema emotivo non autoregolato, che rende il soggetto fragile, costantemente teso e spaventato nelle relazioni sociali. Quest'ultimo aspetto, come indicavamo sopra, spinge nella stessa direzione. Il soggetto in questione può trovar rifugio nei rituali, nelle stereotipie, nei pensieri tecnici meccanici come lo sono anche i calcoli che forniscono un certo grado di sollievo, impedendo con la loro presenza l'affiorare di pensieri che riportano paure, ossessioni e ricordi deprimenti. Tuttavia bisogna valutare che certe iper-capacità sono solo apparentemente modulari, perché certe abilità non si sviluppano ai livelli dimostrati solo con la ripetizione ossessiva, sarebbe troppo poco. C'è qualcosa di più per raggiungere certi livelli di prestazione, di molto di più che sfugge per ora ancora alle misurazioni e che non bisogna trascurare e continuare a cercare, anche a livello della comunicazione "meditativa" da "cuore a cuore". Siamo convinti che impareremmo molto, ma ci fermiamo qui perché ciò che ci sembra di sapere è ai confini della scienza e non possiamo andare oltre nelle esternazioni. Per la progettazione dei modelli mentali da proporre all'entourage clinico scientifico ci dobbiamo limitare ai dati e alla letteratura, rigorosamente!

Torniamo invece ad analizzare determinati sintomi per cercare di inquadrarli. Lo stesso comportamento di ripetizione delle frasi di una conversazione o delle richieste verbali indicherebbe un sistema sempre impegnato e chiuso all'esterno che sente le parole degli altri come un'eco ritardata che rischia di decadere dalla memoria. Il soggetto deve o richiedere o ripetere per attivarsi, rinfrescare la memoria a breve termine e sospendere un compito che probabilmente non lo lascia quasi mai libero.

Un'altra spiegazione è quella che la debolezza del sistema attentivo-esecutivo possa permettere inneschi ad imitare, derivanti dagli stessi neuroni specchio, i quali si attivano, come sappiamo, "empaticamente": se si vede un gesto, i neuroni deputati a tale gesto si attivano anche in chi guarda. Nella vita di tutti i giorni è sconveniente imitare irragionevolmente comportamenti altrui. Nell'adulto lesionato nelle aree frontali mesiali (dove è implicata l'area 46 di Brodmann, attivabile da operazioni attentive esecutive e da impegni cognitivi in memoria di lavoro), si può instaurare l'ecoprassia, cioè l'impossibilità a non imitare (Rizzolatti e Sinigaglia, 2006). Va rilevato, tuttavia, che il "comportamento imitativo" derivante dalla "sindrome da dipendenza ambientale", identificata da Lhermitte, Pillon e Serdaru (1986), prende in considerazione, oltre alla parte anteriore e mesiale del lobo frontale, anche quella ventromediale. Pertanto le ecolalie possono essere in certi casi di debolezza attentivo-esecutiva considerate alla stessa stregua delle ecoprassie.

Qui ci riferiamo alle "ecolalie immediate", che sono anche molto diffuse nella popolazione cosiddetta "normale" e che sono utilizzate in modo meno evidente da tutti coloro che si trovano in quello stato che viene definito volgarmente "sovrappensiero".

In questo caso non ci stiamo riferendo al linguaggio interiorizzato che, come ha sottolineato bene Vygotskij (1990), acquista la valenza di "secondo sistema di controllo" (questa è un'ipotesi aggiuntiva plausibile perché andrebbe a supportare il sistema esecutivo che come primo sistema di controllo è in questo caso molto debole). Ci stiamo riferendo alle "ecolalie immediate", che sembrano ricercare con fatica uno shifting di attenzione dall'interiore verso il sociale (ripetendo la domanda). Non ci riferiamo nemmeno alle cosiddette "ecolalie ritardate", come il ripetere ossessivo di frasi e canzoni (come capita ogni tanto anche ai cosiddetti "normali", quando non riescono a staccarsi da un motivo che continua a risuonare mentalmente). Siamo anche a conoscenza che ci sono elenchi di ipotesi sulla funzione delle ecolalie, non vogliamo contestarne nessuna e rimandiamo alle riviste specializzate: in questo caso il terreno è prettamente psicofilosofico.

Vogliamo portare evidenza, con dei modelli mentali, a diverse tipologie di comportamento, cercando meccanismi utili per trattare le difficoltà isolate, indipendentemente dall'etichetta diagnostica.

#1. Modelli che cercano spiegazioni e rimedi attraverso l'integrazione di conoscenze Oriente/Occidente. Modi diversi di esprimere l'empatia

Vi sono casi che esprimono patologie psichiatriche reputate gravi, che vengono trattate anche farmacologicamente, ma sarebbe auspicabile che un operatore potesse mantenere un contatto comunicativo costante con chi ne è affetto. Si è valutato, anche in psicologia, che vi sono altre vie di comunicazione quando quella verbale risulta poco adatta per le possibili difficoltà obiettive a gestirla da parte dell'interlocutore. Tale operatore però deve avere particolari caratteristiche per non essere sopraffatto da rapporti che possono far aumentare i livelli di conflittualità. Dovrebbe essere empatico, autocontrollato e riuscire ad interrompere, almeno nei momenti cruciali, il dialogo interno, come nelle fasi più progredite della meditazione. Se si entra in questo particolare stato e poi si procede in una modalità di ricerca empatica con il soggetto, si favorisce nel tempo la calma e la fiducia, per una sorta di risonanza con l'interlocutore. La mindfulness e altri esperimenti fatti dal gruppo di Mind and Life con le neuroimmagini (Dalai Lama e Golemann, 2009), nonché i lavori di Tang, Rothbart e Posner (2012), di Malinowski (2013) e di altri ancora, hanno isolato nei meditatori effetti simili di autoregolazione. Questo approccio, che alcuni psicoterapeuti stanno già attuando, è stato promosso anche e soprattutto dall'avvento delle tecniche meditative in psicologia.

Un aspetto che delle pratiche meditative va subito chiarito, e che può sfuggire ai non addetti ai lavori, è il seguente. Spesso si crede che l'autoregolazione dell'individuo che medita aumenti, perché indotto a controllare se stesso nelle lunghe ore che si costringe a rimanere immobile. Questo è vero solo in parte e sicuramente lo è nelle prime fasi. Tuttavia, un aspetto molto importante, che porta comunque allo stato autoregolato (poco noto), è la sospensione almeno parziale del dialogo interno, che permette di liberare la creatività. Questa creatività, tipica del bambino (finché l'adulto non prova a inibirla con i suoi metodi di istruzione), riaffiora durante l'assenza di pensiero rimuginante, nel "qui e ora". Alcuni affermano che dopo aver provato e sopportato la noia si diventa quasi per forza creativi; lo dice anche Piernicola Ninci, psicoterapeuta e praticante di aikidō, che parla dell'importanza della gestione della noia[a] (comunicazione personale). Essere creativi non vuol dire scimmiottare ed applicare ciò che si sa già (perché visto fare da qualcuno in precedenza). Lo stesso Jung stigmatizza il rischio psicologico per coloro che hanno una personalità che confluisce e imita pedissequamente. Quindi, un creativo vero (e non un eccentrico individuo definito così) dimostra una sua forza autoregolativa perché più facilmente di altri riesce ad affrancarsi dai giudizi collettivi, dai trend e dalle mode. È importante riuscire ad applicare la creatività strutturata, come può essere quella di uno scienziato o di un compositore finalizzata alla loro materia (e non ad altro). Il pensiero intuitivo e la "forma" per poterlo applicare saranno ripresi nell'ultima parte del capitolo 5.

Questo stato meditativo non può essere spiegato, va provato e sperimentato più e più volte, non si ottiene con la volontà del momento, ma solo con paziente allenamento, che porta anche a cambiare la visione del mondo. Per spiegare l'estensione empatica degli stati interni, e soprattutto per semplificare al minimo, utilizziamo una storiella zen. In questi ambiti così "sottili" a volte è l'unico modo (attraverso le metafore) per comunicare ciò a cui ci si riferisce. La storiella è molto semplice, apparentemente banale per qualcuno, ma densa di significati e rappresenta l'insegnamento che viene citato da molti maestri di spada (come Takuan Sōhō, 1573-1645), cioè il passaggio della conoscenza non attraverso sterili spiegazioni verbali, che non possono rappresentarla appieno, ma da "cuore a cuore" (*i shin den shin*)[b]. Noi stessi abbiamo sperimentato queste sensazioni lavorando per ore e ore con allenamenti di spada tradizionale giapponese e meditazione, in assoluto silenzio, solo captando l'atmosfera dell'insegnamento che veniva dalla ripetizione continua e concentrata[c].

Ma torniamo alla storiella che, per ciò che vogliamo trasmettere al lettore, potremmo intitolare:

[a] Ricorda un album musicale dal titolo *Bellissima noia*, sugli effetti creativi della noia del cantautore Nicolò Carnesi.

[b] Il vantaggio di questo tipo di comunicazione nei contesti clinici è soprattutto evidente quando i soggetti non sono in grado di comprendere appieno le istruzioni verbali. Alcuni di questi soggetti sono addirittura ipersensibili a captare piccoli segnali che rivelano stati emotivi ed intenzionali di altre persone.

[c] Questa conoscenza è quella che moderni e sapienti *coach* stanno portando a livello sportivo e che in parte la mindfullness ha introdotto nelle scienze psicologiche. È curioso sapere quello che raccontava poco tempo fa (2017), durante uno stage, uno dei nostri maestri di aikidō, Hiroshi Tada sensei, uno dei massimi esponenti dell'Aikikai internazionale. Egli ci informava che l'Hombu Dojo, il centro mondiale per l'aikidō (Hombu = casa madre; Dojo = luogo di allenamento), con sede a Tokio, sta ricevendo molte richieste per consulenze di *mental training* da parte di rappresentanti nazionali di determinati sport, viste le imminenti Olimpiadi che si svolgeranno a Tokio nel 2020. Non solo gli psicologi, ma anche il mondo dello sport ha capito che l'allenamento mentale è fondamentale per riuscire nelle varie attività artistico/sportive. Il mental training che viene in questo caso richiesto è quella sorta di meditazione dinamica che sta dietro a poche, ma ben definite arti marziali come lo è l'aikidō.

Il Buddha che è dentro di noi

Un giorno il Buddha decide di trasformarsi in un guidatore di autobus. Nel tragitto non fa proclami e non dice: "Io sono il Buddha e sono venuto a salvarvi" e non vi è nemmeno nessun discepolo che propaganda il fatto che su quell'autobus vi sia un Buddha. Eppure accade che ogni mattina molte più persone salgano su quell'autobus perché quando scendono si sentono meglio.

A proposito di trasmissione da "cuore a cuore" dobbiamo fare un breve cenno sul rapporto empatico. Siamo consapevoli che il concetto di empatia è molto sfuocato come meccanismo vero e proprio e quindi meno soggetto ad indagini precise. Tuttavia Goleman (2013) ci informa che esistono valutazioni fatte con le neuroimmagini su particolari stati come la mancanza di empatia e la "compassione buddista" (che viene definita come una particolare forma di empatia).

Spesso in clinica, come suggeriva sempre Goleman (2013), si instaurano diversi tipi di fenomeni relazionali e la mancanza di empatia dimostrata da alcuni operatori potrebbe essere il frutto di una possibile "reazione di difesa". Ad esempio, il medico per non soccombere alle ondate di dolore e disperazione cui è esposto, deve poter controllare, per forza di cose, l'attivazione empatica utilizzando il distacco. Questo comporta nei pazienti l'affermarsi di un senso di insoddisfazione quando, invece, basterebbero pochi minuti di ascolto e di attenzione verso i loro stati d'animo. Tale distacco dagli altri si attua, dice Goleman, attivando sorprendentemente aree cerebrali che vengono utilizzate anche ogni volta che dobbiamo concentrare l'attenzione per risolvere un problema. Si tratta della giunzione temporo-parietale e di alcuni siti frontali. Questa è un'operazione di tipo cognitivo top-down. Curiosamente, riflettiamo noi, rivedremo in gioco questi circuiti per fenomeni di catture attentive bottom-up (Corbetta e Shulman, 2002) e, ancora, per cadute nella memorizzazione quando tali aree si attivano durante la fase della codifica (viene interpretata come un'attivazione bottom-up che distoglie il soggetto dal processo di memorizzazione; cfr. Purves et al., 2010). Anche quest'ultimo switch attentivo potrebbe essere una spiegazione alternativa per resistere alle catture empatiche.

Tuttavia molto sta cambiando anche nella pratica medica dove l'ascolto empatico controllato top-down viene consigliato a beneficio del rapporto con il paziente.

Goleman (2013) elenca tre tipi di empatia:

1. *empatia cognitiva*, top-down, che vuol dire pensare di mettersi nei panni dell'altro per cercare di comprenderlo ragionando (testa-cuore);
2. *empatia emotiva*, che vuol dire fondersi con il dolore dell'altro (cuore-cuore), più sentita, ma con l'inconveniente di portare l'operatore ad esperire stati d'animo simili e a soffrire insieme al paziente, rischiando entrambi di soccombere al dolore;
3. *preoccupazione empatica* ("sono qui per te": cuore-cuore-testa) che, richiedendo anche la gestione top-down, permette di controllare l'eccessivo coinvolgimento dovuto al collegamento emotivo. Questo tipo di empatia ha delle somiglianze con la "compassione buddista" e non s'improvvisa, ma bisogna esercitarla ed allenarla costantemente insieme all'attenzione e al sistema di autoregolazione.

1.4.2. Per capire i disturbi dobbiamo studiare stati analoghi in noi stessi e nei soggetti "normali" sotto stress

Tornando in clinica, alle cosiddette "diversità", stiamo riflettendo sul fatto che in questi soggetti vi sia qualche cosa di speciale che viene trascurato, perché si parte dal punto di vista di dover affrontare una patologia. Certamente, il disagio e la mancanza di adattamento sociale andranno affrontati, ma cercando di salvaguardare quella parte più profonda e preziosa in contatto con le frequenze emotive dell'ambiente.

Abbiamo idea che vi sia una sorta di capacità superiore di captazione di atmosfere emotive che retroagisce sul soggetto e tende a sopraffarlo, non potendo egli gestire, con un sistema di controllo debole, flussi di emozioni così pesanti; oppure, ancora, in altri casi, sistemi che sarebbero normofunzionanti se ondate emotive incontrollabili non bloccassero il processo rendendolo apparentemente inefficiente: situazioni diverse che portano a comportamenti disadattivi.

È importante che questi stati mentali siano studiati, ma non solo teoricamente; andranno, per quanto possibile, provati perché vissuti in determinati momenti. Possono essere anche elicitati da simulazioni interpretative, come ad esempio avviene nel metodo Stanislavskij per il teatro. Una situazione non uguale, ma simile, emerge nei meditatori di lunga data, che possono attraversare fasi delicate di squilibrio, quando il loro sistema diventa molto più sensibile e recettivo verso atmosfere emotive disturbanti, che possono mettere in crisi il pur sviluppato sistema di controllo (per certi cammini, se si va troppo avanti, non è più possibile tornare indietro: è giusto che la mindfulness si sia fermata ad un certo livello).

Il clinico stesso deve prepararsi a queste esperienze se vuole affrontare e comprendere di più questi stati iper-emozionali; non affrontabili con il linguaggio, ma agganciabili con gli stati (meditativi) dell'operatore stesso, come racconta Piernicola Ninci nelle sue esperienze con pazienti adulti psicotici gravi.

L'operatore deve prendere consapevolezza delle situazioni che lo portano a vivere almeno in analogia e solo parzialmente stati simili (non a caso abbiamo poco fa citato momenti normali di ecolalia immediata e ritardata che tutti noi possiamo avere). Come dicevamo (e come suggeriva Lavie, 2000), se siamo attenti ed introspettivi alcune di queste situazioni "emotivamente forti" le abbiamo sicuramente vissute, anche solo occasionalmente. Chiunque, prima o poi, è coinvolto in inaspettate situazioni di pericolo o è sotto stress emotivi forti. Non sarà proprio la stessa cosa, ma ci teniamo a ribadire come la conoscenza teorica per il clinico in prima linea sparisce, se lui stesso non sa riconoscere e agire sugli stati da provocare (tranquillità e attenzione) e da affrontare (agitazione e dispersione), perché direttamente vissuti. Le sedute di meditazione possono portare a queste forme di consapevolezza. La conoscenza del clinico deve spaziare in tanti campi perché i pazienti sono divisi per etichetta diagnostica, ma non ce ne è uno uguale a un altro e le vie di comunicazione e di intervento non sono stabilite a priori dai manuali diagnostici statistici. Diventa perciò fondamentale il lavoro di équipe[9].

[9] Durante il mio tirocinio formativo ho potuto completare le mie conoscenze che erano più improntate alla matematica e alle neuroscienze grazie all'aiuto che ho avuto da tutor di matrice psicoanalistica freudiana dell'Istituto Sandler nei Centri del VCO di Domodossola e Gravellona Toce. La mia visione guidata dai mo-

1.4.3. Rituali consapevoli per aiutare l'allenamento mentale nello sport

Facciamo ancora alcune considerazioni immediate su come i cosiddetti "normali" affrontano questi stati mentali. Come vincono i fastidiosi pensieri ruminanti (che possono portare alla sconfitta) gli sportivi di alto livello? Abbiamo delle risposte (più di una) in quanto, oltre ai corsi routinari di neuroscienze che teniamo un po' in tutta Italia, ogni tanto siamo chiamati anche per svolgere lezioni pratiche di *mental training* (in questo caso ci cercano più che altro per l'expertise dei set di meditazione dinamica). Interrogando alcuni coach che abbiamo incontrato nei corsi, abbiamo scoperto dei livelli di intervento diverso. Un coach "dilettante" direbbe a un tennista: "non devi pensare agli errori che hai fatto quando cambi di campo", basandosi solo sui consigli e non intervenendo direttamente sugli stati e i tipi di pensiero da coltivare. Sono le istruzioni del "buon senso" che lasciano come si suol dire "il tempo che trovano" (non fare questo, non fare quello... si entra nel paradosso dell'inibizione; in questi casi inibire vuol dire pensare a ciò che non si dovrebbe pensare!). Si può addirittura peggiorare la situazione perché si evidenzia la parola "errori" che rimane in testa come un *priming* che elicita anche semanticamente i pensieri collegati. Nei casi dei coach professionisti, invece, le cose cambiano, le proposte sono caratterizzate da specifici allenamenti sugli stati mentali, svolti durante la settimana (come proponiamo noi in clinica). Tali stati devono essere richiamati utilizzando particolari indici e impegnando la mente in compiti secondari nei momenti che la tensione agonistica cala e altri pensieri possono avere accesso alla coscienza (ad esempio nei cambi di campo per il tennis). È uno spazio di apertura delicato, in cui un pensiero negativo può ribaltare tutto quanto di buono si è ottenuto fino a quel momento. Nel cambio di campo, pertanto, molti professionisti sono allenati, non ad inibire, ma a riempire la mente, per impedire l'accesso dei pensieri rimuginanti. Alcuni coach di alto livello (vista anche la qualità degli atleti che trattano) ci raccontano che allenano i loro clienti al "rituale" che in questo caso, rispetto a quello che emerge dai disturbi, dove avrebbe un'ipotetica funzione di difesa verso l'invasione emotiva, ha una valenza molto più completa e astratta. *I veri rituali sono forme di "qui e ora" consapevole* (ricordano le cerimonie in genere, come quella del tè nell'ambito della filosofia zen, dove ogni gesto è controllato ed osservato da una mente presente). *Il rituale così eseguito con consapevolezza scaccia qualsiasi forma d'ansia anticipatoria o retrodata perché si è "qui e ora"*[10].

delli sperimentali rimase colpita dalla loro coerenza metodologica e soprattutto dall'efficacia del loro intervento, che constatavo direttamente nei pazienti psichiatrici (prima e dopo). Questo ha creato un'unione di intenti prima, seguita poi da una collaborazione che è durata decine di anni. Mi rimane la memoria delle atmosfere che ho potuto condividere (rigorose nel comportamento e nel metodo) e di quanto mi hanno lasciato di basilare per la mia formazione clinica la dott.ssa Giuseppina Rossano, la dott.ssa Luigina Cuccini e il compianto "amico", il neuropsichiatra epilettologo, psicoterapeuta dott. Paolo Gasparini.

[10] In questo caso, bisogna distinguere anche i livelli del "qui e ora". Ve ne sono almeno due definiti dagli psicologi della Gestalt che distinguono il "qui e ora" puntuale da quello attuale (Köhler, 1961). Il "qui e ora" puntuale è senza prospettiva, non ha un arco temporale; se si pone una rete aggirabile tra una gallina e il suo cibo è facile trovare la gallina con la testa infilata nella rete attirata direttamente dal cibo; è paragonabile al soggetto che non valuta le conseguenze di un comportamento del momento sul futuro. Il "qui e ora" attuale, invece, dura temporalmente finché non è completato l'evento (la Gestalt; minuti, ore, anni). È il caso dei primi comportamenti di aggiramento dei bambini. Si spostano "gattonando" per evitare la rete che li separa dal giocattolo,

Ripetiamo, non sono istruzioni verbali (che possono comunque servire come rinforzo, autoistruzione e eventuale contestualizzazione per motivare), ma allenamenti diretti sugli stati mentali da poter richiamare anche in situazione di stress (è ciò che proponiamo nei nostri training cognitivi Metodo Benso®, cfr. par. 4.7.3 con nota 16 e inserto #16 per maggiori dettagli). Nei momenti di stress più disturbanti bisogna comunque resistere alle "elucubrazioni" e mantenere la mente impegnata con compiti che noi, dal di fuori, valuteremmo come stereotipie perché seguono un rituale (che incredibile coincidenza!).

Tutte queste osservazioni nel mondo dello sport e dell'arte sono studi di psicologia applicata utili a comprendere certi meccanismi mentali da valutare anche in patologia. Ad esempio, è noto che alcuni tennisti dispongono le bottigliette dell'acqua con l'etichetta orientata sempre allo stesso modo (qualcuno maliziosamente e scherzosamente sospettava un caso di pubblicità occulta, ma anche se così fosse quello che in quel momento gli atleti devono pensare non è l'ultimo errore commesso nel set, ma come ripongo la bottiglia e devono essere presenti "qui e ora"). Quello che solamente pochi coach sanno è che l'atleta non deve essere distratto totalmente per impedirgli di rimuginare sugli errori, deve comunque rimanere in partita e studiare le strategie e capire la tattica da utilizzare. È un difficile equilibrio mentale da mantenere. Non è distrazione totale (quella che Goleman, 2013, direbbe che porta poi inevitabilmente al pensiero rimuginante), ma è una sorta di distrazione comunque contenuta da una costante concentrazione "qui e ora" (non particolarmente affaticante), su di un determinato compito non particolarmente impegnativo. Ciò permette, al rientro in campo, di entrare subito in partita prendendo atto e affrontando le criticità del momento, senza farsi prendere da demoralizzazioni o peggio (per chi si è distratto troppo) da abulie incontrollate, perché si è usciti dal contesto partita, non riuscendo più a gestire l'attenzione e perdendo di conseguenza anche l'efficacia del gesto motorio[11]. Qui ci fermiamo, perché queste informazioni agli operatori vanno trasmesse e insegnate sul posto "da cuore a cuore", attraverso esercitazioni pratiche, poi applicate con particolari conoscenze di base sulla neuropsicologia dell'attenzione e altro ancora...

Riprendiamo dalle stereotipie che vediamo nel tennista, sempre per cercare di intuire di più a cosa possono servire quelle manifestate a livello di disturbo. Qualche atleta le vive a livello di superstizione, ma questo può servire comunque come ancoraggio per favorire la concentrazione su quello che verrà dopo. Pensiamo ad un momento molto importante per il tennis: quello del servizio. In questa fase non bisogna essere troppo preoccupati perché l'emotività può inquinare l'atto motorio, attivando eccessivamente il sistema di controllo, che rallenterebbe il gesto, con conseguente perdita di fluidità. Tuttavia, nel contempo, l'atleta non può estraniarsi del tutto perché deve richiamare una catena

mantenendo lo sguardo fisso sull'obiettivo e il "qui e ora" termina una volta raggiunto l'oggetto. Il "qui e ora" puntuale fa venire in mente quei comportamenti del "tutto subito" che fanno prevedere conseguenze sociali problematiche a causa dell'incapacità a gestire la frustrazione, specialmente durante l'adolescenza quando il sistema di controllo è veramente in balia del maggiore sviluppo delle aree emotive (come l'amigdala, che verrà contenuta dai vent'anni in poi dal successivo ulteriore sviluppo delle aree di controllo; Giedd, 2015)

[11] Abbiamo in queste poche righe descritto astrattamente e in forma di "concentrato" quello che cerchiamo e troviamo anche nei training cognitivi come "stato mentale di ricarica" (Metodo Benso®; Benso, in preparazione).

impressionante di gesti assemblati e ripetuti per tenerli sempre concatenati. La difficoltà di un automatismo mai perfetto nonostante anni e anni di ripetizioni la si vede anche nelle prime palle di servizio, non saranno mai al 100% buone, anche in tennisti famosi per la loro capacità mentale come Federer e Nadal. L'atleta deve essere consapevole, mentre serve, ma nel contempo, paradossalmente, scaricare l'intervento del sistema di controllo dal gesto, per non perdere la fluidità iperallenata (ma mai perfettamente automatizzata). Pertanto, non deve pensare alla partita, ma essere in partita! Il che si traduce in uno stato mentale attentivo del "qui e ora" emotivamente neutro. Tale stato deve essere preparato negli allenamenti (non con suggerimenti, ma provando e riprovando a rientrare dalla situazione di stress, magari provocata ad hoc). Prima del servizio, a volte, inizia una serie di stereotipie consapevoli e infine nasce una forma di verifica dello stato con i palleggi sul terreno (ad esempio, se scappa o scivola la pallina bisogna ricominciare, vuol dire che non si è ancora nella situazione ottimale). Seguendo la fase di concentrazione di diversi campioni, riemergono i rituali, in alcuni più palesi, che assomigliano ad apparenti tic o stereotipie, che sono consapevoli e controllati (le sequenze di gesti prima di battere, tipiche di un determinato atleta, qualsiasi appassionato di tennis le potrebbe declinare a memoria). Ovviamente, lo stesso tennista quando intervistato, se prima di rispondere al giornalista ripetesse ogni volta la sequenza dei gesti di cui sopra, allora le cose sarebbero diverse!

Attraverso il tennis abbiamo introdotto brevemente l'atmosfera degli stati attentivi da ottenere nei training cognitivi. A poco servono i materiali dei trattamenti se non si sanno elicitare e trasmettere questi stati.

Tutto questo, inoltre, può portare a comprendere l'utilità di scarico emotivo che hanno le stereotipie e può chiarire come alcuni meccanismi (apparenti tic o stereotipie) riescano a promuovere stati mentali favorevoli; mentre in altri contesti, a causa dell'eccessiva attivazione emotiva, perdono in parte la loro funzione calmierante, perché possono invadere e disturbare la vita di soggetti deboli ed essere manifestazione esterna di una sopraffazione emotiva.

Dobbiamo ribadire per l'ennesima volta che questa conoscenza, per quanto ci riguarda, viene filtrata dagli aspetti scientifici che la regolano e, soprattutto, ha bisogno di appoggiarsi ai modelli offerti dalle neuroscienze, non accettati acriticamente, ma filtrati, studiati e, quando possibile, provati direttamente nel nostro laboratorio.

1.5. Inquadramento delle disabilità centrali e proposte di intervento

L'intero sistema rivela disabilità quando vi sono debolezze del sistema attentivo-esecutivo, poche interazioni, maggior incapsulamento e anche poco feedback longitudinale tra moduli e sistemi centrali che non sono abbastanza sollecitati nemmeno dalle vie afferenti periferiche. In altri termini, almeno quattro componenti emergono come necessarie per sviluppare le abilità:

1. la possibilità di scambio informazionale tra i diversi circuiti disposizionali (per noi, moduli massivi, come vedremo nel capitolo 2);
2. la giusta quantità di risorse disponibili per creare, attivare, sostenere e assemblare i diversi circuiti disposizionali;

3. la possibilità di "penetrazione regolata" e di rapporto dialogico ricorsivo tra sistemi centrali e moduli periferici, per ottenere la formazione del circuito disposizionale (cfr. fig. 5.7, capitolo 5);
4. la possibilità di poter abbassare il livello di emotività negativa, per favorire lo sblocco di determinate abilità quando esistenti in potenza, ma non manifestate.

La quarta componente comprende anche l'atmosfera da mantenere in un set (ri)abilitativo in genere. La mancanza della prima e della terza componente può generare comportamenti stereotipati, incapsulati, con abilità molto specifiche o appiattimenti, qualora niente venga privilegiato dal soggetto. La difficoltà nella seconda componente può generare disturbi di sviluppo degli apprendimenti complessi. Spiegheremo il modello e saremo più dettagliati sui termini nel corso dei successivi capitoli.

Da questo modello nasce congruamente l'idea di come impostare un protocollo di stimolazione per i soggetti con disturbi dello sviluppo, tenendo conto che questo elenco non è esaustivo e va adattato al singolo soggetto, in base alle sue caratteristiche peculiari (uniche, anche se appartengono ad etichette diagnostiche, che comunque per lo più sono "ad ombrello"). Soprattutto va commisurato con il livello di gravità che il soggetto stesso presenta. In tal caso diventa sensato per il clinico cercare di entrare in uno stato ottimale, quasi meditativo ("qui e ora") a bassa tensione emotiva, con la consapevolezza di ogni piccolo particolare, per cercare di stabilire un contatto empatico basato sullo stato appena descritto.

Una volta aperto un qualsiasi canale comunicativo, è possibile agire con cautela sui livelli di emotività/attenzione che andranno variati ad hoc per creare motivazioni, momenti di allerta (massima attenzione) e quanto ancora nascerà da un rapporto a due, che non può essere condotto unilateralmente e quindi prestabilito (almeno all'inizio). Bisognerebbe evitare il più possibile approcci superficiali tendenti esclusivamente ad affrontare il sintomo per correggerlo; appena si può bisognerebbe cominciare minimamente ad agire. Sempre mantenendoci sul livello di disponibilità del paziente, bisogna stimolare i moduli sofferenti e le risorse disponibili facilitando la "penetrabilità regolata" (componenti 2 e 3). Si suggerisce di utilizzare una stimolazione multisensoriale per creare più collegamenti tra i moduli (componente 1) nell'ipotesi di poter sviluppare, prima o poi, un inizio di ridescrizione rappresentazionale. Se i moduli, ad un certo livello di elaborazione non si interrogano a vicenda e l'informazione rimane incapsulata, si ha necessariamente un comportamento chiuso e settoriale.

Da qui nasce anche la raccomandazione di evitare, nei limiti del possibile, trattamenti riabilitativi stereotipati che portano e lasciano il soggetto su risposte automatiche, che richiudono il sistema su se stesso, riducendo le possibilità di ottenere ulteriori sviluppi.

È importante richiamare molto spesso l'attenzione e la consapevolezza, accompagnando gli apprendimenti con compiti concomitanti graduati sulle poche risorse del soggetto. *Ad esempio, se vogliamo migliorare il lessico non saranno ripetizioni continue del nome degli oggetti che si sedimenteranno in memoria (poco si ottiene e molto si dimentica sospendendo gli esercizi). Sarà più efficace la ripresa "ontogenetica" di come si è formato il lessico: "attenzione, oggetto, nome" (il bambino che non sta attento all'oggetto mentre un genitore lo nomina non creerà l'associazione in memoria).* Inoltre, sembra che le memorie non si formino se non si attivano determinate aree attentivo-esecutive durante gli esercizi di apprendimento (cfr. gli studi sulla memoria successiva: Wagner et al., 1998; Paller e Wagner, 2002; Rypma e D'Esposito, 2003; Blumenfeld e Ranganath, 2006); queste stesse aree, pertanto, vanno anche rinforzate e stimolate, approfondendo, però, la conoscenza delle attività che le coinvolgono veramente.

Riteniamo che questo tipo di informazioni, inserite in modo sparso in questo volume, possa rappresentare gli elementi più importanti e fondamentali per formare i clinici o i coach sportivi sugli aspetti basilari dei trattamenti o degli allenamenti. Controintuitivamente sono conoscenze molto più pratiche e risolutive per l'efficacia dell'intervento delle "istruzioni per l'uso" che accompagnano i diversi tipi di trattamento. Per esperienza sappiamo che gli operatori meno attivi cercano solo il materiale o le formulette per trattare, rifuggendo da teorie e modelli. In tal caso rimangono vincolati a un tipo di training che poi inevitabilmente si chiude in se stesso e non sono in grado di programmare o di riadattare, mancando loro la conoscenza necessaria. Dal nostro punto di vista il materiale del trattamento è solo un pretesto per riattivare stati attentivi e per esercitare l'autoregolazione. Andando avanti nel testo, in base ai diversi argomenti trattati, tali informazioni appariranno come "isole" da riunire. Indipendentemente dal materiale, ognuno potrà intervenire sugli apprendimenti (anche la (ri)abilitazione è una forma di apprendimento) con quello che ha a disposizione. Ciò vale per qualsiasi professione e lo diciamo perché questo è già avvenuto, sia che si tratti di un insegnante, di un logopedista, di uno psicologo, di un neuropsicomotricista, di un educatore, di un medico, di un maestro di musica, di un allenatore sportivo, di un direttore di teatro. Ovviamente ciò è possibile a livelli di efficacia diversi e contano empatia, motivazione, emozioni positive, autoregolazione dell'operatore, lo studio e la conoscenza approfondita dei modelli teorici (che presenteremo in parte in questo libro, e nelle loro applicazioni pratiche in una prossima pubblicazione: Benso, in preparazione).

1.6. Il profilo del testista: critica di Shallice alla psicologia "ultracognitivista"

Tralasciamo al momento l'aspetto psicologico dell'operatore, indispensabile ma che comunque non bisogna dare per scontato. Ci permettiamo ora di completare almeno in parte quanto fino ad ora suggerito con alcuni consigli che sembrano banalità, ma che forse vanno inseriti per non tralasciare l'ovvio. I bambini non vanno bloccati emotivamente da atteggiamenti "professionali", freddi, distaccati o al contrario eccessivamente invadenti. Inoltre, il profilo di chi tratta la testistica neuropsicologica non è solo dato da una laurea in psicologia, in neuropsichiatria, in neurologia o da un titolo in psicoterapia. Tale profilo dovrebbe comprendere una sufficiente competenza statistica, una conoscenza delle architetture funzionali della neuropsicologia, dei modelli teorici collegati con gli aspetti neuronali.

Pertanto si richiede una visione ampia, non arginata nei manuali diagnostici e nemmeno isolata nei paradigmi cognitivi avulsi dalla realtà neuropsicologica. Parafrasando Shallice (1988) quando critica la psicologia "ultra-cognitivista", possiamo dire sostanzialmente che il cognitivismo "chiuso" in se stesso può perdere di vista la realtà neuroscientifica, essendo a volte confinato nelle sue eleganti equazioni piene di bias nascosti. Dice Shallice:

> Il risultato più negativo per la neuropsicologia ultra-cognitivista sarebbe di portare alla pubblicazione una serie di studi, all'apparenza molto sofisticati tecnicamente, ma irrilevanti o peggio fuorvianti a causa di errori clinici dovuti ad un atteggiamento ultra-cognitivista eccessivamente anti-clinica e anti-riduzionista. Questi errori sarebbero molto difficili da rilevare per due motivi. Primo, perché le informazioni necessarie non sarebbero disponibili. Secondo, perché l'aumentata sofisticazione tecnica dei lavori scritti dagli psicologi cognitivisti tiene lontano i clinici da queste pubblicazioni precludendo la possibilità a chi è competente di mettere in evidenza un errore clinico nascosto [p. 260 dell'edizione italiana].

Richiameremo più volte questa osservazione nel trattare l'ultra-cognitivismo applicato alle funzioni esecutive.

1.7. Paradossi e comportamenti contraddittori: Heisenberg, Gödel, Tarski. La necessità di stratificare la conoscenza

Valutare gli errori di misura non è sufficiente; come vedremo, saranno molto frequenti, e insidiosamente poco visibili, anche gli errori di ragionamento. Cominciamo con l'affrontare i paradossi che ci indicheranno anche i limiti e le accortezze necessarie per evitare il più possibile le contraddizioni sia in clinica che nella ricerca.

Volendo argomentare sui paradossi, è interessante iniziare con i comportamenti contraddittori. È frequente vedere accettata una particolare teoria e far poi discendere in clinica comportamenti in totale dissociazione perché derivanti da precedenti abitudini. Conoscere i principi basilari dei "tipi logici" non rappresenta un argomento solo per matematici o filosofi, ma è fondamentale per i neuropsicologi che disquisiscono sui modelli mentali, come ad esempio quando si vuole descrivere il concetto di modularità, così importante per definire anche determinati comportamenti clinici.

Creiamo un esempio inventato (ma non del tutto fuori dalla realtà) che cade in una catena di contraddizioni. Immaginiamo all'opera degli "innatisti rigidi", che cercano di migliorare un modulo iposviluppato (potrebbe essere il sistema linguistico o quello visuospaziale) con trattamenti cui non dovrebbero credere perché utilizzano un comportamento reiterato per variare ciò che, secondo loro, è stabilito esclusivamente dalla genetica (essendo rigidi non dovrebbero prevedere l'intervento dell'ambiente sull'espressione genica). Tuttavia, aggiungendo un filo d'ironia (che non guasta mai), riescono a rientrare nel loro credo quando confermano con soddisfazione i loro fallimenti abilitativi dicendo: "i trattamenti non funzionano". Questo giocoforza nasce perché da buoni innatisti e modularisti forti come sono, questa volta *coerentemente,* seguono protocolli che utilizzano training chiusi in automatismi sterili e ripetitivi (anch'essi modulari), che non possono funzionare perché non coinvolgono appieno i sistemi attentivi e, di conseguenza, le aree utili alla memoria e alla formazione degli apprendimenti (Wagner et al., 1998; D'Esposito, Postle e Rypma, 2000; Paller e Wagner, 2002; Rypma e D'Esposito, 2003; Blumenfeld e Ranganath 2006; per un compendio, cfr. Benso, in preparazione e anche il capitolo 4). In tale maniera, il fallimento di un trattamento modulare stretto fornisce evidenza indiretta alla immodificabilità dei sistemi modulari (la contraddizione della contraddizione che crea una conferma). È ovvio che chi ha una visione dei sistemi di tipo multi-componenziale ed incarnata, nel senso che condivide le teorie dell'*embodiment* e multisensoriali, con la possibilità di un intervento delle funzioni superiori in appoggio alla memoria, sta praticando dei modelli che, se tradotti in esercitazioni (ri)abilitative, hanno più facilità di ottenere risultati efficaci nei diversi trattamenti, come sarà detto nel capitolo 4.

Tuttavia, nessuno è immune dall'incoerenza, come vedremo tra poco anche con le citazioni di Goleman (2013): esserne consapevoli può favorire osservazioni meno influenzabili da fattori esterni. Bisogna sapere che, comunque, vi sono i limiti negli stessi linguaggi e sistemi formali che aggiungono indeterminatezza alla scienza. Spesso si sentono dei clinici o dei teorici, nell'ambito della psicologia, della psichiatria o della neurologia, fare affermazioni assolute su aspetti mentali per lo più ancora molto poco conosciuti, così il loro piglio, la ripresa di certe frasi rendono queste affermazioni reali anche se non sempre completamente vere. La ripetizione ossessiva di una teoria non vera la ipostatizza e la rende reale e credibile (i falsi – *fake news* –, che prendono campo nei social network, che rimangono veri anche quando smentiti, ne sono un esempio efficace).

Il principio di indeterminazione di Heisenberg in fisica è valido metaforicamente anche per le scienze cognitive. Vi è indecidibilità nella scienza e nei sistemi formali stessi, figuriamoci nella psicologia. Prendiamo, ad esempio, il teorema definito da molti come il più importante del secolo scorso, quello di incompletezza di Gödel (1931). Da tale teorema nascono diverse implicazioni, che vanno a spalmarsi su tutte le scienze che utilizzano i sistemi formali e matematici. Gödel dimostra che una proposizione può essere vera, ma non dimostrabile all'interno dello stesso sistema (incompleto). Se si aggiungono assiomi per rendere più potente il sistema dal punto di vista della dimostrazione (operazione lecita anche per il linguaggio formale), alcuni teoremi potrebbero divenire tra loro contradditori, rendendo il sistema incoerente. Se si cerca la massa non si trova la posizione e viceversa... "Se il sistema è coerente non è completo, se è completo non è coerente" Gödel (1931).

1.7.1. Il Linguaggio senza la teoria dei tipi porta ai paradossi nelle affermazioni autoreferenziali

Un'applicazione al linguaggio del teorema di Gödel l'abbiamo con lo studio di Alfred Tarski (1902-1983). Si viene, così, a comprendere come l'estensione e l'applicabilità del teorema vadano oltre la logica matematica. Prendiamo ad esempio le antinomie come quelle del mentitore – "io mento"[12] – che vengono affrontate da Tarski introducendo i diversi livelli di linguaggio, per evitare le frasi autologhe che portano al paradosso, adottando la strategia dell'approccio dei *Principia Mathematica* di Whitehead e Russell (1910-1913). Questi ultimi, per evitare le antinomie generate soprattutto dagli autoriferimenti, hanno proposto la teoria dei "tipi logici". Ad esempio, un elemento x può appartenere ad un insieme I, ma non può appartenere a se stesso (per evitare il famoso "paradosso di Russell"[13]).

[12] L'antinomia del menitore è data da proposizioni autoneganti come "io mento". La prima formulazione pervenutaci risale a S. Paolo, che nella Lettera a Tito 1, 12-13, scrive: "Uno di loro, proprio un loro profeta, ha detto: 'I Cretesi sono sempre bugiardi, brutte bestie e fannulloni'. Questa testimonianza è vera". Il profeta cui Paolo allude è Epimenide il Cretese, di cui non ci sono pervenuti scritti.

[13] Il paradosso di Russell dice: "Sia R l'insieme di tutti gli insiemi che non appartengono a se stessi. Allora R appartiene a se stesso se e solo se R non appartiene a se stesso". È una delle più belle pagine della storia della mate-

Anche per il linguaggio si possono distinguere i livelli. Vi è quello più basso definito "oggetto", come nell'affermazione «la neve è bianca»; quello di grado superiore "meta", che asserisce qualcosa sul linguaggio oggetto del tipo: «"la neve è bianca" è vera se e solo se la "neve" è bianca». Si nota un ulteriore salto di livello nell'analisi (quando si asserisce qualcosa sul meta-linguaggio), quando si arriva ad argomentare che tale frase sulla neve, non è una mera tautologia come «piove perché piove», sempre vera. Nel caso dell'enunciato proposizionale che afferma sulla neve, la parola "neve" ha due significati diversi che, se non tipicizzati, possono portare a contraddizioni o a tautologie complementari. Come direbbero i logici medievali, uno (neve) appare in *suppositione formali* (ossia come fornita di significato), mentre l'altro ("neve") appare in *suppositione materiali.*

Lo studio dei paradossi è stato proficuo per arricchire le teorie linguistiche, così come le illusioni ottiche hanno portato informazioni alla teoria della percezione. Lo studio delle anomalie, spesso, incrementa la conoscenza nei contesti teorici dove si manifestano; il problema nasce quando tali aspetti si rimuovono, immersi nell'illusione positivista di trovare sempre continue certezze e precise definizioni e dimostrazioni. Quello di Tarski è un concetto di verità semantica non da tutti accettato, ma non è questo il punto, si vuole arrivare a dire che anche in psicologia cognitiva è importante distinguere i livelli e gli stati. Per esempio, come diremo dopo, si creano confusioni teoriche quando vengono chiamati con lo stesso nome, *moduli*, la captazione di frequenze linguistiche, la ripetizione di una filastrocca o la lettura. C'è una gerarchia e una differenza di complessità che, se non tipicizzata, può portare a gravi incomprensioni, come quella di dare delle caratteristiche simili a tre livelli invece diversi e distinti (il tutto non è mai uguale alla somma delle sue parti).

Questa operazione di tipizzazione va applicata in tutti gli universi possibili (come si dice in logica), così lo stesso termine *inhibition* prende significati diversi in base alle stratificazioni in cui si esprime (neuronale, motorio, cognitivo; MacLeod, Dodd, Sheard et al., 2003), ma anche in questo caso molto spesso la differenza non viene colta. Vale la stessa considerazione per gli apprendimenti che sono di livello di complessità diversa. Sembrano pure dissertazioni filosofiche solo perché vengono rimosse dalle "certezze" dicotomiche che fanno trend, ma sono realtà che se non considerate minano la credibilità scientifica dei lavori proposti, senza dimenticare che possono avere serie ricadute in clinica e nelle fasi di intervento.

1.7.2. La stratificazione dei concetti e del sapere nella scienza aiuta ad arginare la "razionalità limitata"

La necessità di tenere ben distinti i livelli di complessità è un'esigenza insostituibile in tutti i campi dello scibile. Lo stesso Lorenz (1974) fa notare come il ragionamento dicotomico sia preferito dall'uomo perché semplificante e meno impegnativo in determinati

matica, l'immagine dello studente Bentrand Russell mentre scrive dell'antinomia al prof. Gotlobb Frege che stava pubblicando un'opera immensa volta a reggere tutta la matematica con la logica. Dimostrando un'onestà intellettuale di altri tempi Frege scrisse: "Uno scienziato può difficilmente scontrarsi con qualcosa di più indesiderabile che avere i fondamenti spazzati via proprio quando il lavoro è terminato. Sono stato messo in questa situazione da una lettera del signor Bertrand Russell, quando l'opera era in procinto di essere data alle stampe". Incredibile vero?

contesti ("razionalità limitata": Simon, 1955). Questo tipo di ragionamento, pur impreciso e spesso non applicabile alla realtà, fornisce in determinate situazioni un maggior senso di sicurezza e permette decisioni (spesso trancianti) che superano quel senso d'ansia che si instaura nell'attesa di capire. Un ragionamento dove la realtà è solo "bianca o nera" (*tertium non datur*) è semplificativo, riduttivo e meno informativo. Anche la logica ha sentito la necessità di andare oltre (Jan Łukasiewicz, 1878-1956) inserendo il "grigio" (il *tertium*). Le stesse domande a scelta dicotomica di alcuni questionari, essendo semplificanti e a volte tendenziose (escludendo un'alternativa da poter scegliere non voluta dal somministratore), possono diventare fastidiose o essere addirittura non affrontabili. Inoltre, come si sosteneva nell'incipit di questo libro, si può aggiungere che il giudizio e la decisione non sempre dipendono dal sistema cognitivo. Come riferisce Goleman (2013), le decisioni importanti per la vita non vengono in prevalenza prese attivando i circuiti neuronali cognitivi, ma soprattutto interessando i circuiti emotivi e affettivi, che guidano anche le scelte verso ciò che fa tendenza o che piace. Tuttavia, a livello di scienza bisognerebbe utilizzare il pensiero logico e strutturare i modelli per rappresentare il meglio possibile la realtà che ci circonda (fisica, psicologica, spirituale). Riportando però il discorso sull'aspetto teorico/pratico delle neuroscienze "pure", si è sentita molto presto l'esigenza di stratificare per meglio comprendere. Pertanto, nonostante tutto, sono molti i modelli nelle scienze umane che si presentano con un gradiente di complessità diverso, noi ne citeremo solo alcuni di quelli che abbiamo maggiormente praticato.

1.7.3. David Marr, il metodo e l'applicazione pratica

Uno dei più citati "stratificatori", che appare nei testi di scienze cognitive, è David Marr (1945-1980) un neuroscienziato esperto di intelligenza artificiale che studiava come costruire apparati visivi nei robot. Per fare questo creò modelli e prototipi utili a spiegare anche i processi visivi umani (non a caso è spesso citato nei trattati di neuroscienze della visione). Nel suo libro, pubblicato postumo e ricco di informazioni metodologiche, *Vision* (Marr, 1982), egli propone un'importante distinzione tra i livelli dei vari processi, che classifica così: 1) *computazionale*, 2) *algoritmico*, 3) *dell'hardware*. I livelli si sostengono dal basso verso l'altro, ma i livelli più bassi non possono spiegare la complessità di quelli superiori.

Il livello computazionale è il più astratto, è dove ci si chiede cosa fa il dispositivo considerato e perché lo fa. Siamo di fronte alle ipotesi che vogliono indagare cosa avviene veramente. In base alla computazione osservata, iniziano le prime illazioni: qual è lo scopo della computazione? Qual è la logica e la strategia attraverso la quale il compito viene eseguito?

Ciò porta ad ulteriori riflessioni per poter ipotizzare cosa c'è e come si svolge realmente la computazione dentro la "scatola nera" (compito dello scienziato cognitivista). Si arriva pertanto a considerare il livello dell'algoritmo o della rappresentazione (solo ipotizzabile, mai certo). A questo livello ci si chiede: qual è l'algoritmo che trasforma l'input in output? Che funzione possiamo utilizzare o è stata utilizzata per ottenere la computazione osservata? Come possono essere rappresentate le diverse funzioni? Quali altre funzioni alternative potrebbero spiegare l'avvenuta computazione?

Infine, il livello dell'hardware è quello dove si vede o si decide come è possibile realizzare fisicamente la rappresentazione e l'algoritmo. Nel caso della visione l'hardware è formato da apparati ottico-retinici e dai neuroni. Interessanti per noi sono le osservazioni che seguono.

Le spiegazioni di un processo possono essere date da uno, da due o da tutti e tre i livelli, è però essenziale che avvengano al livello appropriato, in quanto "nel tentativo di correlare i problemi fisiologici alla psicologia, troppo spesso si ingenera confusione tra i livelli" (Marr, 1982).

A tal proposito dice ancora: "Un algoritmo è probabilmente più facile da capire se si comprende la natura del problema che risolve [e pertanto il livello superiore computazionale], più che studiare i meccanismi in cui è implementato. Similmente, provare a capire la percezione studiando solo i neuroni è come provare a capire il volo degli uccelli studiandone solo le penne" (Marr, 1982).

Questa citazione applicata alla complessità del sistema esecutivo viene riproposta da diversi autori come Bernstein e Waber (2007), Burgess (1997), Rabbitt (1997) e Brown (2006), quando affermano in tempi e modi diversi che *una funzione esecutiva da sola non può essere isolata, essendo essa stessa formata da più funzioni*[14].

L'idea dei "tipi logici" richiamata anche con forza da MacLeod et al. (2003) non è fine a se stessa. Sappiamo che senza distinzioni tassonomiche dei processi e dei concetti si rischia di cadere nei paradossi e nelle antinomie. Questo è un caposaldo che qualsiasi scienziato dovrebbe adottare o prendere in considerazione come aspetto metodologico irrinunciabile. Purtroppo, troppo spesso si cade nel più comodo e ingenuo approccio dicotomico, come quando si tratta la lettura alla stessa stregua del linguaggio. Oppure quando il linguaggio stesso viene inteso come un corpo unico incapsulato, disincarnato[15], non distinguendo i livelli sempre meno incapsulati (ad esempio quando si passa dalla fonologia, all'accesso lessicale, alla metafonologia).

Sono operazioni che affrontano la "razionalità limitata" accettando la complesità e creando stratificazioni chiarificatrici. Così hanno fatto, ad esempio, Moscovitch e Umiltà (1990) quando distinguono tre livelli di modularità, Rizzolatti e Sinigalia (2006) quando creano una gerarchia degli atti motori, Tarski (1991) quando crea tassonomie anche a livello semantico e distingue il "linguaggio oggetto" dai metalinguaggi. Tra l'altro, come abbiamo accennato nel paragrafo 1.7.1, Tarski, in analogia con la teoria di Gödel, ha studiato i limiti del linguaggio e della logica e spiegato come il meccanismo con cui si formano i paradossi sia generato proprio dalla confusione dei livelli che sfociano nelle proposizioni autologhe.

[14] "The usual scientific approach in research is to isolate and try to measure one variable that reflects one specific process and not others. He argued that 'this venerable strategy is entirely inappropriate for analysing executive function because an essential property of all *executive function* is that, by its very nature, it involves the simultaneous management of a variety of different functional processes'" (Rabbitt, 1997, p. 14).

[15] Termine che deriva dalla teoria dell'*embodied cognition*. Traduciamo, con Gallese (2007), *disembodied* con il termine "disincarnato", per definire una struttura isolata, non penetrabile e senza contatti con i diversi sistemi cerebrali e corporei. Binder e Desai (2011) così definiscono l'*embodied cognition*: "È quella teoria generale delle neuroscienze cognitive che sostiene che i sistemi percettivi e motori supportino la conoscenza concettuale, vale a dire che la comprensione o il recupero di un concetto comporta un certo grado di simulazione sensoriale o motoria del concetto stesso".

1.7.4. Il contributo di Lorenz alla teoria dei tipi logici

Konrad Lorenz (1903-1989), premio Nobel per la medicina, è un autore prezioso che fornisce una visione corretta e concreta delle scienze umane. Nonostante sia più noto come etologo, i suoi studi sono di fondamentale importanza per le discipline psicologiche. Egli cita il filosofo Nicolai Hartmann (1882-1950), che organizza il mondo secondo livelli e presenta in modo evidente come vi siano diversi piani, ognuno dei quali è diverso dagli altri in base ai contenuti: di *natura inorganica*, *organica*, *psichica* e *spirituale*. Ogni strato superiore contiene in sé forme e proprietà appartenenti a quello inferiore, ma, al tempo stesso, presenta caratteristiche nuove, non spiegabili scendendo di livello. Come direbbero gli psicologi della Gestalt, "il tutto è maggiore della somma delle singole parti". *Pertanto, lo strato superiore può essere condizionato da quello inferiore, ma non spiegato.*

Lorenz (1974) descrive gli errori che avvengono nella scienza con la teoria dell'infrazione all'analisi categoriale proposta da Nicolai Hartman. Dice, ad esempio, di evitare di dare spiegazioni su argomenti psicologici utilizzando gli strati più bassi, i cosiddetti "ismi". Nel senso che si fa del biologismo riduzionista nello spiegare con i neurotrasmettitori la complessità di un individuo che manifesta aspetti depressivi[16]. Oppure operare dall'alto in basso interpretando psicologicamente eventi biologici; ad esempio, dicendo ad un ipertiroideo con scompensi ormonali non curati che il suo stato ansioso dipende dal conflitto interno che ha con la madre. Gli esempi sono forzatamente eclatanti, ma nelle scienze cognitive, quando si considera uno spoonerismo[17], una prova prettamente linguistica o si pretende di misurare una funzione esecutiva con un singolo test (visione riduzionistica e localizzazionista: funzione *precisa*, aree cerebrali *precise*, test *preciso*; critica come da Bernstein e Waber, 2007), siamo alla stessa stregua.

In altri termini, ripetiamo, i sistemi sono stratificati e così le loro funzioni. Aumentando di complessità col salire di livello si perdono le caratteristiche dei servosistemi inferiori (la piuma dell'uccello non spiega il volo!). Vi è differenza anche di livello di automaticità, tra un riflesso di ammiccamento, il camminare e il danzare; così tra la ripetizione passiva di sillabe, il naming di oggetti e la lettura. Vi è una tendenza quasi "emotiva" a cercare le dicotomie e a non voler stratificare; riemerge pertanto la "razionalità limitata" di Simon (1955). Nei sistemi complessi (stratificati) non viene applicata la razionalità, ma si delegano gli aspetti decisionali e giudicanti a sistemi umorali emozionali.

[16] Il livello biochimico ha una sua influenza condizionante che, però, non si può elevare a livello di spiegazione del livello mentale.

[17] Con *spoonerismo* si indica un gioco di parole in cui vengono scambiate le lettere di due vocaboli (per lo più la prima). Il termine deriva dal Reverendo William Archibald Spooner (1844-1930), famoso per commettere questo tipo di errore. Il test contiene, appunto compiti di inversione delle iniziali tra due parole come **L**una **D**ente che devono essere trasformate mentalmente in **D**una **L**ente. Per svolgere tale esercizio le richieste vanno ben oltre il modulo linguaggio (inteso nel senso "forte, incapsulato"), ma altri sistemi specifici oltre l'attenzione esecutiva vanno reclutati. Si vedano i dati sperimentali a conferma, forniti alla fine del capitolo 2.

1.8. Organizzare i dati clinici in base alle teorie e alle architetture funzionali

Anche senza volerlo, seguire alternativamente a livello neuropsicologico, in base al trend, dei modelli teorici senza averli criticamente riorganizzati può facilmente portare a inferenze contraddittorie o a comportamenti incoerenti in clinica. Questa non è una critica fatta dall'alto, ma la constatazione di come tutti noi possiamo cadere in questi meccanismi.

Lo sforzo deve essere quello di analizzare i protocolli clinici, valutarne la coerenza con i modelli teorici (indispensabili) e far discendere le interpretazioni dei dati dai modelli stessi. Le singole affermazioni delle relazioni cliniche vanno controllate nella coerenza con le ipotesi confermate dai dati (che devono essere inseriti in "chiaro", per giustificare e regolare le scelte diagnostiche e per permettere ad altri professionisti di leggere eventualmente altri significati sul funzionamento di quell'individuo).

Come si vede in figura 1.1, i test derivano dalle architetture funzionali proposte in neuropsicologia che descrivono gli ipotetici processi delle diverse funzioni misurate. Le architetture funzionali, valutate e provate sperimentalmente, derivano da modelli teorici scelti tra i più soddisfacenti per spiegare determinati fenomeni. I risultati clinici vanno pertanto interpretati risalendo fino alla teoria che li ha indirizzati. I dati possono anche creare criticità e incongruenze che possono portare alla modifica dei modelli e al riaggiornamento di determinate teorie. Il processo non è stabile e definitivo, ma dovrebbe essere dinamico e in continua evoluzione. Le variazioni vanno comunque ammortizzate e ponderate nei tempi utili di utilizzo e di studio dei modelli applicati in quel preciso momento storico.

La figura 1.1. sembra ricalcare quanto detto dal Maestro zen cinese Fayan Wenyi (885-958):

> Le Scuole degli Illuminati trattano sempre dei principi e dei fatti. I fatti si determinano in base ai principi, mentre il principio si rivela sulla base dei fatti [...] Se comprendi i fatti, ma non il principio [noi diremmo se valuti solo i dati senza le teorie e i modelli], ti impantani e non sei in grado di proseguire. Se raggiungi il principio senza i fatti [per noi la psicologia ultracognitivista citata da Shallice (1988) chiusa nelle sue equazioni], sarai confuso e senza risorse. Se vuoi superare la loro dualità, essi devono fondersi completamente [tratto da: Thomas Cleary, *L'anima del samurai. Tre opere classiche sullo zen e il Bushido*. Edizioni Mediterranee, 2012].

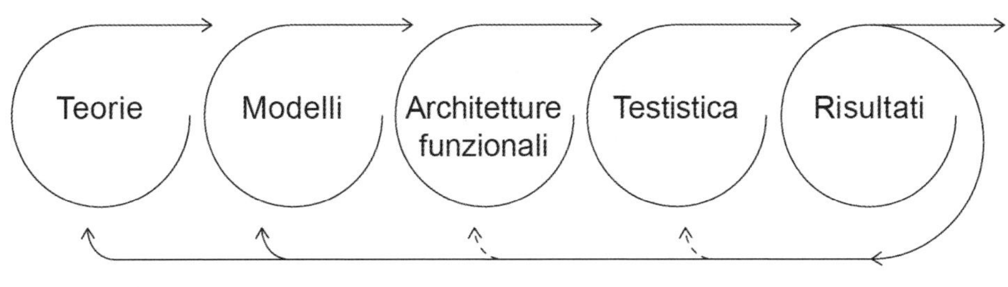

Figura 1.1. Processi interattivi e a retroazione che conducono dalla teoria alla diagnosi

La guida degli antichi saggi è ancora oggi indispensabile e non bisogna mai dimenticare queste culture, non per ragioni di rivisitazioni storico-archeologiche, ma per proiettarci nel futuro con più consapevolezza e conoscenza.

1.8.1. Ancora per il testista: la disciplina cui sottoporsi per una visione più possibilmente obiettiva. Affrancarsi dai giudizi collettivi

Chi utilizza strumenti di misura od osservazioni valutative può facilmente interpretare i dati secondo una propria proiezione che può distorcere le conclusioni diagnostiche (è l'errore soggettivo che si ha anche nelle misure in fisica). Jung (1921/2011) afferma quanto segue:

> Il riconoscimento e la considerazione dei fattori soggettivi che influenzano la conoscenza in genere e la conoscenza psicologica in modo affatto particolare costituiscono una condizione indispensabile per una valutazione scientifica ed esatta di una psiche diversa da quella dell'osservatore. Questa condizione può essere soddisfatta solo nel caso che l'osservatore conosca a fondo in ogni suo aspetto la propria personalità, il che può avvenire solo a patto che egli si sia sufficientemente affrancato dall'azione livellatrice dei giudizi collettivi per giungere così a possedere una idea chiara della propria personalità [...] uno spirito che ha assunto un atteggiamento collettivo è appunto incapace di pensare e sentire se non attraverso una proiezione.

L'osservatore deve affrancarsi dalla sua interpretazione soggettiva e soprattutto dai giudizi collettivi.

Applicando questa conoscenza agli strumenti di indagine, emerge il rigore necessario, utile non solo nella psicologia analitica, ma anche per coloro che valutano in clinica o nella ricerca, e questo vale anche per le indagini sulle funzioni di ordine superiore. Capita di notare dei clinici che a metà della batteria neuropsicologica indirizzano già pesantemente la diagnosi senza soffermarsi a verificare ulteriormente le ipotesi che stanno emergendo, proiettando, pertanto, una visione parziale e soggettiva. *Vedremo più avanti che emerge giocoforza un ragionamento abduttivo (e non deduttivo), che senza ulteriore verifica si ferma a livello di illazione.* Come a dire che determinati profili diagnostici, se non vengono verificate le prime ipotesi, si reggono su semplici illazioni. Ciò vale anche per la "sospensione di giudizio", che è anche una forma di esercizio meditativo, il saper aspettare (anche mesi) senza precipitare le interpretazioni (è un ritardo, non è un ritardo; è autismo, non è autismo; è ADHD non è ADHD, è Alzheimer, non è Alzheimer, ecc. ecc.).

Si propone, pertanto, una forma di autodisciplina meditativa che rinforzi il sistema del clinico che osserva, misura e che tratta patologie di vario genere, per affrontare con la dovuta asetticità (sia emozionale che culturale) i set diagnostici e con la dovuta energia psichica le relazioni (ri)abilitative. Deve far riflettere il fatto che la sospensione di giudizio è una delle caratteristiche delle personalità di coloro che si occupano di mindfulness o meditatori in genere. È anche la caratteristica dello scienziato prudente e deve essere un punto fermo per il clinico. L'introduzione delle tecniche meditative in psicologia fa pensare che parte del futuro delle neuroscienze sia già scritto nei libri "sacri" e nelle pratiche monacali orientali. Gli studi del gruppo Mind and Life favoriscono incontri tra gli esponenti più autorevoli delle neuroscienze mondiali e alti rappresentanti delle culture orientali. Citiamo a titolo di esempio: Alan Wallace, Owen Flanagan, Daniel Goleman, Richard Davidson, Paul Ekman, Tania Singer, il compianto Francisco Varela, il monaco biologo Matthieu Ricard, Sua Santità il Dalai Lama e il suo entourage, e altri ancora. L'Occidente propone le sue sofisticate strumentazioni e i paradigmi di ricerca controllata, l'Oriente le conoscenze delle tecniche mentali. Questo gruppo ha avviato molteplici lavori a livello di neuroscienze applicate e per noi è stato un evento cruciale che, abbinato ai nostri studi, ha giustificato la parte più relazionale dei nostri metodi di indagine e riabilitativi (Benso, in preparazione).

La costruzione di modelli, da parte nostra, è avvenuta confrontando diverse realtà, ma senza mai anticipare gli esercizi o i protocolli prima che esperimenti controllati ne confermassero l'evidenza. Attualmente, oltre ai training cognitivi, proponiamo in abbinamento gli esercizi per sviluppare autoregolazione e consapevolezza. Siamo ormai convinti che una delle variabili importanti per ottenere miglioramenti cognitivi sia anche l'autoregolazione, che deve affermarsi prima di tutto nell'operatore, nel formatore e nel clinico. Rimandiamo per altri brevi cenni ai capitoli successivi.

1.9. I giudizi collettivi fuorvianti la "razionalità limitata" di Herbert Simon

Come si diceva nell'introduzione citando Thaler, il premio Nobel 2017 per l'economia, la complessità cognitiva crea confusione e siamo portati ad estromettere il pensiero logico (la "razionalità limitata" di Herbert Simon) a favore dei "decisori" viscerali. Ciò avviene anche a livello scientifico: vi sono delle modalità operative fuorvianti che vogliamo evidenziare con degli "indizi rivelatori". Sono tracce che inquietano, ma si suggerisce di non trascurarle prima di iniziare il lavoro di ricerca o di entrare nell'ambiente clinico[18]. Non a caso abbiamo citato più sopra la fisica e la matematica con i principi di Heisenberg e di Gödel, perché queste scienze sono sicuramente più precise della psicologia sperimentale che soffre anche degli influssi di teorie non dimostrabili scientificamente. Crediamo che non sia così destabilizzante affermare che anche in psicologia, come nella logica matematica, dobbiamo fare i conti con il teorema dell'indecidibilità e possiamo sostenere tranquillamente, più che in altri ambiti scientifici, che vi sono delle "enunciazioni vere che non possono essere dimostrate". Comunque, i paragoni con le scienze definite impropriamente esatte devono far riflettere sulla cautela che bisogna avere nell'interpretazione dei dati, non solo in laboratorio, ma anche in clinica, quando si emettono "sentenze" diagnostiche pesanti, basate, a volte, solo su informazioni osservative (e non misurate), fornite da questionari o dai manuali diagnostici. Leggendo i quattro "indizi" che seguiranno, capiremo perché siamo conformati, da un punto di vista mentale, per rimuovere ciò che disturba il nostro credo routinario, in quanto è spesso conveniente farlo per la nostra tranquillità emotiva (ma non cognitiva).

[18] Anche il clinico che somministra test, nel tempo si fa un'idea di cosa stia misurando e a volte sorgono leciti dubbi, ed è bene che sappia che lo strumento che utilizza non sempre è attendibile. Questo vale per tutti gli strumenti di misura.

1.9.1. Primo indizio rivelatore: i processi decisionali umani violano sistematicamente alcuni principi di razionalità (Goleman, 2013)

Iniziamo con quanto riferisce Goleman (2013), ricordando gli studi di Daniel Kahneman (psicologo, premio Nobel 2002 per l'economia). Egli aveva dimostrato che i processi decisionali umani violavano sistematicamente alcuni principi di razionalità, mentre le teorie microeconomiche assumono invece che il comportamento degli agenti decisionali sia razionale e finalizzato ad una massimizzazione dell'utilità. Scrive Goleman che Kahneman aveva analizzato una moltitudine di dati provenienti dai risultati ottenuti in otto anni di investimenti di venticinque consulenti finanziari e aveva scoperto che *i loro successi erano distribuiti in modo casuale*. Ciononostante, tutti i consulenti si comportavano come se vi fosse in ballo un talento speciale e ogni anno chi otteneva migliori risultati era gratificato. Durante un pranzo con i vertici, Kahneman li informò della sua scoperta avvertendoli che "stavano premiando la fortuna come se fosse talento". La notizia avrebbe dovuto scioccarli, ma i dirigenti continuarono a pranzare come se niente fosse. E nulla cambiò nell'azienda. E così è nei diversi ambiti. Siamo chiaramente ai livelli di "razionalità limitata" di Simon denunciata dal premio Nobel 2017 Richard Thaler.

Possiamo dire, parafrasando Goleman, che il circuito neuronale corteccia prefrontale ventromediale – insula – giro del cingolo (che fa da collettore alle sensazioni corporee, al sistema emotivo motivazionale), con il quale sembra si prendano le decisioni più importanti, quelle "viscerali" (comprarsi casa, scelta di un partner, di un ambiente di lavoro, pensare al matrimonio, cambiamenti di professione, ecc.), spesso non collabora con i sistemi cognitivi top-down. Ecco perché, sosteniamo con Goleman (2013), si viene influenzati dalla pubblicità, dalle mode, dalle opinioni non sempre coerenti di personaggi influenti, dalle leggende metropolitane, dalle notizie inventate sui social (che, come è stato recentemente dimostrato, sono più cliccate di quelle vere e nonostante le smentite vengono regolarmente riperpetuate... inquietante vero?). Anche l'entourage scientifico non ne è immune, specialmente quando esce dal "monastero" laboratorio ed entra negli ambienti salottieri autoreferenziali e compiacenti. Quest'ultima affermazione introduce gli indizi seguenti che riportano osservazioni fatte da autorevoli scienziati.

1.9.2. Secondo indizio rivelatore: la ricerca è pilotata da pressioni anche indirette dell'élite scientifica

> *Se un premio Nobel 2013 boicotta Nature, Cell e Science*
> Le riviste scientifiche prestigiose fanno una selezione dei paper totalmente artificiale, limitando il numero di quelli che vengono accettati in base ai propri interessi di marketing: una policy [intesa come linea di condotta] che alimenta la domanda, ma compromette il livello della ricerca.
> È questa l'aspra critica mossa da Randy W. Schekman dell'Università della California, Berkeley, premio Nobel 2013 per la medicina [da https://oggiscienza.it/2013/12/17/se-un-premio-nobel-2013-boicotta-nature-cell-e-science/; letto l'8/3/18].

Ne deriva che anche la ricerca "trendy" distrae da lavori più importanti come gli studi di conferma, che validano i risultati ottenuti rifacendosi a uno dei principi più fondamentali del metodo scientifico: la ripetibilità degli esperimenti. Perché dunque uno scienziato dovrebbe impegnarsi tanto per vedere il proprio lavoro pubblicato su una rivista famosa? La risposta non è ridotta alla nomea e al prestigio che ne derivano, ma si riflette direttamente nel riconoscimento professionale e nella possibilità di avvicinarsi a realtà di ricerca d'elite, spiega Schekman: proprio qui comincia l'ingiustizia.

In questo caso è sempre il principio della "razionalità limitata" di Simon applicata alla scienza.

Il prof. Alessandro Morelli biochimico di livello internazionale dell'Università di Genova sintetizza brillantemente questi aspetti:

> Si può affermare che è una rivalsa dei mercanti della ricerca verso gli scienziati autentici che, di norma, sono esclusi dai circuiti di potere perché impegnati a fare veramente ricerca (chiusi nei loro laboratori). Il che vuol dire coltivare intuizioni e sperimentare perseguendo idee nuove, spesso sostenute da un substrato metodologico molto robusto. Tali profili sarebbero da incentivare, ma vengono spesso regolarmente esclusi sempre a favore dei paradigmi canonici anche se non hanno dato risultati realmente apprezzabili [comunicazione personale].

Morelli invita quindi a leggersi un interessante articolo di Michele Pagano, un biochimico italiano di valore, trapiantato negli USA, che titola su *Nature* (2017): *Don't run biomedical science as a business*. Egli sostiene che l'infusione di fondi ha aumentato la forza lavoro scientifica e il numero di prodotti commercializzati agli scienziati, ma ha fatto poco per aumentare l'eccellenza. Ha portato ad un approccio "quantitativo, non di qualità", che è l'antitesi di ciò che dovrebbe riguardare la scienza. Ha alimentato un'idea che la scienza accademica sia un business che deve sostenere una costante crescita annuale. Questa "businessizzazione" della scienza, con la sua enfasi sulla creazione di posti di lavoro, sta minando la libertà di idee che permetterebbe importanti progressi spesso imprevedibili (Pagano, 2017).

La chiara sintesi di Alessandro Morelli e l'articolo di Michele Pagano ci portano a capire come la "razionalità limitata", applicata all'economia dal Nobel 2017 Thaler, riguardi pesantemente anche la scienza. Vedremo ora alcune "prove" pratiche (se ciò non bastasse) di quanto denunciato fino ad ora.

1.9.3. Terzo indizio rivelatore: la ricerca è ricca di falsi positivi ed è fonte di contaminazione della letteratura scientifica

Alcuni autori (Button et al., 2013) hanno dimostrato che una gran parte delle conclusioni ricavate dalle ricerche biomediche sono probabilmente false. *La causa centrale di questo importante problema è che la pubblicazione di articoli è una forte impresa competitiva per i ricercatori, i quali sono incentivati ad impegnarsi in ricerche pratiche che creino velocemente scoperte pubblicabili, anche se queste prove riducono la probabilità che le loro scoperte riflettano un vero effetto (cioè non nullo).*

Una simulazione di questi Autori sugli studi di discipline biomediche ha mostrato che un tipico set di dati genererebbe almeno un falso positivo nel 97% delle volte, e due tentativi nel replicare i risultati promessi nella biomedicina rivelano un tasso di replicazione del 25% o meno. Dato che questi errori sono pervasivi, "endemici" nella pratica scientifica, è possibile che falsi positivi abbiano pesantemente contaminato la letteratura neuroscientifica, colpendo anche le più preminenti riviste di settore.

Ancora… In uno studio pubblicato su *Science*, Nosek, Aarts, Anderson, Anderson e Kappes (2015) hanno provato a replicare i risultati di cento studi psicologici pubblicati nel 2008 su tre importanti riviste scientifiche di settore. Il 97% degli studi originali dava risultati significativi, con un valore di $p < .05$, ma solo il 36% degli studi replicati ha dato gli stessi risultati. La "grandezza degli effetti" trovati è risultata inferiore alla metà di quella degli studi originali. Non vuol dire che gli studi siano falsificati. Possono essere falsi positivi, o la replica contenere falsi negativi, oppure ancora qualche accorgimento può essere stato variato.

Troppi "falsi positivi" emergono dalle ricerche scientifiche ricontrollate: la corsa alla pubblicazione è fonte di contaminazione della letteratura scientifica.

Tuttavia, è interessante notare nel quarto indizio che il principio di autorità ha un peso insospettato. *La "razionalità limitata" questa volta si afferma grazie all'Ipse dixit.*

1.9.4. Quarto indizio rivelatore: l'influenza dell'Ipse dixit esclude il sistema cognitivo

Sempre nella ricerca di Nosek et al. (2015) vengono intervistati degli studiosi richiedendo loro delle previsioni sulla replicabilità degli esperimenti ripetuti, che poteva essere desunta dalla dimensione dell'effetto. Sorprendentemente, si rileva anche che gli "addetti ai lavori" hanno subito l'influenza della notorietà dell'autore! Pertanto, la variabile che è risultata maggiormente non predittiva è stata la più utilizzata per fare previsioni.

Tutto ciò ci suggerisce cautela nell'accettare acriticamente gli autorevoli opinionisti che a volte approfittano dell'Ipse dixit per convincere su teorie traballanti, ma molto condivise e divulgate. Teorie o modelli che, come capita ed è già capitato, a volte sono supportati da studi incentivati da interessi diversi da quello della ricerca pura[19].

Dopo queste premesse sugli strumenti di indagine, sulla metodologia e sulle rigidità di convenienza andiamo ad analizzare l'oggetto per cui sono stati progettati gli strumenti di misura. Ora il lettore dovrebbe essere entrato nell'atmosfera giusta per affrontare le sfumature e le criticità che emergeranno dallo studio dei sistemi e dalle loro misure.

[19] Ovviamente, la replica e la critica all'articolo sul metodo e sull'interpretazione dei dati non si è fatta attendere: cfr. Gilbert, King, Pettigrew e Wilson, 2016. La nostra opinione è che su alcuni aspetti abbiano ragione entrambi i lavori e che i punti nodali dell'articolo di Nosek et al. (2015) siano comunque da prendere in seria considerazione.

2

LOGICA, INCERTEZZA FUNZIONALE E ABDUZIONE, MODULI, NEUROIMMAGINI

2.1. Introduzione

I giudizi collettivi fuorvianti e la "razionalità limitata" di Herbert Simon, appena trattati, hanno introdotto questo capitolo perché sono alla base di quella superficialità metodologica cui si vedono costretti diversi ricercatori indotti ad una produzione continua a scapito della qualità.

Ricordiamo dal capitolo precedente che Stanovich (2005), a proposito del concetto di "discrepanza", si chiedeva come fosse possibile che senza evidenze sperimentali una teoria resistesse per decenni. Crediamo che sia ora più semplice spiegarlo con la "razionalità limitata". Proprio per questo motivo riteniamo che molte teorie, che continuano a resistere e a diffondersi esponenzialmente sulle funzioni esecutive e su alcuni concetti della modularità, abbiano bisogno, per essere superate, di una sorta di "razionalità espansa", definibile come una forma di metodologia logica utile ad analizzare e a stratificare la complessità, per venirne a capo razionalmente e non visceralmente.

Con questo "taglio" teorico proveremo, in questo capitolo, a rendere consapevoli sia clinici che ricercatori delle diverse caratteristiche dei modelli cognitivi, che spesso vengono ignorate da visioni superficiali. Per chiarire quanto vogliamo comunicare, basta soffermarci sul concetto di funzione, così frequentemente richiamato e utilizzato con troppa naturalezza che, tuttavia, non è rintracciabile negli ambiti delle certezze e delle inferenze deduttive. Inoltre, verranno messe in evidenza le fallacie logiche perché colpiscono anche la letteratura scientifica e ricadono poi sulla clinica.

Tutto verrà svolto con la consapevolezza che poco cambierà in generale in molti tra i lettori, anche dopo riflessioni approfondite e sperimentazioni molto convincenti. Questo, comunque, non è lo scopo di questo scritto che si mantiene nei confini del dovere di una comunicazione scientifica senza altre aspettative. Siamo perfettamente consci che, quando si afferma la "razionalità limitata", il sistema cognitivo viene esautorato da quello viscerale. Come sostengono Thaler e Sunstein (2009), gli esseri umani, proprio perché non sono esseri razionali, sono soggetti ad abitudini e tentazioni e, per questo, cercare di far loro cambiare abitudini fornendo informazioni al pensiero cosciente spesso non funziona, soprattutto nel caso dei comportamenti abitudinari, perché seppure le persone modificano il proprio punto di vista non è detto che lo stesso valga anche per il comportamento[1].

Pertanto, conoscere le fallacie che possono insidiare i ragionamenti dei clinici e le pubblicazioni dei teorici è di notevole importanza. Esse sono messe in evidenza da regole di logica formale. È un esercizio utile per chi vuole fare chiarezza su modelli e costrutti, soprattutto per chi deve fidarsi dei consigli di supervisori o seguire determinate linee guida (non sempre limpide e corrispondenti a quello che la scienza sa o dubita). Il principio di indeterminazione che si afferma nella fisica e quello di incoerenza ed incompletezza della logica matematica hanno validità anche nelle neuroscienze e nella psicologia cognitiva (a volte vengono trascurati con atteggiamenti, scritti ed esposizioni svolti con abbondanza di certezze e assolutismi).

Dovremmo adesso introdurre alcuni concetti che sono caratteristici della psicologia cognitiva (e non solo). Cominciamo a domandarci: quale funzione è veramente rappresentata dai test che si stanno utilizzando? quali circuiti neurali si attivano quando un'ipotetica funzione è in gioco? quali altre funzioni sono ingaggiate a livello mentale per risolvere il compito proposto? Possiamo definire questo stato di indecidibilità: *incertezza funzionale*.

2.1.1. L'incertezza funzionale

L'incertezza funzionale non è un'eccezione, ma la regola, e si può esemplificare con uno schema a tre livelli o blocchi che si ispira a Poldrack (2006) (cfr. fig. 2.1).

Il livello 1 è osservabile (il soggetto che fa un compito o svolge una prova); il livello 2 è quello cognitivo dentro la "black box" (non è osservabile, si possono solo formulare illazioni o ipotesi da verificare sulle funzioni implicate); il livello 3 è osservabile (sono le misure che emergono dai diversi strumenti).

Nel primo blocco (test e condizioni sperimentali), possiamo decidere i metodi di somministrazione di uno strumento di misura e stabilire la variazione delle condizioni che possono *agire sulla variabile dipendente appartenente al terzo blocco*. Tale variabile può essere rappresentata dai tempi di reazione, dall'accuratezza, dalle attivazioni delle aree cerebrali implicate, dagli effetti rilevati con potenziali evento-relati e altro ancora. *Quello che rimane oscuro e non valutabile è il secondo blocco, l'unico non visibile, mai noto.* Sarebbe la "scatola nera" (*black box*), che rappresenta l'ipotetica funzione collegata teoricamente con la prova test. La scelta della funzione, del tipo di costrutto, dipende dalle inclinazioni teoriche e dai modelli che propone lo sperimentatore (Henson, 2005; Poldrack, 2006). Pertanto può succedere che una stessa prova sia reclutata per valutare funzioni diverse (la letteratura è densa di esempi). Si potrebbe pensare di risolvere il problema con le correlazioni che stabiliscono la validità di costrutto (e discriminante). In effetti si fa così,

[1] Si ringraziano a tal proposito, per ulteriori informazioni sulla "razionalità limitata", Rebecca Tarello e Fabrizio Bracco, che è tra i più apprezzabili teorici sulle conseguenze e sulla prevenzione dell'"errore umano".

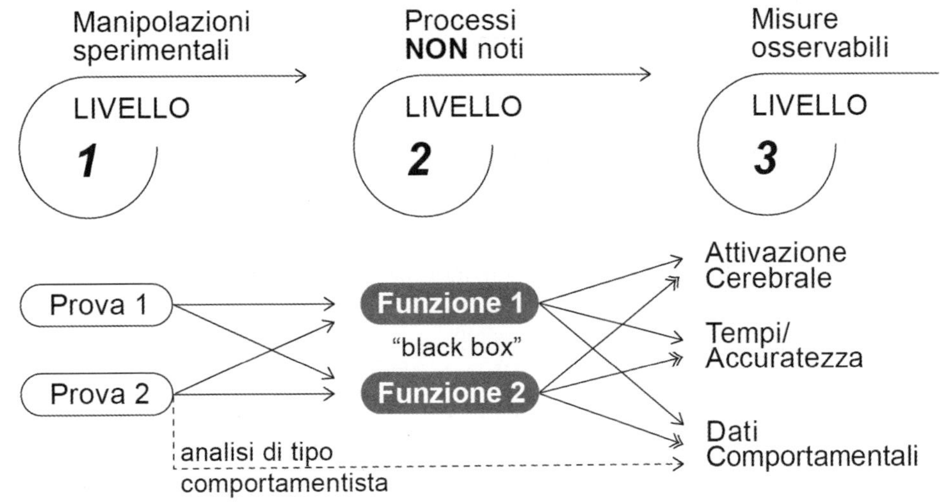

Figura 2.1. Schema dell'incertezza funzionale (adattato da Poldrack, 2006)

ma si dimentica la precarietà del tutto perché è il costrutto stesso che in realtà è ignoto. Molti sono stati assegnati storicamente a determinati test e condivisi da più lavori, ma anche il primissimo abbinamento ad una particolare funzione, benché sensato, è sempre probabile, ipotetico, dentro la scatola nera.

Due test che correlano misurano molto probabilmente lo stesso costrutto, ma non è detto che sia quello dichiarato dal ricercatore. Ad esempio, due prove che secondo l'operatore misurano l'inhibition possono correlare, ma in realtà ciò che potrebbe covariare realmente potrebbe essere una delle variabili intervenienti, trascurate come sono l'attenzione sostenuta oppure la memoria di lavoro (sempre presenti nei test complessi e impegnativi).

Si conviene che le neuroimmagini e ancora altre convergenze possano offrire ulteriore evidenza alla scelta delle funzioni cognitive abbinate al particolare test. Tuttavia, anche le attivazioni cerebrali non sono puntuali, ma probabilistiche e modulate (Duncan, 2001; Poldrack, 2006) e una parte di incertezza rimane comunque. Ad esempio, Poldrack (2006) porta dei dati relativi all'area di Broca[2] e si trovano nelle diverse ricerche linguistiche 166 casi di attivazione su 869, e nelle ricerche di attività non linguistiche 199 casi di attivazione su 2353[3]. Pertanto possiamo dire che l'unica certezza è il doversi muovere nel campo delle probabilità e quindi quella che possiamo definire come: l'*incertezza funzionale*.

[2] L'area 44 di Brodmann dell'emisfero di sinistra, definita come area di Broca, ha funzioni linguistiche, di memoria, di programmazione motoria e sembra fungere da collettore per le informazioni che arrivano da aree sensoriali differenti (Iacoboni e Wilson, 2006).

[3] Abbiamo calcolato la sensibilità e la specificità di quest'area nell'attivarsi, attraverso le ricerche svolte su attività linguistiche. La specificità ha un intervallo di confidenza che va dal 91% al 93%, mentre la sensibilità risulta bassa, dal 16% al 21%.

Le validità di costrutto utilizzano prove che fanno da riferimento per altre prove che si troveranno in correlazione con altre ancora e così di seguito fino a risalire alle prime utilizzate... ma cosa misurino effettivamente le catene di test in correlazione non è argomento certo, ma solo supposto.

2.1.2. L'"inferenza inversa" di Poldrack (2006)

Dobbiamo comunque studiare la "black box" ed accettare l'incertezza funzionale, altrimenti saltando dal livello 1 al 3 di figura 2.1 si ricade nel puro comportamentismo.

Sulla possibilità di rinforzare l'ipotesi della funzione stabilita, anche ricorrendo alle neuroimmagini, utilizziamo i suggerimenti di Poldrack che introduce il seguente ragionamento, comunque probabilistico, da lui definito *inferenza inversa*.

Plodrack individua tre passaggi: 1) in un esperimento, una prova A attiva un'area cerebrale Z (le dimensioni osservabili dei blocchi 1 e 3 di figura 2.1); 2) in altri studi è emerso che quando un processo cognitivo X è ipoteticamente impegnato (il livello funzionale ignoto del blocco 2 in figura 2.1) si attiva l'area Z; 3) così l'attività dell'area Z nell'esperimento in questione dimostra il coinvolgimento del processo cognitivo X al comparire della prova A.

Poldrack (2006) commenta questi tre punti affermando: "Questa è 'inferenza inversa' in quanto si sviluppa all'indietro, partendo dalla presenza di un'attivazione cerebrale (terzo blocco) per arrivare all'ingaggio della particolare funzione cognitiva ipotizzata (secondo blocco)". E si accorge anche che il suo ragionamento è di tipo abduttivo. Questo termine lo valuteremo approfonditamente dopo, in più paragrafi dedicati, per ora è bene riferirci solo a definizioni di derivazione aristotelica:

> Aristotele distingueva l'abduzione sia dall'induzione che dalla deduzione. L'abduzione ha una minore potenza dimostrativa, poiché nel sillogismo che la rappresenta mentre la premessa maggiore è certa, quella minore è dubbia, per cui la conclusione è caratterizzata inevitabilmente dalla probabilità [Poldrack, 2006].

L'inferenza inversa è un chiaro ragionamento "abduttivo", che rischia la fallacia della "anteposizione del conseguente", come sottolinea lo stesso Poldrack, perché la funzione X potrebbe essere sostituita teoricamente dalla Y o W. L'operazione incerta è quando mettiamo in relazione X con Z e poi conseguentemente con la prova A. Altri processi cognitivi che esprimono punti di vista diversi potrebbero, tutti sensatamente, giustificare cosa misura il test A[4]. Questo è proprio il caso dove può affermarsi chiaramente *fallacia dell'anteposizione del conseguente*, che studieremo nell'inserto #2. Poldrack suggerisce di rinforzare le ipotesi con calcoli di probabilità condizionale bayesiana, aspetto che sta prendendo campo anche per la valutazione della significatività nei diversi esperimenti di neuropsicologia, di psicologia sociale e non solo. Quello che ci interessa ora, però, è che *lo stesso Poldrack valuta l'inferenza inversa come un procedimento non certo, ma ipotetico. Egli sostiene che tale procedimento non può ammettere ragionamenti che leghino X e Z con una dop-*

[4] Può accadere che la stessa prova sia utilizzata come misura di funzioni diverse in letteratura: dipende dalla scelta teorica dello sperimentatore. Vedremo ampiamente tale fenomeno nei capitoli seguenti.

pia implicazione (se e solo se), che introdurrebbe leggi di tipo deduttivo (precisi test che attivano precise aree). Ripetiamo, siamo a livello di "scatola nera" e dobbiamo comunque indagare per conoscere. Questo aspetto è da tenere bene in mente, perché apparirà molto spesso nelle critiche e nelle fallacie che emergeranno anche dalla letteratura.

Abbiamo ora raggiunto un punto fermo: quando si tratta il livello funzionale e dei costrutti, il tipo di inferenze cui si è obbligati e vincolati segue regole esclusivamente abduttive e, pertanto si afferma la probabilistica incertezza funzionale (non si potrà mai essere certi che la funzione che si teorizza rappresenti appieno ciò che misura il test o le aree che si attivano a livello cerebrale).

2.1.3. L'abduzione è necessaria per la scienza che vuole andare "oltre"

Come riferisce Peirce, 1997 (1903), vi è comunque un vantaggio nei ragionamenti di tipo abduttivo ed è quello di permettere l'aprirsi alla scoperta (pur rischiando il falso), perché si basano su ipotesi e non su ragionamenti deduttivi chiusi in se stessi, utili in altri frangenti della ricerca. A qualche lettore questo passaggio potrebbe sembrare abbastanza criptico, ma se avrà pazienza ancora per pochi paragrafi riuscirà a comprendere più chiaramente grazie all'inserto #2.

Risulta evidente che ottenere più precisione e minor rischio d'errore porta a una sorta di ritorno al comportamentismo classico, dove l'interpretazione funzionale non esiste e l'analisi si fermerebbe al tipo di prova e ai risultati (blocchi primo e terzo di fig. 2.1; Henson, 2005; Poldrack, 2006). Conveniamo che la ricchezza delle ricerche che hanno fatto incontrovertibilmente progredire le neuroscienze non può essere trascurata in nome di una maggior sicurezza, come direbbe Peirce introducendo il principio dell'abduzione. Tuttavia, lo scienziato cognitivista e poi di conseguenza il clinico devono sempre tener ben presente che, in questo ambito, le certezze e gli assolutismi sono da evitare come regola. Si eviteranno così le esposizioni "scolastiche", che appaiono anche su libri di testo, quando esprimono, anche inconsapevolmente, collegamenti sicuri tra i livelli (le funzioni esecutive sono queste... l'area del linguaggio è questa...).

In questo volume anche noi parleremo di aree, ma ogni volta intenderemo siti neuronali appartenenti a circuiti più ampi che per economicità espositiva non verranno sempre citati. Siamo perfettamente in accordo con quanto esposto da Bernstein e Waber (2007) al paragrafo 3.1.3, quando spiegano come punti di vista scientificamente obsoleti ricompaiano, anche implicitamente e involontariamente, nella letteratura.

#2. Un po' di regole di logica proposizionale per sostenere le diverse argomentazioni critiche

Cominciamo con un esempio che ci porteremo dietro nei diversi capitoli, ma che va approfondito veramente per le sorprendenti ricadute che può avere nei diversi ambiti clinici e di ricerca.
Affermare: "Se Mario cade nel test A, allora ha problemi di attenzione" non è logicamente equivalente a: "Se Mario non cade nel test A, allora non ha problemi di attenzione" (errore della negazione dell'antecedente). Questa differenza spesso non viene rilevata,

ma tale fallacia può essere presente sia nelle relazioni cliniche che in letteratura, pertanto risulta necessario introdurre premesse di logica formale perché è indispensabile affrontare tale problema con gli strumenti opportuni.
Per quel che ci riguarda (e per la dimostrazione che andremo a fare) è importante considerare le regole di inferenza più comuni, che andremo a verificare con le tabelle della verità.

Connettivi logici simboli
¬ = non
∧ = e
∨ = o
→ = implica; se… allora
↔ = se e solo se
⊢ = quindi.

Regole da poter controllare anche con le tabelle della verità
La **negazione: se** p è vera; ¬ p è falsa (¬ si legge non).
La **congiunzione** "p ∧ q" (si legge: "p e q") è sempre falsa se almeno una delle due proposizioni è falsa, è vera se tutte le proposizioni sono vere.

Combinando le due regole si esprime il **principio di non contraddizione**: "non può essere p ∧ ¬ p".

La **disgiunzione inclusiva** "p ∨ q" (si legge: "p o q") è sempre vera se almeno una delle proposizioni è vera. Falsa se sono tutte false.
(Tralasciamo la **disgiunzione esclusiva** molto interessante e complessa, ma non necessaria alle nostre dimostrazioni).

Combinando la digiunzione con la negazione si esprime il principio del **terzo escluso** (***tertium non datur***): "o è p o non p". Tale principio sottintende una logica bivariata e non ammette una terza possibilità. È stato negli anni criticato (ad es., Łukasiewicz, 2003, inserisce oltre alle proposizioni "vere" o "false" quelle "possibili" e si arriva perciò a una logica "fuzzy" più adeguata per certe realtà del linguaggio naturale).

L'**implicazione semplice** "p → q" (si legge: "se p → allora q", oppure: "p implica q") è una proposizione enunciativa condizionale e ha un antecedente (p) e un conseguente (q).

Tale implicazione è utile anche per dimostrare in altro modo la **tautologia** (sempre vero): "p → p"; "se piove allora piove" (tautologia);

La **doppia implicazione** "p ↔ q" (si legge: "p se e solo se q") è spesso confusa con l'implicazione semplice (se… allora…). Nell'implicazione semplice "se p → q" è vero, è errato concludere che "q → p"; è l'**errore logico dell'anticipazione del conseguente** (molto frequente). Invece, se "p ↔ q", è possibile affermare che "q ↔ p" ("un numero è pari **se e solo se** è divisibile per 2"; ed è anche vero: "un numero è divisibile per 2 **se e solo se** è un numero pari").

Da tutto questo discendono due regole di inferenza più complesse che sono vere e proprie argomentazioni (sistema di proposizioni composto da premesse e da conclusioni), utili per costruire teoremi.

Modus Ponendo Ponens (MPP)
Se p implica q è vera ed è vera anche p, di conseguenza (⊢ = quindi) anche q è vero; si scrive:
$(p \rightarrow q; \wedge p) \vdash q$

Esempio di MPP corretto:
Se bevi superalcolici allora si alza la pressione arteriosa,
bevi superalcolici,
⊢ *si alza la pressione arteriosa.*

Variazioni al MPP possono sfociare nell'**errore logico dell'anticipazione del conseguente.**

Esempio di fallacia logica
Se $p \rightarrow q; q \vdash p$
Se bevi superalcolici allora si alza la pressione arteriosa
si alza la pressione arteriosa (q)
⊢ *hai bevuto superalcolici (???)*

L'errore nasce nel non valutare la sovradeterminazione (nel senso di una pluralità di possibili cause) dell'antecedente nell'implicazione semplice (mangiare salato, essere emozionato, mangiare liquirizia, bere superalcolici e altro, sono tutte possibili cause di ipertensione, che possono agire sul conseguente q).

Altro **errore logico tipico** è quello **della negazione dell'antecedente** (un ingenuo tentativo di copiare l'eleganza del Modus Tollendo Tollens che tratteremo fra poco; è quello con cui abbiamo esordito all'inizio di questo inserto).

Se $p \rightarrow q; \neg p \vdash \neg q$
Se bevi superalcolici allora si alza la pressione arteriosa,
non bevi superalcolici,
⊢ *non si alza la pressione arteriosa* (???)

Anche in questo caso vale la pluralità delle cause. È un errore molto frequente anche nelle conclusioni del linguaggio naturale (quasi nessuno ne è immune). Piergiorgio Odifreddi (2015) indica numerosi errori di questo tipo commessi dallo stesso Platone ad esempio quando dice: "Se vedere è avere scienza, non vedere è non avere scienza" (*Teeteto*).
Dimostreremo, tramite le tabelle della verità, che le due fallacie indicate (anteposizione del conseguente e negazione dell'antecedente) sono logicamente equivalenti tra loro.

Modus TollendoTollens (MTT)
È un'elegante argomentazione utile nella scienza per falsificare teorie e modelli.

Se p → q è vero; **"non q" implica "non p" è vero e "non q" è vero** di conseguenza (quindi) "non p" è vero.
$(\neg q \rightarrow \neg p; \wedge \neg q) \vdash \neg p$. È lo schema logico utile a falsificare una teoria come vorrebbe il pensiero popperiano.

Esempio di MTT corretto:
Se bevi superalcolici si alza la pressione.

Non si alza la pressione se non bevi superalcolici,
non si alza la pressione
⊢ non hai bevuto superalcolici.

A questo punto abbiamo tutti i presupposti per valutare la frase del linguaggio comune come proposizione enunciativa condizionale che vogliamo analizzare:

Se Mario cade nel test A, allora ha problemi di attenzione.

Prendiamo la frase così come viene pronunciata sapendo che, ingenuamente, se non si considera e non si conosce a fondo la teoria gerarchica dell'attenzione, si può pensare che l'attenzione sia una e che si possa misurare con uno solo o pochi test. Ignorando che i problemi del sistema attentivo esecutivo sono così complessi e sfumati che possono essere eventualmente isolati solo con una corposa batteria (e a volte nemmeno).

Assunto: il test A misura solo un particolare tipo di attenzione.
Affermo in modo generico: se Mario cade nel test A allora ha problemi di attenzione (almeno di quel tipo).
Applicando il MPP:

Se Mario cade nel test A allora ha problemi di attenzione
cade nel test A
⊢ ha problemi di attenzione (tutto bene).

Nasce ora la frase con la **fallacia della negazione dell'antecedente $\neg p \rightarrow \neg q$:**

Non cade al test A, allora non ha disturbi di attenzione" (???).

Il test A non misura tutte le sfumature complesse del sistema attentivo (anche in questo caso vi è sovradeterminazione).

Tale fallacia è molto praticata in letteratura in quanto dimostra forti analogie con il voler *trarre conclusioni dall'ipotesi nulla (non significatività del test).* Infatti, in entrambi i casi si può evocare la poca potenza del test, la sua inadeguatezza per misurare l'attenzione o tutti i tipi di attenzione e altro ancora.

2.2. L'applicazione della logica alle fallacie cliniche e sperimentali

Quanto chiarito nell'inserto #2 sulla logica ci permette ora di valutare alcune proposizioni che possono far riflettere. Dalle informazioni che abbiamo sui test e sul loro rapporto non univoco con le funzioni, arriviamo a questa analisi che aiuterà ad evitare di applicare la fallacia della negazione dell'antecedente.

> "Se Mario cade nel test di Stroop[5] allora ha problemi di inhibition", pertanto
> "Se Mario non cade nel test di Stroop allora non ha problemi di inhibition" (fallacia = commento ipotesi nulla)
> "Se vedere è avere scienza… Allora non vedere è non avere scienza" (fallacia).

Questi sono esempi tipici di fallacie della negazione dell'antecedente, sono proposizioni equivalenti all'errore metodologico di produrre conclusioni dopo l'affermazione dell'ipotesi nulla!

Vale la pena di ribadire che tutto si regge sul fatto che queste proposizioni non sono bi-implicazioni (se e solo se) come chiarisce bene anche Poldrack (2006), ma implicazioni semplici ipotetiche condizionali (non potrebbe essere diversamente con i ragionamenti abduttivi) che non ammettono né anteposizione del conseguente, né negazione dell'antecedente (è uno dei motivi per cui la metodologia statistica vieta di commentare l'ipotesi nulla).

Il lettore che studia e si informa su questi argomenti farà emergere dalla memoria affermazioni o articoli dove in modo inconsapevole per gli autori e per i revisori emergono cadute nelle fallacie di questo tipo. Nessuno ne è immune come abbiamo chiarito nell'inserto #2, ma proprio per questo diversi articoli, come apparirà nel lavoro di Brown (2006) esposto nel capitolo 5, andrebbero rivisti.

La scienza ha bisogno del ragionamento abduttivo (Peirce) per progredire, dunque, di un ragionamento che si esponga all'errore dell'anticipazione del conseguente, ma proprio per questo motivo nella scienza stessa è richiesta la continua e ossessiva verifica delle ipotesi. Inoltre, Peirce consiglia di verificare le diverse conclusioni fatte con le regole dei connettivi attraverso le tabelle della verità, operazione che faremo immediatamente. Otterremo nuove interessanti informazioni ed evidenze di equivalenza logica per quanto abbiamo affermato sulle diverse fallacie e metodi di ragionamento corretto.

2.2.1. Tabelle della verità

Le colonne 3, 4, 5, 6 in tabella 2.1. esprimono le logiche *or*, *and*, e *not* come espresse nelle definizioni riportate nell'inserto #2. Le colonne 7 e 8 sono implicazioni semplici ("se… allora..."), che dimostrano equivalenza logica; dire: "se piove allora la strada è bagnata" (7), equivale a dire: "se la strada non è bagnata allora non piove" (8).

Le fallacie emergono nelle colonne 9 e 10 e hanno equivalenza tra loro. Dire: "se non piove allora la strada non è bagnata" (9) è altrettanto errato che dire: "se la strada è

[5] Il test di Stroop classico (Stroop, 1935) crea un conflitto cognitivo tra la denominazione del colore e la lettura; ad es., il soggetto che vede "verde" scritto in nero (VERDE) deve dire "nero".

Tabella 2.1. Tabelle della verità: V = Vero; F = Falso

1	2	3	4	5	6	7	8	9	10
		OR	AND	NOT	NOT			Fallacia negazione antecedente	Fallacia anticipazione conseguente
p	q	$p \vee q$	$p \wedge q$	$\neg p$	$\neg q$	$p \rightarrow q$	$\neg q \rightarrow \neg p$	$\neg p \rightarrow \neg q$	$q \rightarrow p$
V	V	V	V	F	F	V	V	V	V
V	F	V	F	F	V	F	F	V	V
F	V	V	F	V	F	V	V	F	F
F	F	F	F	V	V	V	V	V	V

bagnata allora piove" (10). Le due fallacie si equivalgono (*esprimono la stessa falsità logica paragonabile all'interpretazione dell'ipotesi nulla dei test non significativi*). Non equivalgono invece ai ragionamenti validi delle colonne 7 e 8.

Continuando con la tabella della verità, esponiamo adesso la doppia implicazione (*se e solo se*), fonte di tanti equivoci quando viene utilizzata al posto della implicazione semplice (*se... allora...*) (cfr. tab. 2.2). Seguiranno due potenti ragionamenti logici utili nelle dimostrazioni e nelle argomentazioni scientifiche (MPP e MTT).

Tabella 2.2. Tabelle della verità: V = Vero; F = Falso

11	12	13	14	15
			MPP	MTT
$p \leftrightarrow q$	$\neg p \leftrightarrow \neg q$	$q \leftrightarrow p$	$p \rightarrow q \wedge p$ $\vdash q$	$\neg q \rightarrow \neg p \wedge$ non q $\vdash$ non p
V	V	V	V	F
F	F	F	F	F
F	F	F	F	F
V	V	V	F	V

Nella colonna 11 si evidenzia la regola della doppia implicazione ("se e solo se"), spesso confusa nel linguaggio naturale e, purtroppo, anche scientifico con l'implicazione semplice, da qui le varie fallacie evidenziate sopra. La doppia implicazione soddisfa le interpretazioni nei due sensi (come si vede dalla freccia a doppia punta) che completano il "necessario e sufficiente". Ciò è tipico delle dimostrazioni matematiche e molto raro nelle realtà quotidiane e scientifiche, dove le argomentazioni si avvalgono dell'implicazione semplice e degli ipotetici ragionamenti abduttivi. *Come si può notare, nella doppia implicazione non emergono fallacie se neghiamo l'antecedente (colonna 12) o se anteponiamo il conseguente (colonna 13). Tutte e tre le proposizioni sono logicamente equivalenti.* Di seguito, nelle colonne 14 e 15 si vede la tabella della verità del Modus Ponendo Ponens (MPP) e del Modus Tollendo Tollens (MTT). Come si può notare, la casella con la soluzione "vero" si riduce ad una sola nelle colonne, mettendo in luce la forza dimostrativa delle due argomentazioni. Solo nella condizione della prima riga di colonna 14 il MPP è vero e solo nell'ultima riga della colonna 15 il MTT è vero. Ciò comporta una argomentazione precisa che non ammette altre interpretazioni o equivoci.

L'equivalenza logica delle proposizioni variate nel "se e solo se" (colonne 11, 12, 13) spiega perché in tutti gli ambiti che coinvolgono il linguaggio naturale, quello scientifico e quello formale si cada facilmente nelle fallacie dell'anteposizione del conseguente e della negazione dell'antecedente. In altri termini si apportano variazioni non consentite al "se... allora...", come se fosse il "se e solo se" che invece le permetterebbe (cfr. anche Poldrack, 2006).

2.2.2. La fallacia dell'*argumentum ad ignorantiam*, anch'esso paragonabile al commento indebito dopo l'accettazione dell'ipotesi nulla

Possiamo ancora aggiungere che affermazioni che negano universalmente a volte si basano sulla incapacità o sulla non sufficiente conoscenza[6]. *Una fallacia del ragionamento nota è l'*argumentum ad ignorantiam, *ovvero "lascio a te l'onere della prova"*, che si esprime in due modi, uno positivo e l'altro negativo. Il primo caso indica che *deve essere vero ciò che non è stato dimostrato come falso* (i fantasmi esistono perché non è stata provata la loro inesistenza). Il secondo caso indica che *deve essere falso ciò che non è stato dimostrato come vero* (siccome nessuno ha dimostrato l'esistenza di vita extraterrestre, non esiste nessun tipo di vita nell'universo).

Non si dimostra niente e si sceglie il modo che fa più comodo alla teoria da sostenere. Sono da prendere in considerazione perché nella scienza spesso si giunge a questi limiti di indimostrabilità. Pertanto, i ragionamenti *ad ignorantiam* sono inevitabili e avendo due direzioni si consiglia di scegliere sempre la più prudente. Ad esempio, se si può dire: "siccome nessuno ha mai dimostrato la nocività delle onde elettromagnetiche, allora non sono pericolose", crediamo che sia più conveniente scegliere il senso che afferma: "siccome nessuno ha mai confermato che le onde elettromagnetiche sono innocue, allora meglio essere cauti". Sono due classici ragionamenti *ad ignorantiam* che nel tempo possono venir chiariti nella direzione da scegliere con l'aumento delle strumentazioni a disposizione. Tali espressioni sono più accettabili quando si hanno a disposizione pochi mezzi per valutare le variabili in gioco. *Si può escludere, ad esempio, l'esistenza di un effetto, ma con la cautela di dire: "per quanto fino ad ora da noi conosciuto"*. Ad esempio, è stato detto che il DNA non cristallizza dopo numerose prove e tentativi di mancata cristallizzazione che hanno giustificato l'affermazione. Ora però con nuovi metodi e strumenti è emerso che il DNA può cristallizzare e la legge cambia attraverso un ragionamento induttivo: è il gioco perenne della scienza[7].

[6] Non si indica qui la comune ignoranza, ma la "non conoscenza" socratica che deve integrarsi e far parte del pensiero dell'uomo e dello scienziato che, vista in positivo, rappresenta uno stimolo che muove verso la continua ricerca (anche di se stessi).

[7] Esempio di ragionamento induttivo: esperimento 1 il DNA non cristalizza, esperimento 2 il DNA non cristalizza... esperimento n il DNA non cristallizza, → legge: "il DNA non cristallizza". Esperimento n+1 il

Per non cadere nell'errore di affermazione di ciò che non si è dimostrato, la metodologia statistica stessa, quando un test non è significativo, chiede il silenzio e non l'interpretazione *ad ignorantiam*. Anche in clinica si cade in questo errore quando si afferma: "Non è caduto nel test di memoria (magari è l'unico somministrato) e quindi non ha problemi di memoria". Come è stato dimostrato, l'errore della negazione dell'antecedente equivale al commento improprio dell'ipotesi nulla, e qui torneremmo all'inizio dell'inserto #2 con la proposizione che escludeva i problemi di attenzione...

2.2.3. Il ragionamento abduttivo

L'argomento è di notevole importanza viste le fallacie che si ricavano in letteratura e in clinica; è pertanto necessario approfondirlo.

L'*abduzione* è una forma di ragionamento che permette di accrescere il nostro sapere pur essendo maggiormente soggetta a fallacia.

Ogniqualvolta cerchiamo di comprendere attraverso diverse regole (che sappiamo a priori) cosa ha provocato ciò che constatiamo di un evento, stiamo esprimendo un'*inferenza abduttiva*. Tale ragionamento ha la peculiare caratteristica di dover scegliere tra più *regole* da mettere in relazione con il *risultato*. È quello che avviene in una prima fase nell'ambito scientifico o clinico soprattutto con eventi nuovi dove non si può dedurre da ciò che già si sa, ma bisogna ipotizzare. È l'intuizione che porta al progresso scientifico e verso nuove soluzioni, ma è anche un terreno scoperto suscettibile di fallacie. Per capire, prendiamo l'esempio di un medico che vede svenire una persona. Il *risultato* è dato da un signore che cade a terra, la *regola* è che gli svenimenti possono avvenire per questo (X), per quello (Y) o per quant'altro (W). Basandosi su ciò che ha visto, il dottore mette in relazione il risultato con una delle regole e quindi abduce che potrebbe essere "quello" (Y), ma lo deve verificare appena possibile. È una forma di ragionamento istintivo che porta all'*illazione*. Nella vita di tutti i giorni non avendo il "laboratorio" a disposizione, nei diversi eventi non previsti ci si ferma al ragionamento abduttivo. Invece, nella scienza l'abduzione è solo la prima parte del "circuito inferenziale" che conduce alla tesi (deduzione) e alla successiva verifica sperimentale (induzione). Tuttavia, la conferma empirica non potrà mai essere assoluta, ma formulata solo in termini probabilistici, che possono essere più affidabili qualora il risultato ricevesse più conferme e qualora le regole in gioco (X, Y, W...) non fossero troppo numerose. Confermando i dati, con poche regole a monte è più probabile che quella utilizzata nel processo abduttivo sia tra le più affidabili.

Un'ipotesi che nasce dentro una situazione che ammette numerose regole (il caso dei set clinici), finché non è verificata rimane una semplice illazione con molte probabilità di essere falsa, ricordando che si basa sulla fallacia dell'anticipazione del conseguente. Ciò porta ad utilizzare impropriamente un'operazione possibile solo negli "universi" perfetti

DNA cristallizza... viene falsificata la legge... replico l'esperimento nuovo n volte e viene stabilita la nuova legge. Questo è il progresso scientifico che, come vedremo, non può basarsi su precise argomentazioni, ma su ragionamenti di tipo abduttivo, pertanto su sillogismi retorici entimematici. L'abduzione rappresenta un ragionamento più debole della deduzione, nel senso che, almeno una delle premesse invece di essere certa è un'ipotesi e quindi è solo probabile e di conseguenza (quando possibile) deve essere soggetta a verifica.

dove vige la doppia implicazione con il "se e solo se". È fonte di errore in molte diagnosi quando il clinico giudica avventatamente i risultati incerti dei test senza aspettare e sospendere il giudizio.

#3. Le tre fasi del ciclo inferenziale: deduzione, induzione, abduzione

Portiamo ancora alcuni esempi per facilitare il lettore nella distinzione dei ragionamenti deduttivi, induttivi, abduttivi.

Deduzione

Il ragionamento deduttivo si ha quando si conoscono i fatti e le regole e se ne ricava un esito certo. La deduzione nasce con Aristotele ed equivale al suo sillogismo classico:

A) premessa maggiore: "Tutti gli uomini sono mortali" (termine medio e predicato);
B) premessa minore: "I Greci sono uomini" (soggetto e termine medio);
C) conclusione: I Greci sono mortali" (soggetto e predicato).

Vediamo ora un esempio di deduzione nella forma del sillogismo:

"In questo sacco ci sono solo palline bianche"
cioè: "tutte le palline (x) di questo sacco (S) appartengono alla categoria del colore bianco (B)".
S è contenuto in B ($S \subset B$).

Estraggo una pallina da questo sacco
cioè: x pallina appartiene a questo sacco (S)
x appartiene a S ($x \in S$).

Deduco che la pallina sarà bianca
cioè: allora x pallina appartiene al colore bianco (B)
x appartiene a B ($x \in B$).

Induzione

L'induzione nasce molto più tardi con Bacone (1561-1626) e porta alla nascita del metodo sperimentale promosso soprattutto da Galileo. Il ragionamento induttivo si ha quando si conoscono fatti e esiti e si vogliono ricavare le regole.

Estraggo diverse palline da questo sacco
$(x1, x2, \ldots xn) \in S$.

Le palline sono bianche
$(x1, x2, \ldots xn) \in B$.

Concludo che tutte le palline di questo sacco sono bianche
$S \subset B$.

Come avviene sperimentalmente?
Estraggo una pallina ed è bianca, estraggo due palline e sono bianche…, l'ennesima pallina è bianca. Pertanto, generalizzo e formulo una regola (legge): "Tutte le palline di questo sacco sono bianche".
Dalla legge formulata procedo per deduzione, ma la regola dipende da un processo induttivo non terminato, nel senso che l'induzione completa renderebbe inutile la deduzione (perché tutto sarebbe già provato). Le leggi naturali o teorie equivalgono ad un sacco contenente innumerevoli palline non tutte controllabili. È sempre necessario, perciò, continuare a controllare; un giorno potrebbe uscire una pallina nera che cambierebbe la legge che potrebbe diventare: "Non tutte le palline di questo sacco sono bianche. In questo sacco c'è almeno una pallina nera. La maggior parte delle palline di questo sacco sono bianche". Sono teorie accettabili, ma hanno un peso logico e sfumature comunicative sottilmente diverse.

Abduzione
Peirce (1839-1914) intuì la portata dell'abduzione, che abbiamo abbondantemente trattato più sopra; ci limitiamo a riprendere l'esempio delle palline bianche per avere un termine di paragone con gli altri tipi di inferenza.

Sul tavolo ci sono n sacchi di palline (A, B, C, … N) e una pallina bianca sparsa.
Estraggo diverse palline dal sacco B e sono bianche. Allora è probabile che la pallina sul tavolo appartenga al sacco B. Dovrò per forza verificare A, C ecc. e scegliere poi il sacco probabilisticamente più affidabile.

Come nell'induzione vi è la necessità della prova empirica.

2.2.4. La neuropsicologia e l'abduzione Coltheart (2011): le inferenze abduttive

> Le teorie della neuropsicologia cognitiva sono abduttive […] La forma di inferenza utilizzata quando una teoria viene inferita dai dati non è un'inferenza di tipo deduttivo: i dati non possono mai servire come premesse da cui una teoria deve seguire come conclusione, in quanto in tutte le scienze possono esistere molte teorie coerenti con lo stesso insieme di dati (Coltheart, 2011).

Nemmeno l'inferenza induttiva è utilizzabile quando si procede dai dati alle teorie: "Ho visto dodici cigni e tutti sono bianchi. Concludo che i cigni sono bianchi" (il tredicesimo cigno come sarà? non si può inferire precisamente nemmeno con il metodo induttivo che non può provare in modo definitivo i casi che non può considerare; cfr. inserto #11). *Invece c'è un terzo tipo di inferenza conosciuta come "abduttiva" o ancora come "la migliore spiegazione".*

Le inferenze abduttive sono della forma: "Ecco una teoria che, se è vera, avrebbe previsto (cioè, implicando la deduzione) i dati che sono stati osservati". Tali inferenze possono essere ulteriormente integrate da affermazioni del tipo: "Ecco alcune altre teorie che, se vere, avrebbero spiegazioni deducibili anche da questi dati, e qui è la mia ragione che si attiva per scegliere la teoria che preferisco". Oppure potrebbe essere il caso di un confronto del tipo: "Mostrami un'altra teoria che, se fosse vera, avrebbe anche implicazioni deducibili da questi dati, e poi considererò se ho ragione nel preferire la teoria che sto sostenendo a quest'altra" (liberamente tratto da Coltheart, 2011).

2.2.5. Applicazioni del ragionamento abduttivo nella vita e nella ricerca

Nella vita ordinaria le illazioni sono meccanismi pressoché inconsapevoli che possono favorire la previsione di eventi che stanno per svolgersi. Le illazioni, che sono alla base del ragionamento abduttivo, tuttavia, devono essere controllate negli ambienti diagnostici e di ricerca. Vediamo con alcuni esempi ciò che accade.

Se uscendo di casa si nota che il cortile è bagnato (risultato), si abduce che sia piovuto (dalla regola: se piove, la strada è bagnata); tuttavia, se girato l'angolo la strada fosse asciutta, allora l'ipotesi cambia, valutando che qualcuno ha precedentemente innaffiato il cortile (dalla regola: se innaffio il cortile allora è bagnato); ma ancora... tornando a casa si potrebbe scoprire che un tubo perdeva acqua ed allagava il cortile... e così di seguito. Le teorie (regole) sono tante e bisogna scegliere la migliore attraverso più osservazioni. La verifica delle varie ipotesi ha centrato il problema per esclusione (come sostiene Coltheart, 2011 – cfr. 2.2.4 –, si sceglie la regola che dai dati sembra la migliore).

Allo stesso modo si procede nella clinica durante il set diagnostico. Il tipo di pensiero che emerge quando notiamo una prima caduta ad un test è solo abduttivo esplorativo; va seguita l'indicazione ricevuta formulando ipotesi tutte da verificare, e poi i risultati andranno sussunti nella teoria e nel modello che meglio li spiega (cfr. fig. 2.1 e Coltheart, 2011, sopra).

In neuropsicologia, ad esempio, quando si utilizza il test di Stroop bisogna sapere che sono diverse le teorie che spiegano l'interferenza che si nota e si misura. L'interpretazione che si fa dei risultati è abduttiva, soprattutto perché le regole che vogliono spiegare il test sono diverse. Citiamo tre punti di vista (regole) per spiegare cosa misura tale test:

1) lo Stroop misura l'inhibition delle risposte preponderanti (Miyake et al., 2000);
2) lo Stroop misura aspetti ascrivibili all'Executive Attention (Kane e Engle, 2003);
3) lo Stroop valuta il conflitto cognitivo e l'interferenza che ne deriva (MacLeod, 2015). Scegliere una delle tre "regole" è un processo abduttivo che porterà a delle conclusioni diverse ma, comunque si scelga, *sempre probabilistiche.*

2.2.6. Riflessione teorico-pratica su alcune fallacie in neuropsicologia

Tutto ciò serve a far riflettere quanto sia azzardato identificare un test con la funzione che vorrebbe misurare. Diremo e ripeteremo che è una reificazione indebita (dare sicura esistenza a una funzione che è nell'ambito dell'abduttivo e del probabile). Insieme si esprime anche la fallacia di eccesso di analogia. Infatti, capita di dover leggere titoli di lavori che citano l'inhibition o lo shifting sottointendendo una sovrapposizione totale tra il test utilizzato e la funzione. *Viene millantato un rapporto uno a uno, che come abbiamo più volte dimostrato non può esistere.* Infatti, la frase: "l'inhibition spiega l'apprendimento della matematica", sottintenderebbe un rapporto 1 a 1 tra test utilizzato e funzione, impossibile in un universo abduttivo.

Ovviamente, questa nostra è una spiegazione molto stringente e sottile, ma in parole più povere si può affermare che un test che abbia tutte e le sole caratteristiche di una singola funzione esecutiva, tanto da combaciare perfettamente, non può esistere.

Come suggerisce Poldrack (2006), siamo a livello di inferenze abduttive quando, nel blocco 2 ("black box") di figura 2.1, ipotizziamo probabilisticamente che una prova psicometrica valuti una particolare funzione. Inoltre, anticipiamo un concetto che vedremo nel capitolo 3, quello dell'"impurità" dei test denunciata da Weiskrantz (1992) e da Rabbit (1997). Si tratterebbe del fatto che le prove che misurano le funzioni centrali valutano anche, senza volerlo, aspetti periferici di input e di output (qualsiasi compito deve essere percepito e restituito attraverso gli apparati linguistici o motori; a un approfondimento nel capitolo 3 sarà dedicato l'inserto #7).

Pertanto, qualsiasi test è solo parzialmente adattabile a una funzione considerata pura (che così intesa non esiste). In altri termini, lo Stroop insieme alle capacità di controllo esecutivo valuta: l'attenzione sostenuta, la capacità di rimanere centrati sullo scopo (Kane e Engle, 2003), la capacità di shiftare da un compito che cattura a un altro, l'avvio, la memoria di lavoro ed altro ancora. Pertanto lo Stroop valuta un insieme di funzioni esecutive con la probabile prevalenza del controllo esecutivo (termine più prudente di quello di "inhibition", perché non azzarda una spiegazione di un meccanismo ignoto)[8].

Ovviamente quando si arriva nell'ambito della deduzione vi è maggior sicurezza, ma essa parte dalla "regola" e dal "fatto" in relazione tra loro per arrivare al risultato senza la necessità della verifica ("se piove la strada è bagnata"; "piove" allora "la strada è bagnata"; che come il lettore attento noterà è il Modus Ponendo Ponens descritto più sopra).

Con il MPP siamo nell'ambito della logica classica che fornisce risultati chiari e precisi. Invece le neuroscienze nella fase delle ipotesi funzionali sono a livello di ragionamento abduttivo (ipotetico, probabile, fallibile).

Questo non bisognerebbe mai dimenticarlo, ma come vedremo nei capitoli successivi, incredibilmente, il livello funzionale viene trattato come certo!

2.3. Un'importante riflessione di Denckla (1996) stigmatizza le confusioni tra i livelli che sorgono in neuropsicologia

Riprendiamo gli errori e le valutazioni errate nei processi di stratificazione ignorati. Denckla fornisce una chiara argomentazione su come la teoria dei tipi logici debba essere applicata. Egli sostiene che:

> [...] il termine "funzione" non solo ha incorporato aspetti di modularità, ma nel contempo mette, erroneamente, sullo stesso piano, il sistema esecutivo con il linguaggio, con gli aspetti visuospaziali e altro ancora. Questo è anche in forte contrasto con la filogenesi e le prospettive teoriche che vedono le capacità esecutive appartenenti ad un dominio generale (supervisore aspecifico) (Denckla, 1996).

[8] Questa sottigliezza metodologica suggerita da MacLeod, Dodd, Sheard et al. (2003) viene perfettamente recepita da Friedman e Miyake (2004) quando, pur studiando i diversi ipotetici tipi di inhibition elencati da Nigg (2000), sostituiscono (eccetto che per l'inibizione delle risposte preponderanti) il termine "inhibition" con "interferenza".

Viene messo in evidenza un chiaro errore concettuale che si riferisce sempre alla confusione tra livelli (guarda caso) e che si insinua attraverso diverse approssimazioni, anche implicite, nella terminologia clinica e scientifica.

#4. Ancora errori metodologici, errori epistemici e ipotesi nulla

Bisogna cominciare a riflettere sul fatto che il sistema attentivo, come suggerisce anche Denckla (1996), comprende un insieme più grande di quello coperto dai singoli moduli, anche molto complessi, e dalle varie categorie nosografiche. Ad esempio, non è difficile comprendere che la categoria dei disturbi di attenzione è maggiore di quella dei soggetti con ADHD e/o dei dislessici. L'Executive Attention agisce trasversalmente sostenendo (più o meno in diverse fasi) tutte le abilità acquisite, quindi è pesantemente implicata anche nelle diverse patologie. Molte fallacie logiche sono nascoste nelle proposizioni, anche utilizzate in clinica.

Per introdurre l'approfondimento delle fallacie, ricorriamo nuovamente all'affermazione: "se Mario cade nel test A, allora ha problemi di attenzione". Se ne ricaviamo che: "se Mario non cade nel test A [spesso l'unico somministrato], allora non ha problemi di attenzione", come il lettore attento oramai avrà compreso si stanno commettendo più errori in un'unica frase.

Il *primo* è che nella seconda proposizione, quasi inavvertitamente, si sta affermando l'ipotesi nulla che non permette conclusioni affidabili (se non cade nella prova somministrata può dipendere dalla poca potenza del test utilizzato o, peggio, dalla sua inadeguatezza per tale tipo di misura); il *secondo* richiama quanto puntualizzato sopra da Denckla, in quanto si costringe una funzione trasversale aspecifica universale – come l'"executive attention" – dentro uniche specifiche patologie. *Infine*, si può chiarire la debolezza dell'affermazione che stiamo valutando sempre chiamando in causa la logica formale. In questo caso si tratta dell'errore della negazione dell'antecedente.

Commentare impropriamente l'ipotesi nulla equivale alla fallacia della negazione dell'antecedente.

Cosa dice la metodologia statistica sulle ipotesi?

Le fallacie logiche hanno una stretta relazione con la regola che niente si può affermare quando si accetta l'ipotesi nulla e il test non risulta significativo. Il commento all'ipotesi nulla può trasformarsi in una sorta di fallacia della negazione dell'antecedente.

Un'ipotesi statistica è un'asserzione sul valore vero di un parametro incognito. Si scelgono due ipotesi: una definita ipotesi nulla H_0, cui si è disposti a rinunciare solo in caso di evidenza del contrario, e una seconda definita ipotesi sperimentale H_1, che si potrà giudicare vera solo in presenza di prove significative o meglio con un'alta ed evidente dimensione dell'effetto studiato. Quando un test non risulta statisticamente significativo o, meglio, quando la dimensione dell'effetto è debole, si afferma l'ipotesi nulla. Soliani sostiene:

> L'ipotesi nulla H_0 deve essere rifiutata *solamente* se esiste l'evidenza che la contraddice. È importante comprendere che *l'ipotesi nulla non è necessariamente vera, quando i dati campionari* (eventualmente pochi) *non sono tali da contraddirla*. L'ipotesi nulla *non è mai provata o verificata; è solo possibile negarla o disapprovarla*, sulla base di dati sperimentali [...] Ne consegue che, *quando non si rifiuta l'ipotesi nulla H_0, non si può affermare che essa sia vera*; ma solamente

che non si è in grado, per la scarsità delle informazioni raccolte, di sostenere che essa sia falsa (Soliani, 2001).

La stessa cosa avviene con un'implicazione semplice come "se piove, allora la strada è bagnata": se non piove, non possiamo fare previsioni certe su come sarà la strada perché qualcuno potrebbe averla innaffiata, oppure essere asciutta. Se si va a vedere la tabella della verità dell'implicazione semplice (cfr. tab. 2.1), troviamo che se non piove (F) e la strada è bagnata (V) oppure è asciutta (F) le conclusioni sono sempre vere (F, V → V; F, F → V), perché prevedono, appunto, più casi possibili. *Bisogna sospendere il giudizio*, perché non si sa quale sia la condizione da scegliere. Così è per l'ipotesi nulla che, anch'essa, risente della sovradeterminazione di più cause per le quali il test risulta non significativo (tipo di test non adatto, errore sistematico, test poco potente, la popolazione scelta non è quella adatta, ecc.).
Questo errore, oltre a manifestarsi in alcune pubblicazioni dove, ad esempio, si nega l'influenza di alcune funzioni esecutive su alcune patologie specifiche (semplicemente perché i test utilizzati non risultano significativi o in correlazione), ricade anche su interpretazioni teoriche che non si accorgono della fallacia perché spesso non è facilmente riconoscibile. Capita, ad esempio, di assistere a relazioni congressuali che mettono in evidenza le sovrapposizioni tra i disturbi, definendo quanti soggetti con ADHD sono anche dislessici: è una curiosità statistica interessante. Tuttavia, se subito dopo si arriva a concludere che solo quei dislessici in comorbidità con l'ADHD avrebbero anche disturbi di attenzione, implicitamente si sottintende che alcuni dislessici non avrebbero disturbi di attenzione solo perché non sono ADHD, ma l'ADHD non copre l'intero universo dei disturbi di attenzione (!). Si definisce più chiaramente tutto quello che abbiamo detto fino ad ora citando anche Denckla (1996). Non si può dire che "se ha un disturbo di attenzione è un ADHD": si costringe un insieme più grande in un insieme più piccolo. *Aristotelicamente, si direbbe che formalmente emerge l'equivalenza tra le fallacie sopra considerate con l'errore del "medio non distribuito"* [a].
Anche nel DSM ci sono insinuazioni del genere, che fanno riflettere su come la pensano gli autori a proposito di attenzione e di livelli logici; pertanto invitiamo i clinici che lo utilizzano ad andarle a cercare quando leggono dell'ADHD (e non solo!). Da queste critiche nascono anche le condivisibili considerazioni e i modelli dell'ADHD delineati da Brown (2006) che riporteremo nel capitolo finale.
Concludiamo ricordando a titolo riassuntivo l'esigenza di dover evitare, il più possibile, l'errore di trarre conclusioni dall'ipotesi nulla (test non significativo) e le fallacie dell'anticipazione del conseguente e della negazione dell'antecedente.

[a] Perché un sillogismo sia valido, il termine medio deve essere preso universalmente in almeno una premessa. Tuttavia l'errore del medio non distribuito accade più frequentemente con la seconda figura aristotelica, dove tale termine è sempre al secondo posto come nel caso di "italiani" nell'esempio che seguirà. Se si dice: "tutti i liguri sono italiani, tutti i toscani sono italiani, allora i liguri sono toscani"; il termine medio "italiani" contiene ancora diverse altre categorie disgiunte tra loro e non è preso universalmente. Peggio se si esordisce con "gli italiani sono liguri, i toscani sono italiani...". Invece, se si utilizza la negazione universale (che considera sempre il medio universalmente, utilizzando sempre la seconda figura aristotelica) si ha un sillogismo corretto: "i liguri sono italiani, nessun italiano è francese [preso universalmente, c'è disgiunzione totale tra gli insiemi], allora nessun ligure è francese". L'errore del medio non distribuito appare spesso nel linguaggio comune per somiglianza e in concomitanza a quello dell'affermazione del conseguente.

#5. Logica e neuropsicologia. Due tipi di diagnosi e la possibilità inconsapevole di affermare il falso nelle relazioni

Anche nelle comunicazioni che riguardano indagini cliniche si rilevano dei livelli diagnostici che, semplificando, possono essere sostanzialmente due. Quello più superficiale, dove si va a stabilire attraverso manuali e linee guida come definire e chiamare un determinato disturbo, e quello più profondo, che a volte può fare anche a meno del nome del disturbo, ma che attraverso utilizzo di test neuropsicologici inquadra, struttura ed indaga i diversi processi cognitivi. Nel primo caso l'eventuale etichetta ricavata dai manuali diagnostici è solo parzialmente informativa. Dire che il soggetto è un ADHD poco spiega del soggetto, anche se si hanno molte informazioni su ciò che si intende per ADHD e questo in parte è utile, ma d'altro canto, poco coincide col singolo e particolare soggetto in questione. Abbiamo già disquisito in altre sedi come gli esperti specializzati in ADHD, autismo, disturbi generalizzati e altro ancora definiscono tali classificazioni "a ombrello", nel senso che inglobano sotto la stessa etichetta soggetti vari, alcuni dei quali forse nemmeno da includere: i cosiddetti "falsi positivi". Sono diagnosi osservative che non trovano dei marcatori biologici e che, non a caso, a volte vengono contestate tra clinici (chi dice che lo è, chi dice che non lo è). D'altronde non c'è nessuno strumento di misura che può dirimere tali controversie, la neuropsicologia può aggiungere solo informazioni di supporto informando che il tal soggetto effettivamente ha forti difficoltà in qualcuno dei processi che valuta (attenzione esecutiva, linguaggio, visuopercezione, memorie, livello neuromotorio, attitudini e apprendimenti in genere). Un inquadramento generale con diagnosi del primo tipo è necessario per raggruppare, per certificare; bisogna però fare molta attenzione perché si ricade facilmente in improbabili stereotipi e nella reificazione che rende categoriali alcune patologie che sono state rilevate attraverso parametri dimensionali.
Il secondo tipo di indagine, quello neuropsicologico, può arrivare a formulare una diagnosi sempre secondo linee guida (dislessia, discalculia, ecc.), tuttavia questo è solo un aspetto. Diventa fondamentale aver un profilo cognitivo di tutte le abilità per vedere come il soggetto funziona, non tanto per classificarlo, ma per impostare trattamenti mirati. Vi possono essere casi complessi di disturbo dello sviluppo, dove il giudizio è sospeso in attesa di pareri, indagini genetiche, neuroimmagini. Nel frattempo, una volta ottenuto il profilo neuropsicologico si può direttamente procedere nell'impostare un trattamento abilitativo, indipendentemente dal fatto che sia definita o no la diagnosi etichettatoria[a]. Quando in seguito, grazie a nuovi dati, venisse stabilita una particolare patologia, il tipo di intervento non cambierebbe molto, in quanto già tarato sui punti di debolezza e di forza del soggetto, pertanto verrà aggiunto ciò che il nuovo quadro diagnostico richiede (per lo più nell'ambito della neuropsichiatria e della psicoterapia). Quello che si è iniziato a livello neuropsicologico, riferibile ai trattamenti, potrà continuare e sarebbe raccomandabile cominciasse il prima possibile.

Riprendiamo l'analisi dei due tipi di diagnosi. Spesso, molti clinici dichiarano di sentirsi in difficoltà perché, ad esempio, hanno un bambino solo debole negli apprendimenti (non deficitario, quindi non certificabile), che però dimostra molte difficoltà nelle abilità

[a] Si presuppone che il clinico e il suo staff abbiano gli strumenti teorico-pratici per intervenire a livello di stimolazione/abilitazione, partendo dai dati emersi nella valutazione.

di base (attenzione e memorie) e non sanno come presentarlo perché le linee guida non permettono di inserirlo in categorie nosografiche tutelate. Scindendo le due informazioni dei due tipi di diagnosi si riesce a far maggior chiarezza. Per meglio comprendere riprendiamo un esempio riportato da Watzlawick (Watzlawick et al., 1967), quando faceva capire che nella comunicazione passano sempre due informazioni e dobbiamo distinguerle: quella "relazionale" e quella "oggettiva". Se si confondono possono nascere perturbazioni che portano al conflitto. Watzlawick fa l'esempio della moglie che chiede al marito se la minestra è buona. Se la richiesta è "relazionale" vuol sottintendere "mi vuoi bene?"; se è "oggettiva" vuol sapere veramente se la minestra che ha fatto è appetibile. Se il marito risponde confondendo il tipo di comunicazione potrebbe creare perturbazioni comunicative. Poniamo come fatto oggettivo che la minestra non sia buona. Se il marito pensa erroneamente che la comunicazione sia "relazionale" dice che gli piace… la dovrà mangiare tutta! Se la richiesta invece è veramente di tipo "relazionale", ma lui risponde oggettivamente, vedrà la moglie adombrarsi… e ancor di più se gli scappa di dire "ma te la prendi solo perché non mi piace la tua minestra"(!).
Così le informazioni riferite dal clinico in una relazione diagnostica sono sostanzialmente due: 1) quella diagnostica (relazionale) che si basa sui sintomi seguendo le linee guida e 2) quella neuropsicologica (oggettiva) che si basa sui funzionamenti dei diversi sistemi cognitivi. La prima fornisce dei suggerimenti generali, ma non si possono instaurare protocolli (ri) abilitativi per i motivi già sopra espressi e perché questi si possono tarare solo sul singolo individuo, una volta valutate le funzioni neuropsicologiche. Sempre nel primo tipo di diagnosi si insinua il pericolo di un'indebita generalizzazione nella quale si creano stereotipi che spesso nulla hanno a che fare con il soggetto in questione. Tuttavia, vi sono alcuni vantaggi, come quello che deriva dalla tutela dovuta a una certificazione che segue precise linee guida (che anche se non da tutti condivise rimangono la regola da seguire). Inoltre, vi sono dei casi che possono trovare più conforto da questo tipo di diagnosi rispetto a quella neuropsicologica. Prendiamo per esempio un soggetto definito ADHD, intelligentissimo, che compensa e intuisce e che cade poco o nulla nell'indagine neuropsicologica, eppure non può rimanere seduto nel banco più di 10 minuti. L'osservazione dei sintomi e il confronto con i manuali diagnostici può far emergere l'inquadramento nell'ADHD e così poter certificare un soggetto che ha comunque delle difficoltà e tutelarlo. La possibilità di inserire o non includere il soggetto in determinati inquadramenti diagnostici però è tutto o niente, e questa mancanza di gradiente, come sosteniamo dai primi capitoli, è una complicazione. Infatti, si sentono ancora frasi del tipo: "è o non è dislessico?" (tipico ragionamento dicotomico che trasforma un continuum in una categoria rigida che esiste solo in base ad un cutoff deciso arbitrariamente).

Per una migliore comprensione, affrontiamo la problematica utilizzando come esempio la dislessia (da estendere a diversi altri tipi di diagnosi).
Siegel sosteneva:

> Nel discutere della natura arbitraria della dislessia, Shaywitz ed al. (1992) hanno osservato: "I nostri risultati indicano che la dislessia non è un fenomeno tutto o niente, ma come l'ipertensione e l'obesità si verifica in vari gradi di gravità. Anche se le limitazioni delle risorse disponibili potrebbero richiedere l'imposizione di cutoff per la prestazione di servizi, i medici devono riconoscere che i cutoff non possono avere validità biologica". Dove si collochi esattamente la linea tra dislessico e non dislessico è un aspetto soggettivo e controverso. Questa incertezza re-

lativa non contesta la realtà della dislessia, ma indica invece che esiste una qualche soggettività nella diagnosi (Siegel, 2006).

Questo aspetto era stato rilevato anche da Benso (2010) rispetto alla soggettività del confine patologico o non patologico, facendo notare che una diagnosi di dislessia, prettamente dimensionale come avviene per l'ipertensione e l'obesità, diventava esageratamente categoriale quando si delinea il profilo del soggetto "dislessico", come se si trattasse di diabete o di epatite C che invece hanno dei marker ben definiti.
Non è importante (a parte la certificazione) definire se un soggetto è o no dislessico, è invece fondamentale saper misurare il grado di disagio attraverso una visione a gradiente, valutando le sillabe al secondo e il numero di errori e paragonandoli con quelli dei pari età. Ad esempio, se in terza elementare in media si leggono circa 3 sill/sec (deviazione standard circa 1) e il nostro soggetto legge a 0.9 sill/sec, questi può essere definito dislessico perché sotto al cutoff deciso (di 2 deviazione standard sotto la norma). In effetti, ha bisogno di tre volte il tempo di un pari classe. Tuttavia se un altro ragazzo legge 1.4 sill/sec e non può essere definito dislessico perché non cade sotto alla soglia stabilita, sarà sempre un soggetto a disagio che ha bisogno del doppio del tempo ma, considerato con una visione prettamente dicotomica, "non avrebbe problemi perché non è dislessico". Per questo vale quanto detto più sopra da Siegel (2006); inoltre Benso (2010) suggerisce che i dati relativi alle sillabe al secondo dovrebbero essere messi in evidenza nelle cartelle cliniche e, quindi, a disposizione di tutto l'entourage del bambino, soprattutto insegnanti.

Il secondo tipo di osservazione, relativo all'inquadramento neuropsicologico, oltre a fornire direttamente i valori per diagnosi come quella di DSA, ha altre funzioni. Ad esempio, nel caso di ADHD, autismo e altro, dove valgono anamnesi, osservazioni e confronti con i suggerimenti dei manuali diagnostici statistici, tale osservazione ha il compito: 1) di rafforzare o indebolire la diagnosi nosografica, ma non può fornire dei marker specifici per isolarla categorialmente; 2) di approfondire la valutazione trovando modelli che spieghino i sintomi rilevati; 3) di indicare efficacemente cosa fare per migliorare la situazione proponendo tipi di intervento che si avvalgono dei dati ricavati e dei sistemi inefficienti isolati (per stimolarli direttamente).

Il rischio di fallacie nei commenti delle relazioni neuropsicologiche

È importante notare che nel primo tipo di diagnosi se i test non sono significativi si può escludere l'esistenza del problema, nel secondo, escludendo, si rischia di ricadere nelle fallacie. Nella diagnosi "relazionale" le linee guida impongono "tot" deviazioni per un "tot" numero di test per poter includere il soggetto in quel tipo di disturbo. Pertanto, se non ha questi requisiti si dice che non è dislessico, o discalculico o altro. Quindi, pur ottenendo non significatività ai test ci si pronuncia comunque per seguire delle direttive esterne.
Invece, nella diagnosi neuropsicologica il superamento dei pochi test per la memoria o per l'attenzione esecutiva non può escludere delle criticità non valutate in tali sistemi, essendo essi di natura multi-componenziale e complessa. Escludendo, si commenterebbe l'ipotesi nulla o si cadrebbe nella negazione dell'antecedente entrando nella fallacia. Ecco degli esempi utilizzando enunciati proposizionali: "Se cade al test A allora ha problemi di memoria"; "Non cade al test A allora non ha problemi di memoria" (fallacia della negazione dell'antecedente equivalente a commentare l'ipotesi nulla).

Il clinico, dopo aver somministrato pochi e scarni test per valutare la complessa attenzione esecutiva o gli innumerevoli aspetti della memoria, sulla base dei test superati può erroneamente scrivere nella relazione: "Non ci sono problemi attentivi" o "Non vi sono problemi mnestici"; sono affermazioni che possono avere una certa probabilità di essere false. Come evitare questo inconveniente? È molto semplice, basta badare ai termini utilizzati nelle relazioni, senza rischiare ipotesi non verificabili, evitando riferimenti ai sistemi, ma più cautamente fermarsi sui risultati delle prove. Invece di dire: "Non ha problemi di memoria, attentivi, visuospaziali", sarà più prudente scrivere: "Non cade nei test somministrati per valutare la memoria, l'attenzione, il sistema visuospaziale".
La diagnosi neuropsicologica funzionale può includere, ma in teoria mai escludere completamente, soprattutto se ci sono dei sintomi esterni di disagio non rilevati dai test. Per i sistemi complessi non saremo mai sicuri di avere tutti gli strumenti a disposizione per analizzarli. Inoltre, se ci si esprime avventatamente, si può facilmente ricadere, questa volta sì, nelle fallacie.
Facciamo notare che anche in questo caso stiamo distinguendo i livelli applicati alle diagnosi: il primo, superficiale, etichettatorio, informale, necessario alla certificazione, che poco dice sul reale funzionamento; il secondo, quello neuropsicologico, che più oggettivamente risale ai funzionamenti e ai problemi diversi da soggetto a soggetto che, tuttavia, possono avere la stessa etichetta diagnostica nosografica.

2.4. La trasformazione del concetto di modulo in neuropsicologia. Modularità forte e massiva, automaticità, doppie dissociazioni, cronometria mentale e neuroimaging

> [...] Tuttavia, l'obiettivo finale della neuroscienza cognitiva è capire come i molti moduli del cervello interagiscono in un modo da poter spiegare un'esperienza e un comportamento complessi umani. L'esperienza cosciente generata dal cervello umano è integrata e coerente e le nostre molte capacità legate alla percezione, alla cognizione e all'azione raramente agiscono in isolamento. Chiaramente, quindi, l'integrazione è essenziale ed è giustamente al centro dei recenti approcci teorici relativi alla funzione cerebrale (Seth, Izhikevich, Reeke e Edelman, 2006) [Gazzaniga, 2009, p. 1249].

L'elaborazione delle informazioni umane viene graduata, distribuita ed è interattiva [Farah, 1994].

2.4.1. Gradiente di modularità: definizioni

Un errore concettuale che, non raramente, si fa nei tentativi di abilitazione mal riusciti, è quello di trattare come circuiti chiusi e incapsulati sistemi aperti ancora disponibili, che si richiudono però in se stessi per approcci con protocolli stereotipati e tendenti a far ripetere operazioni prettamente automatizzate.

È un tipico errore quello di applicare le regole e i limiti della modularità fodoriane (Fodor, 1983) ad apprendimenti complessi, confondendo sotto un'unica dicitura, quella di "modulo", attività come il riflesso di ammiccamento, il camminare, l'accesso lessicale, il danzare, il leggere... Tutto ciò non ha solo una portata teorica, ma ha anche delle ricadute in clinica, soprattutto negli approcci diagnostici e nei protocolli abilitativi. Pensiamo che questo paragrafo rappresenti un serio punto di riflessione per il teorico e per il clinico. Pertanto, ripetiamo che non è un aspetto secondario, soprattutto nei set abilitativi, avere chiaro il concetto di modularità, che si è evoluto nel tempo da "forte" a "massiva".

Per decenni si è parlato di moduli come sistemi incapsulati, con precise localizzazioni e con definiti test per valutarne l'efficienza. Nel tempo si è potuto constatare che sistemi come la percezione e il linguaggio infrangono molti dei punti caratterizzanti la modularità forte che, tra l'altro, risulterebbe concettualmente troppo ristretta per le scienze cognitive. Solo i servosistemi minimi possono essere considerati non assemblabili e incapsulati (captazione di frequenze, riflessi motori), mentre le diverse abilità più complesse devono soggiacere a un gradiente di modularità sempre meno forte, ma sempre utile all'inquadramento epistemologico della neuropsicologia. Si stanno ormai affermando i più recenti *concetti di network e di attivazione.*

Ci accingiamo a fornire una definizione di "modulo" utile alla neuropsicologia, che giustificheremo con le argomentazioni portate nell'intero paragrafo.

Si definiscono moduli *dei sistemi computanti, più o meno complessi, in relazione con circuiti cerebrali attivati che collegano più aree durante l'espletazione di ben determinate funzioni cognitive. Tali circuiti sono solo parzialmente separati e possono interagire tra di loro per risolvere la computazione richiesta, tuttavia conservano la specificità per elaborare la funzione tipica per il loro dominio. Lo stesso sistema varia lungo un continuum da uno stato relativamente automatico ad uno più controllato.*

La complessità cambia anche in funzione degli assemblamenti necessari alla specializzazione del sistema e alla quantità di risorse attentive che necessitano per il loro sviluppo. Pertanto, si va formando una gerarchia che, con il progredire della complessità, diminuisce in automaticità e in autonomia computazionale. Il concetto di modulo può essere applicato anche ai sistemi più complessi introducendo il concetto di *modularità massiva*[9], che perde molte delle caratteristiche fodoriane, come la "non assemblabilità", le aree specifiche, e "l'incapsulamento", ma che conserva, come elemento di distinzione, la specificità di dominio[10], come direbbe Coltheart (2011).

2.4.2. La modularità di Fodor modificata nel tempo

Non vi è accordo sulla definizione di modularità e bisogna elencare diversi punti tra i più condivisi al fine di caratterizzare i diversi sistemi specializzati. Coltheart (2011) direbbe che la principale caratteristica che deve avere un modulo dovrebbe essere la "specificità di dominio" e Sternberg (2011) direbbe la "modificabilità separabile". Fodor (1983) ne

[9] Il termine "modularità massiva" nasce dalle tesi di Dan Sperber (1994), poi ripresa da Carruthers (2006); ha un significato che si contrappone a quello di modularità "forte", chiusa ed incapsulata. Indica l'esistenza di sistemi modulari aperti, interagenti, collaboranti in alcune "computazioni".

[10] Cos'è la specificità di dominio? Ogni modulo è specializzato per computare un particolare dominio di stimoli, ad esempio l'udito si basa su onde sonore ad una determinata frequenza, la vista su onde elettromagnetiche o fotoni e così via.

ha elencato le caratteristiche: automatici, veloci, incapsulati, non assemblabili, con specificità di dominio, geneticamente predeterminati, inseriti in una architettura neuronale fissa, dotati di un'uscita superficiale "*stupid*" che è da interpretare successivamente dai sistemi centrali. Tuttavia, se non si scende al livello di servosistemi minimi, non si trovano meccanismi che sottostanno a questi vincoli. Fodor stesso aggiunge che non tutte le caratteristiche debbano per forza essere presenti e sarebbe anche ammesso un gradiente di modularità. Questa apertura (dove Fodor risulta meno rigido dei fodoriani!) è sfuggita a molti e la fa notare Coltheart (2011). Conseguentemente, gli esempi di modularità (sistemi di input e linguaggio) stanno molto stretti dentro i criteri fodoriani. Se prendiamo come esempio la percezione (linguistica e visiva), abbiamo numerosi esempi di interazione tra moduli. Uno dei più citati è l'effetto McGurk (McGurk e MacDonald, 1976; Fodor, 1983; Moscovitch e Umiltà, 1990; Purves et al., 2010), dove un soggetto che sente una sillaba come "ba", se vede contemporaneamente una bocca che dal labiale mima "ga", riferisce di aver sentito "da": il visivo produce una distorsione nella percezione linguistica uditiva. Sarebbero, questi, dei sistemi che infrangono diversi dei punti caratterizzanti di Fodor. Se ciò non bastasse vi sono evidenze di penetrabilità dell'attenzione anche di tipo top-down, ma vedremo che questo, per certi aspetti, non è un problema per la modularità. Già dagli anni '70, Hillyard, Hink, Schwent e Picton (1973) registrano, attraverso i potenziali evento-relati, un aumento dell'attività neuronale delle aree sensoriali primarie (uditive e visive) durante l'attesa di uno stimolo e O'Connor et al. (2002) rilevano l'influenza dell'attenzione visiva già a livello di nucleo genicolato laterale!

A questo punto, potremmo concludere che la definizione "fodoriana" di modulo potrebbe essere adattata ai riflessi, agli schemi motori semplici (come la flessione di un dito) e ai primi livelli dei processi percettivi come il rilevamento delle frequenze visive o acustiche che veicolano la prima informazione del percetto (che solo in una fase successiva emergerà come tale e sarà rappresentato e processato). Tuttavia, questo profilo di modularità risulterebbe troppo ristretto per le scienze cognitive. Se si accettano aspetti, seppur contenuti, di assemblabilità e di penetrabilità, il concetto di modularità può prendere connotati più operativi e più consoni a quanto attualmente si intende quando ci si riferisce alla mente modulare. Pertanto, attraverso diversi autori, si è arrivati a modificare il concetto di modularità per applicarla alle scienze cognitive.

2.5. Breve excursus storico: dalla "modificabilità separabile" alle doppie dissociazioni

Come per i modelli che dalla memoria a breve termine si trasformano in memoria di lavoro, anche le teorie modulari si sono stratificate in livelli nel corso degli anni.

Storicamente, oltre alla descrizione delle proprietà modulari suggerite da Fodor (1983), vi è anche un insieme di criteri metodologici che nascono dal concetto di "doppia dissociazione" (cfr. più avanti).

Sternberg (1969, 2011) richiede che, per affermare la modularità, vi sia una modificabilità separabile tra i sistemi. Pertanto, due servosistemi risultano modulari tra di loro se, variando sperimentalmente la difficoltà di un compito A, modifichiamo solo le risposte del primo servosistema e se, variando un compito B, modifichiamo solo le risposte del secondo. È pertanto una doppia dissociazione creata ad hoc, in parte simile a quelle che in neuropsicologia si trovano con le lesioni specifiche. In questo caso, non sfuggirà al lettore che Sternberg non definisce le caratteristiche di modularità come ha fatto ad esempio Fodor, ma prova direttamente l'indipendenza computazionale tra i sistemi specifici. Pertanto, *Sternberg trova autonomia computazionale e modificabilità separabile tra due moduli a confronto, ma non può affermare che tali sistemi siano in assoluto moduli.* Questo vale anche per il concetto di doppia dissociazione: "se vi è modularità, allora vi è doppia dissociazione" e non è vera la proposizione contraria (errore dell'anteposizione del conseguente; c.d.a.), "se vi è doppia dissociazione, allora vi è modularità", anche perché, vi sono almeno cinque tipi diversi di sistemi non modulari che, se lesionati, possono produrre doppie dissociazioni (Shallice, 1988; cfr. anche Benso e Umiltà, 1998).

2.5.1. Il concetto di dissociazione e di doppia dissociazione in neuropsicologia

Le dissociazioni e le doppie dissociazioni sono strumenti di indagine che permettono di studiare l'organizzazione dei diversi sistemi cognitivi (Shallice, 1988).

La dissociazione semplice si verifica quando un paziente esegue bene un compito 1 e in modo significativamente peggiore un compito 2. Essa può far pensare a due sottosistemi indipendenti, uno intatto (quello interessato dal compito 1) e l'altro lesionato (quello interessato dal compito 2). Tuttavia, potrebbe anche essere il caso di due compiti a difficoltà diversa che richiedono risorse diverse. Quindi, il sottosistema deputato ad eseguirli potrebbe essere lo stesso, ma un compito potrebbe risultare più facile e l'altro più difficile. Si consideri, per esempio, un soggetto che sia in grado di leggere le parole ad alta frequenza d'uso meglio di quelle a bassa frequenza. Piuttosto che ipotizzare due sottosistemi indipendenti è più economico ipotizzare che il secondo compito sia più impegnativo del primo.

La doppia dissociazione si verifica quando un altro paziente si trova nella condizione opposta e ciò contrasta con l'ipotesi della difficoltà del compito.

Si dice che c'è "doppia dissociazione" quando, considerati due diversi compiti, un paziente A si comporta significativamente meglio di un paziente B nel compito 1 (dissociazione semplice) e nel compito 2 la situazione è opposta, il paziente B si comporta significativamente meglio del paziente A (doppia dissociazione). In altri termini, se c'è un paziente A che legge bene le parole irregolari, ma non legge agevolmente le non parole (parole che non esistono nella sua lingua); viceversa, se esiste anche un paziente B che non legge bene le parole irregolari, ma legge le non parole, si può concludere che i sottosistemi preposti per questi tipi di lettura sono separati nell'architettura funzionale che rappresenta il sistema lettura.

È importante far notare che, come afferma Shallice (1988), se "l'incrocio" avviene per compiti *"a forma di complementarità dei difetti psicologici"* non vi è sempre doppia dissociazione. È errato dire (anche se sembra la stessa cosa) che vi è doppia dissociazione se un paziente A fa meglio il compito 1 del compito 2 e se il paziente B fa l'opposto, perché i livelli di prestazione di A potrebbero essere entrambi vicino alla norma e quelli di B entrambi molto al di sotto della media, anche se invertiti (per compiti). Ad esempio, poniamo che entrambi i compiti abbiano un valore medio di 100 e una deviazione standard di 15: paziente A (compito 1 punteggio 110; compito 2 punteggio 80); paziente B (compito 1 punteggio 20; compito 2 punteggio 60). In questo caso solo uno dei due pazienti sarebbe di livello "patologico" (B) e non vi sarebbero lesioni alternate nei due pazienti e nessuna dissociazione nei sistemi specifici deputati. Questo fa riflettere su quanto sia, teoricamente e praticamente, soggetta a fallacia la conversione delle proposizioni che portano spesso agli errori logici che abbiamo già evidenziato nel paragrafo 2.2.

Le doppie dissociazioni sono fondamentali nella neuropsicologia per costruire le architetture funzionali (diagrammi di flusso che spiegano i diversi passaggi di elaborazione delle funzioni cognitive) e sono state indagate anche con modelli connessionisti (reti neurali; per una rassegna critica e un'introduzione metodologica, cfr. Benso e Umiltà, 1998). Spesso, studi sulle doppie dissociazioni vengono svolti con neuroimmagini, al fine di indagare le aree cerebrali attivabili o non attivabili con specifici compiti.

Un classico esempio di doppia dissociazione riguardante il "lesionale" è quella tra i pazienti H.M. (asportazione bilaterale della corteccia entorinale, dell'amigdala e di 2/3 dell'ippocampo) e K.F. (lesione all'area perisilviana, temporo parietal di sinistra). H.M., studiato da Milner, Corkin e Teuber (1968), era un amnesico anterogrado e in parte retrogrado che dimenticava episodicamente ogni avvenimento, anche del giorno prima, ma aveva uno span di memoria a breve termine nella norma. Il paziente K.F, studiato da Warrington e Shallice (1969), non evidenziava invece problemi a lungo termine, pur dimostrando uno span di 2 nella prova di memoria a breve termine. È così emersa una classica doppia dissociazione tra memoria episodica e memoria a breve termine. Diversi altri pazienti con tali caratteristiche hanno indotto la neuropsicologia a variare il flusso delle architetture delle memorie stabilite negli anni '60-'70 (Atkinson e Shiffrin, 1968). Le memorie a breve e a lungo termine non potevano più essere collocate in serie (altrimenti una lesione alla memoria a breve termine comporterebbe anche un successivo inevitabile disturbo nella memoria episodica). Si ritiene che i loro scambi debbano avvenire in parallelo, per dar conto delle doppie dissociazioni rinvenute nei pazienti.

2.5.2. La "modificabilità separabile di Sternberg"

La tecnica della *modificabilità separabile* è stata provata soprattutto con servomeccanismi più semplici sottostanti a sistemi più complessi come il linguaggio, il sistema visuospaziale o motorio (assemblabili e non incapsulati, come hanno già efficacemente sostenuto, ad esempio: Farah, 1994; D'Souza e Karmiloff-Smith, 2011; Binder e Desai, 2011). Tra i numerosi esperimenti contenuti in Sternberg (2011), viene dimostrato, ad esempio, che in un compito "*go-no-go*" dove bisogna rispondere o non rispondere a determinati stimoli, la possibilità di discriminare lo stimolo è indipendente dalla collocazione spaziale e viceversa; nel senso che la velocità di discriminazione può aumentare/diminuire, senza influire sul tempo di rilevamento della collocazione spaziale, che può essere facilitata/ostacolata con stimoli posizionati compatibilmente o incompatibilmente allo spazio occupato dall'effettore (mano che preme il pulsante). Pertanto, la discriminazione e la collocazione spaziale sarebbero servosistemi indipendenti della percezione visiva. Tuttavia, bisogna dire anche che la modificabilità separabile di Sternberg ha dei limiti di applicazione in quanto, oltre a quanto accennato sopra, deve sottostare a regole che richiedono una particolare tipologia dei sistemi indagati. Ad esempio, se tali moduli operano in serie, non devono avere circuiti ricorsivi (il secondo modulo non deve scaricare la sua uscita sull'ingresso del primo), devono essere "stadiali" (il sistema successivo non inizia a lavorare finché il precedente non ha finito l'elaborazione che gli compete). Inoltre non devono essere "a cascata" (il sistema precedente comincia immediatamente a scaricare sul successivo prima ancora di aver terminato completamente la computazione che gli compete). Può essere accettato un collegamento "a cascata" solo se vi è una soglia che impedisce la scarica finché non è raggiunto un certo livello di elaborazione (come un accumulatore di evidenza[11]). I collegamenti "a cascata" tra moduli collegati in serie sembrano i più frequenti a livello di architetture funzionali (cfr. Coltheart, 2011; Shallice, 1988). Tuttavia, Coltheart stesso puntualizza che Sternberg può applicare il metodo della modificabilità separabile solo sui servosistemi: "Due moduli avranno almeno due sottosistemi che computano indipendentemente uno dall'altro" (Coltheart, 2011). Inoltre, è bene ricordare che viene utilizzata da Sternberg la tecnica statistica dei "fattori additivi" per dichiarare l'indipendenza computazionale tra due servosistemi. Se c'è modularità ed indipendenza tra i sistemi c'è additività nei tempi di reazione, altrimenti c'è interazione (statistica) tra i risultati di due processi che sarebbero almeno parzialmente sovrapponibili. Questa tecnica è stata proposta da Sternberg già dagli anni '60 (Sternberg, 1969) per superare le criticità che derivavano dal problema del "puro inserimento" di Donders che vedremo tra poco.

2.6. Modularità massiva, gradienti di modularità, embodied cognition

Se si vogliono ancora definire con il termine "moduli" i domini complessi, assemblati, interagenti, mai del tutto automatizzati (come linguaggio, lettura, scrittura, danza) che necessitano di processi di "modularizzazione" (sviluppo dovuto alla stimolazione ambientale, cfr. Karmiloff-Smith, 1992), bisogna optare per una "modularità massiva", meno incapsulata e più incarnata (*embodied*). In altri termini, come sostenuto fin dalle prime pagine, non distinguere i tipi logici e chiamare con lo stesso nome sistemi di livello diverso fa incorrere in contraddizioni e impedisce una comunicazione più chiara e chiarificante anche sulle teorie modulari (cfr. anche Farah, 1994[12]). Varrebbe allora, in questo caso, la scelta di una tassonomia tra moduli, come proposto da Moscovitch e Umiltà (1990), per cui più si sale in complessità, più intervengono i sistemi centrali e gli automatismi passano da innati ad acquisiti e sono organizzati lungo un continuum che va dai moduli più semplici (di primo tipo) a quelli più complessi (di terzo tipo). Pertanto, se si vogliono ancora chiamare moduli i sistemi più complessi, viene naturale optare, come teorizzano D'Souza

[11] Un accumulatore di evidenza è un servomeccanismo che agisce come un relè di un termostato: quando si accumula una certa quantità di energia termica chiude un circuito. Applicando la teoria dei sistemi ai processi cerebrali, si può pensare ad alcuni aspetti automatici dell'orientamento dell'attenzione quando, ad esempio, lo stimolo cresce in evidenza fino a diventare captabile dal sistema attentivo visivo. A livello più complesso si può applicare tale modello all'accumulo di tensione emotiva che fa scattare certi comportamenti.

[12] Farah sostiene: "[...] Questo assunto nasce dal punto di vista che i componenti dell'architettura funzionale sono modulari, nel senso di essere informazionalmente incapsulati. In questo articolo si sostiene che questa assunzione 'localizzazionista' non sia in genere corretta. Le inferenze sulle architetture funzionali che emergono dai dati neuropsicologici possono generare un insieme alternativo di assunzioni, secondo cui l'elaborazione delle informazioni umane viene graduata, distribuita ed è interattiva" (Farah, 1994).

e Karmiloff-Smith (2011), per una modularità massiva per l'età dello sviluppo, in perfetta sintonia con Carruthers (2006), che afferma: "Quando un sistema è stato progettato per concentrarsi e per elaborare un particolare dominio di input, ci si aspetta che nel corso della sua normale computazione possa aver bisogno di interrogare una serie di altri e diversi sistemi di informazione". Anche grazie alla scoperta dei neuroni *mirror* (Rizzolatti e Sinigaglia, 2006) e delle cortecce "eteromodali o multimodali", che ricevono input da tutte le modalità, nonché dai processi più alti (Binder e Desai, 2011), si sta affermando come più realistica (per i sistemi complessi, teniamo a puntualizzarlo) una modularità massiva meno disincarnata. Riemergono le teorie dell'*embodied cognition* dove si afferma che i sistemi percettivi e motori sostengono la conoscenza concettuale (Binder e Desai, 2011; Pulvermuller, 2005; Iacoboni, 2008; Binkofski et al., 1999; Corballis, 2009).

Binder e Desai (2011) affermano:

> Studi recenti di neuroimaging dimostrano due risultati sorprendenti: la partecipazione di sistemi sensoriali modalità specifici, motori, emozionali nella comprensione della lingua e l'esistenza di grandi regioni del cervello che partecipano a compiti di comprensione, ma che non sono modalità specifici. Queste ultime regioni, che includono il lobo parietale inferiore e gran parte del lobo temporale, sono alla convergenza di molteplici flussi di elaborazione percettiva[13]. Queste convergenze consentono rappresentazioni supramodali sempre più astratte dell'esperienza percettiva che supportano una varietà di funzioni concettuali, tra cui il riconoscimento di oggetti, la conoscenza sociale, il linguaggio e la notevole capacità umana di ricordare il passato e di immaginare il futuro.

Tutti questi aspetti hanno stravolto il concetto di modularità, tanto che si è ingenerata, come dicevamo prima, una vera e propria confusione sul termine che comprende spesso sotto la stessa dicitura sistemi semplicissimi (come il riflesso di ammiccamento) o molto complicati (come la lettura o il calcolo). Pertanto, tali evidenze hanno creato la necessità di stabilire una tassonomia che individui un gradiente di modularità in cui si distinguano sistemi ad automaticità diverse. L'aspetto curioso ed intrigante è stato che, già nel 1990, Moscovitch ed Umiltà sentirono l'esigenza di evidenziare queste differenze che ora sono più attuali e utili che mai.

2.6.1. Un approfondimento sulle teorie modulari: network dinamici e attivazioni cerebrali

Per comprendere come anche in questo ambito il dubbio scientifico regni, nonostante le certezze (antiscientifiche), ci indirizzeremo brevemente verso la problematica molto legata anche ai modelli cerebrali. In una recente rassegna sul concetto di modularità, pubblicata

[13] *Supramodal representation*: informazione che non appartiene all'esperienza di una singola modalità. Sarebbe una rappresentazione supramodale la congiunzione tra attributi uditivi e visivi di un oggetto. L'esistenza delle rappresentazioni supramodali è talvolta contestata, ma esse forniscono un "meccanismo semplice per una vasta gamma di capacità inferenziali, come la conoscenza dell'aspetto visivo di un pianoforte dato solo il suo suono e la conoscenza delle strutture di somiglianza concettuale che definiscono le categorie. Le rappresentazioni supramodali possono anche consentire il rapido recupero schematico della conoscenza semantica che caratterizza il linguaggio naturale" (Binder e Desai, 2011).

in un numero monografico di *Cognitive Neuropsychology* (AA.VV., 2011), i diversi esperti coinvolti difficilmente concordano sulle definizioni; rimane solo il fatto che vi è una grande convergenza sulla *penetrabilità dei sistemi* top-down. Anche in questo caso, non esiste una descrizione condivisa, soprattutto negli aspetti più operazionali. Quanto da noi definito all'inizio di questo paragrafo 2.6 ha tenuto conto di questi risultati, come le osservazioni di Coltheart (2011), che sintetizzano la modularità in un unico criterio sopravvissuto all'elenco fodoriano: la *specificità di dominio*. Non è poco per salvare il concetto di modulo applicato anche ai sistemi complessi. Se si valutano circuiti che collegano diverse aree più o meno interagenti e attivate in funzione del compito assegnato, rimane specifico il dominio. Come accennavamo più sopra, se cerchiamo in questa rassegna un criterio tra i più condivisi, sarebbe quello della *penetrabilità* (che giustifica i gradienti di attivazione con risorse attentive che da aspecifiche divengono specifiche), ma, come vedremo, quest'aspetto non stravolge il concetto di modulo, anzi, controintuitivamente spesso lo esalta!

Questa evoluzione delle teorie modulari è il necessario completamento di almeno due fattori determinanti: 1) si sta abbandonando definitivamente l'irrealistica visione di precise aree che supportano funzioni specifiche rappresentate da singoli test; 2) emerge, incontrovertibilmente, la multicomponenzialità di sistemi come la lettura o l'atto motorio complesso, anch'essi chiamati "moduli". Considerare con lo stesso nome sistemi molto diversi per complessità è risultato fuorviante. Questo è uno dei motivi per cui si arriva alle diversità di interpretazioni quando si vuole definire la modularità (AA.VV., 2011). Rimane da sottolineare il fatto che tali teorie spaziano dal campo della filosofia a quello della psicologia cognitiva, per arrivare anche agli studi di neuroimaging. Pertanto, cambiano anche i termini e l'impostazione delle argomentazioni. È necessaria anche in questo ambito (come sosteniamo dal primo capitolo) *una teoria dei livelli* che crei una tassonomia modulare. È indubbio che qualche cosa di molto differente emerge se paragoniamo, nel dominio motorio, un riflesso di ammiccamento, il camminare e il danzare. Gli stessi Rizzolatti e Sinigaglia (2006) sostengono che esiste una complessità gradualmente crescente nell'ambito motorio: il primo livello è dato dai movimenti, che sono *semplici schemi motori* (ad es., la flessione di un dito); il secondo livello è rappresentato dall'*atto motorio*, che è un insieme di movimenti con uno scopo motorio (ad es., portare il cibo alla bocca); al terzo livello vi è l'*azione*, che è un insieme di atti motori in sequenza finalizzati a uno scopo sovraordinato (ad es., mangiare). Come si vede in figura 2.1, salendo in complessità, i vincoli diminuiscono e i gradi di libertà aumentano.

Così nel dominio linguistico vi è differenza tra dover produrre una filastrocca memorizzata, svolgere un compito di denominazione oppure produrre un discorso o uno spoonerismo. In altri termini, le teorie modulari devono stabilire delle gerarchie che comportino un gradiente di complessità che coincida anche con quello di automaticità e di possibilità di interazione tra sistemi. Si può ancora sostenere il criterio dell'incapsulamento quando si è a livello di specifiche frequenze utilizzabili per operazioni minime, ma è difficile teorizzare l'incapsulamento computazionale per aspetti più complessi come: percepire, danzare, leggere, svolgere compiti di spoonerismo. Pertanto, qualora si volessero ancora definire con il termine "modulo" queste ultime abilità elencate, che non reggerebbero ai principi di Fodor (1983) e al concetto di modificabilià separabile di Sternberg (2011), sarebbe necessario creare una tassonomia dirimente. Come suggerisce

Coltheart (2011), l'unico criterio costrittivo sarebbe, allora, la "specificità di dominio": determinati moduli complessi, pur penetrabili, sarebbero specializzati per un certo tipo di materiale, ma la computazione che ne deriverebbe potrebbe appoggiarsi ad altri sistemi utili per svolgere il determinato compito (visivo, uditivo, linguistico.) Come sostengono Stokes e Bergeron (2015): "Un numero consistente di teorici ha indebolito la nozione di modularità rispetto alla originale caratterizzazione fornita da Fodor e, in particolare, rispetto al concetto di incapsulamento informazionale. Questo cambiamento nella nozione di modularità porta ad un ampliamento del campo delle teorie modulari".

Con altri punti di vista, D'Sousa e Karmiloff-Smith (2011) fanno anche loro notare che non vi è incapsulamento nei sistemi modulari, definiti non più specifici, ma "rilevanti". Tali Autori sostengono che, soprattutto nell'età dello sviluppo, i diversi moduli devono poter interagire. I sistemi più complessi sono soggetti anche ad un periodo di "modularizzazione", come direbbe Karmiloff-Smith (1992) e ciò permette l'assemblamento e l'interazione tra i diversi moduli.

Le ricerche sui neuroni *mirror* (Rizzolatti e Craighero, 2004) fanno propendere anch'esse per un insieme di sistemi collaboranti per arrivare a sviluppare determinate abilità speciali (poi definite da alcuni "moduli"). Come si diceva più sopra, il punto di vista teorico si amplia e si completa se si tiene conto della scoperta delle cortecce "eteromodali o multimodali" che ricevono input da tutte le modalità, nonché dai processi più alti (Binder e Desai, 2011) e del conseguente riemergere delle teorie dell'*embodied cognition*. A tal proposito, Gallese (2007) afferma: "L'immagine del linguaggio che i risultati di queste ricerche ci consegnano è molto diversa da quella, ancora dominante, di un sistema linguistico modulare chiuso, indipendente e disincarnato, che manipola rappresentazioni simboliche amodali".

2.6.2. Modularità "massiva" e gradienti di automaticità nei modelli di Moscovitch e Umiltà (1990)

Come risulta evidente da quanto appena riportato sopra, cadono molti dei principi fodoriani e, nonostante ciò, per poter mantenere vivo il concetto di modulo necessario alla neuropsicologia, si opta per una visione di modularità "massiva", termine nato dalle tesi di Dan Sperber (1994), poi ripreso da Carruthers (2006*). Si propende per l'esistenza di sistemi modulari aperti, interagenti, collaboranti in alcune "computazioni"*. Si allarga il campo dei sistemi definibili come modulari, ma ne viene indebolita la nozione. La richiesta della semplice specificità di dominio per caratterizzare i sistemi modulari di Coltheart è, tuttavia, accettabile per qualsiasi livello di modularità. Inoltre, l'operazione di chiarimento dei livelli fatta nel 1990 da Moscovitch e Umiltà (sempre poco citata e forse anche poco compresa nella sua ricchezza scientifica), alla luce di ciò che si è discusso fino ad ora, è ancora oggi un utile inquadramento.

Se optiamo per una modularità massiva, inglobando sotto questo termine i sistemi più complessi, questa tassonomia modulare acquista valore dirimente e può pertanto risolvere alcune criticità confusive. La prima è che possiamo definire modulari anche i sistemi più complessi, se possiamo distinguerli come tipologia da quelli più semplici ed automatizzati. La seconda è che si spiegano le multicomponenzialità di abilità, come la lettura o la danza, attraverso l'assemblamento di sistemi di ordine inferiore e i processi di modularizzazione favoriti dalle risorse attentive.

Moscovitch e Umiltà (1990) distinguono tre tipi di moduli a valore di automatismo decrescente: i moduli definiti *di primo tipo* sarebbero quelli che soggiacciono ai criteri fodoriani e di Sternberg, quelli innati e poco influenzabili dall'apprendimento (schemi motori, riflessi, ricezione di configurazioni semplici, frequenze visive e uditive); i moduli *di secondo tipo* sarebbero quelli che emergono dall'assemblamento di moduli semplici. Tale processo si sviluppa, in modo implicito e inconsapevole, utilizzando le risorse attentive "dedicate" da un processore centrale (si affermano così le abilità linguistiche e di riconoscimento degli oggetti). Ciò avviene nelle fasi che Karmiloff-Smith (1992) definirebbe "implicite"; al livello più alto di complessità si collocano i moduli *di terzo tipo* (apprendimenti motori complessi, lettura), che sono il frutto di un assemblamento di moduli di secondo tipo che coinvolge direttamente il "processore centrale", sia in fase di formazione sia in seguito (in caso di variazioni di spinte emotive o di riapprendimenti necessari). Tali modularizzazioni si svolgono in una fase esplicita, volitiva e consapevole dell'individuo e pur raggiungendo alti gradi di automazione non saranno mai perfettamente automatizzati (Benso, 2010).

In figura 2.2 possiamo riassumere graficamente quanto appena espresso per delineare le tassonomie motorie e modulari: i modelli modulari di Moscovitch e Umiltà (1990)

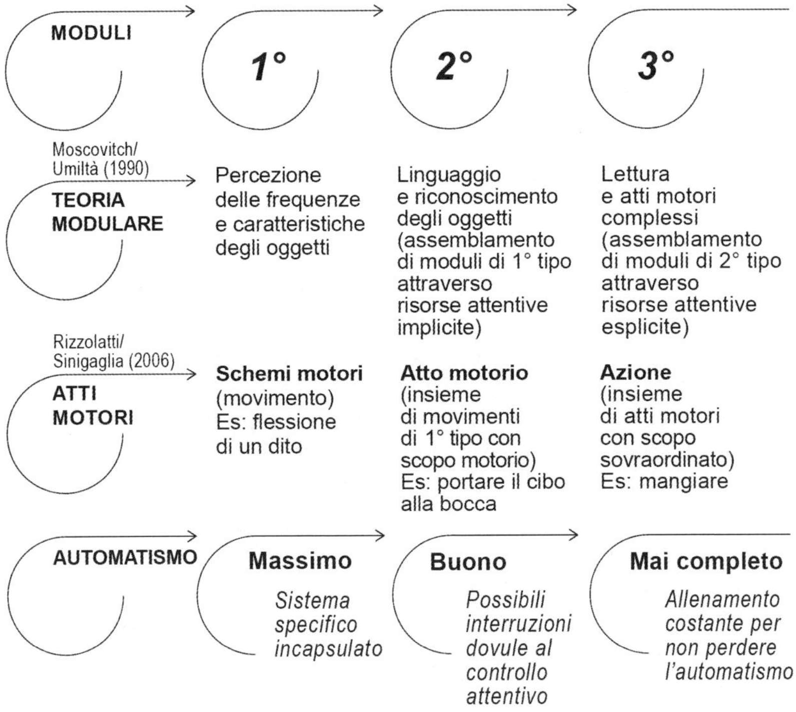

Figura 2.2. Il gradiente di automaticità decresce al crescere di quello di complessità

e i modelli motori di Rizzolatti e Sinigaglia (2006) seguono un gradiente di automaticità che va a decrescere con la complessità, cioè *il grado di automaticità, anche se relativamente elevato, è sempre meno completo nella misura in cui aumenta la complessità del sistema.*

Pertanto, quando si prende in considerazione la modularità "massiva", non bisogna mai generalizzare, ma *avere ben chiare le caratteristiche da prendere in considerazione: il gradiente di complessità, di automaticità e di penetrabilità.* Questa raccomandazione è fondamentale nelle indagini diagnostiche e nell'impostazione dei protocolli di intervento.

2.7. Le leggi della penetrabilità modulare

Stokes e Bergeron (2015) eseguono un accurato studio sulla penetrabilità e citano i primi teorici che si affidano alle evidenze anatomiche neuronali. Churchland (1989) sostiene che le evidenze dei circuiti di retroazione rientranti verso la periferia dai sistemi centrali sarebbero la prova dell'influenza dell'attenzione sui sistemi di input e quindi della penetrabilità cognitiva. Fodor (1988) critica questa linea di ragionamento. L'aspetto della penetrabilità dei processi top-down nei processi percettivi è innegabile, ma alcuni filosofi della scienza, Fodor compreso, si sono dimostrati scettici su questo tema, portando una serie di interpretazioni dei fenomeni che potessero scongiurare l'accettazione della penetrabilità nei sistemi percettivi.

Stokes e Bergeron (2015) si rendono conto che il tema dell'impenetrabilità permette una serie di possibili interpretazioni. Per ottenere maggior chiarezza iniziano un'indagine analitica e, come ammettono esplicitamente, si avvalgono anche loro di una struttura di *inferenza abduttiva* (come abbiamo spiegato nel capitolo sulla logica, la migliore spiegazione è quella più probabile e meno dispendiosa). Essi isolano almeno quattro interpretazioni alternative che vogliono giustificare la non penetrabilità (o meglio la falsa penetrabilità) dei sistemi percettivi.

La prima viene nominata *memory interpretation*: i soggetti non riporterebbero la vera esperienza percettiva, ma ciò che ricordano in memoria. Per alcuni casi sperimentali e/o aneddotici, i critici della penetrabilità cognitiva affermano che ciò che verrebbe influenzato dagli stati cognitivi del soggetto sarebbe la memoria del soggetto stesso, anziché la sua esperienza percettiva. Coloro che evidenziano distorsioni percettive riporterebbero in realtà un ricordo dello stimolo, piuttosto che un'esperienza percettiva diretta (cfr. anche Fodor, 1988).

Una seconda strategica interpretazione dell'impenetrabilità è quella dell'*attention-shift*: i soggetti sarebbero distratti dall'esterno e la distorsione percettiva che può avvenire non sarebbe dovuta all'intrusione di particolari pensieri, ma risentirebbe della conseguente azione dovuta allo shift attentivo. Si sostiene che, in alcuni dei casi in questione, gli stati cognitivi dei soggetti provocano uno spostamento dell'attenzione susseguente ad una cattura esterna, che poi determina il cambiamento nell'esperienza percettiva. Così il legame tra cognizione e percezione sarebbe mediato da un'azione esterna che non spiegherebbe l'intervento dei sistemi top-down (cfr. anche Pylyshyn, 1999).

Nel terzo caso la strategia viene definita *judgement interpretation*: i soggetti non riporterebbero ciò che percepiscono, ma ciò che pensano di percepire. I critici hanno suggerito che i soggetti sperimentali non starebbero riferendo un'esperienza percettivocognitiva, ma una loro valutazione dello stimolo percepito. Quindi l'esperienza percettiva dello stimolo rimarrebbe inalterata.

La quarta spiegazione, infine, viene definita *intra-perceptual interpretation*: lo stimolo viene processato con un apparato che si modifica o è predisposto geneticamente a valutare qualità dello stimolo che, apparentemente, sembrano apprese. Si afferma che alcuni degli effetti evidenziati sulla percezione non sono di tipo cognitivo, ma si verificano come aggiustamenti o adattamenti all'interno del sistema percettivo stesso. Questi effetti non sarebbero appresi, ma sarebbero invece artefatti dell'evoluzione dei sistemi sensoriali umani. Si potrebbe sostenere che certi tipi di stimoli (ad esempio, stimoli che si verificano naturalmente come la valutazione degli attributi di un frutto maturo) sono tali da indurre il sistema percettivo umano ad essere adeguatamente "sintonizzato", così da rappresentare questi oggetti più rapidamente o in qualche modo migliorato rispetto a stimoli che non contengono tutti questi attributi (ad esempio una banana grigia). Non ci sarebbe bisogno di apprendimento e d'influenza cognitiva, perché il sistema percettivo sarebbe già predisposto a tali compiti (Fodor, 1988). Per ulteriori approfondimenti sulle teorie dell'impenetrabilità cognitiva gli Autori rimandano a Macpherson (2012), Stokes (2012, 2013).

A questo punto, "abduttivamente", Stokes e Bergeron (2015) si assicurano che qualsiasi caso di penetrabilità cognitiva possa essere preso in considerazione da questi punti di vista. Come alternativa pensano di poter stabilire come dovrebbe essere il processo in cui la penetrabilità avviene veramente in modo da escludere le quattro precedenti interpretazioni, e introducono una definizione della *penetrazione cognitiva* (CP):

> Un'esperienza percettiva E è penetrata cognitivamente se e solo se: 1) E dipende causalmente da uno stato cognitivo C e 2) il legame causale tra E e C è interno e mentale (Stokes, 2013) [Stokes e Bergeron, 2015].

Pertanto, sostengono gli Autori, un'esperienza percettiva che soddisfi questa definizione non può essere interpretata in nessuna delle quattro modalità sopra descritte. La clausola 1 di CP esclude la memoria, i giudizi soggettivi e l'interpretazione intrapercettiva, in quanto richiede un'influenza cognitiva sulla percezione, piuttosto che un'influenza su un altro stato cognitivo nel sistema o una regolazione intrasensoriale. La clausola 2 di CP esclude l'interpretazione dello shift di attenzione, poiché richiede un nesso causale non mediato esternamente tra lo stato cognitivo e l'esperienza percettiva.

Ed infine gli Autori si domandano: ci sono casi sperimentali che soddisfano CP? La risposta è "sì". Essi citano ed analizzano gli studi di Bruner e Goodman (1947), per arrivare ai più recenti lavori di Hansen, Olkkonen, Walter e Gegenfurtner (2006) e di Levin e Banaji, (2006) che invalidano soprattutto la più insidiosa delle quattro ipotesi che è quella della predisposizione dei sistemi (*intra-perceptual interpretation*[14]).

Tutto molto interessante e condivisibile, tuttavia, per diversi motivi, proponiamo una piccola variazione alla definizione di penetrazione cognitiva di Stokes (2013) che, comunque, non cambierebbe l'analisi di Stokes e Bergeron (2015). Riteniamo il termine "causale"

[14] Come il lettore può aver valutato, l'*intra-perceptual interpretation* è una sorta di invenzione molto teorica e quasi disperata per evitare di dover accettare la "penetrazione modulare"; è una chiara azione di difesa delle ipotesi che nasce *post hoc, ergo propter hoc*.

troppo impegnativo, soprattutto per il livello delle neuroscienze cognitive che si basano su argomentazioni che sono forzatamente abduttive (e quindi probabilistiche). Tali argomentazioni possono essere espresse da proposizioni condizionali semplici ("se... allora"), mentre il livello causale richiede proposizioni necessarie e sufficienti che si basano su ragionamenti bicondizionali ("se e solo se"). Gli stessi Autori dichiaravano di argomentare con "un taglio abduttivo" che, come sappiamo, non lega con le doppie implicazioni. Inoltre, come è noto in statistica, anche alte correlazioni tra due eventi non stabiliscono necessariamente una causazione, che sarebbe comunque problematica da dimostrare. Pertanto preferiamo rimodellare la definizione di penetrazione cognitiva con la seguente (CP1):

> Un'esperienza percettiva E è penetrata cognitivamente se: 1) E dipende direttamente da uno stato cognitivo C e 2) se il legame che rappresenta una relazione diretta tra E e C è interno e mentale.

Questa definizione (CP1) è logicamente più "debole", ma meno esposta a conclusioni "rischiose" e, sostanzialmente, rimangono invariate le critiche alle quattro interpretazioni evitanti la penetrazione cognitiva.

2.7.1. La penetrazione dell'attenzione può esaltare la specificità di un sistema percettivo modulare

Se ci manteniamo coerenti con la definizione di penetrabilità (CP1) derivante da Stokes (2013), possiamo aggiungere alcune osservazioni sull'intervento dell'attenzione nei sistemi percettivi. Per fare ciò dobbiamo incominciare a distinguere, tra le varie penetrazioni cognitive, quelle attentive. Pertanto, non prendiamo in considerazione l'influenza delle credenze e del sistema emotivo[15] e ci occupiamo al momento dell'orientamento dell'attenzione. In questo caso abbiamo da valutare due condizioni diverse. L'attenzione può essere orientata da suggerimenti esterni (guidata dagli stimoli, bottom-up), ad esempio quando una stimolazione improvvisa e inaspettata cattura l'attenzione verso una determinata area del campo percettivo. Oppure, può essere guidata da uno scopo interno (orientata sulla meta, top-down), come può capitare quando si richiede a un soggetto di spostare l'attenzione volitivamente e strategicamente verso un particolare spazio esterno, perché quello coinciderà con il luogo dell'apparizione dell'evento.

Il primo caso di attenzione orientata dagli stimoli non corrisponderebbe alla richiesta della definizione di penetrabilità sensoriale (CP1), perché non compatibile con la clausola 2. Invece, l'orientamento dell'attenzione volontaria può rientrare nei criteri definiti ed essere un caso di CP1. In questo frangente, però, per avere i benefici modulari che andremo a scoprire, la modulazione interna dell'attenzione deve essere mantenuta sullo scopo, senza momenti di distrazione che indebolirebbero la modularità del sistema. Contrariamente a quello che si pensa sulla modularità non incapsulata, la penetrazione dell'attenzione ne aumenterebbe la specificità e la sensibilità... Stupiti vero? forse lo sa-

[15] Non perché non siano sistemi attivi e variabilmente sempre presenti, ma per indirizzarci direttamente verso ciò che, attraverso la penetrazione, può promuovere il miglioramento della specificità modulare (che è ciò che andremo a dimostrare).

rebbero anche i paladini a tutti i costi dell'impenetrabilità modulare. Ci sono ancora altri aspetti sorprendenti, come vedremo immediatamente.

Nei già citati esperimenti di Hillyard et al. negli anni '70, si nota che l'attenzione migliora l'efficienza dei sistemi percettivi aumentando le attivazioni delle aree sensoriali primarie durante compiti di attesa volontaria di stimoli. Ad esempio, quando un soggetto si aspetta uno stimolo visivo sulla sua destra e sposta conseguentemente l'attenzione in quell'emispazio, l'area visiva controlaterale di sinistra presenta una P100 ed una N100 amplificate (nel senso che i potenziali evento-correlati aumentano di ampiezza dopo circa 100ms nelle aree cerebrali che governano lo spazio dove viene allocata l'attenzione). Tali studi, come quello di Woldorff et al. (1993) derivano dagli esperimenti di Hillyard degli anni '70: già a quel tempo si sapeva che l'attenzione penetrava migliorando le prestazioni dei sistemi specifici a livello di percezione visiva e uditiva! Inoltre, incuriosisce ed intriga il fatto che vi siano lavori che dimostrano la penetrazione anche a livelli sottocorticali. Ad esempio O'Connor et al. (2002) dimostrano il coinvolgimento dell'attenzione nel nucleo genicolato laterale. Tuttavia, le dimostrazioni più sorprendenti ed efficaci di pentrabilità che migliora la modularità, le abbiamo con i lavori che indagano i singoli neuroni.

Moran e Desimone (1985) isolarono dei campi recettivi[16] di alcuni neuroni sensibili al colore nell'area visiva V4. Fecero diversi interessanti esperimenti (cui rimandiamo direttamente il lettore interessato). Noi ci limitiamo a valutarne brevemente uno, nel quale venivano monitorati i neuroni corrispondenti al campo recettivo, che scaricavano ogniqualvolta una barretta rossa appariva nella piccola porzione di campo visivo corrispondente. Avendo scelto i neuroni sensibili al rosso, diminuiva la scarica con l'apparire di una singola barretta verde (come era da aspettarsi). Quando sia il verde che il rosso erano presenti assieme, se il compito richiedeva attenzione verso il rosso, i neuroni amplificavano la scarica, mentre se l'attenzione era rivolta verso il verde, pur essendoci il rosso presente (che avrebbe comunque dovuto attivare), i neuroni diminuivano la quantità di scarica. Purves et al. (2010) commentano in questo modo: "Questo risultato suggerisce che le risposte neuronali dipendono dalla focalizzazione dell'attenzione all'interno del campo recettivo, almeno nei neuroni V4". Questo è un esempio, datato 1985, di come l'attenzione lavori già a livello di microstruttura e penetri diffusamente le aree sensoriali per facilitare o filtrare stimoli congrui o incongrui con il compito.

Reynolds, Pasternak e Desimone (2000) hanno dimostrato come l'attenzione spaziale aumenti l'efficienza e la sensibilità al contrasto dei neuroni V4.

Arriviamo ora a spiegare più dettagliatamente, con l'ultimo esempio, come l'attenzione renda più efficienti e specifici i moduli percettivi.

Esistono studi che isolano i singoli neuroni nelle aree visive V1 e V4[17]. In questo caso è stata valutata la particolare sensibilità all'orientamento. In particolare, vengono proiet-

[16] Un campo recettivo sarebbe una regione dello spazio nella quale dev'essere localizzato uno stimolo sensoriale affinché un neurone possa rispondere. I campi recettivi di neuroni del sistema visivo sono piccole zone del campo visivo, che sono collegati a specifici neuroni sensibili alla forma o al colore.

[17] Sembra che gli effetti siano più significativi nei neuroni V4, ma è anche vero che i campi recettivi sono più grandi in tale area rispetto alla V1. Vi è quindi più possibilità di trovare spazi sufficienti a favorire le manipolazioni sperimentali.

tate nei campi recettivi del neurone delle barrette ad inclinazione diversa. Ad esempio, se il singolo neurone appartenente a quel campo recettivo è sensibile al "verticale", via via che le barrette cambiano inclinazione (allontanandosi dal "verticale") il neurone in questione emette sempre meno. Si forma, allora, una curva gaussiana dove l'attivazione della barretta verticale è al centro nel punto più in alto e poi è a scendere per le inclinazioni che si allontanano dalla verticale stessa, toccando tutti i possibili 180° di variabilità. Quando l'esperimento viene svolto proiettando l'immagine in corrispondenza di un campo recettivo dove è richiesta dal compito anche attenzione, avviene quanto rilevato da McAdams e Maunsell (1999). *Le curve gaussiane che rappresentano la preferenza d'inclinazione nell'orientamento del singolo neurone riflettono un aumento in altezza (più sensibili) quando il soggetto presta attenzione, ma non in larghezza (rimangono selettive!).*

Quanto rilevato e gli esempi portati non hanno bisogno di molti commenti e conducono a riflettere sul fatto che parlare di sistemi specifici e di regole di modularità non è così scontato come certa letteratura fa apparire. Anche in questo caso bisogna tener conto di diverse discipline e, soprattutto, non dimenticarsi di introdurre la teoria dei tipi e quindi del gradiente di complessità. Inoltre, emerge come la "penetrabilità" non sia un aspetto liquidabile in poche righe o parole, perché contiene dei risvolti imprevedibili e molto coinvolgenti per una teoria modulare più completa, ma inevitabilmente complessa.

2.8. Conseguenze teorico-cliniche

Modificando assunti e modelli, i punti di vista più applicativi possono cambiare radicalmente e, se si rimane coerenti, si instaura una riconversione a cascata su tutto quello che dipende da tale teoria. Tali evoluzioni teoriche tenderanno a variare le abitudini applicative e i modelli consolidati (che resisteranno il più possibile come insegna Thomas Kuhn, 1962). Possiamo ora elencare alcuni punti fondamentali delle teorie esposte e concludere con alcune conseguenze pratiche.

1) All'interno dello stesso dominio vi è un gradiente di modularità. Più si sale in complessità, meno il sistema sarà incapsulato ed automatico. Nel dominio linguaggio la captazione di frequenze acustiche è diversa dell'accesso lessicale che, a sua volta, è diverso dalla metafonologia.
2) La modularità è uno *status* che si esprime in base al momento e al contesto. Si può passeggiare senza pensare all'atto motorio, ma se si sale per la prima volta su di un'asse di equilibrio, è necessario attivare il sistema di controllo e concentrare l'attenzione. Il modulo "camminare" diventa di tipo più complesso, passando da uno stato più automatico a uno più controllato. Le teorie sul controllo effettuato dal *salience network*[18] spiegheranno i meccanismi di questi passaggi di stato (Menon e Uddin, 2010; Petersen e Posner, 2012; cfr. anche capitolo 5).

[18] Il Salience Network (SN) è un'estesa rete di neuroni strettamente interconnessi radicata nell'insula e nella corteccia cingolata anteriore.

3) Vi è specificità di dominio, ma non incapsulamento nei sistemi più complessi, tanto che, per espletare alcuni compiti i moduli deputati devono interfacciarsi con altri sistemi (modularità massiva: Carruthers, 2006).
4) Non vi sono aree circoscritte che corrispondono ad un determinato dominio, ma circuiti cerebrali. Tali circuiti si estendono o si ridimensionano in base al gradiente di automaticità del compito, al contesto, alle motivazioni del momento e alle necessarie richieste di intervento da parte di altri domini. Questo è un punto critico perché implicitamente e anche inavvertitamente si continua a ragionare per aree e funzioni specifiche e si perpetua il ragionamento dicotomico sui sistemi automatici e controllati.

Da questi punti emergono come conseguenze dirette della modularità "massiva" che:
a) le professioni cliniche stesse non possono essere inquadrate dentro confini rigidi. Non si intendono più aree definite né a livello cerebrale, né a livello cognitivo e forse nemmeno a livello professionale.
b) di conseguenza gli approcci clinici si contraddistinguono per la loro efficacia quando tengono conto delle teorie dell'*embodiment* sia consapevolmente, sia implicitamente. Possiamo citare, a titolo di esempio, protocolli molto interessanti come quelli di Letizia Sabbadini per disprassie e i disturbi del linguaggio (Sabbadini, 2013) e, sempre a livello linguistico, i "giochi fonici" del metodo di Zora Drežančić (Basili, Lanzara e Zanobini, 2011);
c) i trattamenti non possono essere circoscritti in domini specifici e non possono essere rappresentati da ripetizioni automatiche stereotipate che richiuderebbero i moduli su se stessi, limitandone i futuri sviluppi. L'idea della massività prevede cooperazione tra moduli e penetrazione dai sistemi top-down durante la fase di apprendimento. Ciò comporta, durante i trattamenti, l'utilizzo di compiti aggiuntivi di modalità diversa, che impegnino gradualmente e, nel giusto modo per il soggetto, il sistema attentivo;
d) le attribuzioni di determinati test a determinate aree cerebrali e a specifiche categorie modulari e funzionali non sono completamente accettabili. Questo comporta che successive ed eventuali metanalisi che si rifanno a precisi inserimenti delle prove in sistemi assolutamente distinti siano discutibili e opinabili.

2.8.1. Cosa misurerebbe un test come quello che richiede di produrre spoonerismi?

Questo ultimo punto va dibattuto perché è di estremo interesse per la clinica e la ricerca. Ad esempio, come è noto le prove di spoonerismo[19] sono tra le più sensibili nell'isolare i disturbi di lettura. Tuttavia, l'inquadramento tassonomico che accomuna prove fonologiche semplici rispetto agli spoonerismi, che sono moduli di terzo tipo carichi di attenzione esecutiva, è molto diverso. Ciò comporta che le numerose metanalisi che vengono

[19] Cfr. nota 17, p. 36.

svolte sulla lettura, che utilizzano classificazioni dei test secondo criteri di una modularità incapsulata anche per prove molto complesse, sono falsate nelle interpretazioni. Gli spoonerismi sono tante altre cose oltre il linguaggio (riaggiornamento in memoria di lavoro, abilità in memoria visuospaziale, concentrazione dell'attenzione sostenuta e altro ancora). Ciò falsifica le conclusioni di molte analisi che, basandosi su tali prove, portano il linguaggio come causa principale della dislessia (non è detto che non lo sia, ma la dimostrazione fatta con la metafonologia non è conclusiva per quanto abbiamo appena delineato). Lo spoonerismo è un esempio di compito multicomponenziale come sembra essere il modulo lettura (Menghini et al., 2010; Benso et al., 2013). Tuttavia, consapevoli e perfettamente centrati sulle conseguenze di queste osservazioni, abbiamo voluto verificare quello che per lo più è lasciato al buon senso. Ognuno può provare a svolgere un esercizio di spoonerismo e accorgersi di quanto debba rimanere concentrato per la rielaborazione in memoria di lavoro e quanto di visuospaziale emerga, oltre che di linguistico, quando il soggetto sostituisce la prima lettera delle due parole e poi le "rilegge" mentalmente come controllo finale[20].

Con i colleghi Carlo Chiorri e Valentina Clavarezza stiamo valutando una ricerca svolta su 115 bambini di quarta primaria. Sono state somministrate consistenti batterie di test per valutare apprendimenti, abilità linguistiche, visuospaziali, attentivo-esecutive, memorie, aspetti di motricità fine. Volendo capire se quello che suggeriva il buon senso (ragionamento abduttivo) manifestasse anche un fondamento proveniente dai dati, abbiamo applicato delle equazioni di regressione lineare dove la variabile dipendente veniva rappresentata dai punteggi alle prove di spoonerismo. I risultati sono molto interessanti, perché emerge un $R^2 = .52$, il che vuol dire che i predittori che elencheremo spiegano più del 50% della varianza. Detto in altri termini, i test che fanno capire "di cosa è fatto" lo spoonerismo lo rappresentano addirittura per il 50%.

I predittori emersi dalle equazioni sono: *alpha span* (ricordare certe parole e metterle in ordine alfabetico, che comporta un riaggiornamento in memoria di lavoro molto simile allo spoonerismo); *span di cifre in avanti* (memoria lineare, se vogliamo anche molto appoggiata al sistema linguistico, come vedremo nel paragrafo 4.1 sulla memoria di lavoro); *updating di oggetti* (ricordare certi oggetti e poi ripeterli dal più piccolo al più grande, che comporta un riaggiornamento in memoria di lavoro con un carico visuospaziale); *TPV posizione nello spazio* e *TPV figura sfondo* (che sono test visuopercettivi).

Concludiamo dicendo che, se questi sono i predittori, lo spoonerismo è anche un test linguistico, ma è soprattutto una prova che impegna i sistemi visuospaziali e dell'Executive Attention e, come i moduli più complessi, deve interrogare altri domini e soprattutto impiegare notevoli risorse attentive. In altri termini, crediamo che non sia opportuno definirlo come un test prettamente linguistico e inserirlo in tale categoria nelle numerose metanalisi che così lo vedono collocato.

[20] Rilettura mentale fatta con lo spoonerismo e test di lettura: non dovrebbero stupire le alte correlazioni tra le due prove.

2.9. O è automatico o è controllato: tertium non datur?

Già nel 1990, Cohen, Dumbar e McClelland affermavano che la distinzione tra processi automatici e controllati non è ingenuamente dicotomica come purtroppo molti cognitivisti considerano ancora oggi. Questo modo di pensare, che ci permettiamo di definire poco inerente alla realtà neuroscientifica, è comunque collegato con le teorie modulari incapsulate: o è modulo (automatico) o è sistema centrale cognitivo (controllato), non esistono gradienti, penetrabilità, differenza di attivazione e quanto altro abbiamo cercato di evidenziare dalla letteratura nel precedente paragrafo.

Così si esprimevano gli Autori:

> La distinzione tra processi automatici e controllati viene spesso discussa come se l'automatismo fosse tutto o niente. Tuttavia, pare abbastanza chiaro che l'automatismo è veramente una questione di gradazione. Infatti, sospettiamo che molte discussioni che trattano l'automaticità come variabile dicotomica lo facciano solo per la mancanza di un quadro teorico in cui formulare un rapporto più continuo. Il nostro modello suggerisce che un modo più utile per considerare le attività è in termini di un continuum di automaticità basato sulla forza dell'elaborazione [Cohen, Dumbar e McClelland, 1990].

Queste considerazioni venivano fatte nel 1990, ma sono utili ancora oggi.

"Automatico" e "controllato" non sono due categorie separate e mutualmente escludentesi, che potrebbero essere trattate con le regole binarie della logica classica ("o è A, o è non A"). Dove vi è un gradiente sfumato, un continuum che interrompe cutoff dicotomici, queste regole non sono applicabili ed emerge il *tertium*. Così si presentano le teorie modulari, e così si esprimono le gerarchie motorie (Rizzolatti e Sinigaglia, 2006). Quest'aspetto non è così semplice da accettare, perché spesso si riscontra una visione assolutamente ingenua tra "sistema automatico e controllato"[21]. Tale visione favorisce in ricaduta il concetto di *modularità forte* (contraddittorio); in altri termini, non si può pensare che l'automaticità innata del riflesso di ammiccamento (sento un soffio e abbasso la palpebra) sia paragonabile a quella, se pur straordinaria, di un pianista che, come diremo ancora, ha la necessità di mantenersi allenato ogni giorno.

Per inciso, vogliamo rimarcare i concetti di automaticità partendo dai diversi criteri di Hasher e Zacks (1979), che vengono riassunti e ridotti a due da Turatto, Benso, Facoetti, Mascetti e Umiltà (2000) in *Perception & Psychophysics*. Il primo consiste nell'*insensibilità al carico*, che indica come un processo, per definirsi automatico, deve essere insensibile ed immutabile anche se abbinato ad un compito concomitante. Il secondo sarebbe la *non intenzionalità*, che indica che un processo automatico non è sotto il controllo volontario del soggetto. I due criteri non saranno quasi mai completamente soddisfatti e ciò vuol dire che un processo veramente e assolutamente automatico è più raro di ciò che si pensa (in tal senso, nell'ambito dell'attenzione, cfr. Yantis e Jonides,

[21] Lo stesso sistema può esprimersi in modo più automatico o più controllato: il linguaggio, ad esempio, quando la richiesta è quella di ripetere una filastrocca, si sostiene con blocchi di memoria a lungo termine automatizzati; invece, quando deve affrontare la più ardua prova di un'esposizione argomentata, necessita del supporto continuo dell'executive attention.

1990). I gradienti di automaticità vanno di pari passo con la complessità modulare. I ballerini o i pianisti straordinari, che si allenano molte ore al giorno, non possono smettere perché queste abilità complesse, pur raggiungendo gradi di automaticità elevatissimi, si degradano con la sospensione anche di pochi giorni. Quello che sembra perfettamente automatizzato in realtà non lo è mai quando si tratta di sistemi complessi (come leggere e comprendere).

Questa non è un'informazione che rimane nel campo delle curiosità teoriche, ma, come vedremo, guiderà per derivazione logica molte osservazioni sui diversi sistemi.

2.10. Le ricadute dirette nell'ambito clinico

Da un punto di vista più pratico si arriva a capire che la modularità forte, come spiegavamo prima, può portare a pensare che i processi fino all'output superficiale siano totalmente automatizzati, mentre i successivi, più centrali, siano controllati (e qui secondo noi nascerebbe già il problema di "adattare l'impedenza" tra due sistemi dalle computazioni così diverse). Inoltre, l'incapsulamento totale non spiegherebbe l'integrazione multisensoriale, anche se questa potrebbe essere giustificata come un processo successivo che raggruppa gli output delle diverse modalità. Tuttavia, valutando i modelli di modularità massiva, si nota come i "processi successivi" siano legati strettamente al modulo che, se raggiunge complessità di secondo tipo (linguaggio e riconoscimento degli oggetti), è penetrabile, assemblabile e interagente. Un grosso equivoco nasce quando vengono annoverati nei moduli gli apprendimenti di terzo tipo (Moscovitch e Umiltà, 1990), che non saranno mai completamente automatizzati e vengono trattati come moduli di secondo o di primo tipo. Emergono, di conseguenza, punti di vista sulle misure e sui trattamenti, che appaiono direttamente influenzati dalla confusione tra i livelli modulari. Ad esempio, hanno proliferato frasi del tipo: "Nella lettura, finita la terza elementare, non c'è più niente da fare " (in realtà, in questo modo si equipara la lettura alle fasi più modulari del linguaggio, che si sviluppano nei primi anni di vita). A parte i lavori di miglioramento rimarcati con soggetti adulti (alcuni dei quali vedremo citati nel paragrafo 4.7 sulla memoria di lavoro), vi sono chiari dati della letteratura che dimostrano come il processo di modularizzazione della lettura sia lungo e lento (si arriva a incrementare la velocità ancora nelle classi superiori, come, ad esempio, dimostrano Stella e Tintoni, 2007). Volendo, emergono anche altre obiezioni teoriche che dimostrano questa confusione di livelli. Se leggere, suonare il pianoforte, danzare o altri moduli di terzo tipo fossero completamente automatizzati, non bisognerebbe allenare queste abilità con costanza.

Si deve accettare il gradiente di automaticità e di modularità, se si vogliono chiamare moduli anche gli apprendimenti complessi. Tali osservazioni fanno riflettere sugli aspetti dinamici propri dei sistemi complessi che possono rappresentare uno stato più o meno modulare. Inoltre, tali sistemi possono essere soggetti a penetrabilità, essere modificabili e migliorabili, come i trattamenti per la memoria di lavoro e l'attenzione esecutiva dimostrano anche in età adulta (cfr. cap. 4).

2.11. Cronometria mentale e metodo sottrattivo anche applicato alle neuroimmagini

La cronometria mentale risale a Franciscus Donders (1818-1889) e tratta dell'utilizzo della misura del tempo per valutare i processi cognitivi. Indaga i processi cerebrali attraverso opportuni paradigmi che valutano i tempi di reazione. Questa teoria ha subito critiche che l'hanno ridimensionata ai suoi esordi, per poi riapparire con paradigmi meno estremi e più condivisibile negli anni '60 del secolo scorso. Donders ha così impostato i primi assunti:

- i processi cognitivi semplici hanno tempi di elaborazione inferiori ai processi complessi;
- a parità di compito, l'apparato cognitivo più efficiente impiegherà tempi inferiori;
- più risorse attentive sono impiegate in un determinato compito, più bassi sono i tempi di reazione.

Altri assunti meno condivisi hanno sostenuto il metodo sottrattivo, secondo lo schema qui riportato.

Assunzioni:

1) le operazioni mentali si svolgono in serie;
2) ciascuna operazione richiede un tempo misurabile.

Tre tipi di compito:

a) 1 stimolo/1 risposta (RT Semplice) [quando appare un pallino premi un tasto];
b) 2 (n) stimoli/2 (n) risposte (RT di scelta) [per le parole premi la P della tastiera, per le non parole premi la Q];
c) 2 (n) stimoli/1 risposta ("*go-no-go*") [se è una parola premi la barra della tastiera, se è una non parola stai fermo].

Tabella 2.3. Tipo di compito/processi implicati

Compito	Discriminazione stimolo	Selezione della risposta
a	NO	NO
b	SÌ	SÌ
c	SÌ	NO (non è detto)

Con il metodo sottrattivo, si possono teoricamente ricavare i tempi di processamento impiegati per discriminare lo stimolo e per selezionare la risposta. Dalla tabella 2.3 si ricava che "c" è il compito critico per cui, *"c – a" sarebbe il tempo necessario alla discriminazione dello stimolo*, mentre *"b – c" sarebbe il tempo necessario alla selezione della risposta.*

Tale metodo ha richiamato numerose critiche che hanno frenato i primi entusiasmi. Le più importanti vengono riassunte in tre punti:

1) il metodo è applicabile solo se le operazioni mentali si svolgono in serie e ciò non è dimostrato;

2) non è detto che aggiungendo un compito tutte le altre operazioni restino invariate (problema del "puro inserimento");
3) non si può controllare che il soggetto faccia proprio quella operazione e solo quella, al momento.

Dal nostro punto di vista aggiungeremmo un'altra critica. Nel compito "c" ("*go-no-go*") non è detto che decidere di non rispondere non possa essere anche inteso come una selezione della risposta: bisogna scegliere tra lo schema "rispondi" e lo schema "stai fermo"!

Dopo queste critiche il metodo sottrattivo venne abbandonato dai più, per riapparire recentemente con le le neuroimmagini funzionali. Si ricrea il problema del "puro inserimento" per gli aspetti spaziali delle aree cerebrali (cfr. anche Legrenzi e Umiltà, 2009). Per effettuare indagini con neuroimmagini funzionali si utilizza spesso il metodo sottrattivo. Per isolare l'area che si attiva in base ad un determinato esercizio bisogna sottrarre, alla scansione effettuata con il compito in corso, una scansione dove il soggetto svolge un'attività prevista nel protocollo di controllo o niente in particolare (*resting state*). Ciò sarebbe utile per eliminare, sottraendole, le attivazioni di contorno prima e dopo, e lasciare come risultato l'area che funzionale per quel determinato compito (che non è mai sola, ma fa parte di un circuito che a volte sfugge). Dicono gli Autori:

> Vi sono, inoltre, dei fattori casuali che l'esaminatore non può controllare completamente e che vanno esplicitati; è in relazione ad essi che i ricercatori dovrebbero parlare più di probabilità casuale che di certezze assolute [Legrenzi e Umiltà, 2009].

È quanto stiamo sostenendo, soprattutto quando diciamo che gli elenchi certi e sicuri di funzioni e di test che le misurano sono aspetti probabilistici e incerti, che dipendono da ragionamenti abduttivi e dal modello simile dell'inferenza inversa di Poldrack (2006).

2.11.1. Il problema del "puro inserimento" ricade anche sui paradigmi delle neuroimmagini funzionali

Pertanto, con le neuroimmagini funzionali riappare il problema del "puro inserimento" dei tempi di Donders, quando si assume che aggiungere o togliere un'operazione mentale, da valutare con tempi di reazione in condizioni diverse, non dovrebbe alterare l'esecuzione delle altre.

La letteratura scientifica già a quel tempo si pose delle domande sulla possibilità di interazione tra lo stato che viene prima, che può condizionare quello che avviene dopo, e sull'assunzione di "purezza" del nuovo compito da inserire senza che possa alterare il livello di base (cfr. ad es., Friston et al., 1996). Inoltre, c'è da notare che ciò che si sottrae come attivazione di base non è così facilmente controllabile. Nella letteratura più recente troviamo critiche che suggeriscono molta cautela nell'utilizzo di disegni sperimentali con neuroimmagini funzionali, proprio per il problema del "puro inserimento". Sul *resting state* (stato di riposo) e su ciò che si verifica in concomitanza, a livello di comportamento, non vi è condivisione di pareri (Fox e Raichle, 2007). Northoff, Qin e Nakao (2010) hanno dimostrato che vi è una reciproca influenza (che non dovrebbe esistere se l'inserimento fosse "puro") tra l'attività valutata durante il *resting state* e il *task-evoked activity* (l'attività evocata durante lo svolgimento del compito).

La procedura del puro inserimento prevede ed assume un'addittività tra compiti (cioè devono essere isolati e non interagenti) che sottende relazioni di tipo lineare. Se i sistemi da valutare sono veramente e modularmente separati e incapsulati tra loro, non manifesteranno interazioni. Il concetto di linearità e addittività risale a Stenberg (1969) quando questi volle dare una soluzione al problema del puro inserimento trasformando il "metodo sottrattivo" in quello "additivo".

Il metodo sottrattivo, che sottintende il "puro inserimento", è stato falsificato da Friston et al. (1996) utilizzando un disegno sperimentale fattoriale che dimostra interazione tra aree funzionali separate e la mancanza di linearità nella relazione tra compiti.

Molto interessanti sono le osservazioni e i risultati con metodi di controllo utilizzati da Biyu (2013). Tale Autore utilizza la legge della somma delle varianze. Come è noto, la somma delle varianze di due variabili X e Y è data dalla semplice somma delle due varianze, se le variabili sono indipendenti. Tuttavia, quando così non è (ma vi è dipendenza), tale somma viene influenzata dalla covarianza; appare, pertanto, dallo sviluppo del quadrato, il doppio prodotto del coefficiente di correlazione (di Pearson) per le singole deviazioni standard. Ovvero:

$$\sigma^2_{x+y} = \sigma_x^2 + \sigma_y^2 + 2r_{xy}\sigma_x\sigma_y.$$

Solo quando r_{xy}, il coefficiente di correlazione di Pearson, è uguale a zero tra le due variabili non vi è interazione.

$$\sigma^2_{x+y} = \sigma_x^2 + \sigma_y^2 + 0.$$

Ma: $r_{xy} = \text{cov} / \sigma_x\sigma_y$ e $\text{cov} = r_{xy}\sigma_x\sigma_y$;

cioè la covarianza cov rappresenta il doppio prodotto dell'equazione sopra riportata.

Pertanto, se la covarianza fosse uguale a zero (condizione necessaria, ma non sufficiente, per dimostrare l'indipendenza lineare tra due variabili), la varianza totale sarebbe uguale alla somma delle varianze e si potrebbe affermare che non c'è interazione tra le variabili (e questo è ciò che si vuole controllare, anche se nulla possiamo affermare sulla loro indipendenza lineare[22]).

Per i paradigmi che utilizzano il puro inserimento non vi è certezza dell'assunzione di linearità e di indipendenza tra stati di attivazione prima o dopo il *task-evoked*. Questi studi forniscono una forte evidenza che un compito che evoca l'attività cerebrale ha influenza sul *resting state* e viceversa (cfr. anche Albert, Robertson e Miall, 2009).

Biyu (2013) afferma che bisogna considerare il cervello come un sistema dinamico, non lineare, che tuttavia mantiene specifiche traiettorie quando elabora un compito; inoltre l'attività cerebrale è modulata dagli stimoli in ingresso e dipende dallo stato iniziale.

[22] L'indipendenza *lineare* di un insieme di vettori si verifica se nessuno di questi può essere espresso come una combinazione lineare degli altri. In caso contrario, si dice che l'insieme di vettori appartenenti allo stesso spazio vettoriale è *linearmente dipendente*.

2.11.2. La Diffusion Tensor Imaging e l'utilizzo dell'anisotropia frazionale

Molti lavori a partire dagli anni '90 cominciarono ad evitare, o meglio, ad integrare i paradigmi "funzionali" per iniziare a studiare le strutture rilevanti e i loro collegamenti nella condizione di *resting state* (Biswal, Yetkin, Haughton e Hyde, 1995). Un interessante metodo di indagine, che può aggirare il problema del "puro inserimento", è dato da una forma di risonanza definita DTI (Diffusion Tensor Imaging). È una tecnica volta ad indagare le fibre cerebrali in vivo, in grado di valutare la plasticità strutturale della sostanza bianca. Sfrutta il fatto che, essendo la mielina idrofoba, l'acqua si dispone maggiormente lungo i tratti di fibre, mantenendo una certa direzionalità (non è isotropa) che verrebbe interessata e poi rilevata dal campo magnetico e quindi mostrerebbe una prominente "anisotropia"[23], che viene calcolata e definita come *anisotropia frazionale* (AF), non invasiva. È importante sapere che molti lavori sui trattamenti cognitivi vengono attualmente valutati con la DTI, che fornisce un maggior grado di affidabilità rispetto alle neuroimmagini funzionali. L'AF risulta essere un importante indice che misura l'integrità delle fibre della sostanza bianca. Può dar conto dei circuiti cerebrali che si formano o che si vanno formando. In generale, un alto valore di AF è correlato con il miglioramento delle performance. L'alterazione dell'AF può originare da diversi fattori che dipendono da cambi nella mielinizzazione, dalla densità e dalla integrità degli assoni e della loro membrana, dal loro diametro e altro ancora. Diversi studi sui trattamenti cognitivi hanno valutato prima e dopo l'AF trovando degli incrementi: ad esempio, Takeuchi et al. (2010), con trattamenti che coinvolgono la memoria di lavoro, e Tang, Villringer e Ragert (2011), con esercizi di meditazione, hanno rilevato aumenti della AF nei soggetti stimolati.

2.12. Conclusioni

Per concludere, ribadiamo che la modularità massiva viene ormai condivisa da molti, ma non tutti coloro che aderiscono a tale modello si sono ancora liberati della pervasività del pensiero dicotomico e della localizzazione precisa in aree delimitate (disincarnate). L'idea che la modularità non sia una proprietà fissa, ma uno stato più o meno automatizzato, è difficile da interiorizzare anche per chi ha compreso (razionalità limitata). Le numerose evidenze portate dai circuiti disposizionali in interazione, dalle aree di integrazione sensoriale, dai neuroni specchio, dalla rivisitazione dei test, trovano una ulteriore spinta teorica dall'avvento degli studi sul Salience Network (SN). Tale rete neuronale, che valuteremo nel capitolo 5, formata soprattutto dall'insula e dal giro del cingolo anteriore, sembra essere l'accumulatore di evidenza che sostituisce l'homunculus esecutore dei filosofi. Si incarica di spostare le risorse e pertanto è delegata al cambiamento di stato (da automatico a controllato; Menon e Uddin, 2010). Queste recenti e più precise conoscenze portano a valutare dinamicamente gli stati modulari. Si considereranno in questo modo le diverse possibili attivazioni di network, abbandonando, così, la visione riduzionistica statica di aree circoscritte e di sistemi specifici incapsulati.

[23] "A" privativo di isotropia (isotropia = equa direzionalità; *iso* = stesso, *tròpo* = volgersi), perciò *anisotropia*, tendenza a sviluppare o a muoversi, ad inclinarsi verso una particolare direzione.

3

ALLA SCOPERTA DELLE FUNZIONI ESECUTIVE

3.1. Cenni storici

Storicamente, possiamo dire che molte delle abilità di alto livello cognitivo, poi definite *funzioni esecutive* (FE), nascono con il nome di "funzioni frontali".

Già nel 1848, i diari del medico americano John Martin Harlow (1819-1907) descrivevano i sintomi comportamentali da lesione frontale di un certo Phineas Gage[1] (Damasio, 1994). I primi studi sistematici sui lobi frontali degli animali furono condotti attorno al 1860 dai fisiologi tedeschi Eduard Hitzig (1838-1907) e Gustav Fritsch (1838-1927), che isolarono soprattutto le aree motorie. e dal fisiologo italiano Leonardo Bianchi (1848-1927) all'inizio del Novecento. Le "funzioni frontali" vennero studiate nell'uomo soprattutto da Aleksandr R. Lurija (Luria, 1976). Questa terminologia, prettamente neuroanatomica, fu in seguito sostituita da espressioni di livello più "mentale". Su questo passaggio terminologico hanno influito principalmente due fattori: 1) non tutte le funzioni frontali sono attentivo-esecutive; 2) le aree cerebrali che sostengono le cosiddette funzioni esecutive si estendono oltre i lobi frontali, includendo soprattutto i lobi parietali, i gangli della base, l'insula e il cervelletto.

A tal proposito, è bene puntualizzare nuovamente un aspetto risaputo, ma spesso ignorato: *le funzioni che si esprimono a livello cerebrale non sono in corrispondenza biunivoca con le aree, ma vi è solo una forma di correlazione con particolari network che coinvolgono più siti. L'hardware neuronale di sostegno di diverse funzioni è rappresentato da diversi circuiti modulati variabilmente da un'attivazione cangiante adattata al tipo compito* (Duncan e Owen, 2000). Questa non è un'osservazione da poco, perché influisce direttamente sui concetti di modularità (come abbiamo visto nel capitolo 2) e di conseguenza, anche *sullo studio delle funzioni stesse, non più descrivibili con definizioni rigide e "scolastiche" che le relegherebbero in "precise" aree cerebrali indagabili attraverso specifici test.*

[1] Gage era un operaio delle ferrovie che sarebbe sopravvissuto a un incidente nel quale una barra di ferro completamente penetratagli nel cranio gli avrebbe distrutto gran parte del lobo frontale sinistro, con conseguenza sulla sua personalità.

Nel 1973, Pribram coniò il termine *funzioni esecutive* (FE) e da allora tale espressione è entrata sempre più frequentemente nella fraseologia di molti autori (attualmente è un'espressione gergale, non sempre precisa, utilizzata per identificare in modo approssimato quelle che un tempo erano chiamate "funzioni frontali"). Emergeranno, poi, modelli mentali unitari, riferiti ancora al "lobo frontale", che evolveranno nel tempo fino a diventare multifunzionali; tra questi modelli unitari, oggi divenuti multicomponenziali, possiamo annoverare: il sistema attentivo supervisore (SAS; Shallice, 1988), il sistema esecutivo centrale (Baddeley, 1986), Executive Attention (Engle e Kane, 2004), in realtà già dotato dall'origine di più funzioni operanti in sinergia (Engle, Cantor e Carullo, 1992). A tali modelli viene ogni tanto attribuita l'etichetta di "monocomponenzialità", nonostante nel tempo il profilo proposto dagli autori stessi sia mutato in "multi". Ne consegue che essi sono inseriti in diversi studi incoerentemente a rappresentare a volte il sistema unico e a volte quello che intende la separazione delle FE. Due punti di vista estremi che, come vedremo, non reggono alle evidenze sperimentali.

3.1.1. Dalle funzioni frontali alle funzioni esecutive

Il termine *funzioni esecutive* (FE) viene sempre più spesso utilizzato quando si cerca di inquadrare i processi cognitivi di alto livello. Tale termine indica abilità diverse ed è caratterizzato da una sorta di indeterminatezza dovuta al fatto che non vi è convergenza tra gli studiosi per trovare definizioni condivisibili e soddisfacenti. Non a caso, come molte altre etichette clinico/teoriche, questa viene definita dai diversi autori "termine ad ombrello", nel senso che contiene un insieme sfuocato di funzioni sia a livello quantitativo che qualitativo. Vi sono modelli rappresentativi diversi e non vi è accordo nemmeno su quali e quante siano le FE stesse.

Prima di inoltrarci in elencazioni sommarie e dare delle definizioni precise delle FE che non corrisponderebbero alla realtà, cominceremo ad orientarci gradualmente, cercando di reperire gli indizi utili a comprenderne la vera sostanza, come si fa con la trasmissione dei dati disturbati dai rumori di fondo. In altri termini, vogliamo dire che l'unico modo per poter affrontare questo argomento in modo prudente (visto che stiamo proponendo anche strumenti di misura) è quello di procedere passo passo, per inserire con la dovuta cautela ciò che è più stabile, evitando approssimazioni indebite, che porterebbero a conclusioni fuorvianti. Non è sorprendente che il frastuono attorno al termine FE sia molto elevato, perché ogni abilità umana mediamente complessa dipende dall'attenzione esecutiva. Pertanto, qualsiasi specialista, anche conoscendole sommariamente, se ne deve occupare. Si creano, di conseguenza, tendenze e teorie spesso più viscerali che razionali, come abbiamo descritto nei capitoli precedenti citando la "razionalità limitata" di Simon.

3.1.2. Le prime criticità

Per comprendere come sia problematico muoversi sul terreno delle FE inizieremo (e continueremo in seguito) a considerare un lavoro di notevole portata scientifica: Miyake et al. (2000). Tale studio sembra delinearsi con una consequenzialità lineare e condivisa; tuttavia, approfondendo, anche con l'aiuto della letteratura più accreditata sull'argomento, emergono problematicità in diversi passaggi. L'analisi di questo lavoro ci permetterà di acquisire alcuni punti fermi (come quello di separabilità e unitarietà delle FE), ma anche di mettere in luce alcuni aspetti di assoluta incertezza non considerati adeguatamente.

Miyake et al. (2000) prendono in considerazione quelle che valutano essere alcune tra le FE di base: *inhibition*, *shifting* e *updating*[2]. Quella che sembra un'operazione cauta e lineare trova già punti di criticità ancora prima di entrare nel merito del lavoro. L'*updating* (o riaggiornamento in memoria di lavoro) è definito da alcuni come "la funzione esecutiva", ovvero come l'espressione operativa dell'Executive Attention (Engle 2002; Kane e Engle, 2004; Cowan et al., 2005; McCabe et al., 2010) che si esplicita con una multicomponenzialità di processi. Quindi, per questi autori sarebbe riduttivo definire il riaggiornamento in memoria di lavoro come una delle tante funzioni esecutive. Un altro punto problematico emerge dall'utilizzo del termine *inhibition*. È bene sapere che tale termine, sicuramente "abusato", è seriamente messo in discussione nella sua dimensione più generale e cognitiva negli studi di MacLeod et al. (2003), che presenteremo in seguito. Tali autori ed altri ancora dimostrano che i diversi studi sull'inibizione cognitiva possono essere spiegati senza mai chiamarla in causa! Inoltre, sempre MacLeod et al. (2003) suggeriscono, per una sorta di "prudenza" metodologica, di sostituire il termine *inhibition* con *interferenza*, in quanto il primo si azzarda a spiegare l'intervento di un meccanismo ignoto, mentre il secondo si limita a descrivere ciò che avviene senza inserire implicite illazioni (ricordiamo sempre che siamo a livello di "scatola nera" e di ragionamento abduttivo). Miyake e al. (2000) specificano che nel loro lavoro intendono solo una forma di "inhibition" quella che si riferisce all'"inibizione delle risposte preponderanti" e, quando Friedman e Miyake (2004) svolgeranno studi sulle diverse e possibili forme di "inhibition" (partendo da teorizzazioni di Nigg, 2000), citeranno direttamente MacLeod et al. (2003) per dire che utilizzeranno il termine *interferenza* per le altre forme di controllo inibitorio[3]. Riprenderemo ed approfondiremo questi studi più avanti, al momento abbiamo ritenuto utile sottolineare la delicatezza dell'argomento, colmo di criticità che si presentano immediatamente, a partire dalla semplice (e sensata) scelta minimale e apparentemente innocua che Miyake et al. (2000) hanno fatto per elencare alcune funzioni esecutive di base.

3.1.3. Cosa e quali sarebbero le funzioni esecutive

Per allargare il punto di vista, continuiamo con altri autori e introduciamo le osservazioni di Bernstein e Waber (2007). La loro introduzione alle FE è, a nostro avviso, tra le più corrette e trova altri riscontri molto simili in letteratura. Essi sostengono:

> Vi è una generale condivisione che le funzioni esecutive siano un costrutto omnicomprensivo o un termine ad ombrello per i processi cognitivi complessi che sottendono la flessibilità, il compor-

[2] Per Miyake et al. (2000) con il termine *inhibition* s'intende la capacità di inibire le risposte preponderanti elicitate dai distrattori; forniscono una collocazione al processo meno cognitiva localizzandolo prima della implementazione della risposta motoria. Con *shifting* intendono la capacità di cambiare flessibilmente il tipo di compito; con *updating* l'abilità di riaggiornare e rielaborare il materiale in memoria di lavoro.

[3] Questo non è un aspetto secondario, perché suggerisce quanto questi autori tengano in considerazione il lavoro di MacLeod et al. (2003), spesso trascurato nella letteratura delle FE.

> tamento diretto ad uno scopo in situazioni di novità o di difficoltà. Inoltre, come sottolineato da Anderson et al. (2002), numerosi processi sono associati alle funzioni esecutive, che comprendono principalmente: l'anticipazione, la scelta degli obiettivi, la pianificazione, l'inizio dell'attività, l'autoregolamentazione, la flessibilità mentale, l'implementazione dell'attenzione e l'uso dei feedback. Più in particolare Eslinger (1996), sulla base della sua revisione di una vasta gamma di definizioni, ha concluso che i processi definiti esecutivi comprendono: "conoscenza metacognitiva circa compiti e strategie; uso flessibile delle strategie; l'attenzione e la memoria che guidano questi processi (e.g. working memory); apprendimento implicito ed esplicito; processi autoregolatori come l'automonitoraggio e la pianificazione" [Bernstein e Waber, 2007; pp. 78-79].

Si cominciano a delineare le diverse FE e, così descritte, si presentano come processi già di per sé molto complessi, costituiti da più funzioni interagenti. Di conseguenza, non possiamo aspettarci elencazioni precise e definitive. Nel tempo si è passati da sistemi unici a sistemi unici-multicomponenziali, per poi arrivare a singole FE senza un sistema unificante, per tornare ad aspetti di unitarietà e separabilità sovrapposti. L'unica cosa condivisa in letteratura è che non vi è condivisione (nei tipi di sistemi e nelle elencazioni). Il numero e il tipo delle FE viene diminuito ed aumentato dai diversi autori. Ad esempio, McCloskey, Perkins e Van Diviner (2008) elencheranno ben ventitré funzioni esecutive solo inerenti all'autoregolazione.

Detto ciò, dobbiamo iniziare a riflettere su come le procedure di valutazione e misura delle FE non possano essere così semplici e banali come spesso si presentano. Per rimarcare il concetto, che deve essere sempre presente durante lo studio delle FE, inseriamo alcune righe sempre di Bernstein e Waber (2007; p. 41):

> I confini di ciò che costituisce una misura di una funzione esecutiva sono spesso indistinti, poiché praticamente ogni comportamento o attività finalizzata ad un obiettivo comporta una componente esecutiva. Inoltre, le misure delle FE sia di laboratorio e sia ricavate ecologicamente sono coerenti solo nella loro incoerenza (Anderson, Anderson, Northam, Jacobs e Mikiewicz, 2002; Vriezen e Pigott, 2002; Waber, Gerber, Turcios, Wagner e Forbes, 2006).

Gli Autori, per concettualizzare questo importante ed elusivo costrutto, propongono alcuni lavori con le neuroimmagini citando soprattutto lo studio di Duncan e Owen (2000).

3.1.4. Uno studio basilare con le neuroimmagini: primi cenni sull'*adaptive coding model*

Duncan e Owen (2000) sostengono che "una rete specifica di regioni prefrontali è reclutata per risolvere molti problemi cognitivi" (p. 475). Questi Autori analizzano studi funzionali di cinque diversi processi, ideati per rappresentare varie funzioni esecutive: conflitto nella risposta; gestione della novità di un apprendimento motorio; memoria di lavoro, numero di elementi da trattenere; ricordo dilazionato e difficoltà percettive. *Sorprendentemente, nonostante l'apparente diversità di questi compiti, si sono isolate costantemente le stesse tre regioni specifiche nella corteccia prefrontale mesiale dorsolaterale, mesiale ventrolaterale e nella corteccia cingolata anteriore.* Duncan e Owen suggeriscono come questi compiti, anche se diversi, coinvolgano una rete simile sufficientemente astratta e generale per adattarsi a una varietà di richieste esecutive. Essi commentano che "la stessa generalizzazione dell'attività in queste regioni aiuta a spiegare perché la maggior parte delle concezioni di funzioni prefrontali siano di per sé così generali e mal definite". Questo anticipa la teoria dell'*adaptive coding model* (Duncan, 2001) che indica un sistema di circuiti cerebrali unico che si attiva variabilmente in base alle diverse richieste dei compiti proposti[4].

Per non essere fraintesi cominciamo ad affermare che *le FE esistono, ma sono l'espressione di sistemi molto complessi e spesso sfuggenti*. La loro influenza e e il loro coinvolgimento possono essere diversi da compito a compito con la prevalenza di una funzione rispetto ad altre che, tuttavia, saranno sempre presenti in percentuali che variano da prova a prova e da soggetto a soggetto. La funzione "pura" è un'illusione, un modo di vedere che appartiene a punti di vista che richiamano il passato "localizzazionismo" quando, ingenuamente, si consideravano aree specifiche come supporto fisiologico fisso al comportamento osservato. L'estremo riduzionismo che prevede sistemi "incapsulati" è sempre più confinato a semplici servomeccanismi che sono i "veri" moduli (cfr. cap. 2). Per le diverse funzioni, anche minimamente complesse, si considerano ormai, con incontrovertibili evidenze, network di attivazione dinamici (come la realtà delle neuroimmagini sembra confermare); tutto ciò per affermare che non vi è un costrutto puro e sicuro delle FE. Inoltre, se ciò non bastasse, in letteratura accade che lo stesso compito venga utilizzato per misurare FE diverse, invertendo il costrutto da un lavoro ad un altro (Miyake et al., 2000; McCabe et al., 2010). Pertanto, si suggerisce di non trascurare mai la *sovrapponibilità* che le contraddistingue[5], una comunalità statistica che in percentuali variabili e non individuabili è sempre presente e mette in relazione i costrutti delle diverse FE.

3.1.5. Le FE prendono evidenza negli anni dalle lesioni e dai modelli proposti da diversi autori: ipotesi sullo sviluppo

Nei primi studi sulle FE, valutando le lesioni frontali, si è cominciato ad introdurre i concetti di "distraibilità" e di "perseverazione" per i tipici comportamenti notati nei pazienti (Shallice, 1988). Tali concetti vengono rinominati con i termini di *controllo* e *flessibilità* (Baddeley, 1986; Shallice, 1988) e non mancano osservazioni sulla funzione di *avvio* (che richiama il paziente "frontale" e "adinamico" di Luria, 1976)[6]. In seguito, si affermano come ulteriori difficoltà disesecutive il *sostenere l'attenzione nel tempo, mantenendo lo scopo del momento, e il riaggiornamento in memoria di lavoro* (Engle, 2002; Engle e Kane, 2004; Baddeley, 1996).

[4] Lo sforzo per dare una certa consistenza e classificazione alle FE verrà sviluppato comunque dalla letteratura, cercando di combinare i punti di vista "cognitivi" con quelli delle neuroimmagini, ma anche in questo caso si incontreranno interpretazioni diverse, alcune addirittura "ingenue" e confondenti. Per noi il lavoro di Duncan e Owen (2000) rimane una pietra miliare che ha anticipato, anche teoricamente, le conclusioni che emergono dalle ricerche più attuali.

[5] Nelle equazioni fattoriali non verranno isolati i singoli costrutti, ma apparirà sempre una sovrapposizione data dalla comunalità (Miyake e Friedman, 2012).

[6] La funzione di avvio viene spesso tralasciata nell'elencazione delle funzioni esecutive, ma è una componente indispensabile per dare il via a un esercizio, nelle operazioni di switch (cambiamenti di compito): cfr. Purves et al., 2010.

Alcuni autori (Purves et al., 2010) vorrebbero separare funzionalmente i processi attentivi da quelli esecutivi, definendoli nel seguente modo: *l'attenzione agisce sui processi sensoriali in input e sulle rappresentazioni interne (si può concentrare su di uno spazio, su di un pensiero o sulla rappresentazione di uno spazio); il sistema di controllo esecutivo agisce invece su piani di comportamento.* È un confine più teorico che reale in quanto è inevitabile dover portare attenzione a ciò che vogliamo regolare (sia implicitamente che esplicitamente). Molti autori inseriscono i diversi aspetti dell'attenzione tra le FE. Inoltre, da un punto di vista dello sviluppo, gli aspetti attentivi sembrano precorrere e contribuire alla formazione delle FE stesse. Benso (2010) ipotizza la formazione graduale delle diverse funzioni esecutive a partire dai primi mesi, ove si va orientando l'attenzione, prima guidata dagli stimoli e dal sistema di allerta e poi strategicamente volontaria (quando l'infante che in attesa di uno stimolo comincia ad anticipare con lo sguardo l'evento). Questa prima tappa evolutiva potrebbe significare il fondamento che precorre lo sviluppo del mantenimento di uno scopo, di una necessaria memoria sia per la ricerca visiva, sia per l'evento che si manifesterà. Dall'orientamento e dalla successiva focalizzazione dell'attenzione si passa alla selezione dello stimolo immerso nei distrattori. Ciò potrebbe anticipare l'affermarsi del sistema di controllo e di una memoria di lavoro. L'orientamento volontario dell'attenzione potrebbe altresì favorire (ovviamente con altre componenti necessarie al tipo di sistema implicato) lo sviluppo dell'attenzione sostenuta (che a sua volta si evolve anche a partire dagli stati di allerta fasico che si trasformano in tonico)[7], della memoria di lavoro e delle abilità di shifting. Dall'attenzione prima focalizzata e poi selettiva si svilupperebbero anche la memoria di lavoro e il sistema di controllo del conflitto. Hartman e Michael (1997) indicano l'orientamento dell'attenzione come primario sistema di controllo vicariante quel sistema esecutivo che si svilupperà in modo più osservabile più tardi (verso i 18-24 mesi)[8].

Lo stesso Baddeley (1996) non fa distinzione tra processi esecutivi ed attenzione, inserendo l'attenzione concentrata, sostenuta e selettiva fra le funzioni esecutive. Cowan (2001) tradurrà i modelli di memoria di lavoro in pura attenzione (il focus dell'attenzione viene rivolto verso le rappresentazioni interne nella memoria a lungo termine, cfr. cap. 4).

Hofmann, Friese, Schmeichel e Baddeley (2011) sostengono che le capacità attribuibili all'esecutivo centrale secondo la terminologia di Baddeley (1986) sono: 1) allocare *risorse* attentive su un compito e le conseguenti informazioni rilevanti utili alla risoluzione, mantenendo attive nel tempo del processo tali informazioni (*attenzione focalizzata e sostenuta*); 2) *avviare* processi utili ai compiti che richiedono *"flessibilità", riaggiornamenti e manipolazioni dei contenuti della memoria di lavoro*; 3) *inibire* risposte prepotenti ed irrilevanti che interferiscono con lo scopo del compito in atto. Repovš e Baddeley forniscono una definizione del sistema esecutivo marcatamente influenzata dal loro modello della *Working Memory* (WM):

[7] Cfr. cap. 5.

[8] Un bambino di pochissimi mesi piange per un disagio (speso misterioso), non ha ancora sviluppato un sistema di controllo, ma può essere distolto da un richiamo sonoro e/o visivo che provoca lo spostamento dell'attenzione. Questa può essere riorientata verso una scena più gradevole, inducendo l'apparizione di un sorriso.

Nelle abilità cognitive complesse l'*esecutivo centrale* sembra pesantemente coinvolto come una sorta di *controllo attentivo* che avvia la *focalizzazione dell'attenzione*, la *divisione dell'attenzione* tra compiti concorrenti ed ha una componente di *switching attentivo*. In molte di queste funzioni l'esecutivo centrale è supportato dalle altre componenti della working memory [Repovš e Baddeley, 2006][9].

A questo punto, seguendo la letteratura improntata sul "cognitivo" (come le revisioni di Eslinger 1996 e di Bernstein e Waber, 2007) sovrapposta a quella che utilizza le neuroimmagini, elencheremo ciò che emerge come abilità esecutiva, non dimenticando però che è materialmente impossibile pensare di vedere in azione una funzione "pura" attraverso compiti anche studiati ad hoc. *Bisogna tener conto che l'eventuale singola funzione (se potesse esprimersi da sola) avrebbe sempre bisogno di una procedura di avvio, di una quantità di attenzione sostenuta, di una memoria "online" per operare e di un monitoraggio di controllo per procedere.* Non a caso, le funzioni esecutive, ridotte a variabili latenti (Miyake et al., 2000), esprimono una "comunalità" che emerge dalle raffinate equazioni fattoriali che, pur avendo un intento riduzionistico, non riescono, per forza di cose, a separare l'inseparabile. Non si possono ridurre al livello dei più semplici servomeccanismi i processi mentali di ordine elevato. Tali funzioni, in modo diverso da compito a compito, saranno sempre presenti anche nelle variabili latenti isolate. Queste affermazioni hanno il senso di quanto sostenuto da Rabbitt (1997), Burgess (1997), Brown (2006), e Bernstein e Waber (2007).

Nell'elencazione che seguirà cercheremo di creare un gradiente di complessità partendo dal basso e inserendo provvisoriamente l'updating tra le funzioni esecutive; nel prosieguo, grazie ad ulteriori argomentazioni e con il supporto di altra letteratura, emergerà il modello multicomponenziale definito *Working Memory Capacity* (WMC) o *Executive Attention* (sviluppato nel capitolo 4).

Possiamo pertanto inserire tra le funzioni esecutive quelle deputate a:

- avviare l'azione,
- sostenere nel tempo l'attenzione (fasicamente e tonicamente),
- controllare i pensieri, le azioni e l'emotività (autoregolazione),
- promuovere cambiamenti repentini di compito (shifting),
- sostenere la rielaborazione nella memoria di lavoro (updating).

Tutto ciò sorregge e sfocia nelle abilità di livello ancora superiore come:

- la "simulazione anticipatoria" (la situazione viene agita mentalmente, immaginata, prevedendo l'evento);
- l'astrazione (dove vengono generalizzati e selezionati indici che si ripetono, formando nuove categorie sempre più sovraordinate);
- l'organizzazione-coordinazione di schemi, la verifica, la pianificazione, il problem solving.

[9] Il modello di Baddeley dell'esecutivo centrale sarà inserito nei sistemi unici monocomponenziali da alcuni autori, mentre altri lo classificheranno tra quelli che comportano la separabilità grazie a queste definizioni che mettono in evidenza la multifunzionalità.

È bene ricordare che tali funzioni necessitano di un'adeguata quantità di risorse attentive per alimentare i diversi sistemi, compresi quelli di memorizzazione.

Potremmo ora definire le funzioni esecutive, riservandoci di dimostrare ed argomentare nei capitoli successivi ogni sfumatura di queste affermazioni.

3.1.6. Una definizione delle funzioni esecutive

Le funzioni esecutive (FE) sono un insieme di processi mentali non del tutto definiti, di alto livello, continuamente interagenti e in reciproco supporto. Tale interazione è cangiante e si modifica e si adatta[10] *in base al tipo di evento da affrontare e viene a formare durante lo sviluppo un sistema multicomponenziale, in parte libero, modulato e distribuito sulle richieste del compito e in parte circoscritto in determinati circuiti cerebrali che probabilmente forniscono e spostano le risorse (Duncan, 2001). Tale sistema che congloba le diverse funzioni esecutive si caratterizza sia per l'unitarietà sia per la separabilità (Miyake et al., 2000).*

L'attenzione esecutiva con le sue funzioni autoregola il comportamento contrastando le fonti di distrazioni interne ed esterne, nonché i pensieri fuorvianti sia di tipo cognitivo, che emotivo. Esprime stati attentivi concentrati e sostenuti col mantenimento in memoria di lavoro degli obiettivi e sottobiettivi dei processi in atto (Engle e Kane, 2004).

Essa è decisamente implicata nella coordinazione di sequenze, nella formazione degli apprendimenti complessi e delle diverse raffinate abilità che la specie Homo sapiens *persegue. Operativamente vi è una stratificazione del sistema a diversi livelli: dal più basso, come i sistemi di controllo e di avvio, a quello più alto quando si esprimono i pensieri pianificati, strategici e flessibili.*

Questa definizione "operazionale" sottintende particolari modelli teorici e concilia con i punti di vista di diversi autori, tra i quali Bernstein e Waber (2007), Duncan e Owen (2000), Duncan (2001), Repovš e Baddely (2006), Shallice (2002), e trae spunto dalla descrizione, ben argomentata da Engle e Kane (2004), di quel sistema multicomponenziale legato alla Working Memory Capacity (WMC) definito *Executive Attention.* Soprattutto, fa riferimento al modello dinamico della "codifica adattiva" di Duncan (2001). I punti di forza di questi modelli sono:

1) Dal punto di vista metodologico si presentano più prudentemente perché si mantengono al livello della descrizione e non della spiegazione di meccanismi ignoti. Si sta operando nel secondo blocco che rappresenta la "scatola nera" dello schema dell'"inferenza inversa" di Poldrack (2006) e si può utilizzare solo il ragionamento abduttivo probabilistico di Peirce; questi aspetti costitutivi non vanno mai dimenticati.
2) Si confanno ad una più aggiornata visione degli aspetti neuronali e funzionali dove si evitano modelli obsoleti, falsificati più volte, che vedono precise funzioni collocate in determinate aree con specifici test che le valutano. La stessa WMC (e pertanto l'Executive Attention) non è un sistema monocomponenziale, ma è un insieme di funzioni ricco di sfumature diverse, che non possono essere messe in evidenza da

[10] Vedi "adaptive coding model" di Duncan (2001).

singole prove e sono necessarie batterie di test per captare differenze che spesso non hanno un nome (ed è meglio così!). Hofmann et al. (2011) affermano a tal proposito che i modelli della memoria di lavoro in genere sono complessi e non facilmente e completamente spiegabili (hanno ben presente la scatola nera di cui sopra).

3.2. Attivazioni e "risorse"

Il concetto di "risorse" è molto delicato perché mette in gioco termini poco sicuri e poco definibili dal punto di vista scientifico, come quello di "energia mentale". Richiede ulteriori chiarimenti sulla loro collocazione, su come si esprimono e come vengono elicitate e spostate, altrimenti si rischia di cadere nelle spiegazioni circolari che mettono in gioco l'"homunculus dei filosofi"[11].

Le definizioni in letteratura sulle risorse attentive sono molteplici e spaziano dal cognitivo al biochimico. Moscovitch e Umiltà (1990) dicono sostanzialmente che manca una definizione precisa di cosa esattamente si intenda per "risorse attentive" e che il fatto che i termini introdotti per indicarle siano molteplici e spesso utilizzati in modo interscambiabile, ne attesta lo stato concettualmente incerto. Pascual-Leone e colleghi delineano all'interno della teoria degli operatori costruttivi la *mental-attentional capacity* (M capacity), come una particolare "energia mentale" misurabile e valutata in termini di "massimo numero di schemi mentali che una persona può attivamente tenere in mente nello stesso tempo" (Bolter, Johnson e Pascual-Leone, 2006). Rothbart, Ellis, Rueda e Posner (2003) definiscono le risorse con il termine *effortful control,* che indicherebbe l'uso volontario dell'attenzione esecutiva che coinvolge le abilità di controllo, di rilevamento dell'errore e di pianificazione.

Da un punto di vista più "concreto", Shallice (1988) concepisce le risorse come "il numero medio di neuroni, che funzionano normalmente nel sottosistema, necessario per produrre un determinato livello di prestazione". Vi sono anche indicazioni sui network cerebrali che fornirebbero e sposterebbero energia. Duncan e Owen (2000) sostengono che i siti che si attivano durante l'impegno cognitivo sono le cortecce dorsolaterali, ventromediali e il giro del cingolo anteriore dorsale, e Duncan (2001) caratterizza la corteccia prefrontale "non tanto come sede di particolari operazioni cognitive, ma come la locazione delle risorse che forniscono a tali operazioni una maggiore attenzione, potenza o flessibilità".

Jonides, Lacey e Nee (2005) rilevano che "la fase di codifica nella Working Memory risulta sostenuta dall'attivazione coordinata sia della corteccia prefrontale, che dei sistemi sensoriali posteriori implicati nella percezione e comprensione degli stimoli". Rueda, Posner e Rothbart (2005) valutano l'area prefrontale laterale e il giro del cingolo anteriore come i siti che forniscono risorse per l'autoregolazione. Dai 5 ai 16 anni vie-

[11] L'idea dell'homunculus come osservatore interno nasce ogniqualvolta si cercano di spiegare fenomeni metacognitivi e coscienti con processi non ben definiti, che richiedono alla fine l'intervento di un "esecutore", un "omino" dentro il cervello. Quando non è chiaro il meccanismo per cui avvengono certi fenomeni, si rischia di chiamare in causa l'"omino". Nel capitolo 5 indicheremo alcune delle soluzioni portate dalle neuroscienze, che esorcizzano l'homunculus.

ne dimostrata una correlazione significativa tra il volume dell'area del giro del cingolo anteriore destro e l'abilità di svolgere compiti che richiedono concentrazione attentiva (Casey et al., 1997). Bush, Luu e Posner (2000) trovano attivata la corteccia cingolata anteriore dorsale durante il monitoraggio di funzioni in competizione tra loro nel rilevamento dell'errore e durante l'utilizzo della memoria di lavoro. Questa stessa area risulta ipoattivata in caso di depressione (Drevets, 2000) e quindi si conferma la propensione di quest'area verso l'autoregolazione dell'individuo. Altri ancora arrivano ad identificare le "risorse" con la perfusione di particolari neurotrasmettitori: Sarter e Parikh (2005) misurano, durante lo sforzo attentivo, l'aumento di perfusione di acetilcolina (importante neurotrasmettitore collegato a diversi tipi di attenzione e alla memoria) nei collegamenti che vanno alla corteccia frontale e temporale, ad ulteriore dimostrazione che le risorse attentive sono un fenomeno tangibile.

3.2.1. L'applicazione delle risorse, l'esaurimento e la ricarica

Hoffman et al. (2011), trattando di risorse, mettono l'accento sulla capacità limitata che può essere manifestata in due modi: 1) con i doppi compiti simultanei che quando non sono automatizzati si limitano l'un l'altro e 2) con compiti successivi dove il primo esaurisce le risorse dell'altro.

Nel caso dei doppi compiti simultanei se vi è automaticità (parziale), come quando si parla o si guida in un luogo noto con poco traffico, sono messe in gioco minime risorse; tuttavia, sostenere una conversazione complessa e, contemporaneamente, guidare nel traffico in una città sconosciuta mette alla prova le risorse che arrivano al loro limite e inducono a sospendere temporaneamente uno dei due compiti. Per inciso, *questo è anche un modo per allenare le risorse attentive e per migliorarle, inserendo però gradualmente il secondo compito che ha la funzione del distrattore* (cfr. Rueda, Posner e Rothbart, 2005; Benso, 2004b). Durante l'esercizio con i compiti doppi, essendo il sistema a capacità limitata, qualora si privilegi un compito, l'altro viene necessariamente rallentato. C'è un periodo d'attesa che viene chiamato *periodo refrattario psicologico* (PRP; Pashler, 1998) durante il quale il secondo compito viene messo "in coda" finché il primo (scelto dal soggetto) non supera le fasi cognitive di elaborazione del materiale (per arrivare almeno fino alla selezione del tipo di risposta). Ovviamente, chi sviluppa poche risorse o le impiega male, come nel caso dei soggetti con ADHD, dimostra periodi refrattari molto lunghi, oppure rischia di far saltare entrambi i compiti (ci sono metodi complessi, ma possibili per misurare il PRP; cfr. Benso, 2004b, e soprattutto Pashler, 1998). In riabilitazione, diventa quindi interessante aumentare gradualmente la difficoltà del secondo compito per favorire lo sviluppo delle risorse.

I compiti successivi possono essere rappresentati anche da esercizi di switch (prima fai il compito uno e poi il due e così via) che, come è noto dagli importanti lavori di Rogers e Monsell (1995) e di Rubinstein, Meyer e Evans (2001), richiedono un impegno molto elevato delle funzioni esecutive nel loro complesso.

Hoffmann et al. (2011), citando numerosi lavori soprattutto di Baumeister (uno dei massimi esperti di autoregolazione), spiegano che dopo aver svolto determinati tipi di compiti si possono esaurire le risorse. Influiscono negativamente gli impegni cognitivi (tipo i compiti in classe), le attività di autoregolazione e self-control molto impegnative (astenersi dal cibo, da risposte inappropriate, da istinti non convenienti, da scatti di aggressività e altro ancora). Tali aspetti riguardano ciò che è definito l'indebolimento dell'Io" da Baumeister, Bratslavsky, Muraven e Tice (1998).

Sempre Hoffmann et al. (2011) presentano alcuni studi sul versante cognitivo per sostenere l'idea di una comune sorgente di risorse che alimenterebbe le diverse funzioni esecutive quando si esprimono. Schmeichel (2007), partendo dall'ipotesi che differenti aspetti del funzionamento dell'esecutivo centrale, come lo shifting, l'updating e la inhibition delle risposte, si basino tutti su risorse comuni e generali, dimostra che ognuna di queste forme di controllo esecutivo può avere l'una sull'altra un effetto successivo negativo sulle restanti risorse e pertanto sugli esiti delle prestazioni. Così commentano tali lavori Hoffmann et al. (2011): "Questo dimostra che una comune ed esauribile risorsa può sottendere tutti i compiti di controllo esecutivo e questa può essere una delle spiegazioni per il relativamente alto grado di comunalità tra le sottocomponenti dell'esecutivo centrale trovata da Miyake et al. (2000)".

È interessante anche capire come ricaricare le risorse. Questo aspetto può avere ricadute dirette sulle applicazioni a livello clinico[12], scolastico (cfr. ad es., Veneroso et al., 2016, inserto #14), sportivo, ecc. In questo contesto possiamo citare Goleman (2013) quando suggerisce che per ricaricare il sistema dopo l'impegno cognitivo, non bisogna andare completamente in *Default Mode Network* (cfr. cap. 5), nel senso di non rimanere in balia dei pensieri più disparati con un sentimento di inerzia totale. Se la mente vaga (rispondere a email o navigare e chattare passivamente) e rimugina, il sistema si indebolisce ulteriormente e non si rientra facilmente in un set "attentivo", anzi si evita il più possibile l'impegno cognitivo (Goleman, 2013). Bisogna pertanto sapere quanto sia fondamentale, per ricaricare le risorse, mantenere un minimo impegno incalzante (come abbiamo descritto nel capitolo 2 per i coach sportivi) per impedire il rimuginare che porta spesso alla malinconia. Questi tipi di attività li consigliamo prima dei compiti o dei training cognitivi o psicomotori, si tratta cioè di lavorare sull'elicitazione di stati attentivi minimi nella richiesta di risorse, provocati da compiti di avvio e di allerta fasico (che sono innati)[13].

3.3. Funzioni esecutive *cool* e *hot* e autoregolazione

Le emozioni e le motivazioni sono altre componenti che interagiscono direttamente con le risorse cognitive che possono essere depresse o amplificate da tali componenti, come rappresentato in figura 3.1.

Cominciamo ad intravedere l'affermarsi di un modello che suggerisce un insieme di risorse di elaborazione (a capacità limitata) interagenti con particolari circuiti neuronali; un sistema di controllo, che utilizza tali risorse, interviene per garantire una prestazione efficiente nel caso in cui le azioni routinarie, automatiche o automatizzate siano insufficienti, il tutto condizionato e modulabile dalle emozioni (cfr. anche Lewis e Todd, 2007).

[12] È un argomento che verrà analizzato in modo più approfondito nel libro sui trattamenti (Benso, in preparazione), soprattutto per la (ri)abilitazione clinica di soggetti definiti ADHD o di pazienti con lesioni frontali.

[13] Metodo Benso®.

Anche in questo caso il pensiero dicotomico prevale (come diceva Lorenz, 1974, par. 1.7.2: "siamo strutturati così"). Nasce in letteratura una divisione di quello che dovrebbe essere un continuum tra FE "fredde" (*cool*) e "calde" (*hot*). In realtà, non può esistere un test che possa essere svolto "freddamente": il cutoff di quando una funzione possa essere definita "calda" non è facile da trovare. Obiettivamente possiamo concordare che certe prove che coinvolgono di più i centri emotivi siano più "calde" di altre, ma la divisione è arbitraria. Ad esempio, un test che si occupa della somma incalzante di numeri come il PASAT (Gronwall, 1977), che in teoria è *cool* perché non contiene materiale emotigeno (come può invece essere "caldo" uno Stroop costruito con parolacce), è definito dal Lezak (1995) come il test tra i più ansiogeni della letteratura; infatti, quando le somme diventano incalzanti alcuni soggetti (non patologici) non reggono il peso emotivo della prestazione e si ritirano. In altri termini, esistono test prettamente cognitivi che diventano "caldissimi". In effetti non può esistere un'operazione cognitiva "pura", depurata anche dalle influenze emotive, ma l'attività dei sistemi sottocorticali e dei nuclei del sistema emozionale è continua. In qualsiasi compito cognitivo svolto sotto osservazione e con pressione temporale può emergere un'ansia da prestazione non sempre controllabile.

Questa inestricabile unione si afferma soprattutto quando si tratta di *autoregolazione* del comportamento, che potremmo definire come *l'equilibrio implicito tra il sistema emotivo motivazionale e quello cognitivo di controllo, in funzione dell'adattamento e del raggiungimento dello scopo del momento* (Benso, 2010). Nella ricerca sull'autoregolazione emergono gli importanti studi di Rothbart et al. (2003), dove si dimostra che i bambini che non sanno risolvere e gestire il conflitto cognitivo, ad esempio non superando test come il "flanker", hanno anche un peggior temperamento e minor autocontrollo. Gli studi sull'autoregolazione hanno favorito l'incontro tra il cognitivo e l'emotivo, però si sta perpetuando una ulteriore divisione separando le FE. Lewis e Todd criticano in questo senso la divisione tra funzioni esecutive "calde" (emotive, *hot*) e "fredde" (cognitive, *cool*):

> Gli psicologi hanno a lungo cercato di risolvere la disgiunzione fondamentale tra funzioni cognitive ed emotive. Ma ciò che è notevole e forse allarmante è che la ricerca sull'autoregolazione ha perpetuato questa disgiunzione piuttosto che risolverla, per esempio tracciando una linea tra funzioni esecutive "fredde" [*cool EF*], coinvolte in attività puramente cognitive, e "calde" [*hot EF*], coinvolte nella regolazione emozionale [Lewis e Todd, 2007].

Benso (2013) sostiene che lo svolgimento di un test di Stroop con parole ad alto contenuto emotivo è comunque un compito che richiede l'intervento delle funzioni di controllo. Parimenti, durante un compito di Stroop "cognitivo", interviene comunque una carica di attivazione emotiva (misurabile nei parametri fisiologici). Non ci si libera facilmente del sistema emotivo di sottofondo, ma vi è un sistema cognitivo che continuerà a muoversi in uno sfondo cangiante emotivo-motivazionale che non lo lascerà mai. Questo è un rapporto dialogico ricorsivo tra risorse cognitive, emozioni e motivazioni, che è sempre in atto e può favorire sia l'amplificazione delle risorse, che la depressione. È importante notare che una mente che rimane il più possibile qui e ora, che non rimugina ed è occupata in compiti che richiedono concentrazione e che soddisfano la creatività e le abilità di problem solving commisurate al soggetto, cade più difficilmente in depressione.

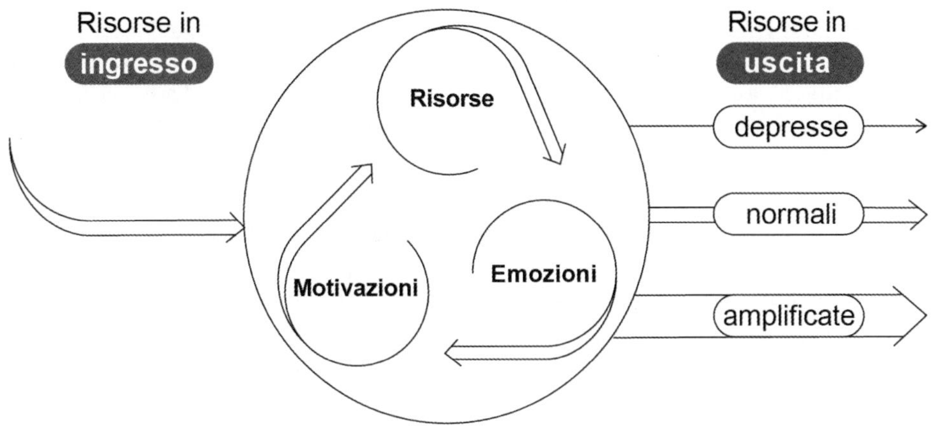

Figura 3.1. Le risorse cognitive che attivano i diversi network (come descritto da Duncan, 2001) entrano in un rapporto dialogico ricorsivo con i sistemi motivazionali, emotivi che comportano cambiamenti sia nel senso "depressivo" che "aumentativo"

3.3.1. Autoregolazione emotiva

Baumeister e Vonasch (2015), fra i massimi esperti in materia, spiegano che l'autoregolazione è il tratto psicologico chiave per prevedere il successo nello studio, nel lavoro e in altre attività quotidiane. Essa è migliorata e rinforzata dall'attività cognitiva complessa, ma anche da semplici esercizi posturali che richiedono di svolgere compiti concomitanti. In tal senso, è molto potente la meditazione, ma per coloro che non possono "fermarsi" seduti come potrebbero essere i soggetti iperattivi, è un ottimo sostituto la "meditazione dinamica" cui abbiamo accennato anche nei capitoli precedenti (Benso, in preparazione). Abbiamo dei riscontri molto interessanti nelle scuole e nel mondo dello sport. Le esercitazioni dinamiche in consapevolezza sono di tanti tipi, tuttavia nel protocollo di formazione privilegiamo un programma ispirato alle arti marziali e soprattutto a ciò che sta dietro quanto a preparazione mentale. Tale programma viene proposto prima agli educatori, agli operatori clinici o ai coach sportivi che, una volta che iniziano a praticarlo e a gestirlo, lo possono trasferire ai pazienti o agli atleti. Una caratteristica dell'équipe che propone questi training (Massimiliano Barduco, Stefania Canepa, Piernicola Ninci, Carlotta Tornatore) è che gli operatori, pur appartenendo a discipline diverse (rispettivamente: professore in scienze motorie; psicopedagogista; psicoterapeuta e esperto mindfulness; neuropsicomotricista), sono tutti coordinati e, come l'Autore, praticanti da lunga data di aikidō riconosciuti dall'Hombu Dojo di Tokio[14]. Avevamo

[14] Per quanto riguarda la psicomotricità citiamo anche la Caterina Pacilli che contribuisce ad arricchire il gruppo di lavoro. Per quanto riguarda la parte più cognitiva è doveroso citare l'équipe ristretta dell'ANCCRI: Eleonora Ardu, Eva Benso, Sabrina Berriolo, Silvia Caviglia, Alessandra Giacobbe, Simone Lo Prete, Federica Mazzoli, Sandra Moretti, Elisa Piccione, Federica Rapa e Grazia Maria Santoro, per l'apporto che forniscono

già accennato come questo genere di esperti sia ricercato. Proprio in questo periodo in vista delle Olimpiadi del 2020 di Tokio, vi sono diverse richieste dal mondo dello sport giapponese di aikidoisti dell'Hombu Dojo, proprio per l'expertise nel trattamento degli stati mentali (nota in Giappone) che emerge da questa disciplina. Alcuni recenti corsi di formazione, svolti in diverse località italiane con questa metodica, hanno riscontrato l'interesse di clinici, educatori e coach.

Riassumendo, pensiamo che l'attività cognitiva complessa e i lavori sulla consapevolezza e l'autodisciplina meditativa siano le forme più potenti per sviluppare l'autoregolazione. Sappiamo quanto questo aspetto sia importante soprattutto nell'adolescenza, dove si instaura un progressivo incremento fisiologico dell'amigdala e di altri centri "limbici", tanto da sbilanciare verso l'"emotivo" il rapporto dialogico con sistemi di controllo che, come chiaramente sostiene Giedd (2015), si riprenderanno solo una decina di anni dopo con un ulteriore sviluppo dei lobi frontali, che andrà oltre i venticinque anni d'età[15].

3.4. Prime considerazioni sugli errori di metodo dovuti alla consuetudine che non permette di affrancarsi dai giudizi collettivi (la "razionalità limitata")

Il concetto di "funzione esecutiva" come elemento unico, separato e misurabile è molto diffuso, tanto che spesso gli stessi addetti ai lavori lo danno per scontato non valutando appieno, o ignorando, l'importanza anche metodologica delle critiche di diversi studiosi in parte già citati. Si consolida invece l'idea che le singole funzioni esecutive, per esprimersi, abbiano bisogno l'una delle altre. Ad esempio, come sostenevamo più sopra, un'operazione di shifting tra compiti necessita per essere eseguita di operazioni di avvio, di controllo esecutivo, di diversi tipi di memoria, di attenzione sostenuta e di altro ancora[16]. Ma quale compito può fare a meno di queste abilità basilari? Considerando i modelli con equazioni fattoriali che estraggono le variabili latenti, se allarghiamo il punto di vista possiamo renderci conto chiaramente che la comunalità emergente (come

alla nostra associazione di neuroscienze cognitive e per i risultati che ottengono in clinica, tali da giustificare gli intensi impegni di formazione e supervisione che riempiono a turno quasi tutte le loro settimane dell'anno in diversi centri italiani (dalla Sicilia al Trentino). Senza dimenticare altri operatori che sono stati tra i primi ad utilizzare il metodo in età evolutiva e nell'adulto come Antonella Caria, Valentina Clavarezza, Patrizia Guida, Luigi Da Rin; Laura Ardagna che, con Carlotta Tornatore e l'Autore, negli anni '90 codificò l'aikidō psicomotorio (l'antenato della "motricità cognitiva"); ricordo gli input creativi e centrati su modelli e trattamenti avuti da Lia Teloni (neuropsichiatra e fisiatra) sia in età dello sviluppo che con i soggetti post comatosi, e diversi altri collaboratori ancora…

[15] La fine dello sviluppo delle funzioni esecutive, ovviamente, si colloca dopo i venticinque anni, come sostengono i fisiologi e lo stesso Giedd (2015). Tuttavia l'"ultracognitivismo", così come lo ha definito Shallice (1990), in passato è arrivato a mettere il limite dello sviluppo esecutivo nell'adolescenza! In alcuni lavori si somministravano test attentivi esecutivi a soggetti adolescenti e adulti e non trovando differenza (e quindi affermando l'ipotesi nulla) si sosteneva che lo sviluppo era ormai compiuto.

[16] "Rogers and Monsell demonstrated that the time taken to switch attention between two different tasks was disproportionately increased when interfering information was present, suggesting that the processes of attention-switching and interference-resolution interact with each other, and are not independent". Tratto da Sylvester et al. (2003).

appena suggerito da Hoffmann et al., 2011, cfr. 3.2.1) indirizza Miyake e Friedman nel 2012 ad ipotizzare anche un fattore comune unico. Tuttavia, si sente ormai troppo spesso affermare: "cade nell'inhibition", invece che più prudentemente dire: "cade nel test di Stroop", e così di seguito, sostituendo il nome di un presunto effetto alla prova reale. Nell'inserto #6 in questo capitolo identificheremo questa modalità espressiva come la fallacia di "eccesso di analogia", dove si utilizza una funzione probabilistica, ignota, derivante da un ragionamento abduttivo (della "scatola nera" inserita nello schema di Poldrack, 2006) per rappresentare con certezza un test. Si inserisce impropriamente un ragionamento deduttivo preciso in un contesto "abduttivo", in quanto si usano le bi-implicazioni (se e solo se) inesistenti nell'ambito della psicologia delle funzioni cognitive, alimentando così, direttamente, le fallacie logiche citate nel capitolo 2. Questa modalità espressiva è anche definibile come l'"errore dello stimolo" dei gestaltisti, dove non si valuta quello che il test può misurare realmente, ma quello che si pensa misuri. In altri termini, si è oramai formato un "gergo" così condiviso che andrebbe rivisto con espressioni più prudenti.

Bernstein e Waber sostengono, coerentemente, che:

> [...] l'approccio riduzionista continua ad influenzare le neuroscienze ed in particolare la neuropsicologia clinica. C'è ancora l'assunzione implicita che le funzioni siano organizzate in "pacchetti" discreti, pertanto è inevitabile arrivare a supporre che le funzioni esecutive possano essere anch'esse analizzate impropriamente come moduli funzionalmente discreti. Da tutto ciò nasce una ulteriore approssimazione che arriva a creare batterie di test che dovrebbero misurare discretamente le diverse FE che vengono suddivise in specifiche capacità legate arbitrariamente a prove specifiche (ad esempio Wisconsin Card Sort = set shifting) [Bernstein e Waber, 2007].

Questo estratto riassume perfettamente ciò che stiamo trattando in questi capitoli (e da diversi anni sperimentiamo nei nostri lavori): *possiamo affermare che le funzioni esecutive non sono facilmente isolabili e misurabili. Si valuta il loro effetto globale per mezzo di test che tendenzialmente possono privilegiare e mettere in risalto più l'una che l'altra, ma non è possibile parcellizzare e isolare una singola funzione che non si autososterrebbe da sola.*

Vista l'ampia letteratura che misura le specifiche funzioni esecutive con una sicurezza che in fisica sarebbe poco accettabile metodologicamente, per qualcuno è difficile rendersi conto che non si tratta di procedure così scontate dal punto di vista della correttezza del metodo e che sta prevalendo in questi contesti di ricerca la "razionalità limitata" illustrata nel capitolo 1.

Questi aspetti vengono da tempo sottolineati da Reitan e Wolfson (1994) e da Rabbitt (1997) il quale sostiene, per quanto riguarda l'inhibition, che "[...] il problema è l'impossibilità di stabilire la validità di costrutto dei più comuni test utilizzati per rappresentare l'inhibition [...] i ricercatori utilizzano comunemente misure che assumono coinvolgere i processi inibitori, spesso senza fornire alcuna giustificazione" (se non quella che altri autori hanno utilizzato lo stesso test per quella misura).

Vi sono anche altri studi che utilizzano le variabili latenti di un costrutto esecutivo per correlarle con altre abilità (calcolo, lettura, ecc.); anche in questo caso si dimentica che la variabile latente stessa è ancora impura come vedremo nel paragrafo che segue.

3.5. Equazioni fattoriali, costrutti, variabili latenti, comunalità, una spiegazione esemplificatrice

Abbiamo parlato di variabili latenti e di equazioni fattoriali; facciamo ora un esempio pratico utilizzando degli isomorfismi tra prove psicometriche e tipi di frutta e colori, per cercare di far comprendere almeno sommariamente di cosa veramente si tratta.

Un costrutto psicologico si teorizza, ma in realtà non esiste, è una formazione mentale cui diamo un nome: "aggressività", "disponibilità", "capacità di controllo", ecc. In base a dei dati ricavati da prove che sensatamente cercano di rappresentare il costrutto stesso, si cerca di scoprire quell'aspetto assolutamente nascosto che è dato dalla variabile latente (l'essenza) che lo rappresenta.

Un costrutto è, pertanto, un concetto astratto, scelto dallo sperimentatore direttamente (da verificare con un'analisi fattoriale confermativa) o in base ai risultati dei test (con un'analisi fattoriale esplorativa), con una etichetta nominale dettata dal "buon senso". Ad esempio, se si stanno valutando diversi test che richiedono un cambiamento repentino di compito, si potrebbe chiamare il costrutto che li comprende "shifting", o "abilità del salto improvviso da un compito a un altro" (un nome vale l'altro, purché sia rappresentativo e meglio ancora se condiviso). Tale costrutto sarà sempre solo in parte rappresentato (saturato) dalla variabile latente ricavata dalle equazioni fattoriali applicate ai test.

Immaginiamo di valutare il costrutto "vitamina C" e di voler isolare questa sostanza che sappiamo essere condivisa dagli agrumi. Ne selezioniamo almeno di tre tipologie: mandarini, limoni, pompelmi, ipotizzando che tutti contengano la variabile latente (nascosta) vitamina C oltre ad altre sostanze che non ci interessano, come la quantità di metalli o di polveri sottili contenute nella buccia che andrà accuratamente lavata. Togliere le scorie è simile all'operazione che Miyake et al. (2000) fanno estraendo le variabili latenti di tre test per scartare le influenze "non esecutive" dei sistemi di input e di output che disturbano le misure: tendono a ridurre con le equazioni fattoriali l'"impurità"[17]. Esemplificando con l'"inhibition", Miyake et al. (2000) hanno isolato il costrutto pensando che tale variabile latente fosse contenuta in determinati test e ne hanno scelti tre: Stroop, Stop Signal, antisaccade[18]. Volevano in partenza estrarre una funzione pura che saturasse il costrutto chiamato da loro "inhibition". Per comprendere cosa in realtà avviene, torniamo alla "vitamina C".

Dopo la pulitura dalle impurità, la spremitura, le ulteriori analisi che filtrano *solo elementi in comune* ai tre test (agrumi), si arriva finalmente a ricavare una sostanza residua per i tre agrumi. Si potrebbe concludere precipitosamente ed erroneamente, se trascinati da

[17] Per il concetto di impurità dei test cfr. Weiskrantz (1992), Burgess (1997), Rabbitt (1997), Miyake et al. (2000), Friedman e Miyake (2004) e i paragrafi che seguono.

[18] Il compito di antisaccade richiede di spostare gli occhi nello spazio opposto a quello dove appare improvvisamente lo stimolo (che tenderebbe a catturare con la sua improvvisa apparizione). Il test di Stroop, risalente al 1935, è simile al seguente: "denomina più velocemente che puoi il colore con cui è scritta la parola **ROSSO**"; in questo caso, la risposta è: "nero". Il compito di Stop Signal funziona così: mentre il soggetto categorizza velocemente animali e oggetti premendo due tasti diversi, se un suono particolare appare concomitante allo stimolo si deve fermare.

"quello che si sa"[19], che è acido ascorbico. Questo è un giudizio avventato perché quanto ricavato è solamente quello che i tre agrumi hanno in comune e, in questo caso, possono essere la vitamina C, unita ad altre vitamine (come la A), e altro che i tre frutti condividono. Pertanto, viene isolata una *comunalità* di più vitamine e sostanze e non una variabile latente pura. Qualora si cercasse il costrutto "vitamina A" utilizzando altri tre ortaggi (carote, pomodori e meloni) si ricaverebbe una comunalità che avrebbe sempre qualche cosa in comune con quella degli agrumi, come le diverse vitamine e l'H_2O. Se confrontiamo i due costrutti attraverso le variabili latenti che abbiamo isolato, essi correlano! Ovviamente il pomodoro contiene anche vitamina C e acqua oltre che vitamina A, e così vale reciprocamente con le varie sostanze degli alimenti divisi fra i due costrutti. In questo caso, trattandosi di specifici prodotti chimici come acido ascorbico e retinolo, questi si possono isolare con ulteriori filtraggi e con analisi chimiche appropriate. C'è differenza però con le *funzioni esecutive che sono processi complessi non riducibili*, perché dopo l'analisi fattoriale confermativa si è arrivati ai minimi termini. Le funzioni esecutive si esprimono con un coinvolgimento reciproco (perché a quanto pare si autosorreggono a vicenda); non c'è un test specifico che possa rappresentarle univocamente e selettivamente, così come mangiando un pomodoro è impossibile pensare che assumiamo solo e selettivamente vitamina C. Questa condivisione che sovrappone i costrutti è ciò che hanno in comune e viene appunto definita "comunalità".

Ora diventa più semplice disquisire con termini come costrutto, fattore, comunalità, unicità, variabile latente.

Per chiarire ulteriormente facciamo un altro esempio. È come se la variabile latente fosse il colore blu (inhibition), e i risultati dei tre test scelti per rappresentarlo fossero più colori che contengono il blu distribuiti in percentuali diverse. Si parte da un marrone che contiene diverse tinte e dopo un primo filtro (che simula l'eliminazione dell'influenza dell'impurità dei sistemi di input e di output) rimane un verdognolo diverso per gradazione in ognuno dei tre test. L'analisi fattoriale confermativa dovrebbe isolare la variabile blu, tuttavia il giallo (comune a tutti i compiti) restituisce un verdognolo e forma una comunalità, prima tra i tre test e poi tra i costrutti, perché appare anche come risultato delle equazioni che estraggono le altre variabili latenti. Ad esempio, se lo shifting è esemplificato dal colore rosso, continueremo ad estrarre il colore arancio. Ci sarebbe una contaminazione del giallo che forma la comunalità per cui le variabili latenti (inhibition = verde che dovrebbe essere blu e shifting = arancio che dovrebbe essere rosso) correlano. Il giallo potrebbe rappresentare le funzioni che non sono riducibili, perché contengono quelle operazioni irrinunciabili per eseguire qualsiasi compito: avvio, controllo esecutivo, attenzione sostenuta, memoria. Il giallo crea la sovrapponibilità tra i costrutti come è avvenuto nei lavori di Miyake et al. (2000). Una successiva operazione viene svolta con le *fit analysis*[20], per vedere quale dei modelli emersi si adatta meglio rispetto a determinati parametri. Nel caso dei colori, i modelli possono essere a due fattori o a un fattore

[19] È come l'errore dello stimolo nella psicologia della Gestalt: "descrivere le proprie percezioni sulla base di ciò che si sa anziché sulla base di ciò che in realtà si vede".

[20] Le *fit analysis* controllano e fanno emergere i modelli più adatti. Questi sono provati variando il numero di costrutti per trovare il migliore, dopo aver estratto le variabili latenti. Attraverso opportuni indici, si possono valutare sia la bontà del modello proposto, che il suo grado di cattivo adattamento.

unico. In quest'ultimo caso l'unitarietà prevarrebbe e saremmo in una delle condizioni descritte ed accettate da Miyake e Friedman (2012). Nel caso dei due fattori, comunque, non avremmo mai il blu e il rosso pieni. Essi indicano le variabili latenti cercate, ma il giallo in comunalità continuerebbe a proporre in uscita il verde e l'arancio. Qualsiasi test isolato e utilizzato per rappresentare quella variabile latente contiene sempre un po' dell'altra e rimane ancora impuro, nonostante l'analisi fattoriale confermativa e la scelta del modello mediante *fit analysis*. Inoltre i valori stessi della varianza non spiegata (*error*), valutati in Miyake et al. (2000), per alcuni test superano l'80% e ciò rende un po' debole l'assunzione che un determinato singolo test rappresenti appieno una particolare FE (come a dire che il marrone scuro è blu).

Quando si dice che si misura solo una tendenza di una comunalità cangiante che dipende dal tipo di compito e dal contesto e che nessun test rappresenterà appieno una funzione esecutiva, è proprio ciò che abbiamo in mente. Tuttavia, continuano a perpetuarsi lavori che, senza nemmeno estrarre le variabili latenti (anche se non è conclusivo), paragonano direttamente i test con prove attitudinali, asserendo forzatamente che misurano il "blu puro" condiviso con la determinata abilità ("l'inhibition correla con l'apprendimento del calcolo"). È come asserire che il marrone (verde sporcato ulteriormente dai sistemi di input e output) è blu puro. Sono preferibili i termini più generali come quelli di executive attention, di controllo esecutivo, di interferenza, che non si sbilanciano su specifiche funzioni che per costituzione non potranno mai esprimersi da sole, o che addirittura, come l'inhibition, sono messe in discussione da diversi teorici.

I lavori di Miyake et al. hanno avuto il pregio di aver prodotto chiarezza su diversi aspetti riguardanti le FE e soprattutto hanno confermato l'impossibilità di poter parcellizzare e misurare singole funzioni esecutive. Da questo esempio si capisce: 1) come la comunalità contenga altre variabili e non sia mai perfettamente adattata al costrutto teorico, anche se pulito dall'impurità dei sistemi periferici (non emergerà solo il blu perché il giallo è necessario); 2) come ogni colore (funzione) sia impegnato in percentuali diverse per ottenere particolari sfumature e questa può essere una spiegazione della separabilità delle FE; 3) come il giallo del nostro esempio possa rappresentare alcuni fattori sempre presenti in qualsiasi prova quali possono essere: l'avvio, la memoria, l'attenzione sostenuta nel tempo e il necessario controllo esecutivo (e questa sarebbe la sovrapponibilità trovata da Miyake et al., 2000, e ipotizzata dagli stessi autori nelle conclusioni del lavoro, p. 90[21]). Pertanto, ogni test avrà tendenze che richiederanno operazioni di shifting o di controllo, ma mai sarà una prova di controllo o di shifting pura. Le correlazioni tra i costrutti confermano questo punto di vista e le considerazioni sull'effetto della comunalità di Miyake et al. (2000) vanno nello stesso senso[22].

[21] Miyake et al. (2000) ipotizzano anche che la comunalità sia formata dalla singola inhibition che si spalmerebbe su tutti i test. Visto che siamo nella scatola nera "abduttiva" e queste affermazioni si possono comunque fare esclusivamente sulla base del buon senso, si preferisce pensare che quando un soggetto svolge anche solo un banale compito abbia la necessità di avviare, ricordare, sostenere l'attenzione e concentrarsi, piuttosto che semplicemente "inibire".

[22] Tanto che il titolo del loro lavoro è: "The unity and diversity of executive functions and their contributions to complex 'frontal lobe' tasks: A latent variable analysis".

In realtà Miyake et al. (2000) cercano diverse spiegazioni alla comunalità che correla tra le funzioni. Quella da noi formulata è solo una delle loro ipotesi, comunque sorretta da altra letteratura (cfr. ad es., Engle, 2002). Non appaiono funzioni esecutive separate e tantomeno nel lavoro riassuntivo di Miyake e Friedman del (2012), secondo i quali la sovrapponibilità dei costrutti è da tenere sempre in considerazione (suggerimento che appare già in Miyake et al., 2000, p. 90). Questo è un punto cruciale perché blocca da un punto di vista della coerenza teorica chi cita Miyake et al. (2000) e poi misura direttamente, senza ricorrere alle variabili latenti, particolari funzioni esecutive (anche se, come abbiamo visto, questo non risolve completamente il problema dell'impurità). In questo caso viene evidenziata solo la diversità, dimenticando la sovrapponibilità. Andando oltre Miyake et al., 2000, tuttavia, si potrebbe dire come sostenuto da Brown (2006), Bernstein e Waber (2007) e altri ancora che non è possibile pensare di ridurre e frazionare ciò che è complesso di per sé, sia che si tratti di una funzione esecutiva, che del test che dovrebbe rappresentarla.

3.6. Il principio di indeterminazione è anche applicabile alle funzioni esecutive

Riprendendo il modello dei colori per spiegare l'impurità e l'intreccio delle funzioni esecutive, possiamo prevedere diverse gradazioni di verde con quantità variabili di giallo e blu per poterle ottenere. Sarà necessario più blu per ottenere un verde scuro e quindi possiamo pensare che un certo tipo di test possa contenere la prevalenza di una specifica funzione rispetto ad un altro, ed è questa diversità che può spiegare la variabilità nei pazienti frontali che possono superare o cadere in base al tipo di test, come affermano Miyake et al. (2000)[23].

Ciò comporta la necessarietà di avere a disposizione un'intera batteria di test per poter isolare le diverse sfumature con cui si può esprimere il sistema esecutivo o l'Executive Attention (Hoffmann, 2011). *Quello che non possiamo fare, una volta isolatele, è dare un nome preciso a queste sfumature, si potrebbe solo parlare di tendenza a non inibire, tendenza a perseverare e via dicendo.* È il limite cui ci troviamo di fronte oggi, ma è un limite che c'è, come nel principio di indeterminazione di Heisemberg che abbiamo accennato nel capitolo 1: *non si possono frazionare ulteriormente costrutti che non si reggerebbero da soli.* Lo confermano anche le percentuali di saturazione dei costrutti ipotizzati nella valutazione dell'inhibition; i test come lo Stroop, l'antisaccade e lo Stop Signal presentano dal 70 all'80% di varianza non spiegata (Miyake et al., 2000). Soprattutto ce lo dicono importanti riflessioni di Rabbitt (1997), cui abbiamo già accennato, e di Burges (1997) quando sostiene che: "C'è un problema di un'ulteriore complicazione per quanto riguarda il potenziale frazionamento del sistema esecutivo: i processi possono essere teoricamente frazionabili, ma vincoli operativi possono impedire questa operazione".

[23] "The results from these individual differences studies are often used to argue that the functions of the frontal lobe or the central executive (or SAS) are not unitary and hence need to be fractionated" (Miyake et al., 2000).

#6. La fallacia dell'eccesso di analogia: il test non è la funzione

Un punto di dissenso è legato alla terminologia e alle connotazioni improprie che sta prendendo il termine "funzioni esecutive". Il termine è abusato da chi pensa di misurarle anche con singoli test, è una sorta di semplificazione e di frazionamento indebito. Come sostengono Bernstein e Waber (2007), si ritorna ad una visione modulare forte anche nei sistemi centrali. Vi è in atto un'operazione forzata di reificazione, che sostituisce il test con il nome della funzione che ci si illude di misurare. È la fallacia dell'eccessiva analogia, che porta facilmente alla nascita di stereotipi impropri e al paradosso. Ad esempio, utilizzando in lavori diversi test come lo Stroop, il Peg Tapping, o lo Stop Signal, invece di citare le prove si potrebbe dire in ogni caso che si sta misurando "inhibition". Può allora capitare di leggere frasi apparentemente e "misteriosamente" contraddittorie come: "l'inhibition spiega una buona percentuale di varianza del calcolo", e viceversa in un altro lavoro: "l'inhibition spiega una bassa percentuale di varianza del calcolo". Poi si scopre che le prove utilizzate per rappresentare l'inhibition nei due lavori sono diverse! Si creano contraddizioni dando nomi uguali a strumenti di misura diversi. Non viene considerata la differenza tra le prove scelte che potrebbe essere cruciale, e si fa riferimento solo al termine astratto "inhibition". Sostituendo il nome della funzione al test si sottintende che la prova sia "pura inhibition", classica illazione improponibile anche solo se si valutano le basse correlazioni con i costrutti e l'impurità dei test che valutano funzioni cognitive complesse. Per esempio, la variabile latente definita "inhibition" da Miyake e Friedman (2012) condivide con lo Stroop e lo Stop Signal solo circa il 20% della varianza spiegata (R^2). Si dimentica, inoltre, che il costrutto deriva da un'inferenza abduttiva che può sfociare nell'errore epistemico del medio non distribuito di Aristotele[a] (cfr. anche cap. 2), molto simile alle fallacie dell'anteposizione del conseguente e della negazione dell'antecedente tipiche di questo genere di ragionamenti. L'errore di eccessiva analogia nasce quando si sottintende impropriamente che due diversi test utilizzati per una stessa FE saturino la funzione cercata con la stessa quantità di varianza, che dovrebbe essere molto alta. Dire che lo Stroop è inhibition è come chiamare toscani gli italiani (cfr. nota a).

[a] Cfr. anche nota in inserto #4. I liguri sono italiani; i toscani sono italiani; ergo i toscani sono liguri. Il Peg Tapping è inhibition; lo Stroop è inhibition; ergo lo Stroop è Peg Tapping, cioè inhibition. Ma lo Stroop, negli esperimenti di Miyake et al. (2000) satura solo con il 16% del costrutto chiamato inhibition, è come i toscani rispetto a tutti gli italiani, siamo quindi nella *fallacia del medio non distribuito* ovvero, come direbbe Aristotele, non preso universalmente almeno in una delle due premesse.

3.7. Breve storia delle criticità che emergono dai modelli che rappresentano le funzioni esecutive

Prendiamo come articolo di base quello di Miyake et al. (2000) perché molto citato e noto. Essi introducono una multicomponenzialità dei sistemi centrali (indipendentemente dal modello) scegliendo *empiricamente* tre funzioni tra le più condivise dalla letteratura: inibizione di risposte prepotenti (inhibition); cambiamenti di configurazioni mentali (shifting); riaggiornamento in memoria di lavoro (updating).

Miyake et al. (2000) chiariscono che le tre funzioni scelte non rappresentano tutte le funzioni esecutive. Isolano tre test per ogni funzione, tra le quantità di prove che sono state utilizzate in letteratura per rappresentarle (ovviamente in modo arbitrario, con un ragionamento abduttivo dove tra numerose "regole" si valuta quella che viene reputata la migliore). Siamo al livello probabilistico del secondo blocco di Poldrack di figura 2.1 e, pertanto, nessun algoritmo può aiutare nella scelta se non l'esperienza soggettiva dello sperimentatore. Essi vogliono scaricare l'"impurità" dei test (Weiskrantz, 1992), che sarebbe dovuta all'intervento di fattori non esecutivi nella misurazione. Tali fattori possono essere i sistemi periferici in input e in output, il graduale automatismo che scarica l'esecutivo via via che il test viene ripetuto (cfr. anche Rabbitt, 1997). Per ottenere lo "scarico", gli Autori diversificano i sistemi di input e di output delle prove che identificano lo stesso costrutto; ciò permette di evitare che questi fattori pesino sulla comunalità che emergerà estraendo la variabile latente con l'analisi fattoriale confermativa. Tutto ciò che è singola peculiarità della prova non verrà a confluire sulla variabile latente. Per diversificare i sistemi di output utilizzano, per la funzione "inhibition", il test di Stroop (che richiede una risposta vocale), una prova di antisaccade (del tipo: "se appare uno stimolo a sinistra sposta lo sguardo a destra") e uno Stop Signal (del tipo: "mentre vengono categorizzati velocemente animali e oggetti premendo due diversi tasti, ci si deve fermare se un suono particolare appare concomitante allo stimolo"). Estraendo statisticamente ciò che i compiti hanno in comune, si esalterebbe la funzione più condivisa che si suppone sia l'inhibition. Lo stesso procedimento viene eseguito con gli altri due costrutti (shifting e updating). Una *fit analysis* valuterà i diversi modelli (ad un fattore, a due fattori, a tre fattori, ecc.) per decidere quale si adatta di più ed è pertanto vincente sugli altri. Nel lavoro di Miyake et al. (2000) si afferma un modello a tre fattori (inhibition, shifting, updating) parzialmente sovrapponibili, visto che correlano tra loro e sono parzialmente separati. Dovremmo aggiungere che tale modello è valido per quegli specifici test utilizzati per rappresentare i tre costrutti.

#7. Il problema dell'"impurità" dei test

Sembra ovvio a tutti, ma poco considerato nonostante i lavori e le raccomandazioni di diversi autori (Weiskrantz, 1992; Burgess, 1997; Rabbitt, 1997; Miyake et al., 2000; Friedman e Miyake, 2004), che un test non può essere "puro", nel senso che non può valutare in modo diretto e completo la funzione che si sostiene misuri. L'impurità (e quindi l'errore) è data da diversi fattori, dicevamo, dei sistemi di input e di output che non sono funzioni esecutive e dall'insorgere degli automatismi dovuti alla pratica mentre si svolge il test. Questa impurità spiegherebbe, secondo Rabbitt (1997), almeno in parte la difficoltà a trovare correlazioni e l'attendibilità (test e retest) tra le diverse prove che misurano il sistema esecutivo.

Elementi di "impurità" dei test

Quando si svolge una prova psicometrica sono implicati i sistemi percettivi (visivi, uditivi, tattili) e quelli di output verbali o motori coinvolti nella formulazione della risposta. Questi sistemi possono in qualche modo influenzare la risposta disturbando la misura

delle più centrali FE. Ad esempio, ipotizziamo di valutare l'interferenza con i tempi di reazione vocali del compito di *naming* del colore nel test di Stroop. Se prendiamo un soggetto straniero che non sa leggere bene nella nuova lingua con cui viene scritta la parola, la risposta verrebbe accelerata. In questo caso, non leggendo, si produrrebbe minor interferenza (influenza del sistema di input). Un altro esempio tra i tanti che si potrebbero fare per illustrare l'impurità dei sistemi di output, potrebbe essere quello della balbuzie: un soggetto disfluente potrebbe rispondere con notevole ritardo in un compito che prevede un output verbale, perché abituato a rallentare l'eloquio per migliorare la produzione orale (influenza del sistema di output). In questi casi le misure delle FE sarebbero influenzate da sistemi estranei a ciò che il test sostiene di misurare.
Altri tipi di impurità derivano dal fatto che le prove, pur essendo distinte per sistemi di input e di output, subiscono un'inevitabile contaminazione delle funzioni superiori che, a quanto sembra, interagiscono (Miyake e Friedman, 2012; McCabe et al., 2010, Engle e Kane, 2004). *La correlazione che non si trova nei test grezzi si trova nelle variabili latenti.* Questa comunalità di funzioni peculiare per un determinato test è cangiante da prova a prova soprattutto nelle percentuali di coinvolgimento delle singole funzioni (in alcuni test prevarranno le operazioni di shifting, in altri di controllo esecutivo e così via, ma non saranno mai funzioni isolate e "pure").

Rabbitt (1997) dice che:

> [...] pensare di valutare un unico e ipotetico processo funzionale e non altri potrebbe essere una strategia del tutto inappropriata per analizzare una funzione esecutiva, perché una proprietà essenziale di tutto il comportamento "esecutivo" è che, per sua natura, coinvolge la gestione simultanea di una varietà di diversi processi funzionali [...]

come le comunalità trovate da Miyake e Friedman (2012) confermano.

È vero che Miyake et al. (2000) hanno cercato di distinguere compiti esecutivi complessi, come il *Wisconsin Card Sorting Test* (WCST), la Torre di Londra, la *random generation*, da compiti semplici, che, secondo loro, utilizzano prevalentemente una specifica funzione. Tuttavia, hanno dovuto fare i conti con la comunalità, perché anche una prova definita "più semplice" contiene molte funzioni. Inoltre, come vedremo anche per lo Stroop e l'antisaccade (compiti solo apparentemente semplici) non c'è condivisione su cosa valutino veramente (MacLeod et al., 2003; Unsworth, Schrock e Engle, 2004). Non c'è modo di liberarsi delle funzioni di appoggio che entrano nella comunalità e, pertanto, diventa impossibile evitare arbitrarietà e indeterminatezza, nonostante l'utilizzo delle analisi fattoriali.

Una dimostrazione di come variano le correlazioni, i costrutti e i successivi modelli cambiando i test, la ricaviamo direttamente dal lavoro di McCabe et al. (2010). Tali Autori, forse anche forzando il risultato nella scelta di prove nei due costrutti di FE e Working Memory Capacity (WMC), trovano un'importante correlazione uguale a. 97 (l'R^2 e quindi la varianza in comune sarebbe uguale a .94, nel senso che vi sarebbe il 94% di varianza spiegata tra le variabili latenti dei due costrutti). Utilizzano test classici, ma più complessi di quelli impiegati da Miyake et al. (2000) per valutare le funzioni esecutive (come il WCST e il FAS che descriveremo più sotto) e prove di indagine sulla WMC (come span di lettura, span di rotazione di lettere; cfr. McCabe et al., 2010), dimostrando una chiara sovrapposizione tra updating e FE generiche. Ammessa anche la tendenza a sovrapporsi di alcune prove scelte nei due diversi costrutti, la dimostrazione che ci interessa è quella che cambiando i test (vista la non condivisione, l'arbitrarietà aumenta), cambiano tutti i valori che rappresentano i costrutti.

I problemi principali ed insolubili per sostenere una ricerca sui costrutti che si frazionerebbero nelle diverse funzioni esecutive si identificano: 1) nell'arbitrarietà della scelta (abduttiva) dei test che devono rappresentare quel determinato costrutto; 2) nell'impossibilità di ridurre il test selezionato ad una singola funzione anche con il metodo delle variabili latenti, in quanto rimane agganciata una comunalità (necessaria all'espressione di quella determinata funzione). Tuttavia, volendo credere che si possano comunque scegliere dei test che rappresentino specifiche funzioni (arrivando anche ad estrarre le variabili latenti) sia nelle neuroimmagini (cfr. Sylvester et al., 2003; Bunge e Zelazo, 2006), che nelle equazioni fattoriali, emergono quasi sempre "l'unità e la diversità" delle FE (e ciò dovrebbe bastare per impedire metodologicamente di abbinare un test singolo ad una specifica funzione).

Vista l'arbitrarietà non evitabile nella scelta delle prove, diventa, di conseguenza, sorprendente sentire o leggere frasi del tipo "l'inhibition spiega un 'tot' di varianza del calcolo". È ovvio che cambiando il test (o il gruppo di test) che vorrebbe rappresentare l'inhibition il "tot" cambia! Oppure sentire frasi o leggere titoli del tipo "non vi è correlazione tra l'inhibition e il QI" (anche quest'ultimo ricavato con quale dei tanti test?). Occorre ricordare sempre che tali scelte (abbinare funzione a prova "inferenza inversa") vanno affrontate con un pensiero scientifico probabilistico che si avvale di ragionamenti abduttivi mai certi e, quindi, da controllare spesso, come abbiamo documentato nel capitolo 2. È un rigore un po' diverso dalle affermazioni sicure, quasi dicotomiche che si sentono talvolta in più circostanze.
Alcuni lavori sembrano coprire il procedimento scorretto, utilizzando complesse analisi fattoriali che vanno ad estrarre direttamente variabili latenti condivise con una particolare abilità cognitiva. In altri termini, si cerca attraverso analisi sofisticate (l'ultracognitivismo di Shallice denunciato nel capitolo 1) di evitare le criticità, senza valutare che il passo azzardato è stato fatto prima delle analisi: nella scelta dei test e dei costrutti. Ad esempio, se si abbina un test come quello di Stroop all'apprendimento della matematica e si estrae il fattore in comune, esso viene interpretato come inhibition, ma il test è impuro e ricco di funzioni e non è da escludere che qualcuna di queste (non citata) non sia quella che covaria realmente con la matematica. Questa linea di condotta lascia aperti diversi interrogativi ed induce ad alcune osservazioni: 1) lo Stroop misura anche l'inhibition (forse), ma non solo, contiene anch'esso una comunalità di FE e di attività non frontali; 2) non è detto che l'effetto Stroop sia interpretabile con l'inhibition (MacLeod et al., 2003); 3) ciò che covaria tra i due test (paradossalmente, ma da non escludere) potrebbero essere solo i sistemi di input e di output quando sono sovrapponibili (visto che in tali analisi con test singolo non si sottrae l'influenza dei sistemi periferici, e questo dipende dalla scelta dei test per valutare la FE e le attitudini): 4) l'attenzione sostenuta e la memoria di lavoro sono sempre attive durante lo svolgimento dei compiti, tra l'altro sono variabili individuali che possono incidere nelle equazioni di correlazione e nulla vieta che il loro apporto non sia superiore alla funzione stessa che si crede di misurare.

Semplicemente, basterebbe dire più cautelativamente, ma con maggior precisione, che lo Stroop spiega un tot dell'abilità in matematica e questo può significare che l'attenzione esecutiva (termine più generale e pertanto meno impegnativo) è implicata nell'apprendimento del calcolo.

Per non essere equivocati ripetiamo che le funzioni esecutive esistono, questo non lo neghiamo[a], ma non si possono isolare[b]. Gli indizi di diversità da prova a prova possono essere interpretati come maggior coinvolgimento dell'una o dell'altra funzione. Se viene somministrato un compito che richiede uno switch, si può ipotizzare che tra le altre funzioni si sta valutando principalmente lo switching non depurato del controllo esecutivo, dell'avvio, della memoria e dell'attenzione sostenuta (Rogers e Monsell, 1995; Rubinstein et al., 2001). Se questo compito correla con l'apprendimento del calcolo, non è consequenziale concludere che solo la funzione di shifting spieghi l'apprendimento del calcolo, ma è tutta la comunalità espressa prima che crea il processo di shifting e non si può sapere cosa covari veramente con il calcolo stesso.

Riflessioni conclusive

L'influenza dell'approccio riduzionista è ancora attuale. Come affermano Bernstein e Waber (2007), permangono le assunzioni implicite che le funzioni siano organizzate in pacchetti discreti e che siano localizzate in determinate e specifiche aree e che siano puntualmente valutabili con determinati test. L'evidenza neuroscientifica attuale ci impone di andare oltre e contemplare il concetto di network dinamici che, pur conservando la loro specificità computazionale interagiscono e si supportano. Questo approccio che privilegia le attivazioni piuttosto che le rigide localizzazioni crea i punti di vista che portano direttamente a dover necessariamente prendere atto dei gradienti di modularità, di automaticità e della possibilità di trovare funzioni esecutive caratterizzate dalla contemporanea presenza di aspetti di unicità e separabilità. La misura con determinati test diventa perciò meno specifica, ma comunque informativa sulla funzionalità dell'"executive attention".

[a] Non sappiamo quante e quali inserirne negli elenchi ufficiali, perché non c'è condivisione. In questo capitolo il nostro elenco si è tenuto sul minimo accettabile.
[b] Non siamo nemmeno sicuri sul meccanismo dell'inibizione cognitiva (strategica), cui dedicheremo l'intero paragrafo 3.8 con sperimentazioni ricavate dalla letteratura.

#8. È così difficile accettare unitarietà e separabilità tra i costrutti?

La visione dicotomica dei sistemi deriva da atteggiamenti mentali "tutto e niente" che portano a distinzioni separate tra automatico e controllato, tra modulare e centrale. Aspetti che abbiamo già trattato in precedenza, ma che ricorrono anche nei processi inconsci degli studiosi. È quell'atteggiamento che porta a non comprendere il *tertium non datur*, la possibilità di coesistenza di divisibilità e sovrapponibilità delle FE.
Accettare la non totale separabilità, tra l'altro, porterebbe a dover ammettere che un test, a causa della correlazione con altri costrutti, non sarà mai una misura pura di una singola FE e questo, come dicevamo prima, contraddirebbe un numero imprecisato, ma rilevante, di lavori che si basano proprio sulla rimozione della unitarietà.

Una possibile prima soluzione molto conciliante sui modelli unitari vs frazionati

McCabe et al. (2010) fanno notare che affrontare gli studi con due diversi modelli è comunque una preziosa fonte di informazione. Nel primo approccio (quello che sostiene il frazionamento) si valutano compiti distinti, inseriti in specifici costrutti che vorrebbero rappresentare una singola funzione esecutiva; nel secondo (quello che sostiene l'unitarietà) si somministrano diversi compiti per creare un singolo fattore, che riassume la concomitanza delle varie funzioni che intervengono in percentuale diversa su test diversi (questo è ciò che si riscontra come differenze individuali nei soggetti sottoposti alle diverse prove). Questi Autori fanno notare che nel primo approccio si ha il vantaggio di esaminare la relazione tra distinte FE e particolari compiti, ma lo svantaggio di non poter osservare la varianza in comune a tutte le FE (tenuto conto che le correlazioni tra i fattori distinti non danno informazioni sulla varianza che si distribuisce tra i fattori; cfr. Miyake et al., 2000). Mentre nel secondo approccio si ha il vantaggio di consentire ai ricercatori di esaminare la varianza comune a più compiti esecutivo-attentivi, catturando in tal modo l'unità delle FE, ma c'è il limite di considerare la varianza specifica ai compiti delle singole FE come errore di misura. McCabe et al. (2010) concludono affermando che sembra ci sia un consenso crescente negli ultimi anni nel suggerire che una comprensione globale del funzionamento esecutivo richiede di prendere in considerazione sia l'unità che la diversità delle FE.

L'aspetto sorprendente di fronte alla consequenzialità di queste osservazioni è che la letteratura non si è fermata e si continua a discutere e a scrivere su quanto l'inhibition o lo shifting saturino in modo specifico (modulare) la matematica, la lettura e altro ancora, utilizzando singoli test. Uno dei motivi di questa invasione di lavori, a nostro parere, è dettato anche dalla spinta emotiva prodotta dal giudizio collettivo (Goleman, 2013) e dalle pressioni a pubblicare imposte dal sistema (carriera e finanziamenti) che sviliscono la qualità scientifica dei lavori. È l'affermarsi della "razionalità limitata" di Herbert Simon. È la maggioranza che crea un trend anche a livello di ricerca scientifica come facevamo rilevare nel capitolo 1 citando il premio Nobel per la medicina Randy W. Schekman, nella sua critica in tal senso a *Nature*, e Michele Pagano (2017). Questo fa capire come la scienza sia inquinata anche da interessi diversi dai suoi fini ultimi[a].

Esistono, probabilmente ancora in maggioranza[b], dei paladini decisi della separabilità delle FE come lo sono Fischer e Daley (2007). Questi sembrano voler ignorare o semplicemente ignorano le criticità, molto reali, fino ad ora delineate e non considerano la comunalità trovata da Miyake e collaboratori, citandoli come meri esempi di separabilità, insieme a diversi altri lavori che forzano verso la divisibilità delle FE[c]. Ad esempio,

[a] È bene chiarire che questa corsa "industriale" verso le pubblicazioni è comunque vessante per diversi ricercatori, che si sentono costretti, a scapito anche del mantenimento del posto di lavoro, a dover produrre lavori anche qualitativamente scadenti pur di raggiungere gli obiettivi quantitativi previsti come numero di pubblicazioni. Come poterli biasimare?

[b] La maggioranza dà conforto, solidarietà, condivisione e induce a profonde riflessioni le minoranze serie. Inevitabilmente è trendy, ma non dovrebbe incidere sul pensiero scientifico di chi, anche nella solitudine, persegue un serio cammino di ricerca con onestà intellettuale.

[c] Le citazioni di Fischer e Daley (2007) sono un buon esempio per illustrare le debolezze metodologiche cui abbiamo già fatto cenno. Uno dei primi elementi di criticità nasce appunto dall'uso di singoli test per rappresentare una singola FE con tutti i problemi di impurità, di comunalità (trascurata) e altro.

chiamano in causa lo studio di Carlson, Moses e Claxton (2004) per citare dei lavori che portano evidenza alla separabilità delle funzioni esecutive. Utilizzando i criteri di analisi che abbiamo illustrato prima, molti aspetti che emergono da questo studio lasciano a dir poco perplessi. In tale lavoro vi sono alcune criticità che gli Autori stessi sembrano comunque notare. Vengono somministrati test come la Torre di Hanoi a bambini di 4 anni (anche di 3 anni e 7 mesi) e il confronto viene fatto tra due funzioni esecutive che in teoria non si trovano allo stesso livello (confusione tra tipi logici): controllo inibitorio e pianificazione[d]. O meglio, quello che si pensa siano i test che rappresentano il controllo inibitorio e la pianificazione[e]. Non trovando correlazione tra i test che rappresentano inhibition e pianificazione e pertanto sfidando l'ipotesi nulla (dove non si potrebbe trarre nessuna conclusione), concludono che vi è separabilità tra le funzioni, ma sono almeno accorti nell'aggiungere "per i compiti scelti in questo lavoro"! ("[...] by the tasks included here"; Carlson et al., 2004). Cercano anche delle eventuali correlazioni con compiti che valutino la "teoria della mente". Affermano che solo le prove del controllo inibitorio sono in relazione con la teoria della mente, come emergerebbe dai dati. In realtà, si può osservare come le correlazioni abbiano una dimensione accettabile solo per i test che hanno medie più elevate con deviazioni adatte; sono i due scelti come controllo inibitorio (Bear/Dragon, Whisper) e il *Peabody Picture Vocabulary Test* che, guarda caso, anch'esso correla. Tutti i test di pianificazione hanno una sorta di "effetto pavimento" con delle deviazioni proporzionalmente alte e il loro limitato range di variabilità può spiegare la mancanza di effetti in correlazione (ad esempio, il punteggio medio della Torre di Hanoi è 2.09 con una deviazione standard di 1.82). Che dire? Un gruppo di test che misura due differenti e presunte funzioni esecutive non correla per mille motivi, ma sfidando l'ipotesi nulla si afferma che vi è separabilità... Si potrebbe continuare con numerose altre pubblicazioni per far notare gli stessi bias.

Per verificare se si è compreso il concetto, valutiamo delle frasi sparse tratte da pubblicazioni.

"Solo il 'tot' per cento degli ADHD cade nelle funzioni esecutive", "non tutte le funzioni esecutive spiegano il QI"... e così via. Vi sono diverse criticità che rendono questi titoli o frasi indeterminati e imprecisi. Il lettore che ha seguito le argomentazioni portate fino ad ora dovrebbe essersene accorto o addirittura, come capita ad alcuni, sentire un senso di disagio "metodologico" di fronte a simili affermazioni. Una sorta di incongruenza di fondo che suona come un campanello di allarme che segnala le fallacie. Bisognerebbe immediatamente chiedersi: se ADHD è un termine "ombrello", come varierebbe la percentuale trovata in un altro gruppo di soggetti sicuramente diversi accomunati solo dall'etichetta ADHD? quali dei numerosi test creati per valutare il sistema esecutivo e il QI sono stati utilizzati? cambiando i test con altri condivisi che valutano gli aspetti attentivi esecutivi e il QI, come varierebbero i risultati? quante ipotesi nulle sono state violate

[d] Fermo restando, come suggerisce Carmen Usai (comunicazione personale), che a livello d'infanzia le funzioni sono ancora indifferenziate e la pianificazione non sarebbe ancora pienamente sviluppata.

[e] I test utilizzati per la pianificazione sono: Torre di Hanoi, Kitten Delivery, Truck Loading. Per il controllo inibitorio: Whisper, Gift Delay, Bear/Dragon. Per la bibliografia, cfr. Carlson, Moses e Claxton (2004).

per affermare che non tutte le funzioni esecutive spiegano il QI? L'inconsistenza di queste frasi pubblicate, prese per assolutamente vere e accettate anche nei titoli di importanti lavori, è evidente se inserita in un contesto metodologico rigoroso. La vedremo spiegata esaustivamente nel paragrafo 5.5 nel compendio all'analisi critica che fa Brown (2006).

Riassunto conclusivo

Su queste tematiche possiamo dire che le evidenze (sia delle prove psicometriche, sia delle neuroimmagini) di separabilità delle FE sono spesso solo interpretate. Lo stesso test somministrato in condizioni diverse attiva aree diverse; allora bisognerebbe concludere che vi è separabilità nella stessa funzione esecutiva indagata? Probabilmente sì, perché il test è complesso e non rappresenta l'ultimo frazionamento, *ma un insieme di sottofattori non isolabili proprio per la loro instabilità*. Questo può avvenire soprattutto quando una prova viene somministrata nella sua completa "impurità" (aspetto consueto in clinica perché il soggetto è uno e le variabili latenti vengono estratte su gruppi di centinaia di soggetti). Inoltre, come facevamo osservare, anche le variabili latenti ricavate con equazioni fattoriali sono impure, perché ricche di una comunalità inevitabile (ogni funzione sostiene e viene sostenuta dalle altre in percentuali diverse in base al compito assegnato). Questo fa propendere per modelli meno sbilanciati sull'interpretazione di funzioni non isolabili, modelli che rappresentino le FE con una base di interrelazioni comune (unitarietà) che si esprima impegnando la comunalità in modo diverso da compito a compito (separabilità solo parziale)[f]. La stessa terminologia è indirizzata verso costrutti indimostrabili; pertanto, diventano preferibili i termini più omnicomprensivi e neutri come "controllo esecutivo" o "executive attention" utilizzati da molti studiosi (Kane e Engle, 2007; Posner e DiGirolamo, 1998; Richards et al., 2008; Rueda, Posner e Rothbart, 2005; McCabe et al., 2010).

[f] Possiamo aggiungere che potremmo trovare sperimentalmente maggiore separabilità tra FE per l'infelice scelta dei test e per l'"impurità" portata dai sistemi di input e output e dagli automatismi acquisiti implicitamente.

3.7.1. Avvio, attenzione sostenuta e memoria di lavoro: i silenziosi accompagnatori sempre presenti

Tornando a Miyake et al. (2000), rimarchiamo il loro commento a p. 88 dove sostengono che il risultato del loro studio potrebbe essere compatibile con un *meccanismo comune che sottende differenti FE (inhibition, shifting, updating)* e citano altri lavori favorevoli alla comunalità (Duncan et al., 1996; Duncan, Seymour e Hill, 1997; Engle, Kane e Tuhoski, 1999; Kimberg e Farah, 1993). La correlazione moderatamente alta tra i costrutti pone loro il problema di dover valutare da cosa potrebbe essere rappresentata la comunalità tra le FE. Formulano due ipotesi che qui riportiamo.

1) Le nove prove utilizzate per le tre funzioni condividono alcuni aspetti necessari allo svolgimento dei compiti. Tali aspetti per gli Autori dipenderebbero dall'impegno

necessario al mantenimento dello scopo in memoria di lavoro. Tutto ciò comporterebbe (cfr. anche Engle, Kane e Tuhoski, 1999; Engle, Tuhoski, Laughlin e Conway, 1999), l'attivazione di componenti della WMC come il *controllo dell'attenzione* che implica altresì: *mantenimento dello scopo*, *risoluzione dei conflitti*, *resistenza* o *soppressione dei distrattori*, *monitoraggio dell'errore* e *sforzo di ricerca in memoria*[24].

2) L'inhibition sarebbe sempre presente durante lo svolgimento dei diversi compiti che rappresentano le funzioni esecutive.

Dal nostro punto di vista, come già affermato nella nota a p. 104 la seconda ipotesi sembra molto "povera": data la complessità dei compiti, si valuta che le componenti della comunalità dovrebbero essere più di una. Preferiamo dunque la prima (come spiegazione più semplice), tenendo conto che, oltre alle funzioni citate dagli Autori, ne vanno considerate diverse altre come l'avvio e l'attenzione sostenuta (inserita già implicitamente) e l'elenco non sarebbe ancora completo.

3.7.2. Nel lavoro di Miyake et al. (2000) appare una funzione esecutiva poco evidenziata: il "coordinamento di più attività"

A p. 90 del loro lavoro del 2000, Miyake et al. sostengono che la scelta delle tre funzioni target in questo studio, benché ragionevole, non sia certamente esaustiva: i nove test utilizzati (tre per ognuno dei tre costrutti indagati) non contengono probabilmente tutte le funzioni di base (dicono gli Autori). Ci sono altre importanti funzioni relativamente basilari che devono essere aggiunte all'elenco attuale. Una tale funzione, suggerita dai risultati SEM[25] per il doppio compito, è il *coordinamento di più attività* (Baddeley, 1996; Emerson, Miyake e Retinger, 1999), che può essere ragionevolmente separabile dalle tre funzioni esaminate dagli Autori. Quindi, trattasi di un'ulteriore funzione che darebbe conto delle proprietà teorizzate da Baddeley del sistema esecutivo, quando svolge il compito di coordinare nelle situazioni di doppio compito. Gli Autori stessi, tuttavia, a p. 84 precisano ulteriormente che i risultati suggeriscono che il processo di coordinazione dei doppi compiti può interessare un'ulteriore funzione esecutiva, che è probabilmente indipendente dalle tre funzioni target esaminate, anche se i risultati nulli come quelli ottenuti nelle fit analysis devono essere interpretati con cautela. È confortante vedere che viene rispettata ancora la regola di non commentare più di tanto l'ipotesi nulla (visto lo scempio che se ne fa in letteratura).

[24] "In their account, any situations that involve controlled processes (such as goal maintenance, conflict resolution, resistance to or suppression of distracting information, error monitoring, and effortful memory search) would require this 'controlled attention' capacity, regardless of the specifics of the tasks to be performed. Thus, the ability to keep goal-related and other task-relevant information active in working memory during controlled processing could be the basis for the observed commonality among the three executive functions" (Miyake et al., 2000; p. 88).

[25] *Structural Equation Modeling*, un modello di analisi strutturale che permette di inserire fattori sovraordinati alle variabili latenti estratte.

3.7.3. Il coordinamento tra i compiti è la funzione descritta anche dal modello del sistema esecutivo di Baddeley (1986, 2003) e dal sistema attentivo supervisore di Shallice (1988)

L'esecutivo centrale avrebbe il compito, in base alle informazioni che riceve, di promuovere sequenze di schemi, temporizzare il loro inserimento e agire sui filtri attentivi periferici e centrali (Baddeley, 1986, 2003). Un altro aspetto di cui deve farsi carico il sistema esecutivo (oltre che "penetrare" nei moduli per svilupparli prima, e sostenerli e controllarli poi) sarebbe quello di coordinare i diversi processi in atto in modo da poterli organizzare secondo schemi coerenti. Una volta delegata l'organizzazione dei comportamenti routinari alla "selezione competitiva" (come proposto nel modello del sistema attentivo supervisore, SAS; Shallice, 1988) che si è automatizzata nel tempo, vi è sempre la possibilità di un intervento di sostegno, di coordinazione e di controllo.

Per fare ciò l'esecutivo centrale deve ricevere informazioni sia dalle uscite dei diversi sistemi specializzati, sia dalle elaborazioni di livello più elevato, come lo sono le "ridescrizioni rappresentazionali" (come direbbe Karmiloff-Smith); nel senso che si raggiunge la coerenza attraverso l'integrazione delle prime rappresentazioni in uscita dai moduli e delle ridescrizioni che emergono, anche in base al confronto con le conoscenze acquisite. Ad esempio, se si vede la foto di un pesce fuori dall'acqua, si viene colpiti dall'innaturalezza della situazione e si inferisce subito l'accadimento di un fenomeno come la marea, la siccità, ecc. In altri termini, bisogna dare coerenza al mondo che ci circonda e per fare ciò bisogna coordinare più situazioni, anche in condizione di doppio compito. Quest'abilità è fondamentale durante il problem solving. Se si sente dire che in un contenitore vi sono 10 caramelle e ne vengono prese due, automaticamente, senza fare alcuna domanda, aleggia il numero 8. Se invece si sente dire che se ne trovano due calpestate per terra, sia l'8 che il 10 vengono tenuti attivi finché non si chiarisce la situazione con ulteriori informazioni (ad es., contenitore chiuso e sigillato, contenitore aperto, contenitore vuoto) e le domande che "aleggiano", da considerare e coordinare, sono più di una.

Il SAS può, in tal modo, come sostiene Shallice, essere arbitro e anche "temporizzatore" nella selezione degli schemi di pensiero e di azione, in funzione dell'integrazione delle informazioni che arrivano dal contesto esterno ed interno. Lo stesso Baddeley, descrivendo le funzioni del sistema esecutivo, inserisce la funzione di coordinazione dell'informazione che il SAS dovrebbe avere[26].

[26] Per Baddeley (1986, 2002) il sistema esecutivo avrebbe soprattutto quattro funzioni: la prima sarebbe quella fornita dall'attenzione selettiva, che necessita della capacità di gestire i distrattori e di mantenere uno scopo (implicitamente vi sono indicati controllo esecutivo/inhibition, attenzione sostenuta); la seconda, consisterebbe nello spostare l'attenzione (flessibilità). Le ultime due funzioni sono invece inerenti a quanto si sta valutando sulla coerenza; per Baddeley vi è infatti nel SAS un sistema di coordinazione dei compiti concorrenti (volto a distribuire puntualmente e a tempo le risorse) e, infine, l'abilità di saper selettivamente attivare rappresentazioni temporanee dalla memoria a lungo termine, per adattarle alle richieste ambientali del momento (*match* tra informazioni in input e conoscenza acquisita) [liberamente tratto da Benso, 2013].

3.7.4. Conclusioni

Nel lavoro del 2000 di Miyake et al. non si vede nessuna dimostrazione dell'assoluta separabilità delle funzioni, inoltre le loro considerazioni a pp. 88 e 90 aprono ad altre interpretazioni e ad altri modelli. Comunque sia, rimane una comunalità che non permette l'isolamento assoluto di una FE. Concludiamo con il commento degli Autori:

> In sintesi, anche se ci sono molte altre problematiche che devono essere esplorate per quanto riguarda l'organizzazione delle funzioni esecutive, i risultati attuali, insieme ad alcune recenti proposte teoriche (Duncan et al., 1996, 1997), aiutano a conciliare le controversie riguardanti 'l'unitarietà o la non unitarietà' (o 'unità vs diversità') delle funzioni esecutive. Una semplice dicotomia non è sufficiente e devono essere presi in considerazione entrambi gli aspetti [Miyake et al., 2000, p. 90].

#9. Osservazioni sull'intervento dell'attenzione sostenuta sia nei test che misurano i processi centrali, sia nelle prove che misurano i sistemi modulari

Curiosamente, l'attenzione sostenuta è sempre presente nei compiti di qualsiasi tipo, sia che riguardino i moduli sia i sistemi centrali, ma paradossalmente spesso non viene presa in considerazione. Purves et al. (2015) rimarcano, tra l'altro, che nei paradigmi sottrattivi delle neuroimmagini, essendo l'attenzione sostenuta presente prima e dopo (fase test e fase di *resting state*), i circuiti da essa attivati spariscono dopo le sottrazioni delle attività di base (*resting state*). Pertanto, ribadiamo con forza che l'attenzione sostenuta è sempre presente (anche valutando i suoi momenti di stacco). Inoltre bisogna dire che non *è uno "sfondo invariante" che non cambia e quindi ininfluente sulle misure*, ma vi è una differenza individuale molto variegata, con la possibilità di stacchi intermittenti a frequenze definite, come noi stessi abbiamo dimostrato in un lavoro con EEG e tempi di reazione svolto con ricercatori dell'Ospedale Pediatrico Bambino Gesù di Roma (Gazzellini et al., 2016; per lo stesso effetto con strumenti diversi cfr. anche Adamo et al., 2012; Yordanova et al., 2011; Di Martino et al., 2008; Castellanos et al., 2005). Tutto ciò pesa sulle equazioni fattoriali (potrebbe essere la funzione che pesa sulle correlazioni senza che lo sperimentatore l'abbia presa in considerazione), ma anche su tutti i tipi di test e questo deve far seriamente riflettere. In tal caso, non bisogna pensare solo alle prove di misura dei sistemi centrali attentivo-esecutivi, ma ampliare l'osservazione anche ai test che misurano gli aspetti più modulari. Ad esempio, molti clinici si sono accorti che, mentre presentano prove di comprensione linguistica, il soggetto potrebbe staccare l'attenzione, distrarsi, non essere più sul compito. A tal punto nasce l'incertezza: "non comprende gli item o le frasi del test o sta pensando ad altro?"; "quanto dipende dal linguaggio e quanto dalla capacità di sostenere l'attenzione?". Si può indagare su questi aspetti, sospendendo la prova e richiedendo nuovamente, dopo un tempo di ricarica, le parti che risultavano fallite. Questo per far rimarcare brevemente che gli stati attentivi sono di una importanza basilare durante le diagnosi (vanno osservati ed eventualmente elicitati) e sono fondamentali per la riuscita dei trattamenti (Benso, in preparazione). *Un aspetto di notevole importanza è che la comunalità espressa dalle variabili latenti non è una costante facilmente trascurabile. Essa è formata da componenti, come l'attenzione sostenuta, che non sono fisse, ma sono elementi idiosincraticamente cangianti e confondenti le misure che possono entrare nelle equazioni strutturali e covariare loro stessi con qualche abilità.*

3.8. L'utilizzo del termine "inhibition"

Un articolo fondamentale per chi si occupa di inhibition è quello di MacLeod et al. (2003), che influenzerà chiaramente il lavoro di Friedman e Miyake (2004), sui tipi di inibizione proposti da Nigg (2000). Friedman e Miyake (2004), introducendo il concetto di inhibition, fanno riferimento proprio a MacLeod et al. (2003) per quanto hanno scritto anche dal punto di vista etimologico e storico su questo argomento (MacLeod et al. cominciano la loro analisi dal XIV secolo!).

Come descritto nel capitolo 1, anche MacLeod et al. (2003) sentono l'esigenza di stratificare i modelli e aggiungono che viene spesso trascurata la teoria dei tipi logici (Whitehead e Russell, 1910-1913) e, a livello di scienze cognitive, quella di David Marr (1982).

Nel caso dell'"inhibition", MacLeod et al. (2003) sostengono che il concetto inteso a livello cognitivo non può derivare da quello neurale (teoria degli strati). Essi credono che tale reificazione sia solo un rinforzo confortante per i teorici cognitivi. Tuttavia, è evidente come un impulso elettrochimico non possa spiegare un pensiero, pur rimanendo il mezzo per cui il pensiero stesso si esprime. Sostengono che è azzardato e poco corretto utilizzare il termine *inhibition* per indicare il superamento di un conflitto cognitivo. Essi suggeriscono di limitarsi al livello descrittivo utilizzando il termine *interferenza*, per loro più adeguato. Affermare che si tratti di inhibition presuppone una spiegazione del fenomeno, spesso non verificabile e non sempre vera. Sarebbe più prudente non forzare ciò che non si conosce e limitarsi all'effetto descrittivo (*interferenza*). Tali Autori ammettono che le risposte fisiche e motorie possano essere pianificate e cancellate, ma è diverso applicare questi meccanismi all'attenzione, alla memoria e ad altre operazioni cognitive. Quindi, essi si schierano contro il concetto di inibizione cognitiva, ma non lo fanno da un punto di vista solamente teorico, portano evidenze sperimentali, smontando i principali paradigmi della psicologia cognitiva a sostegno dell'inibizione.

MacLeod è uno dei massimi esperti del test di Stroop e dimostra con esperimenti e argomentazioni molto convincenti come l'effetto si possa spiegare senza mai chiamare in causa l'inhibition (MacLeod, 1991; MacLeod et al., 2003; MacLeod, 2015). Nel 2015 scriverà un breve articolo riassuntivo che richiamerà decenni di studi sullo Stroop, ma il termine inhibition apparirà solo una volta (per citare un lavoro di altri), non sentendo nemmeno il bisogno di giustificare perché l'inibizione non c'entri con lo Stroop, non prende proprio in considerazione la cosa.

Sempre nel 2003, MacLeod et al. portano a conoscenza di eleganti lavori che disconfermano la teoria inibitoria anche nel priming negativo (Tipper, 1985), uno dei capisaldi per sostenere l'esistenza del fenomeno inibition a livello cognitivo. È così importante tale aspetto, che vi dedicheremo molti dei prossimi paragrafi.

3.8.1. Il priming negativo non è inhibition, da MacLeod et al. (2003)

Il *priming* è una facilitazione nel riconoscimento o nel ricordo di una parola che può derivare da una somiglianza percettiva, concettuale, semantica. Un esempio di priming semantico è dato dalla parola "tigre" (*prime*) che precede di pochi ms. "leone" (*probe*) (*t*). Se il soggetto sente "tigre" e appare poi la parola "leone" si è più veloci a riconoscerla,

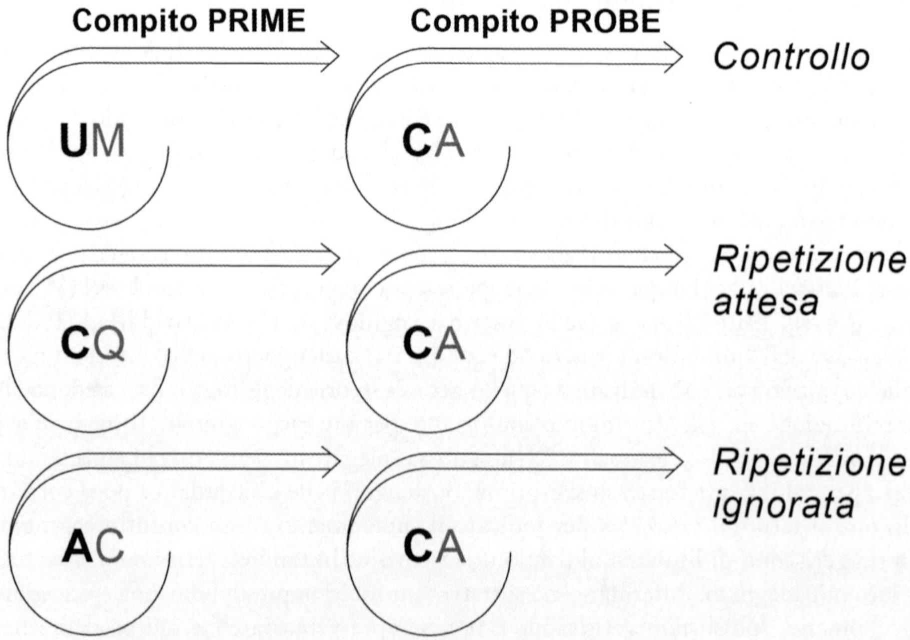

Figura 3.2. Paradigma del priming negativo

piuttosto che quando il *prime* di "leone" è "pera", che è di un'altra categoria semantica. Il priming negativo, invece, ottiene un rallentamento dovuto ad interferenza tra gli stimoli.

Presentiamo ora un paradigma di "priming negativo" (uno dei tanti) sul quale discuteremo.

Nella prova si susseguono serie di due lettere, una nera e una grigia (cfr. fig. 3.2); il compito è rispondere solo alla lettera in nero e ignorare quella in grigio.

Il paradigma sperimentale prevede che il compito critico sia preceduto da diversi item con caratteristiche ben specificate. Quando siamo nella condizione della *ripetizione attesa* bisogna rispondere alla lettera cui abbiamo risposto in precedenza e nasce una facilitazione rispetto al *Compito di Controllo* (dove appaiono lettere assolutamente diverse nella fase *prime* e *probe*); quando invece il *probe* appare nella condizione di *ripetizione ignorata* vi è un rallentamento dei tempi di reazione. L'interpretazione di questo fatto chiamerebbe in causa un processo inibitorio. Come si vede dalla fig. 3.2 nella riga in fondo, l'*inibizione* (della C grigia) messa in atto in precedenza sarebbe ancora attiva nel tempo all'arrivo delle successive due lettere e rallenterebbe la risposta al target (C nera) (cfr. Milliken e Tipper, 1998). La spiegazione di questo fenomeno di priming negativo come semplice inibizione non è definitiva nemmeno a livello dei teorici che propendono per questo tipo di interpretazioni (per una discussione approfondita, cfr. Milliken e Tipper, 1998).

MacLeod et al. (2003) criticano le conclusioni e soprattutto il fatto che il meccanismo sottostante al priming negativo sia inibitorio. Si chiedono cosa avvenga nella memoria automatica al momento del recupero. Probabilmente vi è ancora la presenza dell'ultimo trial (C grigia) che si abbina al *probe* critico (C nera), non a una C grigia inibita (che non dovrebbe essere presente), ma ben viva in memoria, tanto che si crea un "*mismatch*" di attributi (nero e grigio) tra i due stimoli. Tali attributi sono quelli direttamente implicati nel recupero e successivamente nella scelta della risposta. Il conflitto ha bisogno di essere risolto e per questo vi sarebbe un ritardo nel recupero in memoria. Non vi sarebbe inhibition, ma risulterebbero determinanti le configurazioni conflittuali degli stimoli che creano interferenza. Non c'è inibizione, tutt'altro, la memoria è organizzata per beneficiare non per sopprimere, sostengono MacLeod et al. (2003). I diversi paradigmi di priming negativo hanno tutti questa logica, sono stati costruiti in letteratura con oggetti colorati, con animali grandi e piccoli, con figure di diverso tipo e altro ancora. Se l'ipotesi degli Autori è vera, allora, eliminando il conflitto di attributi in memoria, non si dovrebbe più rilevare il fenomeno del priming negativo.

Per sostenere il punto di vista che esautora l'inhibition dal priming negativo gli Autori citano una quantità molto consistente di sperimentazioni che falsificherebbero le spiegazioni che chiamano in causa l'inhibition. Noi ne valuteremo una a titolo di esempio.

Il razionale di tutti questi lavori è quello di dimostrare la non esistenza del fenomeno inibitorio e quindi del priming negativo, qualora in memoria si portino stimoli non conflittuali (dove comunque vi è stata una fase di soppressione nella risposta di uno dei due). Pertanto, viene mantenuta la stessa struttura dei paradigmi di priming negativo, cercando però di portare in memoria due stimoli identici per vedere se sparisce l'effetto. Ad esempio, MacDonald e Joordens (2000) organizzano l'esperimento in questo modo:

> Nelle sequenze appaiono contemporaneamente due animali e il protocollo prevede di *nominare l'animale più grande* dei due. Nella condizione di ripetizione ignorata (quella che provoca l'effetto di priming negativo) si può avere:
>
> **Topo / Asino**... La risposta è **Asino** (Topo prende l'attributo del più piccolo)
> **Topo / Grillo**... La risposta è **Topo** (Topo prende l'attributo del più grande).

In questo caso c'è un effetto di priming negativo di circa 100 ms. di ritardo. I fautori dell'inhibition direbbero che l'inibizione effettuata in precedenza sulla parola "Topo" rimane ancora sulla stessa parola che giunge subito dopo. MacLeod et al. (2003) direbbero che l'immagine del topo appare in memoria con due attributi diversi, attributi che tra l'altro sono decisivi per dare una risposta (piccolo vs grande), quindi c'è un momento di indecisione nel recupero durante questo *mismatch*.

Quando il paradigma cambia richiedendo alternativamente di *nominare l'animale più grande e poi il più piccolo e così via, con uno criterio di shifting fisso*, come nell'esempio:

> **Topo / Asino**... La risposta è **Asino** (**Topo** prende l'attributo del più piccolo)
> **Topo / Elefante**... La risposta è **Topo** (**Topo** prende l'attributo del più piccolo),

sparisce l'effetto di priming negativo (eppure prima "Topo" doveva essere inibito!). In memoria si presentano tutti e due gli stimoli con lo stesso attributo e non nasce conflitto e il recupero è immediato. Se la parola "Topo" fosse stata veramente inibita, avrebbe dovuto comunque presentare ritardi nei tempi di reazione. Inoltre, i tempi sono simili anche per le operazioni di shifting che avvengono con parole che non sono fra loro in relazione, utilizzate nelle serie come controllo. MacDonald e Joordens (2000) replicano i risultati ottenuti con la grandezza dei numeri, con numeri e colori ed altro ancora.

Come dicevamo, si trovano in letteratura molte conferme a questi lavori. Ovviamente Tipper (2001) replica dicendo che "[...] non c'è solida evidenza per scaricare i modelli dell'inhibition". Sempre nell'articolo del 2003 così rispondono MacLeod et al.: "Quella di Tipper è una risposta confusa. Piuttosto non esiste solida evidenza per arrivare a dovere spiegare il priming negativo con l'inhibition. È una sovrastruttura inutile [principio di parsimonia abduttivo]. Il recupero in memoria è un elemento del sistema cognitivo e da solo può spiegare il priming negativo".

3.8.2. Friedman e Miyake (2004) seguono le argomentazioni di MacLeod et al. (2003)

Un fatto rilevante è che altri studiosi come Friedman e Miyake (2004), che addirittura fanno ricerche sui diversi tipi di inhibition, potremmo quindi dire di tendenze scientifiche non proprio vicine al gruppo di MacLeod, tengono in massimo conto i loro studi. Questi Autori nel loro lavoro analizzano (sempre con il metodo delle variabili latenti) diversi tipi di inibizione e di interferenza partendo dai lavori di Nigg del 2000. Quest'ultimo pubblica una rassegna sui diversi tipi di inibizione; in una tabella riassuntiva ne indica otto tipi e di quelle inerenti all'inibizione esecutiva ne cita quattro: controllo dell'interferenza, inibizione cognitiva, comportamentale e oculo-motoria. Miyake e Friedman (2004) combinano l'inibizione del comportamento e quella oculo-motoria definendole in un unico termine come "inibizione delle risposte preponderanti".

Pertanto, i tre fattori che rappresentano diversi aspetti dell'inibizione analizzati da Miyake e Friedman (2004) sarebbero: 1) inibizione delle risposte preponderanti; 2) resistenza all'interferenza dei distrattori; 3) resistenza all'interferenza proattiva. *Come si può notare, utilizzano il termine* interferenza *e non* inhibition *nel definire i costrutti cognitivi, proprio riferendosi esplicitamente ai suggerimenti di MacLeod et al. (2003)*[27]. Inseriscono i seguenti test per rappresentare i tre costrutti: nel primo fattore (inibizione delle risposte preponderanti): antisaccade, Stroop, Stop Signal; nel secondo fattore (resistenza all'interferenza dei distrattori): Eriksen Flanker Task, Word Naming, Shape Matching; nel terzo fattore (resistenza all'interferenza proattiva): *Brown-Peterson Interference Test*, AB-AC-AD, Cued Recall (si rimanda a Friedman e Miyake, 2004, per un'analisi completa delle prove). Vi è da specificare che i compiti di word naming e di shape matching sono costruiti con gli stessi criteri del priming negativo che abbiamo considerato prima. Tut-

[27] "We use the term resistance to interference (rather than inhibition) to avoid the implication that Resistance to Distractor Interference and Resistance to PI necessarily involve an act of active suppression. As MacLeod et al. (2003) pointed out, the term interference describes an effect or phenomenon, whereas the term inhibition implies a mechanism or explanation for an effect. The common use of the term inhibition to denote both a phenomenon and an underlying mechanism can be misleading, given that interference effects could also reflect mechanis s other than inhibition (e.g., conflict resolution)" (Friedman e Miyake, 2004, p. 104).

tavia, gli Autori hanno stabilito di non inserire il priming negativo tra le diverse forme di inhibition, proprio citando MacLeod et al. (2003):

> Ad esempio, l'effetto di priming negativo viene spesso usato come misura dell'inibizione negli studi di gruppo o di differenze individuali, ma non è universalmente concordato che l'effetto di priming negativo sia dovuto all'inibizione (ad es., Milliken, Joordens, Merikle e Seiffert, 1998; Neill, Valdes, Terry e Gorfein, 1992; J. Park & Kanwisher, 1994).

Inoltre Friedman e Miyake (2004) sostengono che:

> MacLeod et al. (2003) hanno recentemente sostenuto che molti dei fenomeni tipicamente interpretati in termini di processi inibitori (ad esempio, priming negativo) potrebbero essere spiegati senza ricorrere alla nozione di inibizione.

A dire il vero, MacLeod et al. (2003), tra le prove che non sono interpretate nei termini di processi inibitori, inseriscono anche lo Stroop, mentre Friedman e Miyake (2004) decidono di utilizzare tale prova per il primo costrutto "inibizione delle risposte preponderanti". L'adesione non è completa, inoltre la loro decisione ha tanto il sapore di un appoggio autoreferenziale come si legge a p. 104 del loro lavoro[28]. Comunque, quello che interessa dimostrare è l'incertezza che dovrebbe manifestarsi ogniqualvolta uno studioso usa il termine "inhibition". Come dicevamo, ci si muove nel campo dei ragionamenti abduttivi che vengono da alcuni utilizzati come realtà assolute.

Tornando al lavoro di Friedman e Miyake (2004), dobbiamo sottolineare che il "priming negativo" non viene da loro utilizzato come test che valuta l'inhibition (sempre citando MacLeod et al., 2003), ma prendono in considerazione solo la prima parte del test, dove si richiede di nominare una figura abbinata ad un'altra che si comporta da distrattore. Inseriscono tale prova nella categoria di resistenza all'interferenza dei distrattori (secondo fattore); tuttavia, calcolano successivamente anche i valori del priming negativo per vedere dalle analisi strutturali quali fattori lo spiegherebbero. Dalle analisi fattoriali sui tipi di inibizione di Nigg (2000) e dai modelli dalle fit analysis emerge quanto segue: il modello migliore è a due fattori, i primi due costrutti si fondono in un unico ("inibizione delle risposte e dei distrattori") e rimane come secondo costrutto la "resistenza all'interferenza proattiva".

Alcuni dubbi emergevano (vista la ormai sottolineata arbitrarietà con cui si scelgono i test) nel vedere separare il flanker (resistenza all'interferenza dei distrattori) dallo Stroop (inibizione delle risposte preponderanti); questa scelta, infatti, ci era sembrata poco convincente. Il fatto che i modelli statistici riportino i due test sotto lo stesso fattore non ci meraviglia. *Un aspetto curioso è che il modello delle equazioni strutturali del priming negativo non viene previsto e spiegato da nessun tipo di inibizione!* [29]

[28] "Although the Stroop task is sometimes classified as a resistance to interference task (e.g., Nigg, 2000), it differs in that the response that must be avoided is dominant (MacLeod, 1991). Thus, the Stroop task has also been used to tap Prepotent Response Inhibition (e.g., Miyake, Friedman et al., 2000; Vendrell et al., 1995)" (Friedman e Miyake, 2004).

[29] "Neither inhibition-related function significantly predicted negative priming effects" (Friedman e Miyake, 2004, p. 119).

Tuttavia, quest'ultima non è una prova forte come quelle già presentate da MacDonald e Joordens (2000); infatti, si basa sulla definizione arbitraria dei costrutti e pertanto, cambiando i test che possono ragionevolmente rappresentarli, non è detto che non emergano altri risultati. La differenza è sostanziale perché relativizza i lavori con le equazioni strutturali, aspetto non semplice da far comprendere. MacDonald e Joordens (2000) si dedicano a provare quale tra le ipotesi di un supposto tipo di funzionamento è più adatta per rappresentarlo. Cercano di falsificare una teoria costruendo paradigmi adatti per dimostrarne l'inconsistenza e nel contempo propongono delle convincenti soluzioni alternative. Friedman e Miyake (2004), invece, danno per scontato il meccanismo (che tuttavia rimane ignoto); si parte da un costrutto preso per buono per dimostrare una correlazione che dipende totalmente dalle prove scelte arbitrariamente, nel senso che altre decine di test, se si sta alla letteratura, possono rappresentarlo e cambiare i risultati che covariano. Quindi ciò che emerge dalle equazioni strutturali non è definitivo né generalizzabile.

3.8.3. Gli studi che mettono in forte dubbio l'esistenza dell'inibizione cognitiva coinvolgono anche lo Stroop e l'antisaccade

Quello che stiamo sviluppando non è per decidere se esista o meno l'inibizione, ma obiettivamente quella cognitiva va fortemente ridimensionata, viene da rimarcare la maggior cautela necessaria nel citarla. La "reificazione gergale" che è data per scontata in psicologia cognitiva, dove il termine è diventato quasi un intercalare tra addetti ai lavori, non è per niente condivisibile.

3.8.3.1. Il test di Stroop e la capacità di mantenere attivato lo scopo nel tempo

Dei tre test scelti per l'"inhibition" da Miyake et al. (2000) (Stroop, antisaccade, Stop Signal), almeno due sono spiegabili da ipotesi alternative molto serie e ben formulate. Sul test di Stroop un po' è stato già detto citando MacLeod (2015). Kane e Engle (2003) lo somministrano variando le prove incongruenti (ad es., la parola ROSSO scritta in verde: bisogna dire "verde") nei diversi blocchi. I soggetti a basso span[30] nella Working Memory Capacity (WMC), quando le prove incongrue diventano rare, aumentano gli errori; la difficoltà non sarebbe data da un processo inibitorio inefficiente. Quando gli stimoli incongrui sono pochi, si utilizzano poco i processi inibitori e quando sono tanti si dovrebbe inibire molto spesso. Il risultato viene interpretato con la difficoltà di mantenere uno scopo, vista la rarità degli stimoli incongrui che impediscono di conservare nel tempo una particolare concentrazione sul compito. In questo caso anche l'attenzione sostenuta acquista un ruolo primario.

3.8.3.2. Anche il test dell'antisaccade viene spiegato senza dover ricorrere all'inhibition

Vi è un lavoro di Unsworth, Schrock e Engle (2004) che vogliamo descrivere molto brevemente. Lo scopo è valutare se nel compito di antisaccade conti avere un buon processo

[30] Quindi in difficoltà nella WMC che è deputata a mantenere uno scopo nel tempo nonostante l'intervento dei distrattori; vedremo nel capitolo 4 tali definizioni.

inibitorio, oppure la capacità di concentrare la WMC sullo scopo. A dire il vero, tale prova potrebbe richiedere un'inibizione motoria accettata anche dal gruppo di MacLeod, tuttavia tale compito viene analizzato criticamente anche nell'articolo di MacLeod et al. (2003). Gli esperimenti si svolgono in questo modo: i partecipanti vengono divisi per span alto e basso in WMC e valutati in blocchi di prove in cui devono produrre delle prosaccadi (cioè muovere gli occhi verso lo stimolo), un riflesso naturale lasciato all'attenzione automatica. In un secondo momento, il compito prevede delle antisaccadi (cioè muovere gli occhi dalla parte opposta dello stimolo), atti volitivi che chiamano in causa le risorse cognitive. Qualcuno interpreterà l'effetto come inibizione di un automatismo, per altri sarà invece una particolare capacità di concentrazione sullo scopo. I risultati non evidenziano differenze tra i gruppi WMC nelle prosaccadi, ma mettono in luce un maggior numero di errori commessi nelle antisaccadi da coloro che possedevano una minore WMC. Come ci si poteva aspettare, i soggetti a bassa WMC, che devono utilizzare l'attenzione volontaria, cadono nel compito più difficile, rispetto a quelli che hanno un'alta WMC. Mentre nelle prosaccadi, essendo il compito soggetto all'attenzione automatica, non emergono differenze. Tuttavia, una configurazione diversa del paradigma sperimentale porta ad altre conclusioni. In un successivo esperimento, dove viene proposto un *cue* (suggerimento) 1200ms prima dello stimolo per indicare al soggetto se produrre una saccade o una antisaccade, i soggetti a bassa WMC dimostrano un fallimento a mantenere lo scopo suggerito dal *cue* perché sbagliano sia nelle prosaccadi, che nelle antisaccadi. Dicono gli Autori: "La teoria dell'inibizione non può predire che individui a bassa WMC possano sbagliare la risposta fisiologicamente automatizzata producendo errori nelle prosaccadi", pertanto si tratta di "difficoltà a mantenere l'attenzione sostenuta sullo scopo" e non "inhibition". Anche l'antisaccade apparentemente così sicura come prova inibitoria entra nell'area del dubbio.

3.8.4. Nei modelli, l'inibizione strategica intesa come filtro può essere sostituita dall'abituazione (Cowan, 1988; Turatto, Bonetti e Pascucci, 2017)

Quando si definiscono i filtri a livello di memoria di lavoro il fenomeno dell'abituazione, o meglio i meccanismi abituativi possono essere una proposta alternativa a quando viene chiamata in causa l'inibizione strategica. Questo punto di vista lo si trova in Cowan (1988) a proposito del modello di Working Memory che vedremo anche nel capitolo 4 e in una interessante dimostrazione nei lavori di Turatto e Pascucci (2016), e Turatto, Bonetti e Pascucci (2017).

Il fenomeno dell'abituazione studiato da Sokolov (1963) è molto comune e frequente. Con differenti modi di espressione, si osserva a partire dagli organismi unicellulari (ameba) sino all'uomo, e si manifesta con il decremento della risposta comportamentale per stimoli irrilevanti che si susseguono. È noto come rumori costanti vengano dopo un po' trascurati, come chi si abitua a dormire in case che sono vicine ed esposte al continuo e incessante frastuono del traffico. Sintetizzando si può dire che Cowan teorizza la memoria di lavoro come un sistema formato da un'attenzione focalizzata che riceve risorse dall'esecutivo, rivolta internamente verso la memoria a lungo termine: "Un altro aspetto distintivo del modello è il presumere che l'abituazione/disabituazione e l'esecutivo centrale[31] insieme determino il fuoco dell'attenzione senza la necessità di un filtro precoce o tardivo" (Cowan, 1988). In altri termini, non ha bisogno di chiamare in causa altri interventi cognitivi per filtrare i distrattori e lo verifica con diversi esperimenti che verranno riconfermati dal lavoro svolto con Elliott (Elliott e Cowan, 2001).

Turatto e Pascucci (2016) dimostrano, con un interessante esperimento, che uno stimolo luminoso molto catturante cessa la sua influenza distraente dopo un breve periodo di esposizione; tale risultato è in linea con l'azione di un meccanismo di abituazione (come quello proposto da Sokolov, 1963) e si mantiene attivo anche dopo quindici giorni (Turatto, Bonetti e Pascucci, 2017). Gli Autori escludono, pertanto, attraverso una spiegazione più semplice, l'intervento di un meccanismo non chiaro come può essere quello dell'inibizione strategica. Inoltre, in un successivo lavoro (comunicazione personale), ottengono abituazione a tali stimoli luminosi (e normalmente catturanti), anche solo presentando il display ai soggetti, senza chiedere loro di svolgere alcun compito (è l'applicazione della tecnica del *passive-viewing*, che indica che il soggetto guarda gli stimoli senza avere alcun compito o istruzione in merito). Quando, successivamente, i soggetti iniziano a svolgere un compito discriminativo sull'elemento target, i loro tempi di reazione non sentono l'effetto del distrattore perché già a questo "abituati" durante la fase di visione passiva. È un lavoro apparentemente di "nicchia" che invece è di notevole portata, in quanto esautora l'inibizione strategica. Abduttivamente è necessario scegliere la regola meno complessa: "la migliore spiegazione" direbbe Coltheart (2011), come abbiamo ripreso dal capitolo 2. Per filtrare i distrattori è più logico far riferimento all'abituazione, fenomeno noto, consolidato e pervasivo, e ai possibili meccanismi neurali/cognitivi che la sostengono, piuttosto che invocare il meccanismo dell'inhibition, meno spiegabile come direbbe MacLeod, ma molto trendy e fortemente sostenuto dai teorici che lo propugnano. Ribadiamo che in questo caso, come MacLeod et al. (2003) suggeriscono, la critica viene fatta all'inibizione cognitiva e non a quella neurale o a quella motoria che nessuno mette in dubbio. È la classica osservazione dello sconfinamento verso l'alto dell'analisi categoriale denunciata da Nicolai Hartmann (1964), da Lorenz (1974), da David Marr (1982) e da molti altri ancora.

3.8.5. L'inibizione attiva e le problematiche che suscita

Bisogna comunque ancora distinguere l'inibizione attiva da quella passiva (più plausibile, una forma di blocco inconsapevole dei distrattori che avverrebbe come meccanismo implicito quando ci si concentra sul target). Gli aspetti riferibili all'inibizione attiva sono molto controversi per il fatto che bisogna pensare a quello che non si dovrebbe pensare. Tuttavia Wilson e Kipp (1998) definiscono l'inibizione come un processo di espressione attiva che opera nel contesto della Working Memory. Questo fa riflettere molto, perché sembrano più opinioni filosofiche che sperimentali. Volendo rimanere su questo piano,

[31] L'abituazione è un fenomeno, l'esecutivo centrale un meccanismo. Quindi, mentre il secondo ha potere esplicativo la prima no, essendo solo un fenomeno che richiede una spiegazione; in questo caso Cowan usa "abituazione" solo per semplicità argomentativa, intendendo "meccanismi abituativi" (Turatto, comunicazione personale).

si può dire che i meditatori, che devono rimanere centrati su un pensiero, sanno che è controproducente pensare a ciò che non si dovrebbe pensare ed opporsi cercando di allontanare il pensiero intrusivo. Molti studiosi, però, non si occupano di meditazione e quindi non possono conoscere aspetti che non si leggono sui libri, ma vanno provati. Dobbiamo dire che in questo ambito la scienza sta facendo notevoli progressi grazie al gruppo di Mind and Life. Si stanno portando evidenze, anche con le neuroimmagini, ai diversi tipi di impostazione del pensiero, così come possono essere: meditare su un punto, meditare sulla compassione, meditare con la mente libera da compiti (esercizio di grado elevatissimo). Si attivano aree molto interessanti soprattutto quelle dei due sistemi di controllo che vedremo nel capitolo 5 (Dalai Lama e Goleman, 2009; Malinowski, 2013; Ricard, Lutz e Davidson, 2015).

Hoffmann et al. (2011) prendono in considerazione l'inibizione attiva e citano delle ricerche di Wagner et al. (1998), dove si suggerisce che:

> [...] la soppressione attiva dei contenuti mentali è un'attività di autoregolazione rischiosa (per una rassegna, cfr. Wagner, 1994). In primo luogo, la soppressione attiva può portare i diversi elementi da ignorare nel centro del processo di monitoraggio (Wagner, 1994). Ironia della sorte, essere al centro del processo attentivo può dare alle informazioni distraenti un vantaggio di accessibilità alla competizione per l'accesso alla memoria di lavoro e portare a ulteriori intrusioni che dovrebbero essere soppresse.

Benso (2013) così commenta sull'inibizione attiva:

> In altri termini, si può continuare a mantenere l'obiettivo nonostante le interferenze, ma è necessario concentrarsi sullo scopo piuttosto che chiamare in causa un processo definito "inhibition", non ben delineato che rimane comunque sfuocato nei suoi meccanismi di funzionamento. Ciò porterebbe paradossalmente a far risaltare e a doversi occupare di ciò che non si vorrebbe né sapere, né fare. Si può accettare una qualche forma di inibizione, ma l'azione che si attua per inibire, il meccanismo che la produce, non sono completamente chiari. Si conviene per una forma di inibizione implicita passiva, non cosciente del materiale distraente, che possa affermarsi se il soggetto si concentra su un determinato compito (ecco una forma di azione), ma questo aspetto assomiglia alla disattivazione implicita del rumore di fondo cerebrale concomitante all'attivazione di aree deputate all'attenzione e avviene in un ambito, quello neurobiologico, dove parlare di sistemi inibitori è lecito, centrato e "operazionalmente" sensato.

#10. Due storielle per raccontare l'incongruenza dell'inibizione attiva

L'alchimista imbroglione che usa un doppio legame per indurre a portare il pensiero su ciò che si dovrebbe inibire: "Devi pensare a ciò che non devi pensare"

Un alchimista, che non era mai riuscito a trasformare il "vil metallo" in oro, si vantava di saperlo fare. Essendo ricco per gli imbrogli che aveva perpetrato durante la sua vita, raccontava che le monete che aveva a disposizione erano frutto della sua abilità a produrre l'oro. Colpiti da queste mistificazioni, molti lo seguivano nelle sue lezioni a pagamento che erano svolte per stadi. Ad ogni nuova "rivelazione" gli adepti dovevano sborsare sempre più monete d'oro (appunto... ecco come lo otteneva, a pensarci bene in qualche modo riusciva nella trasformazione). Quando terminavano i corsi, per non avere lamentele utilizzava questa strategia. Nel momento dei saluti ai "discepoli" forniva le ultime raccomandazioni: "Stavo dimenticando di dirvi che, mentre applicate la serie di formule che vi ho insegnato per ottenere l'oro, non dovete mai... dico mai ... *dico mai... pensare all'orso bianco!*"

Il samurai e il gatto, ovvero come si inibisce concentrandosi su un pensiero più forte

C'era un bravo samurai che si allenava tutti i giorni ad estrarre la spada e ai movimenti conseguenti. Col tempo si era accorto che quell'allenamento nel silenzio era come una forma di meditazione, che lo trasformava e lo portava sempre più verso nobili pensieri. Aveva realizzato che la via della spada non è fatta per ferire gli altri, ma per migliorare se stessi. La sobrietà della linea di una katana ricorda ai samurai (veri) la purificazione (*misogi*) che devono provare a compiere, anche nella loro "anima" più profonda, per forgiarla come la spada stessa che posseggono. Andava a trovare volentieri il suo maestro e si "sedeva" con lui a meditare; in quell'ambito si spendevano poche parole, ma usciva ricaricato e disponibile a condividere anche con altri tali esperienze; l'anima che si purifica ha la tendenza ad aprirsi verso coloro che riescono ad entrare in sintonia. Dopo poco tempo, per motivi segreti che qui non si possono raccontare, cominciò a deviare dalla sua condotta, cominciò a saltare le sedute, il suo sereno silenzio interiore iniziò a riempirsi di fantasmi. Il tempo veniva impiegato in modo un po' troppo utilitaristico e interessato, sfruttando l'abilità che aveva conseguito, e questo aspetto lo poteva distogliere dai doveri verso se stesso e gli altri a lui vicini.

Un brutto pomeriggio, mentre pescava ed era assorto nei suoi pensieri rimuginanti, si accorse che un gatto stava mangiando il suo pesce. Quasi in uno stato di trance eseguì fulmineamente un gesto di estrazione provato e riprovato e uccise immediatamente il gatto (con la sua spada "sacra").

Quell'orrendo peccato lo fece ravvedere. Niente è più doloroso di un evento malefico che capita a una persona che in precedenza aveva toccato vertici di saggezza.

Da quel giorno il samurai non ebbe più pace, pensò sempre al gatto, non riuscì più a dimenticarselo, né di giorno, né di notte. Questi sono i veri fantasmi, dati dai pensieri ossessivi... Cominciò a deperire non riuscendo ad inibire il pensiero del gatto ucciso. Alla fine, decise di tornare dal suo vecchio maestro per un consiglio. Il maestro lo ascoltò attentamente e così concluse: "Se non riesci a far cessare il pensiero del gatto, per te così devastante, l'unica soluzione è fare seppuku"[a]. Il maestro aggiunse: "Se ti decidi, io stesso ti assisterò". Il samurai valutò che non c'era via d'uscita e si preparò per il rituale.

Le figure che si stagliavano nella penombra erano il samurai inginocchiato a torso nudo con il pugnale puntato verso il ventre e il maestro con la spada alzata pronta a colpire al momento giusto. Il samurai era sudato e teso e stava per incidere l'addome quando il maestro gli disse: "In questo momento, stai pensando al gatto?", "No maestro, ora no assolutamente", rispose il samurai. "Allora, cosa ti suicidi a fare?", concluse il maestro.

[a] Il suicidio rituale si attua con un affilato pugnale che taglia l'addome inferiore. Nei casi peggiori si muore nei dolori più atroci, nei migliori c'è un "secondo" (per lo più un nobile) che decapita il suicida subito dopo che questi si è inciso l'addome, per evitargli la sofferenza. I personaggi di alto lignaggio hanno l'onore dell'assistenza di un "secondo".

3.9. L'incertezza funzionale nei test è riportata chiaramente in letteratura

Abbiamo già riportato dall'inizio del capitolo tutte le criticità presentate dai test che vorrebbero misurare le singole FE, citando vari autori. Criticità, lo ricordiamo, dovute agli automatismi che si affermano implicitamente, all'impurità, alla non affidabilità test-retest e ad altro ancora, come abbiamo delineato. In più, come notiamo, in letteratura c'imbattiamo in ulteriori problemi quando anche "ingenuamente" si cerca di ridurre dentro a uno specifico costrutto prove psicometriche che per loro natura ne comprendono più di uno. Miyake et al. (2000) e poi anche McCabe et al. (2010) sostengono che i test utilizzati per valutare le funzioni esecutive come il *Wisconsin Card Sorting Test*, il test FAS, la Torre di Londra o di Hanoi non sono utili per valutare i singoli costrutti (ammesso che si possa) perché troppo complessi. Ma come abbiamo appena visto, anche le prove definite più semplici come lo Stroop e l'antisaccade non sono facili da interpretare. A questo punto il clinico che deve somministrare queste prove può chiedersi come e cosa può fare. Cercheremo di dare una risposta con degli esempi pratici.

Affrontiamo l'argomento prendendo in considerazione alcuni test che possono prestarsi a più interpretazioni.

3.9.1. Cosa misura il Wisconsin Card Sorting Test?

Nel *Wisconsin Card Sorting Test* (WCST; Grant e Berg, 1948; Heaton et al., 1993), si utilizza un mazzo di carte che contengono descritte tre categorie (colore, forma e numero). Il soggetto deve per dieci volte posizionare la carta estratta per colore, poi si cambia criterio (ad es., forma e numero). Analizzando il compito, si valutano gli errori di perseverazione, di cambiamento errato di criterio, di distrazione, ecc. Si può osservare che quando il soggetto inizia per colore, si crea una contingenza stimolo-rinforzo. Per un massimo di dieci volte, quando colloca la carta secondo la categoria colore, questi si sente dire "sì" (rinforzo) dallo sperimentatore. Poi, però deve cambiare e le ricadute sul colore mentre categorizza la forma o gli errori perseverativi possono essere vere e proprie catture (dovute alla contingenza/stimolo/rinforzo che si è formata). Quindi, nelle operazioni di shifting e di categorizzazione interviene anche l'interferenza del precedente apprendimento per rinforzo. Vi sono ovviamente altre variabili intervenienti che possono sfuggire, come il dover mantenere il ricordo della regola in memoria e un'attenzione sostenuta sullo scopo del momento e altro ancora. Tutto questo fa pensare che il test misuri diverse abilità e chi lo utilizza per una sola funzione è metodologicamente spiazzato, ma le pubblicazioni esistono: sia Miyake et al. (2000) che McCabe et al. (2010) mettono in evidenza tali criticità elencando alcune delle diverse interpretazioni sul costrutto valutato dal test:

> Il WCST è stato utilizzato per misurare: lo *shifting* (Ashendorf e McCaffrey, 2008; Rhodes, 2004), l'*inhibition* (Salthouse et al., 2003), l'abilità di *problem solving* (Greve et al., 2002), l'*updating* (Bishara et al., [2010]), il *pensiero astratto* (Shad, Muddasani e Keshavan, 2006) e la *formazione dei concetti* (Cinan, 2006).

Quindi, se ci si accinge ad utilizzarlo e si vuole creare una validità di costrutto con la letteratura, vale tutto! *Questo porta a dire che non c'è il problema di stabilire chi ha ragione, si entrerebbe in conflitto ma, piuttosto, è più prudente e logico affermare che tutte queste funzioni sono contenute nel test.*

3.9.2. Cosa misura il test FAS di fluenza verbale?

La regola del FAS di per sé mette già in gioco l'attenzione esecutiva, perché in una delle tante versioni richiede di elencare parole sempre nuove che però inizino prima per F poi per A e infine per S. Già questa restrizione mette in atto un sistema di controllo e la memoria. Tuttavia, il sistema è maggiormente stressato da altre regole come quella che non valgono nomi propri e numeri (vengono eliminati certi possibili automatismi di parole ad alta frequenza d'uso); ancora, sono vietati diminutivi, vezzeggiativi, in altri termini suffissi derivati dalla stessa parola pronunciata (si eliminano così altri automatismi, come i possibili effetti di priming). Bisogna ricordarsi le parole già dette (riaggiornamento della memoria di lavoro). Anche in questo caso, la letteratura non è concorde e utilizza il test per valutare le *funzioni inibitorie* (Mahone, Cutting, Singer e Denckla, 2001), la misura *del monitoraggio in memoria* (Rosen e Engle, 1997), e l'abilità di *switching* (Troyer, Moscovitch e Winocur, 1997)[32], senza dimenticare la valutazione della ricchezza lessicale; tante funzioni sono in gioco con la stessa prova.

Pertanto, con questi test complessi si può pensare di misurare tutte le funzioni note e non note (non dimentichiamolo). Se un soggetto ha problemi nel Wisconsin si analizzano i tipi di errore e poi ci si attesta decisamente su di una disfunzione attentivo-esecutiva e più prudentemente sui profili che l'analisi degli errori suggerirebbero. Il vero problema nasce quando, con ingenuità, tali test vengono abbinati ad una singola FE, come osservano criticamente Bernstein e Waber (2007) quando scrivono: "Wisconsin = shifting". Oppure, quando si utilizzano prove solo apparentemente più semplici, con la convinzione che possano essere più facilmente gestibili per isolare una semplice funzione esecutiva. Come abbiamo appena visto, anche lo Stroop, l'antisaccade il priming negativo e altri test, definiti meno complessi, dividono anch'essi la letteratura nella spiegazione della funzione che dovrebbero rappresentare.

3.9.3. Il test Peg Tapping valuta solo l'inhibition?

Il Peg Tapping è un compito di "reverse" tra quelli teorizzati da Luria per le funzioni frontali. In una delle diverse versioni, il soggetto deve battere due volte sul tavolo se lo sperimentatore batte una volta e viceversa. Viene utilizzato in diversi studi per valutare il controllo inibitorio (cfr. ad es., Blair e Razza, 2007). In realtà, tale compito sembra essere spiegato dall'abilità congiunta di diverse funzioni esecutive che formano

[32] "The verbal fluency test is believed to measure inhibitory functioning (Mahone, Koth, Cutting, Singer e Denckla, 2001), but also is believed to measure memory monitoring (Rosen e Engle, 1997) and switching between retrieval strategies (Troyer, Moscovitch, e Winocur, 1997)" (McCabe et al., 2010, p. 3).

comunalità nel test. Questo test può sicuramente valutare il sistema di controllo della risposta, in quanto bisogna evitare di ripetere il gesto dello sperimentatore (Diamond e Taylor, 1996).

Tuttavia, come rilevato dagli stessi Autori (Luria, 1976, compreso), vi è anche un carico in memoria di lavoro nel ricordare e mantenere operante sia la regola, sia il tipo di azione da svolgere (che richiede uno shifting rispetto al compito di imitazione). Senza dimenticare che vi è un allerta continuo e un'attenzione sostenuta necessaria a captare il segnale. Queste abilità sono anche le componenti che Rubinstein, Meyer e Evans (2001) indicano come basilari all'operazione di *task shifting*. Pertanto, un esercizio palesemente valutato come misura dell'abilità a inibire, apparentemente semplice, contiene da solo le tre FE considerate da Miyake e collaboratori (2000), più altre ancora. In questo caso, si ribadisce che tale test valuta le "*general executive functions*", utilizzando la prudente terminologia di Vestberg, Gustafson, Maurex, Ingvar e Petrovic (2012).

3.9.4. Conclusioni

È importante comprendere che è possibile affermare che si sta somministrando un compito di shifting, ma non si è in grado di prevedere tutte le funzioni reclutate per lo svolgimento di tale compito.

Con un unico test, come abbiamo visto, non abbiamo nemmeno l'appoggio del costrutto derivante dalla letteratura, che non è unanime. Tuttavia, non lo è per dei limiti obiettivi ("black box" e ragionamenti abduttivi) che abbiamo spiegato anche al capitolo 2, limiti emersi chiaramente anche grazie ad una serie di sperimentazioni che abbiamo voluto stigmatizzare.

Pertanto, suggeriamo al clinico che ha capito a fondo queste critiche di non preoccuparsi per la batteria di test in suo possesso, non è questo che vogliamo. È sempre materiale molto utile, basta avere l'accortezza di riferirsi più chiaramente al test (stadio 1 di Poldrack, 2006), che all'ipotetica funzione ("black box") e valutare le debolezze eventualmente riscontrate per ottenere preziose informazioni sull'efficienza del sistema attentivo-esecutivo e delle funzioni esecutive in generale.

Quesito per verificare se si è compreso

Uno sperimentatore somministra a un gruppo patologico con lesioni frontali il Wisconsin. Tutti i pazienti superano il test.

Quanti errori fa il clinico se scrive che in tale gruppo di pazienti frontali non emergono problemi di perseverazione?[a]

[a] Se la risposta è "nessuno", si consiglia di rileggere il libro dall'inizio o di lasciar perdere. Se la risposta è "uno", si consiglia di rileggere meglio alcune parti. Se la risposta è "due", forse ci siamo. Se la risposta è "tre", siamo curiosi e ci piacerebbe conoscere personalmente chi ha captato il terzo errore (ammesso che ci sia, questo rimane in sospeso).

#11. La tredicesima pecora

L'approccio che abbiamo fin qui delineato richiama la linea di condotta della storiella che si trova ogni tanto nei libri di filosofia matematica, già citata da Coltheart (2011) nel paragrafo 2.2.4 sull'abduzione (dove si parla di cigni).

Un letterato, un filosofo e un logico sono in treno e dal finestrino guardano il paesaggio di una regione mai visitata. Vedono in un prato un gruppo di dodici pecore bianche, tutte in fila, schierate di profilo.

Il letterato dice: "In questa regione le pecore sono bianche" (illazione abduttiva o precipitoso ragionamento induttivo basato su poche prove).
Il filosofo corregge affermando: "In questa regione vi sono almeno dodici pecore bianche".
Il logico, valutando che stanno guardando dal finestrino del treno, puntualizza: "In questa regione vi sono almeno dodici pecore che hanno un lato bianco".

L'unico che con certezza non potrà mai essere smentito è il logico: è la stessa operazione che stiamo proponendo per chi commenta le misure dei test che valutano le funzioni esecutive.
Si suggerisce di basarsi su ciò che si vede (livello 1 e 3 del grafico di Poldrack, 2006) e di valutare che le scelte del costrutto e della funzione sono arbitrarie, appoggiate alle illazioni (e non alle deduzioni) di un inevitabile ragionamento abduttivo (utile alla ricerca dentro la "black box"). Quindi riteniamo di dover impiegare una maggior consapevolezza dei livelli di ragionamento prima di affermare che "tutte le pecore della regione sono bianche".

3.10. Sintesi sull'inquadramento delle funzioni esecutive

Le funzioni esecutive sono in continua interazione di sostegno l'un l'altra, creano dei rapporti cangianti dinamici in base al compito e al contesto (come dimostra l'*adaptive coding model* appoggiato alle informazioni derivanti dalle neuroimmagini di Duncan, 2001)[33]. Non sono valutabili singolarmente perché non è possibile isolare tali costrutti: semplificati e parcellizzati non potrebbero esprimersi operativamente e fattivamente in alcun modo.

Rabbitt (1997) e Bernstein e Waber (2007) confermano questo punto di vista quando affermano:

> Pensare di valutare un unico e ipotetico processo funzionale e non altri potrebbe essere una strategia del tutto inappropriata per analizzare una funzione esecutiva perché una proprietà essenziale di tutto il comportamento "esecutivo" è che, per sua natura, coinvolge la gestione simultanea di una varietà di diversi processi funzionali [Rabbitt, 1997].

[33] Alcuni interpretano queste diversità a livello di neuroimmagine come l'intervento di diverse funzioni esecutive separate, invece, come direbbe Duncan (2001), è solo il cocktail di funzioni diversamente investite nella soluzione dei vari compiti.

[...] l'approccio riduzionista continua ad influenzare le neuroscienze e in particolare la neuropsicologia clinica. C'è ancora l'assunzione implicita che le funzioni siano organizzate in "pacchetti" discreti, pertanto è inevitabile arrivare a supporre che le funzioni esecutive possano essere anch'esse analizzate impropriamente come moduli funzionalmente discreti. Da tutto ciò nasce un'ulteriore approssimazione che arriva a creare batterie di test che dovrebbero misurare discretamente le diverse FE che vengono suddivise in specifiche capacità legate arbitrariamente a prove specifiche (ad es., *Wisconsin Card Sort* = set shifting) [Bernstein e Waber, 2007].

Quest'ultima considerazione, come non ripeteremo mai abbastanza, chiede agli studiosi di distaccarsi da visioni riduzionistiche e localizzazionistiche statiche non più sostenibili, viste le evidenze fornite dalle neuroscienze. Non si riesce a prendere atto che i modelli attuali descrivono attivazioni dinamiche e ampi circuiti cerebrali che interessano le diverse funzioni cognitive. Questo cambia la visione, sia dei processi modulari, sia di quelli centrali che diventano più "embodied" e con attivazioni variabili (stati più automatici o più controllati). I punti di vista più obsoleti, come affermano Bernstein e Waber (2007), continuano a sopravvivere anche implicitamente, nonostante non vi sia alcuna evidenza scientifica. Questo modo di vedere ha portando in questi ultimi quarant'anni a teorizzare modelli modulari incapsulati e disincarnati; analogamente, e – dobbiamo dire – paradossalmente, ha contribuito ad applicare una visione frenologica anche ai sistemi centrali, considerando le funzioni esecutive singole e isolabili[34].

Fatte queste premesse, sintetizziamo qui di seguito alcuni punti nodali svolti nel capitolo a sostegno di quanto affermato.

3.10.1. Introduzioni riassuntive

A) I costrutti sono invenzioni di "buon senso" che emergono dalla "scatola nera" (cfr. fig. 2.1, p. 45), basati esclusivamente su inferenze probabilistiche abduttive e non deduttive. Pertanto, come afferma Poldrack (2006) non si tratterà mai di ragionamenti "se e solo se", ma di implicazioni semplici (se, allora...). Ciò espone alla continua minaccia della fallacia dell'"anteposizione del conseguente", perché la scelta di un costrutto si basa su una mera illazione (non ci sarà mai la certezza che offre la deduzione). Pertanto, non sorprende il fatto che in letteratura non vi sia convergenza di pareri sui test che vorrebbero misurare determinate funzioni esecutive, ma l'arbitrarietà è d'obbligo nella scelta, comunque ragionata, delle prove.

B) Non si possono misurare le singole FE, ma si può valutare l'insieme dei processi interagenti. Più semplicemente possiamo dire con Burgess (1997), Rabbitt (1997) e Brown (2006) che sarebbe una contraddizione in termini pensare di isolare una singola funzione, essendo essa stessa composta e supportata da altre. Inoltre, le prove psicometriche stesse utilizzate per la valutazione impegnano "di default" più funzioni, alcune sempre presenti (oltre quella che si pensa di poter misurare).

[34] È curioso pensare che ci si è liberati dell'incapsulamento dei sistemi periferici dopo anni di dati che lo suggerivano e nel contempo si è iniziato a modularizzare i sistemi centrali (che dovrebbero essere distribuiti), promuovendo nuovamente una visione frenologica della mente.

C) Rabbitt (1997) sostiene che non vi è correlazione tra i test che misurano le FE soprattutto per due motivi: 1) sono "impuri" perché valutano anche i processi in ingresso ed in uscita (percettivi, motori, linguistici, non esecutivi); 2) non possono avere alta attendibilità perché, con la ripetizione, le prove aumentano il loro grado di automaticità che le allontana dalla misura dei sistemi centrali esecutivi. Questi due aspetti che portano a mancate correlazioni per l'estrema variabilità, hanno anche inculcato in certi studiosi l'idea di separabilità delle funzioni esecutive. *Tuttavia, l'"unitarietà", per le correlazioni trovate da Miyake et al. (2000) tra le variabili latenti (depurate dai sistemi di input e di output), crea il forte sospetto che la separabilità si regga anche sui processi non esecutivi (presenti nei test quando vengono utilizzati singolarmente e non depurati dalle influenze dei sistemi di input e di output).*

3.10.2. Indizi rilevati

1) Le prove psicometriche propongono compiti che sono un assemblamento di più funzioni esecutive e di processi non esecutivi (impurità; Weiskrantz, 1992). Anche solo per questo motivo non può esistere un test così specifico che possa rappresentare appieno una funzione esecutiva (ideale) (Burgess, 1997; Rabbitt, 1997; Friedman e Miyake, 2004).
2) L'impurità dei test non si risolve pienamente nemmeno con il metodo delle variabili latenti, in quanto rimane una comunalità residua che crea correlazioni tra i costrutti. Si registra, pertanto, un altro tipo di impurità.
3) Come molta letteratura sostiene, una FE non è riducibile, per esprimersi ha bisogno di altre funzioni (sempre presenti), come la memoria, l'attenzione sostenuta, la spinta dell'avvio e altro ancora (Brown, 2006; Rabbitt, 1997).
4) Il metodo delle variabili latenti è utilizzabile con lavori su gruppi numerosi, ma per valutare il singolo soggetto in clinica il test rimane fortemente "impuro"[35].
5) Miyake et al. (2000) e Miyake e Friedman (2012) tracciano un metodo di indagine utilizzando le variabili latenti. La loro conclusione è che vi è unità e separabilità delle FE. Pertanto, anche solo tenendo conto di questo punto di vista, dove emerge l'unità tra i costrutti, un test singolo non può comunque misurare una specifica FE, vista la comunalità che implicitamente contiene.
6) Altre considerazioni che portano all'"incertezza funzionale" derivano dal fatto che il tutto si svolge nella "black box" (Poldrack, 2006), dove si affermano i ragionamenti abduttivi probabilistici. Ciò stride con le elencazioni precise, dove vengono illustrate determinate aree, specifiche funzioni e particolari prove che le dovrebbero rappresentare (cfr. più sopra, Bernstein e Waber, 2007).
7) L'"incertezza funzionale" si manifesta ancora più chiaramente quando si va a vedere come si regola la letteratura sui costrutti da abbinare ai test. Non vi è condivisione

[35] Nella nostra batteria *Measures of Executive Attention* (MEA; Benso, Ardu, Santoro e ANCCRI, 2018), messa a punto per una valutazione mirata delle funzioni di attenzione esecutiva, alcuni test sono studiati per sottrarre almeno l'influsso dei processi più periferici, ma non pretendiamo di isolare le singole funzioni esecutive, pur valutando con minor impurità l'attenzione esecutiva. Cfr. app. v per alcune ricerche in cui la batteria è stata applicata.

tra gli studiosi, e questo è spiegabile, perché si vuole isolare ciò che non è riducibile; alcuni teorici possono valutare il processo secondo un punto di vista parcellizzato. Questo aspetto, di non condivisione dei costrutti arriva a colpire anche le prove apparentemente più semplici (Stroop, antisaccade, priming negativo, ecc.).

8) Si prende atto dell'inevitabile arbitrarietà nella scelta dei test per rappresentare una particolare funzione esecutiva. Basta scegliere prove diverse (anche ragionevolmente in linea con la funzione da misurare), che la varianza spiegata cambia anche nelle equazioni fattoriali. Ciò comporta l'errore di eccessiva analogia, quando invece di citare il test esecutivo si cita la funzione che si pensa lo rappresenti (inhibition, shifting, ecc.). Facciamo un esempio che simula la letteratura: primo lavoro: "i soggetti con il disturbo XY cadono nell'inhibition"; secondo lavoro: "i soggetti con il disturbo XY non cadono nell'inhibition". A volte i test sono diversi e spiegherebbero tranquillamente i risultati in contrasto, ma con l'incauto uso dell'eccessiva analogia, viene citata l'ipotetica funzione al posto della prova reale e ciò porta ad inevitabili contraddizioni.

9) Alcune ipotesi di separabilità tra le funzioni, come nell'esempio portato da Fischer e Daley (2007) nell'inserto #8 nascono dal fatto (spesso non sufficientemente considerato) che in neuropsicologia molti soggetti patologici non cadono nei test specifici che vorrebbero misurare una funzione esecutiva. Oppure, ancora, non si trovano correlazioni nelle ricerche tra i test come già espresso più sopra. Tutte queste credenze di separabilità si basano soprattutto sulla negazione dell'antecedente e l'equivalente commento improprio dell'ipotesi nulla (cfr. Brown, 2006 nell'inserto #4 e nel capitolo 5).

10) Alcune funzioni sono frequentemente citate con una certezza ipostatizzante che inculca l'idea che siano il frutto di precise inferenze deduttive che, come sappiamo, sono impossibili a livello di "scatola nera", dove regnano i ragionamenti abduttivi e l'incertezza funzionale (Poldrack, 2006). Alcuni costrutti sono stati così intensamente "reificati" che fanno ormai parte del gergo comune. Così è avvenuto per il termine "inhibition", che andrebbe utilizzato con molta più prudenza perché: a) vorrebbe spiegare un meccanismo ignoto (MacLeod et al., 2003; Friedman e Miyake, 2004); b) tale termine è stato messo in forte discussione da diversi lavori, tanto da negarne addirittura la reale esistenza a livello cognitivo (MacDonald e Joordens, 2000; MacLeod et al., 2003; Kane e Engle, 2003; Unsworth et al., 2004; Turatto e Pascucci, 2016, e altri ancora).

11) Interessante è stato il passaggio dal lavoro di Miyake et al. (2000) a quello di Friedman e Miyake (2004), soprattutto in alcuni punti fondamentali. È bene ricordare che questi Autori dimostrano di prendere in seria considerazione il lavoro di MacLeod et al. (2003), citandoli diverse volte. Essi, sulla base delle considerazioni di MacLeod et al., rinominano l'inibizione cognitiva di Nigg (2000) con il termine "interferenza" e, successivamente, evitano di utilizzare il priming negativo come prova che dovrebbe rappresentare l'inhibition (convinti dalle numerose dimostrazioni portate da diversi autori che tale test non sia spiegabile con l'inhibition). Arrivano anche a stabilire essi stessi che la prova di priming negativo non sarebbe saturata da nessuna delle variabili inibitorie utilizzate nel loro lavoro. Questo

studio del 2004 dimostra, tuttavia, l'alto livello di incertezza e di arbitrarietà nella scelta dei test, perché nonostante gli Autori abbiano considerato le osservazioni di MacLeod et al. (2003), optano comunque per il test di Stroop per rappresentare l'"inibizione delle risposte preponderandi". Bisogna ribadire che MacLeod non è contrario all'inibizione motoria e quella proposta da Miyake et al. (2000) è una via di mezzo che, tuttavia, in seguito, diversi autori confonderanno, non distingueranno e assimileranno nell'inibizione strategica. Tale arbitrarietà rende incerte le valutazioni sulle scelte delle prove e la situazione si sfuoca ulteriormente quando altri studiosi dimostrano la possibilità di spiegare, non solo lo Stroop, ma anche l'antisaccade con processi che fanno a meno di chiamare in causa l'inibizione. Pertanto, anche il filone dei lavori di Miyake et al., che indubbiamente è tra i più informativi per quanto riguarda le ricerche sulle funzioni esecutive, viene indebolito. Praticamente tutti i test scelti per rappresentare l'inhibition sono almeno discutibili, ma in un universo abduttivo questo è inevitabile e già si sapeva. Per risolvere questi problemi che non sono solo totalmente strutturali, ma anche dipendenti dal taglio riduzionista, basterebbe salire di livello e considerare con meno specificità, ma con più rigore metodologico le *general executive function* (Vestberg et al., 2012).

12) Il Wisconsin, le Torri di Hanoi e di Londra, il FAS, sono stati presentati da Miyake et al. (2000) e da McCabe et al. (2010) come prove complesse, diremo noi "ancora più funzionalmente indecidibili". Come esposto più sopra dagli stessi Autori, la letteratura che definisce cosa dovrebbero misurare tali prove si "spreca" nella varietà di funzioni, portando a conclusioni contraddittorie (a meno che non si accetti la multicomponenzialità e ci si riferisca più prudentemente ad una più generale *executive attention*). Ribadiamo che il problema nasce quando emerge l'intenzione di frammentare e di isolare funzioni non riducibili; se si rimane ad un livello meno riduzionistico molte di queste criticità spariscono.
13) A volte, in letteratura si utilizzano anche le prove più complesse per misurare le singole funzioni. Si è forti del fatto che una precedente analisi fattoriale avrebbe fatto emergere tra i predittori solo una singola variabile latente. Le fallacie in questo caso sono diverse: a) se c'era comunalità tra i costrutti precedenti, la variabile latente non è pura e quindi rappresenta già di per sé più funzioni; b) il fatto che, in alcune ricerche, le prove complesse (Wisconsin, FAS, Torre di Hanoi) possano saturare singoli costrutti nella variabile latente è sospetto, anche solo pensando alla violazione dell'ipotesi nulla e quindi ai limiti psicometrici dei singoli test, inoltre non si può dimenticare che sono sempre presenti l'attenzione sostenuta, l'appoggio della memoria, l'avvio e le altre funzioni esecutive necessarie, note e non note, per svolgere qualsiasi compito (fosse anche una ricetta di cucina)[36]; c) quando la prova è utilizzata da sola è "impura" e, oltre alle varie funzioni intervenienti sopra citate,

[36] Il fatto che diverse funzioni non emergano nelle equazioni strutturali o non vengano inserite nei modelli tratti dalle fit analysis porta ad alcune riflessioni: 1) "abduttivamente", determinati costrutti non vengono presi in considerazione e inseriti nel modello; 2) i test che dovrebbero rappresentare tali funzioni non sono i più adatti; 3) comunque sia, se non si affermano e non emergono alcune funzioni, si dovrebbe cautelativamente essere indotti a non commentare l'ipotesi nulla, tenuto conto dei primi due punti.

vengono inserite nelle equazioni le influenze dei sistemi di input e di output che possono covariare essi stessi con le abilità valutate (ad es., matematica, lettura, ecc.), oppure con il tipo di patologia indagata (ad es., ADHD, dislessia, ecc.). In altri termini sono misure che non hanno nessuna rilevanza se si vogliono parcellizzare le singole funzioni esecutive, che avrebbero, invece, più senso se ci si limitasse al livello superiore di *general executive function*[37].

14) Si può anche arrivare a pensare che ciò che emerge nella comunalità (che unifica le funzioni) possa essere considerato una costante da poter essere facilmente trascurata nella misura. È abbondantemente provato che alcune componenti sempre presenti, come l'attenzione sostenuta, hanno variabilità "idiosincratiche" (cfr. ad es. Sonuga-Barke e Castellanos, 2007; Adamo et al., 2012). Inoltre, appare che le frequenze di stacco dell'attenzione sostenuta possano variare anche da prova a prova (Gazzellini et al., 2016). Pertanto, l'apporto alla comunalità nei diversi test dell'attenzione sostenuta non è una costante k trascurabile, ma una x incognita variabile (che può covariare con le altre abilità indagate) da tenere in debito conto. Vi sono ancora altre componenti esecutive variabili che si distribuiscono sempre nelle prove psicometriche ed influiscono sui risultati delle correlazioni, come la funzione di avvio e la memoria di lavoro, che complicano ancora di più il quadro per chi sta pensando di misurare una singola funzione.

[37] Ovviamente, anche tenendosi a un livello più generico quando si usano direttamente le prove per valutare il sistema attentavo-esecutivo, c'è sempre il problema dell'impurità (ciò che covaria con la determinata abilità potrebbero essere gli effetti dovuti ai sistemi non esecutivi, già citati); si suggerisce, pertanto, di scaricarla il più possibile costruendo dei test che permettano di sottrarre i valori ottenuti dalle abilità più periferiche (valutati in precedenza) ai valori misti espressi dalla prova (esecutivo sommato all'effetto periferico; al riguardo, cfr., ad es., la batteria MEA, Benso et al., 2108).

4

MEMORIA DI LAVORO: MODELLI IN EVOLUZIONE, TRATTAMENTI E CIRCUITI NEURONALI

4.1. Memoria di lavoro, molti modelli un solo nome: una delle funzioni esecutive o l'Executive Attention multicomponenziale?

Cosa significa memoria di lavoro?

Il termine "working memory" o "memoria di lavoro" viene utilizzato in diverse accezioni ed è spesso equivocato anche tra gli "addetti ai lavori" in quanto con lo stesso nome si indicano modelli diversi. Cominciamo col distinguere la definizione più generica di *memoria a breve termine* (MBT o STM, *Short Term Memory*), da quella di *memoria di lavoro* (ML o WM, *Working Memory*).

La MBT o STM è un sistema dove si immette e si mantiene per un tempo breve un numero limitato di informazioni lineari, per restituirle in uscita senza alcuna trasformazione: A → iA = A (*i* è una sorta di "funzione identità" utile per mantenere invariata la rappresentazione dell'informazione in entrata).

La ML o WM è un sistema dove si immette e si mantiene per un tempo breve un numero limitato di informazioni lineari, per restituirle in uscita trasformate o rielaborate: A → trA = trA (*tr* è una funzione che trasforma e rielabora l'informazione).

Tuttavia, queste definizioni risultano molto generiche proprio per la diversità dei modelli che le rappresentano e per i molteplici significati che uno stesso termine ha avuto nel tempo.

4.1.1. I modelli cambiano

Baddeley e Hitch (1974) introducono il modello della Working Memory che sarà ampiamente spiegato dal volume di Baddeley (1986). Negli anni '70, si assiste alla trasformazione di un concetto molto generico di memoria a breve termine, rappresentato spesso nei diagrammi di flusso dell'elaborazione dell'informazione come quello di Atkinson e

Shiffrin (1968)[1]. Anche il termine "memora di lavoro" o Working Memory (WM) di Baddeley e Hitch si presenterà nel tempo con connotazioni molto diverse. Tale aspetto a volte sfugge anche agli addetti ai lavori in genere. In pratica, quando ci si confronta con un teorico che dice di ispirarsi al modello di WM di Baddeley, la domanda necessaria sarebbe: "di quale periodo?". Vedremo che non è una considerazione né oziosa, né inutile.

Nel primo periodo (1974) il modello della WM nasceva caratterizzato da magazzini dominio-specifici (il loop articolatorio e il taccuino visuospaziale) e da un esecutivo centrale con delle proprietà non ancora ben definite.

Vi è poi un *periodo intermedio fino al 1986*, quando Baddeley pubblica *Working Memory*, che porta a un ulteriore frazionamento del modello; il loop fonologico conterrà un sistema che svilupperà un ciclo di reiterazione e un magazzino specifico per la fonologia a capacità limitata, mentre il taccuino visuospaziale si dividerà per rappresentazioni visive e spaziali. L'esecutivo centrale prenderà una sua conformazione "assimilata" al modello del sistema attentivo supervisore (SAS) di Norman e Shallice (1986) cui Baddeley aderisce completamente. Fino a quel periodo, gli aspetti maggiormente valutati e studiati sono stati quelli relativi ai due servosistemi (linguistico e visuospaziale). Tuttavia, il modello era "disincarnato"[2], chiuso alle esperienze a lungo termine che, come emergeva sempre di più dalle evidenze sperimentali, incidevano sulla memoria di lavoro. Veniva, inoltre, poco valutata l'importanza di un sistema esecutivo e attentivo che cominciava ad emergere prepotentemente (inevitabilmente) in altri studi che proponevano modelli diversi di WM.

Morra così commentava:

> Come argomentato altrove (Morra, 1998, 2000; Morra, Vigliocco e Penello, 2001), i modelli a magazzini, e in particolare quello di Baddeley, risultano insoddisfacenti per vari motivi, il principale dei quali è che non è stato mai possibile determinare la capacità limitata di nessuno di tali ipotetici magazzini; anche l'ipotesi precisa formulata per uno solo di essi (un loop articolatorio capace di contenere tanto materiale verbale quanto se ne può pronunciare in 1.5-2 secondi) è stata ormai falsificata [Morra, 2011, p. 345, riga 29-36].

4.1.2. Prime considerazioni

È bene fermarsi a riflettere, anche per chi si occupa di clinica, sul fatto che questi aspetti non sono così marginali. Questi modelli influenzano ancora oggi le teorie modulari (cfr. cap. 2). Diversi teorici della modularità forte e "disincarnata" non si muovono dalle loro posizioni e sembrano aderire ai modelli della WM del 1974. Le loro descrizioni della memoria di lavoro non si differenziano molto dai servosistemi linguistici, che vengono comunque ancora rappresentati come autonomi dal punto di vista computazionale, disincarnati e incapsulati. Questa è prima di tutto un'infrazione alle regole dei livelli

[1] Quest'ultimo modello distingue soprattutto i tre passaggi dalla memoria sensoriale a quella a breve termine, per arrivare a quella a lungo termine.

[2] Inteso come isolato, chiuso alle informazioni provenienti dai sistemi interrelati, tra i quali vi sono i sistemi sensoriali e la memoria a lungo termine (cfr. Gallese, 2007, che traduce "disembodied", richiamandosi alle teorie dell'*embodiment*).

e dei tipi logici citati nel capitolo 1 e richiamati con forza da MacLeod et al. (2003). Inoltre, non dimentichiamo "l'approccio riduzionista" citato nel capitolo 3, denunciato da Bernstein e Waber (2007), che comporta l'idea obsoleta che le funzioni siano organizzate a pacchetti e legate a prove specifiche.

4.1.3. Quesiti sulla WM prima del 2000

Arriviamo alla fine degli anni '90, periodo durante il quale continuano le contrapposizioni teoriche sulla "separabilità" e "unicità" dei modelli in diversi contesti, come quelli delle funzioni esecutive (già Teuber, 1972, anticipava anche come titolo Miyake et al., 2000)[3], dell'intelligenza e della memoria di lavoro (Miyake e Shah, 1999). Questi ultimi, in relazione alla WM, si chiedono se ci sia incompatibilità nel tener conto dei due punti di vista (unificato/separato) e la loro risposta è no, in quanto entrambi possono coesistere nello stesso modello. Tale osservazione è di importanza fondamentale, in quanto spesso i dati emersi nei lavori di Miyake et al. (2000) sono stati fraintesi con la mera concezione della separazione tra le funzioni esecutive.

Per comprendere quest'apparente contrapposizione logica bisogna, però, partire da una visione meno modulare rispetto a quella proposta dalla letteratura, che si limita ad operazioni di categorizzazione dicotomica. La prova immediata la si può avere valutando le contraddittorie divisioni espresse dalla letteratura tra chi è fautore della separabilità o della unitarietà sia a livello di WM che di FE. Ad esempio, Sylvester et al. (2003) citano il sistema esecutivo di Baddeley e il sistema attentivo supervisore (SAS) di Shallice come esempi di sistemi unitari. Contrariamente, Miyake et al. (2000) li inseriscono nei modelli della separabilità, quelli di Baddeley e Shallice, citano Baddeley (1996), Baddeley e Logie, (1999), Stuss, Shallice, Alexander e Picton (1995) e spiegano l'evoluzione del modello come stiamo facendo noi in questo capitolo.

Se si entra nell'ordine di idee dei sistemi aperti e distribuiti, come quelli della modularità massiva, è più facile poter accettare la coesistenza di aspetti separati e contemporaneamente sovrapposti.

Sono indispensabili le basi conoscitive, spesso ignorate, che sorreggono i modelli teorici delle neuroscienze cognitive affrontate nei primi capitoli. Non possiamo valutare e giudicare i modelli senza conoscere le tipizzazioni stratificate e le antinomie (Russell, Lorenz), i limiti della logica e l'analisi dei livelli (Gödel, 1931 e Tarski, 1991), i ragionamenti abduttivi (Peirce, 1997), le "black box" e l'inferenza inversa (Poldrack, 2006), l'incertezza funzionale, le teorie modulari che richiedono un gradiente di automaticità, il raffronto improbabile tra sistemi di complessità diversa come il linguaggio, la lettura e l'attenzione (Denckla, 1996).

Se si propende per una modularità forte, il pensiero stesso diventa dicotomico e, appena emergono evidenze di non unitarietà, si viene indirizzati verso un concetto assoluto di separabilità. Se invece si entra in un'ottica di modularità massiva, con un punto di vista che contempla i sistemi incarnati (embodied), i modelli che si basano sull'attivazione reggono l'evidenza di una parte in comune, aspecifica, unificante (anch'essa ricca

[3] Già negli anni '70 Teuber titolava: *Unity and diversity of frontal lobe functions.*

di funzioni), e di alcune parti separate più specifiche anche per modalità. Stiamo proponendo un punto di vista che non sia rigidamente dicotomico, ma che sia così flessibile e aperto, da poter accettare in un solo modello sia la separabilità, sia l'unitarietà, come lo potrebbero essere quelli della Working Memory Capacity (WMC) e dell'Executive Attention. Tutto ciò è simile al progresso portato dalle neuroscienze, che ha indotto ad abbandonare i concetti ormai obsoleti di localizzazione e di area, sostituendoli con quelli di attivazioni di network rilevanti per svolgere un determinato compito che elicita diversi sistemi funzionali.

4.1.4. Il 2000 è un anno importante: il modello di WM di Baddeley

Arriviamo adesso all'anno 2000. Bisogna dire che gli stessi Baddeley e Hitch (2000), valutando obiettivamente la debolezza del modello chiuso alle influenze attentive e alle informazioni prelevabili in memoria a lungo termine (*Long Term Memory*, LTM), sentirono l'esigenza di proporre importanti aggiustamenti che potremmo definire come *terza revisione* della WM. Riportando il loro breve commento si ripercorre un po' dell'excursus storico fino a ora proposto:

> Comunque, mentre noi abbiamo inizialmente scelto di concentrarci sui più trattabili *slave systems*, il lavoro sull'esecutivo centrale si è sviluppato costantemente, abbiamo iniziato con la proposta di adattare il sistema attentivo supervisore di Norman e Shallice (1986), seguita da successivi tentativi di frazionare l'esecutivo. Ancora una volta, abbiamo tentato di mantenere il modello il più semplice possibile. Abbiamo inoltre proposto un esecutivo che fosse puramente un sistema di controllo attentivo, che contasse sulla LTM e sugli *slave systems* per l'immagazzinamento (Baddeley, 1996, 1998; Baddeley e Logie, 1999). Il passaggio successivo era tentare di frazionare il meccanismo di controllo attentivo, postulando un'ipotetica divisione in: capacità di focalizzare l'attenzione, spostare il focus, e suddividere l'attenzione tra due compiti simultanei (Baddeley, 1996) [Baddeley e Hitch, 2000, pp. 133-134].

Questa citazione fa comprendere come gli Autori stessi si accorgano dell'inadeguatezza del modello che, rispetto ad altri meno noti, ma più completi, si trovava in difetto. Nel tempo, il senso del termine "memoria di lavoro" diventa meno linguistico, meno disincarnato, più vicino al concetto di attenzione esecutiva.

4.1.5. Baddeley introduce un altro servosistema: il buffer episodico (Baddeley, 2000)

Baddeley (2000) *introduce* un terzo servosistema che si aggiunge agli altri due. È il *buffer episodico*, che servirà a completare il modello che non riusciva a spiegare l'interazione della memoria a breve termine con quella a lungo termine. Il vecchio modello con i due soli servosistemi (linguistico e visuospaziale) non poteva tener conto di fenomeni molto frequenti ed evidenti nei processi di memorizzazione a breve termine, come il vantaggio nel ricordo di parole semanticamente correlate, di parole ad alta frequenza d'uso e ad alta immaginabilità, e altro. Il buffer episodico viene definito dall'Autore come un magazzino a capacità limitata, che utilizza un codice multimodale in grado di integrare informazioni da altre memorie, compresa quella a lungo termine. Il mantenimento delle informazioni integrate nel buffer episodico dipende dalle risorse fornite dall'esecutivo centrale (che acquisisce un ruolo più interattivo con i servosistemi), e un codice di accesso è dato dalla attenta consapevolezza del momento. In questi anni e nei successivi, vista anche la pressione percepita da altri studi, il modello di Baddeley acquista una valenza sempre più attentivo-esecutiva.

4.2. La memoria di lavoro secondo Pascual-Leone

Per delineare un modello di memoria di lavoro, Juan Pascual-Leone si inserisce nella teoria degli operatori costruttivi (Pascual-Leone e Goodman, 1979). Quelli più implicati in questo sistema sono: la M capacity, vale a dire l'energia mentale (*mental capacity*) o, in altri termini, le risorse attentive utilizzate per attivare un certo numero di schemi in memoria di lavoro; l'operatore I (da "Interrupt"), che ha il compito di inibire i processi interferenti[4]. Altri operatori, come F (da "Field": il campo percettivo o fenomenico dove si contestualizza l'evento) e L ("Learning": ciò che si è appreso, e quindi la conoscenza cristallizzata che interagisce come espressione della LTM), possono facilitare le operazioni scaricando l'impegno di M e di I nelle routine, ma possono anche interferire diventando dei distrattori e così impegnando di più M e I quando il contesto è fuorviante o le richieste del compito contrastano con le routine apprese.

Un altro aspetto interessante è che vi sono formule appropriate per calcolare l'energia impiegata. Per esempio, la M capacity, che corrisponde alle risorse attentive, crescerebbe di un'unità ogni 2-3 anni, a partire dai tre anni fino almeno all'adolescenza. Segue la formula $M = e + k$, dove e è una costante che riflette dai 3-4 anni l'avvenuto sviluppo degli schemi sensomotori, mentre k rappresenta il numero massimo di schemi di livello simbolico che possono essere richiamati in memoria di lavoro per risolvere il compito assegnato. L'idea è che la M capacity si sviluppi già dalla prima infanzia (nei primi due anni circa dedicata a schemi sensomotori) e quindi la capacità "e", che si è formata nei primi due anni, resta disponibile per gli schemi esecutivi e, con la maturazione, si aggiunge la capacità di attivare k, schemi operativi o figurativi anche di livello simbolico.

Per un'esposizione più completa cfr. Pascual-Leone (1974), Pascual-Leone e Goodman (1979), Morra, Gobbo, Marini e Sheese (2008), Morra (2011).

4.2.1. Modello di Morra

Dal modello di Pascual-Leone deriverebbe quello di Morra, che desta interesse anche per alcune osservazioni e le analisi approfondite svolte sul ciclo di reiterazione. Sostanzialmente, riprende la parte degli "operatori costruttivi", mette alla prova i sistemi ipotizzati con opportuni studi, prendendo la distanza dalle vecchie teorie localizzazioniste (aree cerebrali, magazzini), sostituendole con quelle attualmente più consolida-

[4] Per amor di precisione è bene chiarire che la teoria degli operatori costruttivi di Pascual-Leone prevede che la *mental capacity* e l'*inhibition* siano funzioni cognitive e non esecutive.

te nell'ambito delle neuroscienze dell'attivazione. Morra così descrive ciò che teorizza come memoria di lavoro:

> Si tratta di un modello probabilistico, che si propone di spiegare la performance delle persone in classici compiti di span di memoria verbale a breve termine. Le risorse attentive (M capacity) sarebbero utilizzate in parte per attivare gli schemi operativi necessari al compito, cioè le operazioni di ricodifica fonologica degli stimoli (se presentati visivamente), ripetizione subvocale, ricupero seriale, e in parte per mantenere attivate le rappresentazioni delle parole stimolo. Le risorse attentive limitate consentono però di mantenere attivati solo pochi elementi; al momento del ricordo, dopo avere richiamato queste poche parole, il soggetto cercherà di ricuperare anche le altre, ma questo non sarà un compito facile, poiché esse nel frattempo avranno perso attivazione e la probabilità di ricuperarle sarà tanto minore, quanto più tempo sarà passato dalla presentazione e quante più rappresentazioni di parole saranno solo parzialmente attivate e perciò suscettibili di interferenza reciproca. In questa concezione, il rehearsal non sarebbe un "magazzino" di capacità limitata, ma una procedura utile a mantenere attivate le rappresentazioni delle parole e a codificarne in modo economico l'ordine seriale; l'uso di tale procedura, però, consumerebbe una parte delle risorse attentive. Pertanto i bambini più piccoli (fin verso i 7 anni) tenderebbero a non utilizzarlo, perché essendo la loro M capacity fortemente limitata, l'uso del rehearsal ne consumerebbe troppa. Questo modello sembra spiegare bene la prestazione dei bambini di età scolare in compiti di memoria di parole (Morra, 2000). Il modello fornisce previsioni un po' meno precise, ma pur sempre accettabili, per la prestazione degli adulti; risulta peraltro chiaramente che il contributo della M capacity alle differenze individuali nella prestazione degli adulti è altamente significativo e che il contributo della velocità del rehearsal, sebbene significativo, ha un peso di gran lunga minore (cfr. Morra, 2015) [Morra, comunicazione personale].

4.2.3. Modelli di Baddeley e Pascual-Leone a confronto

Baddeley e Hitch (2000) si premurano di confrontare il loro modello con quello di Pascual-Leone[5]. Questa discussione viene propriamente riassunta in un articolo di Morra (2011) dove emerge che:

> [...] la questione della possibilità o meno di integrare i modelli della memoria di lavoro di Baddeley e di Pascual-Leone suscitò un dibattito, nel quale Baddeley e Hitch (2000) indicarono come un punto di forza della loro teoria l'individuazione di magazzini distinti per le informazioni verbali e per quelle visuo-spaziali, ma Pascual-Leone (2000) ribatté che la distinzione tra le conoscenze, rappresentazioni e abilità verbali e quelle visuo-spaziali era già ben nota dalle ricerche degli anni Trenta sulla struttura dell'intelligenza e che i presunti magazzini di servizio dominio-specifici possono essere nient'altro che un risultato della allocazione di risorse centrali alle procedure e alle rappresentazioni del dominio verbale o di quello visuo-spaziale. I risultati di successive ricerche di brain imaging (Jonides et al., 2005; Ruchkin et al., 2003) sembrerebbero dare ragione a quest'ultima posizione [Morra, 2011].

[5] Non si può non far notare che in tale articolo le citazioni di Baddeley e/o Hitch sono venticinque, contro una attribuita a Pascual-Leone (che appare nel titolo come modello contendente). Mentre nella risposta di Pascual-Leone a Baddeley e/o Hitch le citazioni si invertono (non pienamente), diciassette contro tre. Ovviamente ciascuno rimane apparentemente sulle proprie posizioni e Morra (2011) esprime il suo punto di vista sull'esito di tale confronto.

Per quanto riguarda le evidenze con lavori di neuroimmagine citate, possiamo analizzare brevemente ciò che viene affermato da Jonides, Lacey e Nee (2005) e da Ruchkin, Grafman, Cameron e Berndt (2003). I primi sostengono che:

> [...] il mantenimento in memoria di lavoro è mediato da quelle stesse strutture del cervello che elaborano l'informazione percettiva. Il rehearsal impegna una rete di aree del cervello che controllano anche l'attenzione a stimoli esterni tipo attenzione selettiva e controllo esecutivo frontale [Jonides, Lacey e Nee, 2005][6].

4.2.4. Studi dei modelli tratti dalle neuroimmagini

Ruchkin et al. (2003) utilizzano strumenti di indagine ad alta risoluzione temporale (potenziali evento-correlati e valutazioni di coerenza elettroencefalografica), più adatti delle risonanze e delle PET, per isolare "online" gli eventi mnestici-attentivi. Anche loro, come Jonides et al. (2005), rilevano che:

> [...] la fase di codifica nella WM risulta sostenuta dall'attivazione coordinata sia della corteccia prefrontale, che dei sistemi sensoriali posteriori, implicati nella percezione e comprensione degli stimoli. Inoltre, questo iniziale immagazzinamento sincronizzato incrementa anche aree della memoria a lungo termine sul materiale trattenuto nella WM [Ruchkin et al., 2003].

Quest'aspetto giustifica i modelli dell'"attivazione" come quelli di Pascual-Leone, Morra, Cowan, Engle, Kane e altri ancora che vedono anche la memoria a lungo termine implicata nel ricordo a breve. Aspetti che anche il modello di Baddeley ha comunque cercato di ricuperare dopo il 2000.

Già queste prime osservazioni fanno riflettere su alcune questioni. Il modello di Baddeley e Hitch (2000), storicamente così importante, soprattutto per i servosistemi linguistici e visuospaziali, ha avuto la necessità negli anni 2000 di adeguarsi alle numerose evidenze, integrando il "buffer episodico" per giustificare l'interazione con la LTM (già prevista ad esempio nei modelli di Pascual-Leone, 1987, e di Cowan, 1988). Soprattutto in questa fase ha cominciato a prevalere anche l'aspetto riferito all'esecutivo centrale che ha ottenuto maggiore attenzione nel tempo prendendo un'identità più definita (cfr. Repovš e Baddeley, 2006, e Hofmann et al., 2011). La memoria di lavoro di Baddeley si è pertanto caratterizzata sempre più come un sistema meno disincarnato, cercando di assomigliare ai modelli di attivazione che citeremo anche di seguito.

Pertanto, chi dice di rifarsi al modello di Baddeley dovrebbero specificare "quale" e di quale periodo, perché la trasformazione è stata radicale.

Aggiungiamo inoltre che Ruchkin et al. (2003) sostengono che:

> [...] questa attivazione evidenziata comincia durante la fase di codifica e si mantiene durante la fase di ritenzione evidentemente sostenuta dai sistemi di controllo prefrontali. La memoria a lungo termine fornisce le necessarie basi rappresentazionali alla WM per contrastare, quando è necessario, la proprietà del decadimento immediato che dimostrano le aree sensoriali quando lavorano nella fase percettiva.

[6] È bene rimarcare che in questo caso la reiterazione è avvenuta utilizzando stimoli di tipo visuospaziale.

Probabilmente, per non portare il sistema in sovraccarico, come descrivono Jonides et al. (2005), è necessario liberarsi dell'enorme quantità di stimoli che entrano ogni momento nei sistemi di elaborazione, per evitare ingorghi computazionali. Continuano Ruchkin et al (2003):

> La corteccia prefrontale in questo caso provvede a un sistema di "puntatori" attentivi per mantenere l'attivazione negli appropriati sistemi posteriori di elaborazione. La capacità di memoria a breve termine è determinata dai limiti al numero di "puntatori" che il sistema prefrontale di controllo riesce a sostenere [teoria dell'attivazione].

Questa descrizione fornisce una forte evidenza del funzionamento neuroanatomico del modello di WM di Pascual-Leone, di Morra e di quello di Cowan che vedremo fra poco.

#12. Alcune osservazioni collegano i circuiti cerebrali con diversi tipi di memoria e di attenzione

Jonides, Lacey e Nee (2005) sottolineano due punti importanti da condividere: 1) senza WM non potremmo ragionare, risolvere problemi, parlare e comprendere il linguaggio e intraprendere attività associate ai comportamenti "intelligenti"; 2) l'attivazione frontale sembra soprattutto importante durante la codifica e la ritenzione, quando altri stimoli creano interferenza, e le aree sensoriali posteriori sarebbero il primo sito dove avviene l'immagazzinamento della WM. Questa teoria dell'attivazione darebbe ragione ai modelli di Pascual-Leone e a quelli successivi di Cowan, di Engle e di Kane, che vedono il metaforico *spotlight*, che rappresenta il fuoco dell'attenzione spaziale, rivolto amodalmente verso la LTM.
Queste ultime due considerazioni inducono ad alcune riflessioni.

Dalla prima emergerebbe che *la memoria di lavoro è il supporto presente in tutti i processi.* Essa fornisce un contributo sostanziale soprattutto durante le attività complesse, sia linguistiche, visuopercettivo-costruttive, motorie o di problem solving.
La seconda riflessione è di tipo più teorico. Non possiamo fare a meno di notare che le stesse aree sensoriali che coinvolgono la WM sono in gioco e vengono attivate dagli engrammi mnestici a lungo termine, codificati e recuperati dall'ippocampo nei modelli di Squire, Stark e Clark (2004), definito "classico", e di Nadel e Moscovitch (1997) delle "tracce multiple". In altri termini, ci sono dei meccanismi nella LTM che, con le debite distinzioni, sembrano simili a quanto avverrebbe nella WM. Entrambi i modelli concordano sul fatto che si formano degli engrammi coordinati dall'ippocampo nelle aree sensoriali. I due modelli differiscono invece per l'interpretazione dei ricordi remoti. Secondo Squire, Stark e Clark (2004), le tracce mnestiche molto consolidate si riuniscono nella corteccia temporale anteriore e escludono nel tempo l'ippocampo, mentre per Nadel e Moscovitch (1997) l'ippocampo è sempre in gioco e costruisce nuove tracce al ripetersi dell'evento anche solo ripensato.
Questa seconda riflessione farebbe pensare che sia la WM, che la LTM condividono diverse aree di attivazione, come stanno sostenendo i modelli citati di memoria di lavoro che vedono dirette interazioni tra LTM e WM, come dimostrano con efficaci sperimentazioni anche Ruchkin et al. (2003).

Possiamo trovare nei diversi modelli neuropsicologici altre conferme che vorremmo far notare, non dimenticando di dire che sono processi analoghi e non uguali.
Citiamo il modello di Kosslyn (2005) quando descrive i meccanismi dell'immagine mentale. La dislocazione delle risorse attentive verso la periferia sensoriale avverrebbe nel buffer visivo (che equivarrebbe alle aree visive primarie). Quando si attiva nelle aree visive, l'immagine mentale sarebbe pronta per essere esplorata e elaborata dall'attenzione (rivolta verso l'interno). Ovviamente, anche questo Autore tiene a distinguere le note differenze di processamento nel buffer visivo tra la percezione e l'immagine mentale.

Interessante è anche il modello definito "a scivolo" di Cornoldi e Vecchi (2003). Tale modello è formato da un tronco di cono, l'area circolare minore è in alto e ad essa si innestano tanti cilindri che, invece, si separano scendendo verso il basso, collocandosi sulla base allargata in fondo al cono. Il modello, nato per la memoria di lavoro, ha diverse peculiarità: 1) è applicabile anche in contesti riguardanti diversi altri processi cognitivi; 2) parte dall'alto da un sistema comune, che fornisce risorse aspecifiche, per scendere verso il basso ad alimentare sistemi diversi con risorse specifiche (come viene intesa a livello di circuiti la modularità massiva e come descrivono Jonides et al., 2005; 3) prevede un continuum tra sistemi centrali e periferici (va oltre i discutibili aspetti "tutto e niente"; cfr. i capitoli precedenti e le critiche alle rigide dicotomie tra sistemi automatici vs controllati, tra modulo vs sistemi centrali, tra funzioni esecutive separabili vs non separabili); 4) introduce le influenze emotivo-motivazionali sul sistema (aspetti non trascurabili quando si tratta l'autoregolazione). In altri termini, è un paradigma che pur rimanendo a livello di una modellistica astratta, ha il pregio di restituire chiare esemplificazioni in linea anche con i riscontri che si hanno dagli studi con le neuroimmagini (alcuni già citati, mentre altri li introdurremo alla fine di questo capitolo). Inoltre, ha la preziosa caratteristica di non sbilanciarsi su ciò che non si sa.
Infine, riprendendo ancora Jonides et al. (2005), vogliamo richiamare questa frase: "Il rehearsal impegna una rete di aree del cervello che controllano anche l'attenzione a stimoli esterni, tipo attenzione selettiva e controllo esecutivo frontale". Questo è collegabile al modello di Morra (2015), che vede anche nel "rehearsal" l'impegno delle risorse. Il ciclo di reiterazione non sarebbe un mero processo linguistico a costo zero, ma assorbirebbe comunque energie che dipenderebbero dal materiale e dalla quantità di informazione da tenere attiva.

4.2.5. Conclusioni

In questo primo excursus storico sulla memoria di lavoro (non certamente esaustivo), si è passati da una iniziale descrizione di sistemi chiusi e contenuti in particolari aree, al concetto di attivazione di circuiti cerebrali, dove le risorse vengono spostate e si distribuiscono con disposizioni di circuiti che vanno consolidandosi nel tempo (anche a livello di incremento di fibre di collegamento tra le aree; cfr. Takeuchi et al., 2010). Tuttavia, come sostenevamo prima, la visione localizzazionista ha una lunga tradizione e permea ancora oggi, anche implicitamente, le descrizioni e le letture di dati riferiti a particolari modelli mentali.

4.3. Il modello di memoria di lavoro di Cowan

Cowan (1988, 2001) teorizza un modello di WM che interagisce con la LTM e si basa sulle attivazioni attentive. Mantiene le caratteristiche comuni di "capacità limitata" e di "ricordo a breve". In altri termini, descrive un sistema limitato nella portata e nel tempo come quello di Baddeley. Tale sistema viene rappresentato da un fuoco attentivo che ha un determinato campo di risoluzione (capacità limitata) rivolto verso le attivazioni in LTM (durata). In tal caso, il mantenimento del focus attentivo e del suo *scope* (inteso come un fascio di energia circoscritto) è dato dai sistemi di controllo esecutivo che, grazie alle risorse impiegate, riescono ad attivare un numero comunque limitato di schemi. Cowan et al. (2005) giustificano il modello anche da un punto di vista neuroanatomico e a tal proposito citano il lavoro già menzionato di Ruchkin et al. (2003). In tale studio, come già si è detto, si dimostra il collegamento tra le regioni frontali e quelle sensoriali posteriori, oltre che le attivazioni in LTM. Cowan ritraduce la memoria di lavoro in termini prettamente attentivo-esecutivi. Il focus attentivo introdotto da Cowan non deve essere confuso con le teorie del fuoco dell'attenzione spaziale. C'è una sorta di somiglianza quando quest'ultimo viene descritto con le caratteristiche dello zoom di una lente (Eriksen e St. James, 1986: Zoom Lens Theory)[7]. Tale teoria sostiene che il controllo di pochi eventi in un'area ristretta, ma molto concentrata, può essere più efficace rispetto all'elaborazione di più eventi in un'area più grande e con risorse più distribuite. Ovviamente, rimanere concentrati su una piccola area può essere controproducente per rilevare efficientemente ciò che avviene fuori da essa (Benso, Turatto, Galfano e Usai, 2002). Un modello del fuoco attentivo concepito a un livello più astratto e amodale sarebbe invece rappresentato dallo *scope* di Cowan, ossia un insieme circoscritto di attivazioni in LTM che danno conto della capacità limitata. Ripetiamo: la differenza sostanziale tra i teorici del fuoco dell'attenzione e il modello di Cowan è che l'Autore propone un fuoco dell'attenzione rivolto verso le rappresentazioni interne in LTM, non necessariamente visuospaziale, bensì aspecifico e, pertanto, disponibile ai diversi codici. Come abbiamo già visto in precedenza, tale fuoco viene sorretto e filtra le informazioni irrilevanti per mezzo delle risorse del sistema esecutivo e dei processi e meccanismi abituativi (Cowan, 1988); senza bisogno di chiamare in causa forme di inibizione strategiche.

4.4. Il modello della WMC e dell'Executive Attention di Engle, Kane e Tuholski

Kane, Conway, Hambrick e Engle (2007) descrivono l'evoluzione storica del modello della Working Memory Capacity (WMC), trattato nel precedente capitolo 3, ripartendo dal quello di Baddeley e Hitch del 1974. Riferiscono che tale modello, pur limitandosi a spiegare alcuni processi che si ottenevano da sperimentazioni mirate, induceva anche altri a sospettare che la WMC fosse un meccanismo centrale di tipo cognitivo di or-

[7] Per maggiori dettagli, cfr. anche Castiello e Umiltà (1990), Benso et al. (1998) e per quanto riguarda il "gradiente di risorse", che diventano meno intense quando si allontanano dall'area del fuoco attentivo: LaBerge e Brown (1989) e Benso et al. (2002).

dine superiore. Pertanto, teorizzarono che gli individui con WMC migliore avrebbero dovuto eseguire meglio compiti cognitivi complessi rispetto a coloro che presentavano debolezze in tale sistema. Tale importante predizione divenne testabile, dicono gli Autori, quando Daneman e Carpenter (1980) crearono la misura dello "span complesso", ponendo le basi per un approccio fondato sulle differenze individuali nelle ricerche sulla WMC. Si richiedeva la comprensione di frasi lette o ascoltate e contemporaneamente di eseguire un compito di memorizzazione (mantenendo l'ultima parola di ogni frase per un richiamo successivo). Le frasi aumentavano di una ogni volta, in modo da misurare lo span complesso con dei doppi compiti che inducevano ad incamerare informazioni di due processi simultanei. Tutto questo, secondo gli Autori, rifletterebbe l'idea di Baddeley e Hitch (1974), per i quali le componenti esecutive potevano essere misurate nei contesti dove è necessario elaborare doppi compiti. Una curiosa, ma importante informazione è stata fornita da Morra (comunicazione personale e pubblicata in Morra, 2002): egli indica che la vera paternità della misura degli span complessi non è di Daneman e Carpenter, ma di Case che ideò il Counting Span Test[8]. La vera storia è questa:

> In effetti Daneman e Carpenter (1980) è stato il primo lavoro pubblicato su span complessi. In realtà M. Daneman era una studentessa di Case, il quale inventò il counting span, che fu presentato al congresso SRCD (Society for Research in Child Development) nel marzo '79 (Case, Kurland e Daneman, 1979). Quindi la Daneman andò a lavorare con la Carpenter e per analogia inventarono il reading span e lo pubblicarono subito. Il counting span fu pubblicato da Case et al. solo nel 1982. Per questo tutti credono che gli span complessi siano nati da Daneman e Carpenter [Morra, 2002].

Kane et al. (2007) sostengono che il loro approccio enfatizzi la sinergia tra l'attenzione e la memoria, al fine di mantenere attivato e memorizzato l'accesso alle informazioni rilevanti per il compito in corso e, nel contempo, bloccare le informazioni irrilevanti (Engle e Kane, 2004; Engle, Kane e Tuholski, 1999; Kane e Engle, 2002). Sostengono inoltre che la loro teoria derivi in parte dal modello di Cowan (1995).

4.4.1. Il modello della Working Memory Capacity (da Kane et al., 2007)

Kane et al. (2007) presentano in questo studio il modello per esteso dell'Executive Attention. Esso prevede tre sistemi interagenti così suddivisi per compiti.

Il *primo sistema* sarebbe quello della memoria a breve termine. È visto come un metaforico magazzino rappresentato dalle tracce sopra soglia attivate nella LTM. Queste tracce possono essere mantenute vive nel campo del fuoco dell'attenzione (consapevolezza cosciente), oppure attraverso un *secondo meccanismo* composto da servosistemi, come un ciclo di reiterazione specifico per dominio; oppure, ancora, da processi di codifica che formano raggruppamenti dei materiali e/o immagini mentali. Infine, come *terzo*

[8] Il compito consiste nel contare dei gettoni disegnati in ordine sparso entro dei riquadri e di ricordarne il numero totale. Si inizia da una serie da due cartelle e poi si incrementa; alla fine di ogni serie il soggetto deve ripetere tutti i numeri dei gettoni contati. Se la serie è di tre riquadri, il soggetto dovrà ripetere tre numeri, se è di quattro riquadri, quattro numeri e così via. Aumentando gradualmente le cartelle, si arriva a valutare il "counting span" del singolo individuo.

sistema, vi sarebbero i processi dell'Executive Attention dominio-generali. Quest'ultimo sistema sosterrebbe l'attivazione del fuoco attentivo e sarebbe utile per ricuperare informazioni non più attivate fuori dal focus. Questo processo è particolarmente utile quando le routine di codifica e raggruppamento e il ciclo di reiterazione non sono praticabili o utilizzabili in particolari contesti (ad esempio, con materiale visuospaziale nuovo o con la sovrapposizione di più compiti come quelli già citati sopra introdotti da Daneman e Carpenter, 1980).

4.4.2. Un esempio per chiarire i termini e le funzioni riferibili alla WMC

Se si memorizza a breve termine la sequenza di numeri 3 6 9 8 5 7, per mantenerli in memoria viene utile il ciclo di reiterazione (rehearsal, ripetizione continua della serie dei numeri); si può, così, scaricare in parte l'esecutivo[9], mantenendo viva quasi "linguisticamente" la sequenza, finché non viene il momento di produrla. Inoltre, è anche possibile operare raggruppamenti e formare così due (369 857) o tre (36 98 57) chunk. In questi casi, l'impegno dell'esecutivo è presente durante le prime operazioni strategiche, poi viene in parte scaricato e si misura una memoria più lineare (nel senso che l'elaborazione trasforma il materiale, ma non ne cambia né l'ordine, né la quantità, né richiede altre memorizzazioni concomitanti), che utilizza i servosistemi indicati da Baddeley (1986). Tuttavia, se dobbiamo ricombinare tale sequenza tenendola in memoria e rispettando l'ordine di grandezza (3 5 6 7 8 9), o peggio ancora l'ordine alfabetico (cinque, nove, otto, sei, sette, tre), vi è un processo di WMC che si appoggia pesantemente sull'esecutivo centrale. Quest'ultima operazione è cognitivamente "complessa" perché deve vincere due tipi di interferenza: quella dell'ordine di somministrazione e quella della grandezza del numero. Queste forme di "rielaborazione in memoria" richiedono risorse e non poche funzioni esecutivo-attentive e, come dicevamo più sopra, portano ad essere critici verso la tendenza di considerare l'updating come una delle tante funzioni esecutive. Ciò è ancora più dissonante se si tengono ben presenti gli studi di Engle e Kane (2004), quello di Engle (2002) e di McCabe et al. (2010), dove si dimostra che la WMC sarebbe Executive Attention. Come abbiamo detto, Engle titolerà un suo studio del 2002 "Working Memory Capacity as Executive Attention". Pertanto, risulta che la WMC sarebbe un sistema multicomponenziale che si esprime con le diverse funzioni esecutive, che appaiono presenti, ma scarsamente separabili.

L'Executive Attention e la WMC si sovrappongono oltre che nel lavoro di McCabe et al. (2010), anche in diversi altri studi; citiamo per tutti quelli Kane et al. (2007) e di Engle (2002), dove emergono analogie tra i compiti di riaggiornamento in WMC e prove di controllo attentivo come: l'antisaccade, lo Stroop, e l'ascolto dicotico di doppie liste[10].

[9] Solo in parte, come abbiamo visto prima (Jonides, Lacey e Nee, 2005, e Morra, 2015), e l'impegno dipenderà anche dal tipo di materiale e dalla lunghezza della sequenza.

[10] L'*ascolto dicotico* è un paradigma che mette in gioco l'attenzione uditiva. Il soggetto sente contemporaneamente in cuffia due messaggi diversi per ogni orecchio. Deve spostare l'attenzione su l'uno o sull'altro canale (in base a precise indicazioni in precedenza concordate con lo sperimentatore). Il compito sarà quello di rispondere solo a ciò che percepisce nel canale atteso, subendo ovviamente la forte interferenza del canale disatteso.

I test sopra citati, tra l'altro, non farebbero parte di quei compiti esecutivi, definiti complessi da Miyake et al. (2000), come il Wisconsin, la Torre di Londra, il FAS, illustrati nel capitolo 3; quindi, i risultati sono molto interessanti, vanno sempre nel senso di un sistema unitario e multicomponenziale e indicano come sia impossibile ridurre un test, sempre ricco di componenti, a rappresentare una funzione esecutiva semplificata idealmente.

Il sistema della WMC avrebbe la funzione di *mantenere attivato nel tempo lo scopo del compito e di controllare le interferenze del materiale distraente* (Engle, 2002; Engle e Kane, 2004). Se ne ricava immediatamente che, nonostante la parvenza di modello unico[11] i servosistemi implicati sono: le funzioni di controllo, di shifting, di memoria, di allerta, di attenzione sostenuta e altro ancora[12].

4.4.3. Sintetizzando il modello della WMC o dell'Executive Attention

Il modello presentato da Engle, Kane (e altri autori ancora) è molto simile a quello di Cowan e, se si va oltre la terminologia e la specificità della teoria degli operatori costruttivi, anche a quello di Pascual-Leone e Morra. Si può sintetizzare come un sistema che comprende diverse componenti: una STM lineare, teorizzata non con concetti localizzazionisti, ma come un insieme di specifiche attivazioni in diverse aree sensoriali collegate tra loro, che vengono mantenute dentro lo *scope* di un fuoco attentivo a capacità limitata. La STM è adatta a trattenere brevemente del materiale ed è aiutata da servosistemi come i cicli di reiterazione e i possibili raggruppamenti strategici. In questo caso vi è un intervento dell'Executive Attention minore, anche in funzione del tipo di informazione. In una prova di apprendimento lessicale con parole nuove (non parole) abbinate ad oggetti, Morra e Camba (2009) dimostrano che la maggior lunghezza delle non parole fa aumentare il numero di schemi da considerare, assorbendo, pertanto, più risorse. L'Executive Attention è adatta a rielaborare materiale, mantenere attive le informazioni che hanno perso temporaneamente attivazione, fuori dal fuoco dell'attenzione, ma ancora necessarie per il raggiungimento di uno scopo anche non immediato. Kane e Engle (2002) si esprimono anche sui circuiti cerebrali coinvolti, dicendo che la visione prevalente è quella di indicare la *corteccia dorsolaterale prefrontale (DLPFC) come parte di un circuito critico per le funzioni dell'attenzione esecutiva*; sostengono che il materiale da mantenere attivo in memoria, con una concomitante interferenza (da doppio compito), richiede l'intervento di un sistema attivo come la WMC, che è anche portata a concentrare l'attenzione e a spostarla (switching). Sempre questi Autori concludono ribadendo che vedono come un fattore comune alle diverse prestazioni dell'Executive Attention

[11] Ciò induce a volte ad inserire questi Autori nel "modello unico", soprattutto quando si fanno distinzioni dicotomiche rigide; cfr. ad es. Miyake, Shoda e Rodriguez, 1999).

[12] Queste sono informazioni intriganti per diversi motivi. Miyake e Friedman (2012) mettono in evidenza che i test che per loro rappresentano l'inhibition (già estratti come variabili latenti) correlano con l'updating per un valore di 0.77! Questo dato, anche se in parte è un artefatto dell'analisi fattoriale confermativa (che eleva le correlazioni tra i costrutti in questi tipi di modelli), è comunque importante: farà dire agli Autori che vi è unità e diversità tra le funzioni esecutive (anche se molti le continueranno a considerare come separate e indipendenti e ad utilizzare singoli test pensando di poterle misurare direttamente).

> [...] l'abilità di mantenere una rappresentazione in memoria in uno stato di attivazione, nonostante la quantità di distrattori nel contesto; quell'abilità dell'Executive Attention che è critica per predire il successo tra le diverse funzioni dei domini cognitivi di ordine elevato, e che è particolarmente supportata dai neuroni della DLPFC [Kane e Engle, 2002].

4.5. Prime riflessioni riassuntive su WMC ed Executive Attention

L'Executive Attention è di fondamentale importanza per sostenere tutti i processi cognitivi. Pertanto, la fragilità di tale sistema è rilevabile, anche indirettamente, per le difficoltà che il soggetto può manifestare negli apprendimenti e nelle diverse attitudini scolastiche e extrascolastiche. Il poterla misurare e sapere come si sollecita è un punto cruciale per la neuropsicologia cognitiva, nel senso di poter organizzare e chiarire meglio i dati che emergono dai set diagnostici in funzione di creare protocolli (ri)abilitativi. Dal nostro punto di vista, questi modelli, compreso quello di una teoria modulare incarnata (*embodied cognition*), permettono di affrontare con margini di spiegazione più soddisfacenti le patologie più diverse a partire dall'età evolutiva, per arrivare agli adulti lesionati, fino agli anziani con principi di demenza. Sapendo della trasversalità della WMC e della possibilità di transfer, se si riesce a migliorarne la funzionalità, molti altri sistemi cognitivi complessi da essa supportati progrediscono, come vedremo nel paragrafo 4.7 che si occupa della letteratura riferita al trattamento della WMC.

Preferiamo rapportarci ad un modello multicomponenziale variegato come quello dell'Executive Attention, che contiene tutte le funzioni impiegate in base allo scopo in maniera diversa, piuttosto che a singole funzioni che esistono, ma non possono esprimersi come isolati servosistemi specifici quali non sono (come indica anche Duncan, 2001). I costrutti scelti come FE sono già di per sé dei processi complessi (ad esempio, un processo inibitorio per esprimersi ha bisogno del sostegno della memoria, dell'attenzione e di altro ancora). *In altri termini, le comunalità che emergono dopo l'estrazione delle variabili latenti nei lavori di Miyake e collaboratori sono il chiaro indizio della multicomponenzialità dello specifico processo di una singola funzione esecutiva.* O meglio ancora, l'esempio che qualsiasi compito è un insieme di funzioni complesse e non può rappresentare processi unici e circoscritti di una singola funzione esecutiva. *I test sono "impuri" sia per l'implicazione dei sistemi periferici indispensabili per la loro risoluzione, che per l'intervento di diverse funzioni durante lo svolgimento del compito.*

Vi sono importanti evidenze di "unicità multicomponenziale" anche dagli studi svolti con neuroimmagini. In questo caso dobbiamo dire che sono stati validati i modelli sia di unicità, che di separabilità, ma tutto dipende da come vengono impostati i lavori, commentati i dati, estratte le attivazioni delle aree di interesse. Risulta sempre autorevole, nonostante siano passati degli anni, il lavoro di Duncan e Owen (2000), che sfocia nell'*adaptive coding model* di Duncan (2001). Tale modello si sorregge sull'evidenza fornita dalle neuroimmagini e dalle ricerche sul singolo neurone con elettrodi impiantati. Le aree attive durante i compiti esecutivi dimostrano una variabilità che non è da interpretarsi come dovuta all'intervento di funzioni discrete e separabili, ma come una particolare sintonizzazione dei neuroni che si adattano al tipo di compito. Ad esempio, isolando dei neuroni sensibili all'oggetto e altri alla localizzazione, si rileva che quando il compito è decisamente centrato sull'oggetto i neuroni della localizzazione scaricano meno, comunque scaricano! Vale anche la situazione opposta, si nota una sorta di modulazione del segnale che si conforma al compito richiesto. In altri termini, non vi sono attivazioni di aree o di specifici neuroni "tutto o niente", ma il sistema mette in gioco tutti gli aspetti funzionali che interagiscono privilegiando quello più adatto al compito del momento. È, appunto, un "modello di codifica adattivo", che spiega il gioco interattivo delle funzioni della corteccia prefrontale e che si configura ogni volta col tipo di prova, cambiando pattern di attivazione in base alla richiesta del compito[13].

4.6. La funzionalità della WMC è migliorabile!

Le teorizzazioni sulla memoria di lavoro del modello di Baddeley hanno influenzato il modo di pensare e le supposizioni fatte su altri sistemi come quelli modulari. Tuttavia, si ha la sensazione che molti teorici si siano fermati alla fase prima del 2000, non recependo le modifiche del buffer episodico e dell'ulteriore frazionamento del sistema esecutivo. Non è difficile intuire come abbiano potuto affermarsi idee sulla non modificabilità del sistema stesso, a volte anche supportate dall'utilizzo di metodi di intervento consequenziali al modello di allora e, pertanto, inefficaci e poco articolati. Tali interventi sono ancora oggi proposti in molte realtà cliniche con poco successo, perché sono schematici, automatizzanti, stereotipati. Hanno il grosso difetto di coinvolgere poco quei sistemi che facilitano e aiutano a smuovere e a sedimentare i miglioramenti come, appunto, l'Executive Attention e pertanto la WMC.

Tradizionalmente, la memoria di lavoro era conosciuta per essere un sistema a capacità limitata, non suscettibile di miglioramento (cfr. ad es., Niaz e Logie, 1993; Garavan, Kelley, Rosen, Rao e Elliot, 2000). Tuttavia numerosi studi (compresi alcuni nostri), più centrati sulla stimolazione della WM, hanno ormai falsificato questa linea di pensiero conservatrice e disincarnata, ottenendo risultati positivi dalla stimolazione della WM. Vi sono da registrare miglioramenti su bambini e adulti, sia di tipo cognitivo, sia di tipo strutturale (cerebrale). Attualmente, se si rispettano alcune regole (si rimanda al capitolo 2, all'appendice vi e a Benso, in preparazione) vi è la possibilità di intervenire positivamente su questo sistema. Forse le idee negazioniste ne hanno ritardato le applicazioni che in questo momento, comunque, hanno trovato sempre più spazio, rinforzate anche dai sorprendenti risultati emergenti in letteratura, che condivideremo in parte in questo capitolo.

4.6.1. Riflessione sulle metanalisi

Vi sono molte evidenze di trattamenti che funzionano e che non funzionano e le metanalisi forniscono risultati positivi e negativi. Queste ultime, quando rilevano deboli "dimensioni dell'effetto", non arrivano in generale a negare il miglioramento dei training

[13] Quest'aspetto metterebbe in seria difficoltà tutti i lavori che, somministrando diversi compiti e ottenendo attivazioni di circuiti cerebrali sovrapposti e non, si schierano poi, immediatamente, per la separabilità delle funzioni esecutive.

sulla WM, oramai incontrovertibili. Vi sono anche conferme aggiuntive e rinforzanti, date dalla plasticità cerebrale. Alcune analisi mettono in dubbio il transfer sulle altre abilità non trattate direttamente, come intelligenza fluida, lettura, calcolo, problem solving e altro ancora. Pur valutando che la WMC alimenti trasversalmente tutti gli apprendimenti complessi, come abbiamo esplicitato nel capitolo 2 parlando di "discrepanza fisiologica", ipotizziamo che vi siano differenze di accesso nei diversi circuiti disposizionali. Differenze dovute alla genetica, all'ambiente, a predisposizioni nello sviluppo di determinati network. Pertanto, teorizziamo che le singole abilità (lettura, calcolo, ecc.) vadano esse stesse sollecitate per intervenire direttamente nel circuito che le contraddistingue (modularità massiva) e, di conseguenza, determinati training possono essere più indicati per un'abilità piuttosto che per un'altra.

In letteratura, comunque, si riscontra l'alternarsi di metanalisi a favore e contro il transfer. Bisogna notare che spesso quelli che negano le possibilità di migliorare nelle abilità non trattate, producono metanalisi caratterizzate da troppe variabili eterogenee e da tempi di trattamento molto brevi. Vi è un importante lavoro di Takeuchi et al. (2010), nel quale si rileva che i potenziamenti e i cambiamenti strutturali, a livello cerebrale, necessitano e dipendono dalle (molte) ore di trattamento. L'aumento di fibre della sostanza bianca del corpo calloso, che collegano le due cortecce dorsolaterali prefrontali, sono in relazione lineare con la quantità di ore di allenamento della WMC (Takeuchi et al., 2010).

Un altro aspetto cruciale è la scelta dei lavori da inserire nelle analisi. Siamo a conoscenza di trattamenti cognitivi che sarebbero da citare come modello di come non si dovrebbe impostare un training (abbiamo specificato sopra alcune caratteristiche necessarie), ma nulla vieta che si trovi il motivo per inserirli come "trattamenti cognitivi" insieme ad altri ben diversi. Si confonde il "bias di pubblicazione"[14] con questi inserimenti impropri. Si sa che il "bias di pubblicazione" va compensato, ma in teoria solo con gli studi concettualmente simili a quelli considerati, che non hanno ottenuto effetti significativi (magari per questo non pubblicati). In effetti, una metanalisi che aumenti il campione di riferimento su di un farmaco che mantiene invariate molte caratteristiche è più indicata ed ha un senso diverso rispetto all'applicazione che se ne fa in psicologia, dove le etichette diagnostiche sono sfuocate (gruppi patologici non ben definiti) e il termine trattamento può voler dire un'infinità di pratiche diverse. Lo strumento statistico delle metanalisi è utile, ma a volte "cieco" all'evidenza clinica. Come quando si svolgono analisi ineccepibili da un punto di vista statistico su costrutti discutibili con test non appropriati (cfr. Shallice, 1988, e capitolo 1). Strumenti preziosi che, però, non dovrebbero essere utilizzati solo al livello delle "istruzioni per l'uso": ci sono molte altre criticità e conoscenze da considerare.

[14] Il "bias di pubblicazione" si riferisce alla tendenza a pubblicare solo i lavori che danno risultati significativi. Pertanto, nelle metanalisi verrebbero a mancare le prove sul trattamento indagato che non ne hanno rilevato l'efficacia. Per compensare tale mancanza, si vanno a cercare anche lavori non pubblicati. Bisogna convenire che, anche per questo aspetto, questa metodologia è più congeniale e importante nella ricerca medica su di un singolo farmaco.

4.6.2. A titolo di esempio portiamo alcuni studi sulle metanalisi riferite ai trattamenti

Melby-Lervåg e Hulme (2013) trovano un complessivo miglioramento della memoria a breve termine, ma emerge poca dimensione dell'effetto, quindi quasi nulla per i transfer nelle abilità non trattate. In questo caso, vengono considerati 23 lavori con 30 gruppi indipendenti. Bisogna subito rimarcare che le ore di trattamento della maggior parte dei lavori isolati sono risultate poche; alcuni si sono svolti attorno alle cinque settimane e i trattamenti stessi erano molto (troppo) diversi (CogMed, Jungle Memory, N-back training, Cognifit e "altri studiati dagli stessi sperimentatori"). Visti i giorni di trattamento molto limitati per quasi tutti i lavori, l'efficacia poteva essere solo minimamente percepita. Inoltre, le variabili considerate, pur tenute sotto controllo dal modello statistico, erano molto numerose: 1) età (adulti giovani e anziani sani e patologici; bambini con sviluppo tipico e atipico); 2) dose di training (tempi di somministrazione); 3) procedure utilizzate per separare i gruppi (sperimentale e controllo); 4) tipo di controlli per valutare i bilanciamenti nei gruppi; 5) stati degli apprendimenti; 6) tipi di trattamento (abbiamo visto sopra quanti sono). Le variabili valutate erano i progressi nella WM e nelle abilità non trattate (intelligenza intesa come fattore Gf, apprendimenti, ADHD) a breve e a lungo termine (massimo 9 mesi). Tutto ciò, vista l'eterogeneità non comparabile, non può aver favorito le dimensioni degli effetti. Inoltre, a nostro parere, la maggior parte dei training era computerizzata, perdendo quel fattore umano coinvolgente e sollecitante fornito da un operatore in "collegamento empatico", sempre presente durante il training (come poi dimostrato nelle metanalisi da Schwaighofer, Fische e Buhner, 2015; cfr. capitoli 2 e 5).

Successivamente, in un'altra metanalisi, Au et al. (2014), valutando 20 lavori, trovano benefici del training in WM e nel fattore Gf (intelligenza fluida), a dimostrazione del transfer. A differenza di prima, questo lavoro è stato impostato con un modello meno "dispersivo", più coerente con lo spirito delle metanalisi, nel senso che ha utilizzato studi svolti con un unico training (n-back) su soggetti adulti.

In uno studio ancora successivo, Schwaighofer et al. (2015) producono critiche puntuali su quanto pubblicato da Melby-Lervåg e Hulme (2013). Tale critica coincide per molti aspetti con quello già evidenziato da noi più sopra: l'efficacia è limitata perché si rivelano troppo esigui i tempi di somministrazione e *la supervisione di un operatore durante il training è un fattore utile al miglioramento!* Lo studio di questi Autori analizza le tendenze favorevoli all'efficacia dei training e lo consigliamo come lettura scientifica a tutti coloro che si occupano di (ri)abilitazione. In questo lavoro, gli Autori inseriscono nelle metanalisi 46 studi con 65 gruppi a confronto. I risultati, che risentono delle criticità sovraesposte, rivelano tuttavia miglioramenti immediati della WM che evidenziano una dimensione dell'effetto g che va da 0.37 a 0.72 e con il mantenimento dopo la sospensione. Trovano effetti minori e non persistenti nelle abilità verbali e non verbali e nessun effetto nelle abilità matematiche.

4.6.3. Riassunto con riflessione conclusiva sulle metanalisi

Le riflessioni che si possono fare sono diverse. La prima è che le metanalisi sono più indicate a livello biomedico quando si vuol allargare il campione per valutare l'efficacia o la non pericolosità di una medicina. In questo caso il composto è lo stesso e diminuisce di molto la variabilità. Nel caso dei trattamenti cognitivi è un "mare magnum" difficile da mettere assieme. Quelli computerizzati forse sono i più stabili e confrontabili rispetto a quelli somministrati con particolari procedure da operatori formati (come noi proponiamo).

Il fatto che in clinica si siano verificati casi di trattamenti che per i quali non si è riscontrato miglioramenti o che non hanno goduto del beneficio nel tempo, è comunque una preziosa informazione da non lasciar sfuggire. Se si allarga il punto di vista, si notano aspetti comunque utili per capire perché certi trattamenti funzionano e altri no. In tal caso vengono fornite indicazioni su ciò che è bene evitare e su cosa è assolutamente necessario fare, come il lavoro di Schwaighofer et al. (2015) sembra suggerire. Inoltre, viene da formulare anche un'ipotesi secondaria, affermando che i miglioramenti che si ottengono con training appropriati non sono dovuti all'effetto placebo. Se nonostante l'applicazione di un trattamento niente si è ottenuto, ciò esclude anche l'effetto dell'"accudimento" del paziente da tener presente nei disegni sperimentali. Tutto ciò ci suggerisce che, comunque, è difficile smuovere la WM per "suggestione", ma sono necessari esercizi ben studiati e calibrati.

Secondo i nostri studi tali esercizi devono essere in grado di attivare le cortecce frontolaterali e, pertanto, la Executive Attention durante le fasi di (ri)abilitazione o di apprendimento. Non devono ridursi a quelle attività che si svolgono in modo stereotipato, producendo meri automatismi, cadendo negli schemi di lavoro chiusi anche modularmente (come molti trattamenti ancora propongono; cfr. anche il nostro lavoro sperimentale 1 in appendice v). L'altro punto debole, spesso verificato in (ri)abilitazione è quello di far lavorare i soggetti al livello della disabilità che non si sta affermando (ad es., abilitare la lettura solo con la lettura, l'attenzione sostenuta con l'attenzione sostenuta, l'accesso lessicale con l'accesso lessicale). Anche in questo caso poco si ottiene, perché bisogna "scendere" a lavorare sui prerequisiti tenendo attivate le aree prefrontali laterali (la teoria dei tipi e delle tassonomie si afferma anche nella (ri)abilitazione). Inoltre, la presenza empatica e trainante di un operatore ben formato è indispensabile (Schwaighofer et al., 2015) e, oltre ai sistemi centrali, vanno trattati anche i moduli deboli (non accontentandosi dell'ipotetico transfer) (Benso, in preparazione).

4.7. Emerge l'importanza della WMC per gli apprendimenti e la possibilità di migliorarla con evidenti risultati sia di tipo cognitivo che strutturale-cerebrale

Le precedenti metanalisi hanno anche avuto il compito di far entrare indirettamente in gioco gli insuccessi come necessario bilanciamento. Tuttavia, valutate le inadeguatezze emerse sia nei tipi di trattamento, sia negli inserimenti forzati di protocolli incompatibili tra loro, si riscontrano comunque miglioramenti nella WM e in alcuni tipi di transfer. Ciò ci induce ad elencare molti dei lavori che appaiono nelle metanalisi citate, lavori che ottengono comunque dei risultati interessanti e che aprono la strada per affrontare con più fiducia lo studio e l'applicazione dei training.

4.7.1. Una serie di trattamenti applicati con successo su soggetti adulti e anziani

Anche l'intelligenza fluida (quella che non dipende dalla cultura e dal sapere pregresso) è supportata dall'Executive Attention (Jaeggi, Buschkuehl, Jonides e Perrig, 2008). Questi Autori trattano la WMC di soggetti adulti attorno ai 25 anni con esercizi di n-back sia uditivi, che visivi. Il loro lavoro mette in evidenza il tranfer, perché i soggetti migliorano i punteggi ai test che valutano l'intelligenza fluida. Inoltre, dimostrano che l'effetto del trattamento è "dose-dipendente": più sono le ore di training, più aumenta il valore che misura l'intelligenza.

Borella, Carretti, Riboldi e De Beni (2010), trattando anziani dai 65 ai 75 anni con prove che impegnano la WM, trovano miglioramenti diretti e transfer su diverse altre abilità, tra cui l'intelligenza fluida e, soprattutto, rilevano il mantenimento dell'effetto del trattamento nel gruppo sperimentale dopo otto mesi per l'intelligenza fluida e la velocità di processamento.

Shiran e Breznitz (2011) studiano soggetti adulti, in questo caso 45 dislessici e 50 buoni lettori, divisi in quattro gruppi (due di dislessici e due di buoni lettori). Nel gruppo sperimentale e nel gruppo di controllo i soggetti entrano misti (un gruppo di dislessici e uno di buoni lettori). I trattamenti sono di due tipi: esercizi sulla WM per lo sperimentale e lettura di frasi per il controllo. Nella situazione sperimentale si ottengono incrementi nella WMC in entrambi i gruppi e per ciò che riguarda il transfer nella velocità di lettura, nella comprensione del testo e nella P300[15], rilevata durante compiti di memoria di lavoro. Mentre nei gruppi che si dedicano solo alla lettura non emerge nessun miglioramento. Questo è un esempio pratico di come sia importante trattare anche i processi fondanti e non la superficie che appare da abilitare, in questo caso non solo la lettura, come dicevamo appena più sopra.

Sempre con soggetti dislessici adulti, Horowitz-Kraus e Breznitz (2009) trovano come transfer, dopo stimolazione della WM, un aumento della velocità di lettura e dell'onda che misura la ERN (negatività correlata all'errore), un indice ricavato attraverso gli ERP, associato alla capacità di prendere consapevolezza dell'errore. Secondo gli Autori ciò dipenderebbe dall'efficienza della WM; i soggetti dislessici dimostrano di avere un debole ERN che migliora (con la consapevolezza) stimolando la WM.

[15] La P300 è un'onda ERP (potenziale evento-relato) che si forma appunto circa 300ms dopo l'apparizione dello stimolo. Sembra rappresentare il completamento gestaltico e il riconoscimento dell'oggetto presentato. Come dicono gli Autori, sembra in relazione con il riaggiornamento in memoria di lavoro (cfr. anche Grune, Metz, Hagendorf e Fischer, 1996; Humphrey e Kramer, 1994; Smith-Spark e Fisk, 2007). Breznitz (2006), Breznitz e Misra (2003), Miller-Shaul e Breznitz (2004) esaminano con gli ERP soggetti dislessici durante la lettura e la decodifica di parole. In questo caso risultava che i soggetti definiti dislessici avessero un ritardo nella P300 di circa 50-90ms.

#13. Riflessioni sui trattamenti e gli esperimenti sulla memoria successiva

Questi primi lavori analizzati portano alcuni esempi di trattamenti riusciti su soggetti, in questo caso adulti. Cominceremo ora a farci un'idea più completa di quanto l'ambiente riabilitativo ispirato dai modelli della WMC a sostegno dei moduli sia più efficace rispetto a quello solo modulare, più tradizionale e diffuso, che può aver favorito risultati poco convincenti portando ad affermazioni come: "giunti a una certa età non c'è più niente da fare"... "i trattamenti non funzionano" ..., oppure: "i risultati ottenuti regrediscono dopo poco tempo". Come abbiamo già spiegato, sono generalizzazioni indebite riferite a un ipotetico stereotipo del termine "trattamento", che viene frainteso come una singola medicina che dovrebbe essere uguale per tutti. In realtà, agendo sugli stati attentivi, si diversificano anche i trattamenti che utilizzano gli stessi materiali.

Come si può notare dai lavori presentati e da quelli che seguiranno, si è aperta una nuova era per i trattamenti cognitivi. Si rimarcano progressi che si mantengono nel tempo, si configura un transfer di contesto più facile e quasi obbligato dal laboratorio all'ambiente. Tale nuova era deve fare i conti con una tradizione sfiduciata da pratiche poco efficaci (seguita da pubblicazioni che vanno in tal senso), abituata a interventi fondati su tecniche basate sugli automatismi, che spesso non tengono conto dei servosistemi sottostanti e dei processi ontogeneticamente più precoci comunque da stimolare (attenzione e memorie). È una conoscenza già nota da tempo negli ambiti dell'"alta cultura tradizionale", dove si muovono maestri di sport di alto livello, grandi artisti, musicisti, danzatori, ecc. Essi sanno bene, senza dover conoscere le neuroscienze e la psicologia cognitiva, che poco si ottiene senza stimolazioni che impegnino quello che per noi è l'Executive Attention (ad esempio, attraverso l'utilizzo di doppi compiti; cfr. appendici v e vi).

Anche i clinici stanno accedendo a tale conoscenza, grazie all'avvento delle neuroscienze e allo studio di quelle funzioni esecutive interagenti nella WMC.

Si è arrivati a confermare tutto ciò anche con le ricerche sulla *memoria successiva*. Questa definizione si riferisce a particolari studi, dove si è scoperto che gli scienziati possono fare previsioni sul materiale ricordato o dimenticato in base alle attivazioni cerebrali (soprattutto l'area prefrontale laterale) che osservano durante le fasi di apprendimento. Questa è un'informazione preziosissima per chi si occupa di (ri)abilitazione e di apprendimenti! Sono di interesse, in tal senso, tra i numerosi lavori, quelli di Wagner et al. (1998), Paller e Wagner (2002), Rypma e D'Esposito (2003) e Blumenfeld e Ranganath (2006)[a]. È una vera e propria nuova era della riabilitazione che dev'essere ulteriormente sviluppata. Per quanto ci riguarda, il punto nodale è stato l'aver scoperto come attivare queste aree durante i trattamenti e i potenziamenti (alcuni lavori sono citati in questo volume: viene data dimostrazione, e con quali prove, di come si ottengano le attivazioni della DLPFC, come nello studio di D'Esposito et al., 2000). I progressi ottenuti con i nostri trattamenti in età dello sviluppo, con sportivi da potenziare, con gli adulti traumatizzati, con gli anziani (come vedremo tra poco), sono dovuti anche alla sistematica stimolazione delle aree sopra citate, attraverso diversi esercizi che sollecitano l'Executive Attention. Tali esercizi interessano e coinvolgono genericamente i diversi profili delle funzioni attentive esecutive, con l'aggiunta, da parte nostra, di una puntuale ricerca degli stati attentivi, di consapevolezza del pensiero e altro da promuovere durante il training.

[a] Blumenfeld e Ranganath (2006) titolano appunto: "Dorsolateral prefrontal cortex promotes long-term memory formation through its role in working memory organization".

4.7.2. Evidenze di miglioramento della WM con transfer sulle abilità non trattate direttamente nei bambini e negli adolescenti ADHD o con disturbi di apprendimento

Holmes et al. (2010) somministrano training che sollecitano la WM nei bambini con ADHD (con o senza farmaco stimolante) e riscontrano miglioramenti dovuti al farmaco nella memoria visuospaziale, miglioramenti dovuti al training nella WM e anche nelle abilità cognitive non trattate. Nel caso dell'ADHD è più probabile il transfer sulle abilità non trattate, perché in potenza tali soggetti, spesso, hanno già queste abilità sviluppate che non esprimono, semplicemente perché non sono costanti nelle performance e staccano precocemente l'attenzione.

Klingberg et al. (2005) trattano per 5/6 settimane con compiti di WM soggetti dai 7 ai 15 anni con diagnosi di ADHD divisi in due gruppi a doppio cieco (trattati/non trattati). Ottengono significativi miglioramenti rispetto ai controlli anche in abilità non trattate, come quelle richieste dalle *Coloured Progressive Matrices* (CPM; Raven, Court e Raven, 1995), un complesso compito di ragionamento su materiale non verbale. È importante anche la segnalazione del miglioramento del controllo dell'iperattività motoria. Ottengono gli stessi risultati con adulti non ADHD e concludono affermando:

> [...] tale trattamento migliora le performance nei compiti correlati con le funzioni frontali ed ha effetto regolarizzante anche nell'attività motoria nei bambini con ADHD. I risultati, pertanto, suggeriscono che i trattamenti della WM possono avere un utilizzo clinico per migliorare i sintomi dell'ADHD [Klingberg et al., 2005].

Bergman-Nutley e Klingberg (2014) somministrano training per la WM per 5 settimane a 176 soggetti tra i 7 e i 15 anni con deficit di WM. Questi soggetti migliorano, rispetto a un gruppo di controllo, nell'abilità a ricordare e nell'aritmetica. Il transfer è correlato con il miglioramento in WM, che a sua volta è correlata con l'intensità nei ritmi e nei tempi di somministrazione del training. *Gli autori trovano interessante poter pensare di abbinare ai trattamenti per la matematica, i training per la WM* (come da noi sostenuto: cfr. Benso, 2004a, e appendice v) per ottenere miglioramenti più incisivi.

Loosli, Buschkuehl, Perrig e Jaeggi (2011) allenano la memoria di lavoro e ottengono miglioramenti nella lettura di bambini con sviluppo tipico. Come si vede, il transfer ogni tanto si afferma trattando un processo così basilare e trasversale come la WM.

Lo studio di Dahlin (2010) è un esempio guida dei modelli che vedono la WM come necessario supporto per lo sviluppo degli apprendimenti complessi. Questa ricerca esamina la relazione tra la WM e il conseguimento dell'abilità di lettura. Vengono isolati 57 bambini con bisogni speciali di scuola primaria svedese, cui sono somministrati training di stimolazione della memoria di lavoro per vedere come i diversi livelli di tale sistema correlino con i risultati ottenuti nella performance di lettura. *I risultati dimostrano che la WM può essere vista come un fattore cruciale per lo sviluppo della letto-scrittura tra i bambini con bisogni speciali.*

4.7.3. Altri casi trattati in età dello sviluppo

Queste letture suggeriscono implicitamente anche come dovrebbero essere scritti i protocolli e le linee guida delle diagnosi. L'indagine accurata delle diverse sfumature della WMC diventa essenziale per isolare una delle cause efficienti dei disturbi di apprendimento. Con i modelli che proporremo nel capitolo 5, vedremo come il rapporto tra moduli e sistemi centrali sia dialogico, ricorsivo, come a dire che vi è un continuum di scambi: *i sistemi centrali sostengono i moduli, i quali a loro volta "nutrono" i sistemi centrali stessi*. Si stanno delineando i protocolli di indagine e di intervento. Come sostenuto già in Benso (2004a), un trattamento che viene applicato in qualsiasi patologia non può omettere di stimolare l'attenzione esecutiva.

Benso et al. (2008) hanno trovato miglioramenti nella lettura in diversi gruppi di soggetti dislessici che hanno guadagnato in media 0.9 sillabe al secondo in 4 mesi di trattamento Metodo Benso®[16] (contro le 0.3 di incremento previste all'anno dai dati di Tressoldi, Stella e Faggella, 2001). I bambini frequentavano la scuola primaria ed erano trattati durante l'orario scolastico quattro volte a settimana. Come sottolineato nell'articolo, l'interessante risultato è stato ottenuto grazie anche a diversi fattori positivi: il primo è derivato dalla possibilità di mantenere un lavoro costante (quattro volte a settimana) e coerente (con operatori formati); il secondo è dipeso dal fatto che i bambini, quando uscivano da scuola, non dovevano più eseguire i trattamenti a casa o nei centri clinici (per lo più questo avviene nelle ore pomeridiane quando i compagni vanno normalmente a giocare); in terzo luogo ha influito anche la giusta motivazione e le emozioni positive create dagli operatori, che prelevavano dalla classe, durante l'orario mattutino, i soggetti che necessitavano di "potenziamento". Sempre nella stessa pubblicazione, sono riportati i lavori di alcuni centri di neuropsichiatria infantile, che valutano l'incremento di più di una sillaba al secondo dopo un anno di trattamento su gruppi di soggetti dislessici di diversa scolarizzazione (dalle classi primarie alle secondarie). Il risultato è anch'esso significativo, ma confrontato con il precedente è spiegabilmente più contenuto, per il fatto che il lavoro veniva svolto due volte la settimana al centro clinico e una a casa. I vantaggi motivazionali ed emotivi dello svolgimento in orario scolastico non erano presenti.

In Benso, Moretti, Benso et al. (in preparazione) è stato utilizzato un software di abilitazione alla lettura (proiezioni tachistoscopiche) accompagnato da trattamenti per l'attenzione esecutiva (Metodo Benso®), con lo scopo di valutare l'eventuale incremento delle abilità di lettura nei soggetti dislessici. Nello studio sono coinvolti due gruppi, uno di controllo (dislessici non trattati, ma affidati agli strumenti compensativi e a misure

[16] Il Metodo Benso® è definito "integrato" perché coinvolge l'Executive Attention in tante sue sfumature e contemporaneamente il modulo interessato. Ha la peculiarità di poter trattare, in 10 minuti, attraverso l'attivazione costante ed attenta di diversi stati attentivi, molteplici delle sfumature dell'Executive Attention. Si fanno eseguire compiti attraverso modalità visive uditive e tattili (a tavolino o con movimenti), il sistema di controllo, i riaggiornamenti in memoria di lavoro, le operazioni di avvio e di shifting, l'attenzione sostenuta, l'allerta fasico, gli orientamenti dell'attenzione guidati dagli stimoli (bottom-up) o allo scopo (top-down); non dimenticando, come affermato finora, che il compito che chiede di attivare una determinata funzione ne attiva anche altre, ma nel caso dei trattamenti è solo un ulteriore beneficio non essendo questo un tentativo di misura.

dispensative) e uno sperimentale (dislessici trattati). I risultati hanno posto in evidenza un miglioramento statisticamente significativo in termini di rapidità e accuratezza nel gruppo sperimentale in solo tre mesi di trattamento (18 sedute). Inoltre, dopo 4 mesi di sospensione estiva le circa 0.5 sillabe al secondo guadagnate si sono mantenute, mentre il gruppo di controllo non ha avuto nessun incremento significativo nei diversi mesi di durata dell'esperimento.

I trattamenti, come i test, non possono con certezza coprire le diverse sfumature delle funzioni esecutive in atto durante compiti di WMC. Hoffmann et al. (2011) sottolineano ancora la parte non indagabile cangiante e sfuggente alle strumentazioni della WMC. Tale aspetto è in parte spiegabile se si valutano le numerose interazioni con diversi sistemi e sottosistemi, compresi quelli emotivo-motivazionali. A tal proposito viene bene valutare come non sempre i risultati siano quelli che ci si aspetta, come nel lavoro di Karbach, Strobach e Schubert (2015). Gli Autori propongono interessanti rassegne di trattamenti che hanno ottenuto un transfer in altre abilità, criticando i lavori che non hanno utilizzato gruppi di controllo e valutando loro stessi che per mezzo di training di WM trovano miglioramenti in transfer nella lettura, ma non nella matematica, contrariamente ad altri lavori.

#14. Ancora riflessioni sui trattamenti e sulle applicazioni nella didattica

Uno dei problemi a monte, che abbiamo già evidenziato in precedenza, è che si citano i training unificando sotto questo termine un insieme di strumenti anche molto diversi l'uno dall'altro. Non si tiene conto delle innumerevoli variazioni nate per riuscire a proporre training di stimolazione cognitiva (non c'è confrontabilità e pertanto bilanciamento tra prove in questa variabile, anche se si propongono, come abbiamo visto, metanalisi). L'etichetta generalizzante che accomuna i diversi "trattamenti" è impropria e fonte di possibili imprecisioni. Ribadiamo quanto affermato sull'empatia dicendo che con lo stesso materiale, cambiando operatore, cambiano i risultati.

Tornando all'articolo di Karbach, Strobach e Schubert (2015), esposto subito sopra, gli Autori suggeriscono che i soggetti non migliorano nei test che misurano lo shifting, l'inhibition e il calcolo. Siamo sospettosi sulle misure svolte direttamente con test singoli. Gli Autori utilizzano il test di Stroop (test che misura anche altre componenti attentivo-esecutive e che probabilmente, come abbiamo visto con MacLeod, Kane, Engle e altri ancora, nemmeno misura l'inhibition) per valutare l'inhibition e un paradigma di shifting che richiede di cambiare risposta nel riconoscimento di vegetali/frutta e di figure geometriche piccole/grandi. Rogers e Monsell (1995) e Rubinstein, Meyer e Evans (2001) affermano che i test di questo tipo contengono, oltre che l'operazione di switch, tutte le funzioni esecutive, compresa l'attenzione sostenuta e l'avvio (e, aggiungiamo noi, la comunalità che non manca mai).

Riscriviamo secondo un nostro punto di vista alcune conclusioni che non cambiano il contenuto, ma il senso. Si può ipotizzare che il problema del mancato transfer di alcune abilità potrebbe essere dato da un insufficiente potenziamento della WMC in 14 sedute (non si sono consolidate le diverse abilità sottostanti, compresi il controllo inibitorio e lo

shifting, ma anche l'attenzione sostenuta, l'avvio e tutto quanto è compreso nella comunalità dei compiti utilizzati). Tale relativo potenziamento, che può smuovere la velocità di lettura (già ottenuto da Loosli et al., 2011, in sole dieci sedute), potrebbe non aver dato il tempo necessario al miglioramento del calcolo, ma ciò potrebbe anche dipendere dal tipo di trattamento che non riesce a smuovere determinate sfumature di funzioni necessarie. Sono tutte ipotesi da verificare, ovviamente. Comunque, è bene sapere che dopo tre mesi la verifica di tale lavoro ha confermato il mantenimento dei miglioramenti in WM e lettura (anche questo è molto importante!).
L'utilizzo di teorie che vogliono essere il più coerenti possibili (non dimentichiamo Gödel con l'incompletezza e l'incoerenza, i ragionamenti abduttivi, l'incertezza funzionale e quanto delineato sul pensiero scientifico, epistemologico nei primi capitoli) ci ha permesso, con i nostri modelli di inquadramento e di intervento, di spaziare in diversi ambiti che vanno dalla balbuzie (D'Ambrosio, Bracco e Benso, 2016), a diverse attività artistico/sportive (Brunello e Gervasi, 2010), ai soggetti anziani con Mild Cognitive Impairment visti con la PET (Ciarmiello, Gaeta, Benso e Del Sette, 2015), solo per citare alcune delle nostre applicazioni in campi diversi.

Un'unità didattica che utilizza la stimolazione attentiva durante l'insegnamento curriculare

Dei diversi ambiti sopra citati uno ha portato a riscontrare il successo dell'applicazione del Metodo Benso® a un'unità didattica nelle classi primarie. Il modello ha solo ispirato e guidato nella metodologia le scelte autonome e competenti di esperti in materia che hanno costruito con più di 800 schede un originale protocollo di didattica integrata. Il gruppo era formato da psicopedagogisti, logopedisti, psicologi, foniatri del gruppo ANDA di Napoli e dottorandi dell'Università Federico II di Napoli. Il lavoro nei suoi meri dati statistici è stato riassunto in una pubblicazione (Veneroso et al., 2016). In sostanza, oltre alla scelta di una didattica curriculare, adattata alle esigenze della classe e ai diversi livelli di apprendimento, si è integrato il programma con attività che, come evidenziato da Benso (2010), portassero in primo piano il monitoraggio "online" degli stati attentivi che venivano abilmente provocati ad hoc come insegnato dal metodo stesso. Pertanto, nei momenti di calo dell'attenzione dovuti ad esaurimento di risorse erano interrotte le attività per procedere con esercizi di attivazione. Le schede stesse proposte per incentivare, in prima elementare, gli apprendimenti curriculari contenevano elementi che favorivano la concentrazione, evitando processi troppo automatizzati, ripetitivi e stereotipati.
I risultati hanno portato il gruppo sperimentale a leggere il doppio di sillabe al secondo e, nel calcolo, a fare la metà degli errori rispetto alle classi di controllo, dopo il primo anno di applicazione del metodo. Questo è un esempio pratico di come, studiando i modelli da noi proposti e tenendo in debita considerazione l'Executive Attention, definibile come il promotore di tutti gli apprendimenti complessi (in tutti i campi), si possano ottenere miglioramenti delle prestazioni. Questo lo insegnano soprattutto i maestri di sport che usano modelli simili e che hanno spesso il compito di portare un atleta oltre i limiti (quando migliorano i record nelle varie prestazioni). Vedendo anche i risultati portati dalle neuroscienze (e i nostri) ora sappiamo che possiamo far vincere un'"olimpiade esistenziale" ai pazienti, quando superano, sempre relativamente alla gravità di partenza, i propri limiti, migliorando la qualità della loro vita.

Quest'ultimo lavoro si collega a quanto scritto da Stevens e Neville:

> Nel suo influente lavoro *Principi di Psicologia*, William James ha sollevato l'idea dei training attentivi per i bambini, proponendo che questa sarebbe "l'educazione per eccellenza" (James, 1890). Sebbene James abbia affermato che un'istruzione di questo tipo sarebbe difficile da definire e da realizzare, sono stati recentemente attuati programmi di training attentivi, inseriti nelle attività curriculari di bambini in età prescolare e in età scolare (Bodrova e Leong, 2007; Chenault, Thomson, Abbot e Berninger, 2006; Diamond, Barnett, Thomas e Munro, 2007; Rueda et al., 2005). Questi programmi sono associati a miglioramenti degli indici comportamentali e neurofisiologici dell'attenzione, così come alle misure dei risultati accademici e dell'intelligenza non-verbale. Inoltre, un programma ha mostrato che il training attentivo ha aumentato i benefici di un successivo intervento di scrittura correttiva per gli adolescenti con dislessia [Stevens e Neville, 2009, p. 173].

4.7.4. Il miglioramento cognitivo e quello strutturale (a livello di circuiti cerebrali) si affermano con la stimolazione della WMC

In questi casi si potrebbe dire che i risultati sono tangibili perché comportano variazioni a livello di "macrostruttura" cerebrale, maggiori attivazioni e cambiamenti "microstrutturali" nei sistemi dei neurotrasmettitori.

Olesen, Westerberg e Klingberg (2004) spiegano esaustivamente ciò che vorremmo far comprendere al lettore:

> La WM è stata tradizionalmente considerata come un sistema che rimane costante (non sensibile alle sollecitazioni volte a migliorarlo). Recenti studi, tuttavia, suggeriscono che può migliorare con i training. In questo studio abbiamo investigato il cambiamento dell'attività cerebrale che è stata indotta dai training di WM. Sono stati somministrati compiti di WM per cinque settimane a soggetti adulti sani, è stata registrata l'attività cerebrale prima, durante e dopo il training, attraverso risonanza magnetica funzionale. A fine trattamento, si è rilevato un cambiamento dell'attività cerebrale correlata alla WM, verificando un aumento di tale attività nel giro frontale mediale e nella corteccia parietale inferiore e superiore.

In un precedente lavoro gli stessi Autori (Olesen, Nagy, Westerberg e Klingberg, 2003) trovano miglioramenti strutturali nel circuito frontoparietale a completamento dell'ipotesi che il trattamento fatto secondo certi criteri ha delle evidenze sia comportamentali, sia nella modificazione delle strutture cerebrali.

Il lavoro di Takeuchi et al. (2010) si collega a quello di Olesen et al. (2003) e conferma, su soggetti adulti, miglioramenti sia cognitivi, che della connettività cerebrale legati *linearmente alla quantità di ore di allenamento della WMC*. Questo studio acquista ulteriore interesse per il fatto che sostituisce la classica indagine con risonanza magnetica funzionale (che sempre deve fare i conti con il problema del puro inserimento; cfr. cap. 2) con i più solidi rilevamenti svolti sulle fibre attive con l'anisotropia frazionale che utilizza la risonanza a diffusione di tensori (Le Bihan, 2003; cfr. anche cap. 2). Takeuchi et al. (2010) concludono dicendo sostanzialmente che il training della WMC si dimostra associato all'incremento di sostanza bianca adiacente al solco intraparietale (noto in molti lavori per lo spostamento volontario dell'attenzione; cfr., ad es., Petersen e Posner, 2012; Corbetta e Shulman, 2002), alla parte anteriore del corpo calloso che connette bilateralmente la corteccia DLPFC **e** che è il punto nodale per la WM e per le funzioni esecutive. Parallelamente, hanno potuto valutare un potenziamento anche cognitivo della memoria di lavoro.

Ulteriori studi confermano l'efficacia dei trattamenti cognitivi della WM a livello neurofisiologico e di attivazioni cerebrali. Westerberg e Klingberg (2007) così commentano:

> [...] l'allenamento con compiti di memoria di lavoro ha migliorato gradualmente la prestazione e questo effetto è durato diversi mesi. L'effetto dell'esercizio generalizzava anche il miglioramento della prestazione su compiti non allenati (non di memoria di lavoro e test di ragionamento). Dopo il training, l'attività cerebrale collegata alla memoria di lavoro (WM) era significativamente aumentata nel giro frontale centrale ed inferiore.

Un nostro lavoro svolto con la PET e con i training Metodo Benso® ha evidenziato miglioramenti nelle attivazioni cerebrali dopo 4 mesi di stimolazione rispetto ad un gruppo di controllo. Il trattamento è stato somministrato ad un gruppo di MCI (Mild Cognitive Impairment) di tipo amnesico, cioè quei soggetti con esordio di sintomi disfunzionali di memoria che possono precedere diverse patologie benigne o ingravescenti come le demenze senili. Lo studio, svolto da Ciarmiello et al. (2015), ha previsto la somministrazione di test neuropsicologici e della 18F-FDG-PET. Sono stati estratti due gruppi bilanciati per età, sesso, scolarità, test neuropsicologici e neuroimmagini; 15 soggetti sono stati sottoposti al trattamento Metodo Benso® due volte a settimana per quattro mesi; altri 15 pazienti di controllo hanno svolto colloqui di sostegno psicologico. I risultati descritti dopo il retest con 8F-FDG-PET sono stati i seguenti:

> È stata trovata una associazione significativa tra metabolismo cerebrale e gruppo degli MCI trattati. Il cambiamento del metabolismo cerebrale è avvenuto nelle aree di Brodman coinvolte nella WM nei processi attentivi esecutivi [Ciarmiello et al., 2015].

Le evidenze dei cambiamenti prodotti dai trattamenti che sollecitano la WM si manifestano anche a livello neurobiologico. È noto che la dopamina è un neurotrasmettitore molto presente nei lobi frontali e per quel che ci interessa nel circuito mesocorticale, che va dall'area tegmentale ventrale del mesencefalo, alla parte mediale superiore della corteccia frontale. Tale neurotrasmettitore in queste aree è utile per favorire la plasticità cerebrale e ai diversi sistemi di ordine superiore. La dopamina è a livello biochimico un supporto per la WM. Gli studi sugli animali hanno dimostrato l'importanza del recettore D1 della dopamina per quanto riguarda la WM (Castner e Goldman-Rakic, 2004). Altri studi sull'uomo hanno valutato, come nella sperimentazione animale, che la pergolide, un agonista dei recettori D1 e D2, migliora le prestazioni nei compiti di

WM, tuttavia la bromocriptina[17], agonista selettivo dei recettori D2, non ottiene tale effetto (Müller, Von Cramon e Pollmann, 1998). Quindi, il recettore D1 sarebbe quello più implicato nella WM. Tuttavia, ci sono studi che indicano l'intervento della bromocriptina come più dominio-specifico, perché migliorerebbe le performance nella WM spaziale (Luciana e Collins, 1997). Il metilfenidato, che viene usato per alleviare i sintomi dell'ADHD, è uno psicostimolante che blocca la ricaptazione della dopamina e della noradrenalina e anch'esso migliora la WM visuospaziale (Mehta et al., 2000).

Queste affermazioni inserite nel mondo della biochimica neurotrasmettitoriale farebbero pensare che l'unica via per trattare l'ADHD sarebbe quella delle anfetamine, tuttavia per il "vero" ADHD[18] la strada non è solo quella, per quanto abbiamo già visto dai lavori di Klingberg et al. (2005) e Holmes et al. (2010) e che vedremo ora a livello di neurotrasmissione.

McNab et al. (2009) studiano l'associazione dei recettori D1 e D2 con il training per la WM. Essi sostengono che: "la WM è una funzione nodale per i processi cognitivi umani che dipende da un'adeguata neurotrasmissione di dopamina". *Dimostrano che un training che migliora la WMC è associato con il cambio della densità corticale dei recettori D1.* Per ottenere tali cambiamenti sono state necessarie 40 ore di training per cinque settimane.

Sempre sullo stesso argomento "neurotrasmettitoriale", Söderqvist et al. (2012) collegano la dopamina con la WM e ricordano come

> [...] il metilfenidato migliori le prestazioni in WMC. Tuttavia fanno notare che anche l'intervento cognitivo può agire sulla densità dei recettori dopaminergici (come da McNab et al., 2009). Entrambi i trattamenti interesserebbero a livello biochimico gli stessi meccanismi. Gli autori portano anche evidenza al fatto che la dopamina sia molto importante per la plasticità e quindi per le fasi di sviluppo della WM nel bambino. Dimostrano come una variazione nei geni dei trasportatori della dopamina (DAT 1) possa influenzare sia la WM che l'intelligenza fluida in bambini in età prescolare che svolgono un training cognitivo.

4.8. Conclusioni riassuntive

Abbiamo spiegato attraverso questo excursus storico perché il termine "memoria di lavoro" abbia potuto creare molti fraintendimenti, anche tra addetti ai lavori. Ora sappiamo che i significati sono tanti e diversi; riassumiamo qui di seguito gli aspetti più importanti.

1. La differenza tra memoria di lavoro e memoria a breve termine, espressa all'inizio del capitolo, prende ulteriori risvolti perché il termine "memoria di lavoro" è inteso in modo diverso in base al periodo e al modello cui ci si riferisce.

[17] Pergolide e bromocriptina come agonisti dopaminergici sono utilizzati nei parkinsonismi.

[18] Non bisogna dimenticare che la diagnosi di ADHD è prettamente osservativa (non vi sono marker biologici), quindi è una mera etichetta. È un termine a ombrello, che contiene tanti individui, molti dei quali con comorbidità e complicazioni, ma altri semplicemente non sono veri ADHD neurologici. Il concetto che vogliamo comunicare è quello di non reificare le etichette diagnostiche, soprattutto quando le diagnosi da dimensionali vengono irragionevolmente trasformate in categoriali. Queste ultime devono essere confermate da marker specifici che la diagnosi di ADHD stessa cerca, ma non prevede.

2. Chi intende la WM ancora come il primo modello di Baddeley e Hitch (1974), la descrive come un sistema chiuso, con dei servomeccanismi (il loop articolatorio e il taccuino visuospaziale) molto modulari e disincarnati, con un esecutivo non ben definito. In questo caso non è previsto nessun intervento abilitativo, prevalgono le teorie linguistiche (nonostante venga citato e studiato il taccuino visuospaziale) di una memoria di lavoro, che non è altro che poco più del modulo linguaggio, inteso anch'esso come un sistema chiuso innato e poco modificabile.
3. Chi invece intende la memoria di lavoro del periodo dopo il 2000, quando Baddeley introduce il buffer episodico e fornisce una maggiore identità al sistema esecutivo, si riferisce a un sistema più incarnato, meno modulare e più governato dal sistema di controllo. Hoffmann et al. (2011) arriveranno a definirlo anche un sistema utile all'autoregolazione emotiva.
4. Già prima del 2000 esistevano modelli meno "disincarnati", che prevedevano interazioni con la LTM e dove l'esecutivo aveva un'influenza fondamentale (Pascual-Leone, Cowan, Engle, Kane, Tuhoski). La memoria di lavoro in questi casi è descritta come un sistema che prevede rielaborazioni complesse del materiale rappresentato. La Working Memory Capacity (WMC) prende un profilo attentivo esecutivo che sottintende l'abilità a mantenere vivo uno scopo senza subire l'interferenza dei distrattori. La WMC rappresenta un sistema complesso che si valuta solo con prove di rielaborazione concentrata, che attiva soprattutto la corteccia dorsolaterale prefrontale, a differenza delle prove "lineari "di memoria a breve termine che lasciano inattiva tale area (D'Esposito et al., 2000).
5. Quest'ultima considerazione è fondante per chi vuole occuparsi di training. Il lavoro di D'Esposito et al. (2000) dimostra come il materiale automatico, lineare, porti a disattivare la corteccia DLPF, mentre il materiale che richiede attenzione e rielaborazione è un potente attivante di tale corteccia e dei circuiti collegati. Questa osservazione spiega uno degli aspetti che, se non conosciuto, porta al fallimento di diversi trattamenti.
6. Gli studi sulla memoria successiva (Wagner et al., 1998); Paller e Wagner, 2002; Blumenfeld e Ranganath, 2006) confermano quanto rilevato al punto 5. Quello che si apprende senza l'attivazione delle cortecce prefrontali laterali viene presto dimenticato. Questo spiega la tenuta dei trattamenti che mettono in gioco queste cortecce con esercizi specifici.

4.9. Correlati neuronali dei circuiti dell'attenzione esecutiva e della memoria di lavoro

Le indagini sperimentali hanno portato al profilarsi di due modelli alternativi che caratterizzano le aree attivate da compiti di Working Memory in base al tipo di informazione elaborata: modello organizzato per dominio o modello organizzato per processo. Il modello organizzato per dominio trae le sue basi dal funzionamento della Working Memory teorizzato da Goldman-Rakic (1987), secondo il quale le regioni della corteccia prefrontale ventrolaterale (aree 45/47 di Brodmann) sono coinvolte nella memoria di lavoro per gli oggetti ("completamento della via del What") e le regioni dorsolaterali (aree 9 e 46) nella memoria di lavoro spaziale ("completamento della via del Where"). Il modello organizzato per processo, invece, si basa sull'idea di Petrides (1994), per cui le regioni ventromediali sono coinvolte in operazioni di ritenzione semplici, mentre le regioni dorsolaterali sono coinvolte in processi complessi (monitoraggio, manipolazione dell'informazione).

4.9.1. Le cortecce frontali elaborano funzioni sempre più astratte lungo l'asse posteriore-anteriore

Studiando i pazienti con lesioni "frontali", soprattutto quelli indicati con "sindrome disesecutiva", si trovano lesioni che interessano le cortecce prefrontali dorsali laterali (DL-PFC), la prefrontale ventrale (VLPFC.), la frontopolare (area 10), la parietale posteriore, i gangli della base, il giro del cingolo anteriore (cfr. anche Petersen e Posner, 2012).

Sembra che le aree sopra citate si dividano i compiti per formare circuiti di attivazione diversi e spesso collegati. Per quanto riguarda il lobo frontale, gli aspetti esecutivo-attentivi si distribuiranno dalla parte caudale a quella rostrale (orbitofrontale; Badre e D'Esposito, 2007; Nee e D'Esposito, 2016). Le funzioni computate da tali aree hanno rappresentazioni sempre più astratte lungo l'asse posteriore-anteriore. La corteccia prefrontale laterale presa globalmente sostiene l'avvio, il controllo esecutivo, la flessibilità (Purves et al., 2010). Le aree collegate sarebbero organizzate in maniera gerarchica, in modo che le regioni posteriori sostengano funzioni relativamente semplici, mentre quelle anteriori intervengono su funzioni più complesse e superiori.

Già solo queste osservazioni potrebbero far capire come due test molto simili possono differenziarsi in quanto ad aree cerebrali coinvolte, anche solo per la diversa astrattezza delle richieste del compito o di pochi subtest. Per fare un esempio, prendiamo due compiti di shifting, dove uno richiede una regola più semplice, condizionale (se esce la carta rossa, salta, se esce la verde, fischia), mentre l'altro richiede la possibilità di cambiare la regola (se senti un suono alto ed esce la carta rossa, salta, se esce quella verde, fischia; se senti un suono basso ed esce la carta verde, allora salta, se esce quella rossa, fischia). Nel primo caso, come viene anche trattato da Bunge e Zelazo (2006), si attivano le aree prefrontali dorsolaterali, mentre nel secondo caso, dove bisogna invertire una contingenza appresa e affrontare una maggior astrattezza (se è così e se… allora...), è necessario anche il coinvolgimento della rostrolaterale (soprattutto l'area 10 di Brodmann). Questo significa che un esercizio che vorrebbe attivare la stessa funzione (in questa esemplificazione lo "shifting") può manifestare attività cerebrali differenti in base al grado di astrattezza del compito!

Per quanto riguarda la DLPFC, questa è un'area che è stata isolata dalla Goldman-Rakic (1987) con esperimenti di ricordo dilazionato. Venivano registrate le attivazioni dei singoli neuroni delle scimmie sottoposte al compito. Tale area sembra attivarsi nell'uomo durante prove che mettono in gioco quasi tutte le funzioni sopra citate e soprattutto aspetti della WMC. *D'Esposito, Postle e Rypma (2000) mettono in chiara evidenza come semplici compiti di span (memoria lineare) non riescano a coinvolgere appieno la DLPFC, mentre compiti di rielaborazione in memoria di lavoro impegnano decisamente tale area*. Questo aspetto è fondamentale perché, come si evince da diversa letteratura (cfr. ad es., Cowan et al., 2005), una caduta nei compiti di rielaborazione in memoria di lavoro e la conseguente minor attivazione di quest'area correlano con le difficoltà in diverse abilità scolastiche e non solo. Da questo nasce la necessità di misurare accuratamente anche in clinica questa abilità di WMC, per poi stimolare opportunamente e ottenere miglioramenti. *Tali osservazioni ricadono direttamente anche sulla (ri)abilitazione, perché si capisce come compiti lineari, volgenti verso l'automatico, come può essere la ripetizione continua, non attivino la DLPFC e quindi non si ottengano memorizzazioni del materiale e conseguenti miglioramenti ipotizzati.* Inoltre, indagando sui compiti che impegnano le aree frontolaterali, si possono ricavare esercizi utili a stimolare tali circuiti e, conseguentemente, dare più risorse alla WMC. Molti lavori dimostrano che anche la motricità complessa (come vedremo anche nell'inserto #15), che richiede ovviamente impegno della memoria di lavoro, attiva queste aree nelle fasi di apprendimento. Ad esempio, Frith, Friston, Liddle e Frackowiak (1991) riportano dell'attivazione della dorsolaterale prefrontale durante l'azione volontaria. Sakai, Rowe e Passingham (2002) trovano attivazione nell'area 46 (DLPFC) nell'apprendimento motorio complesso. Seidler, Bo e Anguera (2012) trovano correlazione tra l'apprendimento motorio e la memoria di lavoro.

#15. Organizzazione della corteccia prefrontale classificata per dominio e per processi

Postle e D'Esposito (2000) mettono in evidenza alcuni punti nodali dei circuiti cerebrali implicati nella memoria di lavoro e nell'Executive Attention, attraverso l'analisi di una serie di lavori (citati qui sotto). Essi dividono l'organizzazione della corteccia prefrontale per dominio e per processi.

Organizzazione per tipo di dominio

a) la VLPFC (47 di Brodmann) è implicata nella memoria degli oggetti, la DLPFC è implicata nella collocazione visuospaziale (Courtney, Ungerleider, Keil e Haxby, 1996; Smith e Jonides, 1999; Smith et al., 1995); b) altri autori dividono queste specializzazioni per emisfero, la DLPFC di sinistra supporterebbe la memoria di lavoro per lo spazio e quella di destra per l'oggetto (Baker, Frith, Frackowiak e Dolan, 1996; Belger et al., 1998; McCarthy et al., 1996); c) la VLPFC di sinistra e di destra supporterebbero rispettivamente la memoria di lavoro per lo spazio e per gli oggetti (D'Esposito, Aguirre et al., 1998; Smith et al., 1995); d) il mantenimento in memoria di lavoro di informazioni verbali attiva le aree prefrontali 44 e 45 di sinistra (Smith e Jonides, 1999; Henson, Shallice e Dolan, 2000)[a]. È di notevole importanza comprendere come le diverse aree facciano parte di circuiti più ampi (sempre per affrancarsi dalle già citate teorie localizzazioniste); infatti, attraverso studi sulle lesioni, D'Esposito, Ballard, Aguirre e Zarahn (1998) trovano come le aree prefrontali non siano specifiche per gli aspetti esclusivamente mnemonici.

[a] L'area di Brodmann 44, o area "di Broca", è riconosciuta come di sostegno all'espressione linguistica, del gesto comunicativo e di diverse altre abilità linguistiche grammaticali e finomotorie.

Organizzazione per tipo di processo

La corteccia VLPFC sarebbe implicata nel mantenimento in memoria di lavoro, mentre il processo che supporta le manipolazioni in memoria di lavoro sarebbe largamente confinato nelle DLPFC di entrambi gli emisferi (Owen et al., 1999; Smith e Jonides, 1999; Smith et al., 1995). Come ci si poteva aspettare, le ricerche che si occupano di indagare i circuiti cerebrali di funzioni di alto livello non possono coincidere. Tuttavia emergono interessanti costanti sul ruolo delle cortecce prefrontali.

Curtis e D'Esposito (2003) sostengono che la corteccia DLPFC giochi un ruolo cruciale nella Working Memory: si è infatti osservata la sua attivazione in corrispondenza dei momenti di ritenzione e rielaborazione del materiale. Dalla letteratura, emergono anche evidenze di implicazioni di tale area nel mantenimento di informazioni, dirigendo l'attenzione (sostenuta) verso le rappresentazioni interne degli stimoli sensoriali, e soprattutto *nel pianificare e controllare i piani motori che sono immagazzinati nelle regioni frontali posteriori*. Ciò suggerirebbe, come sostengono sempre Curtis e D'Esposito (2003), un ruolo integrativo per la DLPFC in cui le rappresentazioni della memoria a breve termine sono collegate al comportamento motorio diretto agli obiettivi. In effetti, in alcune aree della DLPFC si trovano neuroni con attività sia di mantenimento dell'engramma negli esperimenti di ritardo dilazionato, sia di controllo dei piani motori.

Mary et al. (2016) indicano che:

> [...] la DLPFC è nota per essere coinvolta in processi di controllo cognitivo come la selezione attenta, necessaria per i comportamenti diretti agli obiettivi e la preparazione di azioni sequenziali basate su informazioni memorizzate nella memoria di lavoro (Pochon et al., 2001). Inoltre, è stato suggerito che le aree prefrontali, possibilmente la DLPFC mediano il reclutamento dello striato e e del lobo medio temporale nelle fasi iniziali dell'apprendimento della sequenza motoria.

Quanto appena valutato è un aspetto fondamentale, che ci informa che attraverso sequenze motorie complesse si può attivare e stimolare la DLPFC, così importante per gli apprendimenti in genere (abilitazioni comprese).

Tale area emerge come un importante substrato per tutte quelle che sono chiamate "funzioni esecutive". Non a caso una sua lesione porta a definire lo stato del paziente come "sindrome disesecutiva" (Hoffmann et al., 2011). A tal proposito Kane e Engle (2002), con un lavoro che si esplicita già dal titolo, sostengono che il costrutto della WM si appoggi ai neuroni della corteccia DLPFC:

> Più precisamente, la capacità di mantenere una rappresentazione in uno stato attivo in memoria, nonostante i distrattori e l'interferenza dovuta ad ambienti ricchi di stimoli, è l'aspetto dell'Executive Attention che è critico per predire i successi in genere attraverso i domini cognitivi di ordine elevato; tale capacità è sostenuta dai neuroni della DLPFC (Kane e Engle, 2002).

4.9.2. L'Adaptive Coding Model (Duncan, 2001)

Duncan e Owen (2000) svolgono interessanti osservazioni che rendono sempre attuale il loro lavoro. Chiariscono già nell'introduzione che, viste le diverse e molteplici connessioni tra aree, non pensano che una funzione discreta possa coinvolgere un'area discreta. Anche il loro punto di vista, sostanzialmente, è quello dell'impossibilità di ridurre singole funzioni che esistono così solo nell'immaginario dello sperimentatore. Valutano l'influenza di diversi compiti sulle attivazioni cerebrali. Le prove sono: 1) risposte al conflitto (come nello Stroop); 2) gestione della novità (come otto movimenti delle dita in sequenza); 3) numero di elementi da trattenere nella WM; 4) risposte ritardate in WM; 5) difficoltà percettive (figure degradate). Gli Autori trovano che, nonostante la variabilità dei compiti, si attivano tre specifiche regioni: la parte media della ventrolaterale e della dorsolaterare e la parte dorsale del giro del cingolo anteriore. Reti che definiscono sufficientemente astratte da potersi adattare alla varietà di domande esecutivo-attentive. E commentano anche affermando, in sostanza, che questa attivazione delle tre aree così distribuita aiuta a spiegare perché la concezione delle funzioni prefrontali è essa stessa così generica e mal definita.

Sulla scia di queste valutazioni e di quanto visto più sopra, Duncan (2001) propone l'*Adaptive Coding Model*. In questo studio sostiene che, nonostante le diverse ricerche abbiano diviso il cervello in aree ed emisferi, quelli attivati durante i compiti esecutivi dimostrano una variabilità che non è da interpretarsi come dovuta all'intervento di funzioni discrete e separabili, ma come una particolare sintonizzazione dei neuroni che si adattano al tipo di compito. In altri termini, non vi sono attivazioni di aree o di specifici neuroni "tutto o niente", ma il sistema mette in gioco tutti gli aspetti funzionali che interagiscono, privilegiando quello più adatto al compito del momento. Così si esprime Duncan (2001):

> Ci sono diverse prove di un evidente reclutamento prefrontale dell'emisfero sinistro se i materiali sono verbali. Tuttavia, tale specializzazione è tutt'altro che assoluta; sebbene vi siano segnali più deboli, l'attivazione emerge anche nelle regioni omologhe dell'emisfero destro, che invece si attivano fortemente quando i materiali non sono verbali. Risultati come questi sono fortemente coerenti con una visione probabilistica della specializzazione emisferica, le cellule che codificano le informazioni verbali sono più frequenti a sinistra, ma in qualche misura si attivano anche a destra. In generale, l'attivazione in diverse regioni della corteccia frontale diventa più distribuita con una maggiore richiesta di risorse in memoria di lavoro [...] è stato proposto che il recupero episodico della memoria sia associato specificamente ad un reclutamento frontale destro quando le richieste sono basse; tuttavia, con esigenze più elevate, potrebbe emergere un modello più completo di reclutamento bilaterale.

In altri termini, non vi sono attivazioni di aree o di specifici neuroni "tutto o niente", ma il sistema mette in gioco tutti gli aspetti funzionali che interagiscono, privilegiando quello più adatto al compito del momento. È appunto un "Adaptive Coding Model" (Duncan, 2001) che spiega il gioco interattivo delle funzioni della corteccia prefrontale, la quale si configura ogni volta col tipo di prova, cambiando pattern di attivazione in base alla richiesta.

Come abbiamo già riferito, Duncan caratterizza la corteccia prefrontale "non tanto come sede di particolari operazioni cognitive, ma come l'insieme delle risorse che fornisce a tali operazioni una maggiore attenzione, potenza o flessibilità". Tale modello spiega anche la difficoltà nel caratterizzare le funzioni esecutive con una loro peculiare specificità, nonché la natura altamente dipendente dal contesto e dalla situazione di qualunque funzione cognitiva. Queste risorse sono cangianti, dipendendo anche dai sistemi emotivi e motivazionali e pertanto rimandiamo alla figura 3.1, p. 99, che illustra pienamente i risultati sulle risorse di questa interazione dialogico-ricorsiva tra i tre sistemi.

5

NETWORK ATTENTIVI E MODELLI COGNITIVI: RICADUTE SUI TRATTAMENTI

5.1. I circuiti dell'attenzione

Nei capitoli precedenti abbiamo visto i profili delle funzioni esecutive, approfondito la memoria di lavoro, anche da un punto di vista storico, consultato le neuroimmagini dei circuiti cerebrali; ora introdurremo i modelli dell'attenzione, sempre con l'intento di favorire elementi di ricerca ed applicazioni cliniche.

Traiamo le informazioni sui diversi tipi di attenzione dal recente lavoro di Petersen e Posner (2012) che, come si vede in figura 5.1, aggiorna una precedente pubblicazione. Nel

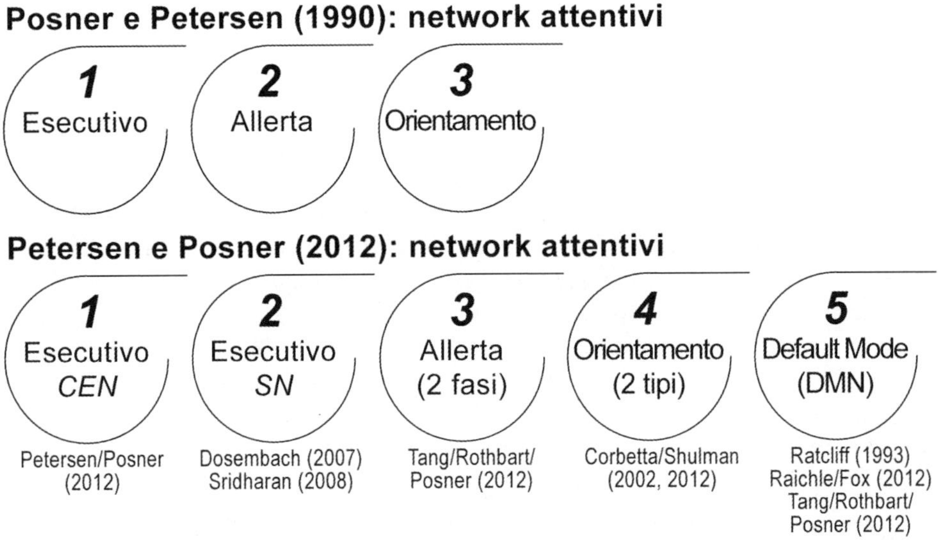

Figura 5.1. Nel 2012 Petersen e Posner arricchiscono il numero e la qualità delle reti neuronali implicate nei processi attentivo-esecutivi

1990 Posner e Petersen ipotizzano tre principali network che sostengono i sistemi riferibili all'esecutivo, all'allerta e all'orientamento. Nel 2012, tali Autori riprendono e sviluppano il precedente lavoro e, alla luce di nuove evidenze e dei dati forniti dalla letteratura, sostengono l'esistenza e l'interazione di cinque reti: *due esecutive – Central Executive Network (CEN) e Salient Network (SN) –; l'allerta (suddiviso in fase simpatica e parasimpatica); l'orientamento (volontario e automatico); e infine la rete di "default", il Default Mode Network (DMN)*, ovvero quei circuiti che si attivano in situazioni di riposo, di pensiero introspettivo, di distrazione dal compito, o ancora durante lo svolgimento di attività automatiche.

5.1.1. Il circuito CEN

La prima rete di *controllo esecutivo*, il Central Executive Network (CEN), è caratterizzata dall'attivazione delle cortecce dorsolaterale prefrontale (DLPF) e parietale posteriore, collegate al giro del cingolo anteriore (ACC; Petersen e Posner, 2012). Tale rete è adibita al controllo del conflitto, al mantenimento dello stato del momento e, soprattutto, fornisce il supporto "momento per momento" nelle situazioni di apprendimento e di raggiungimento di una specifica "expertise". Dopo di che, il controllo puntuale viene gradualmente soppresso, per lasciare spazio all'SN, per un monitoraggio meno pressante, e anche al DMN, nella fase di abilità conseguita e, pertanto, alle risposte automatiche e veloci che non necessitano di controllo (Tang, Rothbart e Posner, 2012).

5.1.2. Il circuito SN

La seconda rete di *controllo esecutivo*, il Salient Network (SN), è formata dalla corteccia prefrontale laterale, dall'insula anteriore destra (sistema opercolare frontale) e dal giro del cingolo anteriore (Sridharan, Levitin e Menon, 2008). Tale rete effettua un controllo implicito e non interferente sul processo automatizzato e, in particolare, può promuovere lo switch da stati automatici a controllati e viceversa (Sridharan et al., 2008). L'SN risponderebbe ai livelli di salienza soggettiva che emergono da aspetti cognitivi omeostatici (anche di regolazione ormonale/motivazionale) ed emotivi (Dosenbach, Fair, Cohen, Schlaggar e Petersen, 2007). Questi Autori *ritengono che l'SN abbia un ruolo chiave e gerarchicamente superiore per il fatto di dover attivare o deattivare le reti CEN o DMN in base ai segnali esterni o interni del sistema emotivo/motivazionale.* Da questa novità ormai consolidata (cfr. anche Menon e Uddin, 2010) si inferisce che si è individuato nell'SN una sorta di "esecutore" che governa gli stati in base ad attivazioni, che provengono da tutti i sistemi (cognitivi, emotivi, motivazionali). Ciò porterebbe a due considerazioni molto intriganti che verranno sviluppate in seguito: 1) come altri affermano (Gazzaniga, 2009), questi studi escludono dal cervello l'homunculus dei filosofi; 2) i sistemi specifici complessi (massivi) non sono definibili semplicemente come moduli, ma si deve intendere una fase di "stato" più o meno modulare.

Da quanto svolto nel capitolo 2 e dall'introduzione nel campo delle neuroscienze dell'SN, possiamo affermare che *la modularità non è una caratteristica fissa di un sistema, ma uno "stato" che dipende dal grado e dal profilo di attivazione di quello specifico circuito cerebrale.* Prendiamo, ad esempio, il linguaggio, e mettiamo a confronto la ripetizione di una filastrocca memorizzata da tempo con un'operazione metafonologica di fusione di lettere: nel primo caso, poche attivazioni cerebrali, mentre nel secondo, le aree attentivo-esecutive e i molti altri centri attivati, anche non linguistici, faranno parte di un circuito molto più ampio, utile a svolgere quel compito più complesso. Nel primo caso, lo "stato" sarà più modulare e, pertanto, più automatizzato, nel secondo sarà più controllato. In altri termini, rimane la specificità di dominio (operazioni linguistiche), come direbbe Coltheart (2011), ma durante l'esercizio metafonologico i circuiti del linguaggio deputati ad affrontare il compito dovranno interrogare altre aree, di dominio diverso, ed essere supportati da adeguate risorse attentive. In caso di fallimento del compito, dire che il soggetto ha problemi di linguaggio è assolutamente riduttivo (idea modulare disincarnata e localizzazionista), bisogna invece tener conto di tutte le componenti implicate (linguistiche, visuospaziali, di Working Memory Capacity con tutte le sue sottofunzioni, e altre ancora che possono sfuggire).

5.1.3. Il circuito dell'allerta

La terza rete di *allerta*, che coinvolge secondo Tang, Rothbart e Posner (2012) il locus coeruleus, la giuntura temporo-parietale (TPJ) e la corteccia frontale ventrale, viene suddivisa in una fase di attivazione parasimpatica e in una di attivazione simpatica. L'allerta fasico è definito come "un momento di preparazione alla risposta che intercorre tra l'avviso e l'apparizione dello stimolo" (Posner e Boies, 1971) (in pratica, può essere valutato come il periodo che intercorre tra il "pronti" e il "via"). Durante la fase di attesa, dopo il segnale di "pronti", si sviluppa una curva di preparazione (*warning*) a forma di U, che riflette buoni tempi di reazione se il "via" è dato nell'intervallo di massima concentrazione dell'individuo. Si trova in questa condizione l'atleta centometrista che, dopo il "pronti", ottiene la massima concentrazione e, secondo Petersen e Posner (2012), sarebbe in una fase di attesa parasimpatica, che esplode con l'attivazione noradrenergica e simpatica nel momento del "via" (cfr. anche Benso, 2008a).

5.1.4. Il circuito dell'orientamento

La quarta rete di *orientamento* dell'attenzione, che coinvolge la corteccia parietale e frontale, è di due tipologie: volontaria (soprattutto: corteccia parietale laterale, IPS - Intra-Parietal Sulcus; campi oculari frontali, FEF - Frontal Eyes Field) e automatica (locus coeruleus, giunzione temporoparietale, TPJ, corteccia frontale ventrale; cfr. Corbetta e Shulman, 2002). Aspetto importante è la funzione di "filtraggio dell'attenzione spaziale", sia dal punto di vista uditivo, che visivo. Tale tipo di attenzione è implicato nella focalizzazione e nella selezione di stimoli immersi nel "rumore" dei distrattori. Si avranno due differenti aspetti dell'attenzione: quella "spostata volontariamente" su determinati spazi e oggetti (*goal driven, guidata dallo scopo*) e quella "catturata dagli stimoli" esterni (*stimulus driven, guidata dallo stimolo*). Corbetta e Shulman (2002) attuano una distinzione tra processi "top-down" (endogeni e volitivi), con un flusso di informazioni dai centri più alti a quelli più periferici (ad esempio, l'attivazione di IPS e FEF, che investe le aree visive primarie per prepararle all'arrivo di uno stimolo atteso; cfr. anche Benso, 2008b), e processi "bottom-up" (esogeni) con un'elaborazione di informazioni che parte dall'input fisico pertinente al campo percettivo e che sale verso i sistemi centrali (ad esempio, dalle aree visive passa alla TPJ, che attiva gli spostamenti attentivi agendo attraverso circuiti sottocorticali, l'IPS e i FEF). L'attenzione esogena interrompe quella endogena: entrambe sono adattive per l'evoluzione della specie; è sicuramente importante per l'uomo l'essere interrotto, mentre è concentrato su un compito, da uno stimolo pericoloso per la propria sopravvivenza, sospendendo quello che è intento a fare in quel momento.

5.1.5. I circuiti del DMN

La quinta rete, definita Default Mode Network (DMN), che coinvolge un circuito che comprende la corteccia prefrontale ventrale, il giro del cingolo anteriore e posteriore e il precuneo, rappresenta un momento di *stacco* dai processi attentivi. È caratterizzata da un pensiero "libero" durante lo svolgimento di compiti automatici. È un apparente stato di "riposo", che può sfociare in pensieri di diverso tipo: vagheggiante, libero, ossessivo/rimuginante; in quest'ultimo caso, al di fuori del "qui e ora". Normalmente può indicare uno stato di comportamento routinario (molto modulare), che non ha la necessità di una particolare concentrazione attentiva. Quando sono attivate le reti attentive, il DMN è inibito (a livello biologico il termine è ben posto). Tuttavia, quando un soggetto deve "stare attento" a un compito o a un'attività, può entrare in DMN; questo accadimento, se è troppo frequente, è controproducente per il risultato atteso. Alcuni soggetti attivano il DMN in contemporanea con le aree attentive durante una prova che richiede particolare concentrazione; ciò comporta un fastidioso rumore di fondo interferente che porta all'errore, alla distrazione, alla rinuncia: "Questi meccanismi, controproducenti per i processi attentivi, si notano con sfumature diverse nei soggetti definiti ADHD, autistici, con demenza, ansiosi, depressi, schizofrenici" (Tang, Rothbart e Posner, 2012).

5.2. Una visione sommaria dei tipi di attenzione e di alcuni test utili per indagare

Ulteriori processi sottostanti ai circuiti descritti si sviluppano e interagiscono nei diversi compiti volti a valutare l'integrità di tali reti. Possiamo sommariamente dare una prima idea più generale dei sistemi interessati nell'attenzione attraverso la figura 5.2.

La complessità e la quantità dei network adibiti all'attenzione fa comprendere la necessità di utilizzare batterie molto complesse e sofisticate, per poter indagare l'efficienza di tanti e tali processi, anche singolarmente complessi.

Quando si vedono comportamenti portati alla distrazione, non è sempre facile isolarli con i pochi test di cancellazione a disposizione della clinica, o con le misure indirette della WISC. Già osservando la complessità che emerge dalla figura 5.2, non è lecito escludere problemi attentivi se il soggetto supera i pochi test somministrati. Comunque, come si sostiene in diversi capitoli di questo libro, anche se il soggetto con indici di distraibilità comportamentale non cadesse in nessuno dei test sovraesposti, sarebbe metodologicamente errato escludere i problemi attentivi basandosi sull'ipotesi nulla (cfr. anche Brown, 2006).

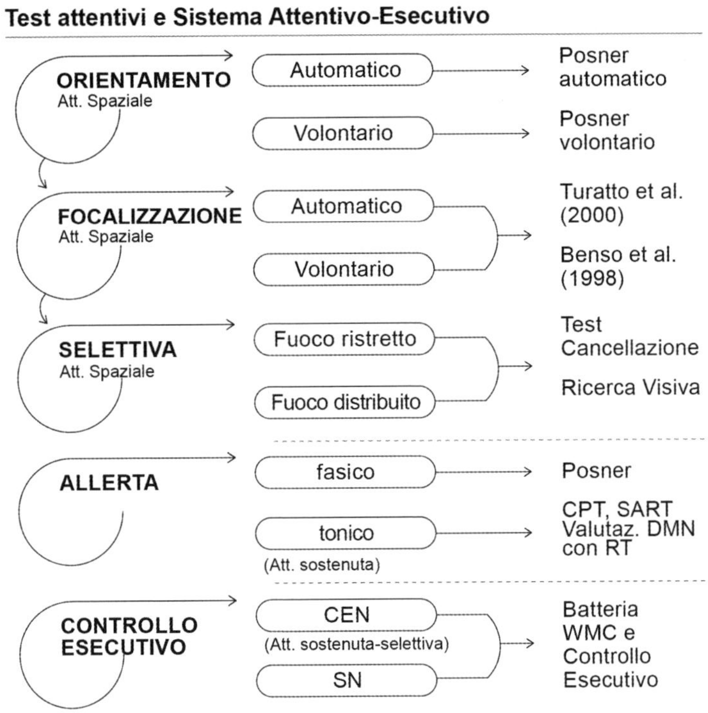

Figura 5.2. Grafico riassuntivo delle diverse reti attentive e di alcuni possibili test utili a valutarne l'efficienza
SART = Sustained attention to response task; CPT = Continuous Performance Test; RT = Tempi di Reazione; DMN = Default Mode Network; WMC = Working Memory Capacity; CEN = Central Executive Network; SN = Salience Network.

#16. Come elicitare gli stati attentivi e trovare il *core* dei trattamenti

Il vero *core* dei trattamenti deriva dagli "stati di flusso", ai quali dedicheremo l'appendice iii. Tali "stati" dipendono dall'attenzione e vanno sia opportunamente richiamati dallo stesso operatore (come condizione interna per comunicare), che "provocati" nel soggetto. Pertanto, la conoscenza dei diversi tipi di attenzione è fondamentale per chi si occupa di ri(abilitazione) e può facilitare gli educatori nelle classi e i caregiver nelle strutture o nelle famiglie. È comunque *indispensabile* uno studio approfondito (anche pratico) se si vogliono applicare tali conoscenze alle realtà cliniche e sportive.

Il materiale per i trattamenti e le relative istruzioni scendono in secondo piano, rispetto a quanto l'operatore deve conoscere per riuscire a promuovere gli "stati di flusso" in se stesso e nel paziente o nell'atleta.

È necessario essere in grado di poter misurare i diversi aspetti dei "circuiti" e prepararsi del materiale (meglio se inerente all'ambiente dove si opera), che permetta di manipolare i diversi stati attentivi (con opportuni esercizi o comportamenti). Quando si diventa più esperti in questi passaggi, si ha in dotazione uno strumento molto potente, che può essere impiegato da coach, insegnanti, clinici.

Facciamo alcune considerazioni a titolo di esempio dimostrativo.
L'"allerta fasico" è un importante passaggio di stato senza il quale non è possibile attivare gli altri circuiti esecutivi ed attentivi. Sarebbe il promuovere la funzione di "avvio", che si ottiene facendo leva su un sistema innato, utilizzando esercizi di "pronti e via" per mezzo di: 1) percezioni di tipo tattile, uditivo, visivo incalzanti (tarate sul soggetto); 2) esercizi con carte, palline, bastoni o spade (finte o simulate), che inducano quell'attenzione che è massima nell'attesa del "via".
Allungando i tempi o incalzando per più minuti queste attività, si ottiene un "risveglio attentivo" (come riferisce Goleman, 2013). Inoltre, i minuti dedicati agli "allerta" passano da "fasici" a "tonici", inducendo i soggetti ad utilizzare l'attenzione sostenuta. Quest'aspetto è fondamentale perché non è possibile richiedere esplicitamente ai soggetti deboli di "stare attenti" (è una ingiunzione paradossale, come direbbe Watzlawick). *In questi frangenti, i soggetti entrano negli stati di allerta tonico implicitamente e, soprattutto, allenano un sistema debole senza subire il fallimento di doverlo affrontare direttamente.* Tutto questo, e quanto ancora seguirà, fa parte del Metodo Benso® e sarà spiegato più diffusamente nel volume sui trattamenti (Benso, in preparazione), che si baserà sulle teorie e i modelli espressi in questo libro. Queste operazioni di attivazione e di risveglio attentivo sono quelle inserite nei nostri protocolli, cui abbiamo già fatto breve cenno (unità didattiche, trattamenti per soggetti DSA e ADHD, anziani Mild Cognitive Impairment o con malattia di Parkinson, disturbi dello sviluppo, traumi cranici, allenamenti sportivi o artistici). Pensiamo che questa breve esemplificazione sia utile per far comprendere le manipolazioni sull'attenzione che il Metodo Benso® prevede (indipendentemente dal materiale che viene proposto in funzione di ottenere stati di flusso).
Le parti più automatiche dell'attenzione sono innate e sono quelle indicate a riportare nel set o sul compito i soggetti che vanno in DMN. Tuttavia, non bisogna abusarne, perché va soprattutto trattata, sviluppata e allenata, con cautela come sopra accennato, la parte dell'attenzione volontaria, non essendo innata. L'attenzione sostenuta è fondamentale per ottenere un buon sistema di autoregolazione e una buona memoria di lavoro, aspetti tutti necessari per sviluppare le diverse attitudini (anche scolastiche) e per gestire la frustrazione sui compiti (e la dilazione del premio).
Queste ultime funzioni "autoregolative" sono indispensabili per la qualità della vita e il successo nelle diverse attività (cfr. Baumeister e Vonasch, 2015). Walter Mischel negli anni '70 ideò il "test del marshmallow" (un dolcetto della tradizione americana, squadrato a base di zucchero e albume, spesso di color malva, molto attraente). A bambini di 4/5 anni, lasciati soli davanti al dolce per 15 minuti, era richiesto di non mangiarlo, al fine di ottenere un successivo marshmallow o altro premio. L'aspetto più interessante di questa sperimentazione si rivelò, molti anni dopo, quando una rivalutazione di quei soggetti, ormai adolescenti, dimostrò un'alta correlazione tra coloro che non avevano gestito la dilazione del premio e i comportamenti di vita ad alto livello di rischio (Mischel, Ebbesen e Zeiss, 1972; Mischel, Shoda e Rodriguez, 1989). Pertanto, l'allenamento che sviluppa l'attenzione sostenuta volontaria ha una sua importanza anche per le ricadute emotivo-sociali ed educative, oltre che per quelle strettamente cognitive.
È interessante anche capire, come dicevamo più sopra, che i DMN sono coordinati con i sistemi attentivi. I passaggi tra i due stati a volte sono inevitabili, a volte voluti. Le strategie di doppio compito, inserite opportunamente negli allenamenti o nei trattamenti, sono utili anche per aiutare i soggetti distraibili a non ricadere nei pensieri che portano a "ruminazione".

5.2.1. Ulteriori riflessioni sull'allerta tonico o attenzione sostenuta

L'attenzione sostenuta non è un sistema fisso e costante, ha dei momenti di interruzione necessari ad "accorgersi" di quello che accade oltre a ciò che si sta facendo. Castellanos et al. (2005) e Adamo et al. (2012) trovano stacchi attentivi che vanno dai 0.1Hz a 0.07Hz (tra i 10 e i 15 secondi) nei soggetti con ADHD. Con i colleghi dell'ospedale pediatrico Bambino Gesù di Roma (Gazzellini et al., 2016), valutando bambini con trauma cranico frontale, abbiamo rilevato che tali frequenze vanno da 0.2Hz a 0.06Hz, per toccare in determinate situazioni anche 0.01Hz (che vuol dire che c'è la possibilità di uno stacco attentivo, tra i 5 e i 100 secondi). Inoltre, cambiando compito, cambiavano le frequenze. Questo indicherebbe una variabilità individuale molto consistente nell'abilità di sostenere l'attenzione. Un sistema esecutivo efficiente, motivato ed emotivamente in stato di equilibrio, avrebbe la possibilità di bypassare queste brevi immersioni nei DMN e riprendere l'attività precedente con la necessaria concentrazione (anche senza esserne consapevole). Ciò dipende però da diversi fattori emotivi e motivazionali e dallo stato delle risorse applicabili al momento. Un sistema debole come "tratto" costante (lesionato o iposviluppato) o come "stato" del momento (stressato, demotivato o emotivamente investito), invece, si disperde nei pensieri e nelle ruminazioni, fallendo il compito o portandolo avanti senza la necessaria concentrazione. Questa variabilità individuale nell'attenzione sostenuta indirizza verso conclusioni molto chiare anche per quanto riguarda le comunalità che emergono quando si cerca di misurare singole funzione esecutive. *È innegabile che l'attenzione sostenuta sia parte integrante di qualsiasi funzione applicata nel tempo e, poiché non sarebbe una costante, l'eventuale misura effettuata con dei test sarà inevitabilmente influenzata e condizionata dall'"allerta tonico"*[1].

5.2.2. Ancora considerazioni e osservazioni sull'homunculus

La messa in luce, da parte dei lavori sopra citati, degli SN come accumulatori di evidenza che, in base alla salienza emotiva, cognitiva *e* motivazionale, spostano l'attenzione, favorisce anche la risoluzione dell'annoso problema dell'homunculus che sembra aleggiare ogniqualvolta si nomini il sistema esecutivo attentivo. Già in Benso (2004b) si sosteneva che: "l'homunculus viene esorcizzato attraverso l'idea degli 'accumulatori di evidenza'", e poi in Benso (2013):

> I sistemi emotivi e motivazionali, raggiunta una certa soglia (di evidenza accumulata), inseriscono o disinseriscono essi stessi il Sistema Attentivo Esecutivo, proprio come può avvenire con un relè di un termostato, senza che nessun "omino" si debba avviare a premere il pulsante. L'auto-organizzazione cerebrale/mentale non richiede interventi aggiuntivi ad un ulteriore metalivello (l'homunculus) ed è ben descritta dalle teorie dell'autopoiesi di Maturana e Varela (1987) e dall'auto-eco-organizzazione di Morin (1986)[2].

[1] Come già espresso in altri paragrafi, oltre all'attenzione sostenuta vi sono altre funzioni interagenti, come l'avvio e la memoria di lavoro, sempre attive durante le valutazioni delle FE.

[2] Questa modellistica nasceva in questi scritti come ipotesi prima ancora delle evidenze di conferma che sarebbero emerse con la scoperta di SN.

Sempre valutando il problema dell'homunculus, lo stesso Gazzaniga (2009) così si esprime, riferendosi appunto anche alle reti SN:

> Per esempio, la ricerca sulle reti di auto-regolazione delle risposte emotive indica che anche la nozione apparentemente unitaria del controllo cognitivo o delle funzioni esecutive viene implementata da regioni neurali distribuite con funzioni distinte. Altri hanno fornito prove per reti distinte, coinvolte nel controllo delle attività, che agiscono su tempi differenti e meccanismi diversi (Dosenbach et al., 2007). Ognuna di queste linee di ricerca attenua ulteriormente il potenziale rappresentato dall'homunculus, rivelando che la neuroscienza cognitiva non ha più bisogno di questa stampella teorica.

Gazzaniga vede la multicomponenzialità del sistema come una sorta di garanzia, di "distribuzione degli incarichi", che non dipendono, pertanto, da un singolo homunculus. Inoltre, richiama l'attenzione sui tempi che permettono agli SN di "decidere" in anticipo se inserire o disinserire il sistema CEN nelle attività modulari (come da Sridharan, Levitin e Menon, 2008). Hazy, Frank e O'Reilly (2007) portano un ulteriore modello utile ad esorcizzare l'homunculus, dimostrando l'influenza sulle decisioni di un circuito ancora più ampio, dove vengono interessati anche i gangli della base. Titolano: "*Verso un esecutivo senza homunculus: modelli computazionali del sistema prefrontale corteccia/gangli basali*".

5.2.3. Un primo modello di interazione tra sistemi specifici e centrali

Il modello proposto da Benso (2004b), che presentava un relè comandato dall'accumularsi di evidenza emotiva e motivazionale, e faceva shiftare gli stati da automatici, modulari, a controllati, prende ora una dimensione reale anche grazie ai lavori di Menon e Uddin (2010)[3] e ai precedenti studi di Sridharan, Levitin e Menon (2008) e Dosenbach, Fair, Cohen, Schlaggar e Petersen (2008).

Gli SN acquistano un'importanza fondamentale, in quanto sarebbero il sistema che controlla e decide gli spostamenti dell'attenzione esecutiva. Come dimostrano Menon e Uddin (2010), favorisce lo shifting tra CEN (controllo cognitivo) e DMN (aspetti più automatici del comportamento). Gli SN, così fortemente collegati con i centri emotivi e motivazionali, possono accumulare un certo livello di emotività, che diventa saliente. Ciò può indurre il sistema di controllo a monitorare il modulo come, ad esempio, i passi in un rischioso cammino di montagna. Una volta effettuato il difficile transito nel sentiero di montagna, il sistema può ritornare nuovamente in DMN, perché non è più necessario monitorare il "camminare". Nel tempo, Benso (2004b, 2010, 2013) ha elaborato dei modelli con reti neurali e con circuiti integrati come quello rappresentato nella figura 5.3.

Dal circuito rappresentato in figura, che simula l'intervento degli SN, si evince che, dopo l'avvenuto processo di modularizzazione, il sistema specifico può lavorare autonomamente. Questo si nota dal tasto T1 alzato, non c'è contatto tra sistemi centrali e il modulo. Tuttavia, quando le aspettative, il sistema emotivo e/o motivazionale raggiungono livelli di attivazione alti, le reti di salienza (SN) intervengono sul relè e attraggono il tasto T1,

[3] Menon e Uddin (2010) affermano che l'insula anteriore e la corteccia cingolata anteriore formano una "rete di salienza" SN che ha la funzione di segregare gli stimoli più rilevanti tra tra quelli inter ed extrapersonali, in funzione di guidare il comportamento.

Stato modulare e stato controllato

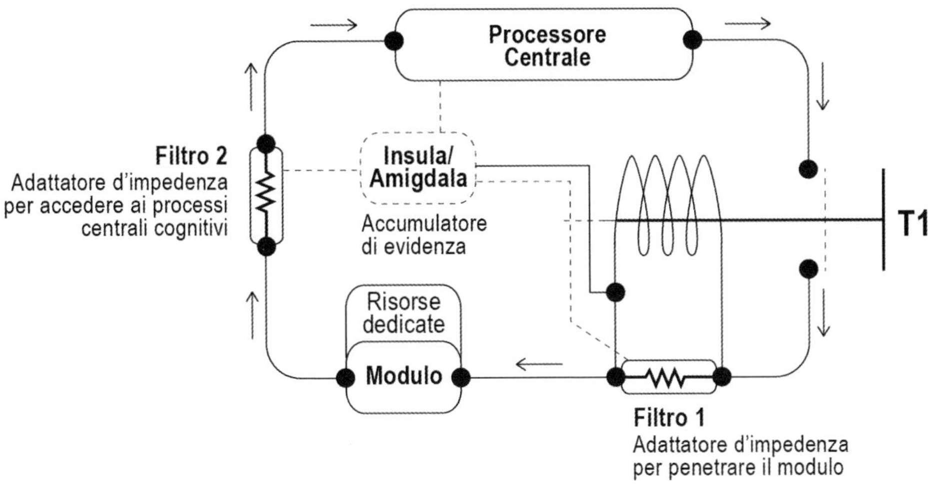

Figura 5.3. Con il circuito qui raffigurato si simula il meccanismo di intervento dell'accumulatore di evidenza (Salience Network, SN) che collega e scollega i sistemi centrali e i moduli complessi (cfr. anche da Menon e Uddin, 2010)

chiudendo il circuito. Ciò indica la possibilità di intervento del sistema di controllo sui sistemi specifici. Gli adattatori di impedenza rendono compatibili i diversi sistemi che si devono saltuariamente interfacciare (per controllo o per fasi di riapprendimento e/o specializzazione). Il filtro 1 calibra la quantità di risorse (a capacità limitata) necessarie al buon funzionamento del modulo. Difficoltà nel filtro 1 portano troppe o troppo poche risorse al *sistema specifico* che, così, è mal supportato dai processori centrali (nel primo caso può essere addirittura bloccato dall'ipercontrollo, nel secondo non si svilupperà mai appieno l'apprendimento cercato). Il filtro 2 favorisce il passaggio ai sistemi centrali dell'informazione elaborata dai sistemi specifici (è come l'output superficiale di Fodor; tale passaggio è utile ad ottenere le opportune ridescrizioni delle rappresentazioni, attraverso le reti semantiche e i processi esecutivi). Il filtro 2, se difettoso, può portare all'incapsulamento del modulo, in un caso di eccessiva chiusura, impedendo la condivisione del materiale in uscita e pertanto le ridescrizioni. Quando invece vi fosse eccessiva apertura del filtro 2, si può verificare l'ingresso in memoria di lavoro di una quantità non controllata di rappresentazioni che creano interferenza non gestibile dal sistema centrale a capacità limitata (questo potrebbe essere il caso delle lesioni ai gangli della base, intesi come i filtri della WM, o dei soggetti con malattia di Parkinson; McNab e Klingberg, 2007).

Il circuito di figura 5.3 ci fa capire come gli SN medino il passaggio tra processi automatici e controllati[4]. *Pertanto, più che definire in senso assoluto un modulo, è meglio riferirsi ad uno "stato modulare" più o meno penetrato dal sistema di controllo!*

[4] Sull'automatismo vale sempre quanto riferito nel capitolo 2.

5.3. L'intervento degli SN come switch tra automatico e controllato, guidato dalle aspettative, dalle emozioni e dalle motivazioni

Viene qui rappresentato anche il confronto fra aspetto adattivo e disadattivo dell'intervento degli SN. L'inserimento e il disinserimento (vedi tasto T1 di figura 5.3) del controllo esecutivo sul modulo può essere infatti vantaggioso o svantaggioso in base al contesto e al compito prevalente del momento. Formuliamo alcuni esempi per capire meglio.

5.3.1. Esempio adattivo 1: il controllo esecutivo viene applicato al modulo

Un signore passeggia lungo la banchina di un porto di pescatori, guarda le barche e non pensa a come sta camminando (questo modulo appreso nei primi anni di vita è molto automatizzato). A un certo punto, un pescatore lo invita a salire sulla barca per vedere il "pescato". La passerella è incerta e senza protezioni, è perciò necessario valutare dove si mettono i piedi. Questa volta il camminare è fortemente controllato dall'attenzione. Ritraducendo l'evento con termini più tecnici, si può affermare che: il timore di cadere e la sensazione d'incertezza rilevati dagli SN accumula l'evidenza necessaria ad inserire il tasto T1, quindi il controllo esecutivo e la consapevolezza di quello che si sta facendo. L'attenzione ora governa il modulo del "camminare", che verrà rallentato e controllato dalle risorse necessarie disposte dal filtro 1 di figura 5.3.

5.3.2. Esempio adattivo 2: il controllo esecutivo viene stornato dal modulo

Un pianista suona con un modulo massivo di "terzo tipo", molto automatizzato ed allenato su quella particolare musica. All'inizio del concerto l'emotività gli fa perdere fluidità, perché controlla eccessivamente i primi passaggi. Poco dopo si concentra sulla melodia e sul "pathos" che essa gli restituisce; facendosi trasportare dalla musica, le dita si muovono "da sole" (il tasto T 1 si stacca e il modulo super-automatizzato lavora in autonomia). L'attenzione è deviata sul versante artistico e la fluidità iper-appresa si manifesta.

5.3.3. Esempio disadattivo 1: il controllo esecutivo viene applicato al modulo quando non dovrebbe

Un tennista sta giocando bene; ad un certo punto della gara comincia ad aver paura di perdere e nei colpi decisivi si nota quello che nel gergo tennistico si definisce "il braccino" e tende a sbagliare. Cosa sta succedendo? Da un punto di vista del meccanismo sottostante, potremmo dire che il timore di perdere, gli impone di controllare troppo con le CEN l'atto motorio, che diventa meno fluido. Gli SN chiudono il tasto T1 e il sistema di controllo entra nel modulo. Le risorse a capacità limitata, impegnante esageratamente sul gesto nella fase di scarico e su pensieri ruminanti, vengono stornate da ciò che nel contesto del momento serve veramente, cioè portare l'attenzione sulle strategie e sui "tic" dell'avversario[5].

5.3.4. Esempio disadattivo 2: il controllo esecutivo viene tolto quando dovrebbe essere inserito

Un ragazzo espone oralmente una lezione di filosofia cercando di argomentare con collegamenti e considerazioni (evitando perciò di utilizzare le sequenze automatizzate dello studio a memoria). Ha bisogno del sistema di controllo inserito, perché deve anche interagire con gli interventi del professore. Una domanda poco chiara gli provoca un forte attacco emotivo e gli SN staccano il contatto con il processore centrale (T1 alzato); da quel momento l'esposizione sarà soggetta ad automatismi, cantilene di pezzi studiati a memoria. Gli elementi disadattivi sono provocati da un aspetto emotivo che, in modo compulsivo, attacca e stacca il tasto T1.

Potremmo aggiungere al disadattivo 2 il bambino che attraversa la strada correndo a caso; al disadattivo 1 alcuni soggetti con balbuzie che migliorano con doppi compiti coordinabili, perché riducono l'intervento sul buffer fonologico di un esecutivo troppo controllante (elicitato ovviamente dal sistema emotivo; cfr. anche D'Ambrosio, Bracco e Benso, 2016).

5.3.5. Il calcio di rigore è un esempio che comporta due tipi di intervento sul tasto T1

Quando il calciatore prende la rincorsa pensando a spiazzare il portiere, T1 deve essere inserito (per avere la consapevolezza e poter tirare captando quello che fa il portiere). Al livello del gesto motorio del calcio al pallone, T1 deve essere alzato (per non incorrere nel difetto del "braccino" del tennista descritto più sopra). Controllare il gesto motorio iper-appreso equivale a rallentarlo e renderlo meno fluido.

Se l'emozione non viene regolata, s'inverte l'intervento degli SN. Durante la rincorsa, il giocatore stacca T1 e si muove in automatico "alla cieca", senza nessun feedback sui movimenti del portiere (o meglio, ipnotizzato dai movimenti del portiere). Durante il calcio sulla palla, l'ansia, attraverso gli SN, abbassa T1 sul "calciare" che, inserendo il sistema di controllo, rende il gesto iper-controllato e incerto.

Tutto questo dipende, come abbiamo capito, dal sistema di autoregolazione. Tale sistema è quello che fa la differenza nelle prestazioni, sia scolastiche che sportive (Baumeister e Vonasch, 2015). Un grande giocatore di basket è tale perché è molto autoregolato. Se deve eseguire l'ultimo tiro libero, che potrebbe far vincere o perdere la squadra, pur trovandosi in mezzo al rumore, ai fischi, agli insulti, riesce ad isolarsi e a concentrare il suo sistema attentivo in modo da vedere solo il canestro e, in questo caso, non lo fallirà. Il tasto T1 non deve cambiare di stato e il filtro 1 mantenere la sua impedenza nell'intervallo critico.

[5] Andre Agassi nel suo libro *Open* (Einaudi, 2015) racconta che riusciva a capire l'orientamento della battuta di Boris Becker da come posizionava la lingua.

Come a dire che l'emozione eccessiva e poco autoregolata provoca frequenti cambiamenti di stato e nel contempo, chiude e apre i filtri di comunicazione tra sistemi centrali e periferici (come dimostrato da Menon e Uddin, 2010).

5.4. Un secondo modello d'interazione tra sistemi specifici e centrali

In figura 5.4 è rappresentato un approfondimento del modello precedente e ciò aiuta ad analizzare i processi automatici e controllati, i cicli degli apprendimenti e l'utilizzo dei doppi compiti.

La simulazione con i circuiti rispecchia le teorie finora delineate. Analizzando la figura 5.4, emerge che quando il potenziometro, che rappresenta il carico cognitivo, si alza, aumenta la resistenza. Pertanto, passa meno corrente nel circuito automatico e il relè non riesce più a mantenere attratto il doppio tasto che alzandosi, chiude anche il circuito alimentato dalla pila. I due circuiti, in questo caso, sarebbero entrambi attivi grazie al doppio tasto, ma il coinvolgimento del circuito automatico dipenderà dalla resistenza del potenziometro (impegno cognitivo), che quando sarà al massimo arriverà

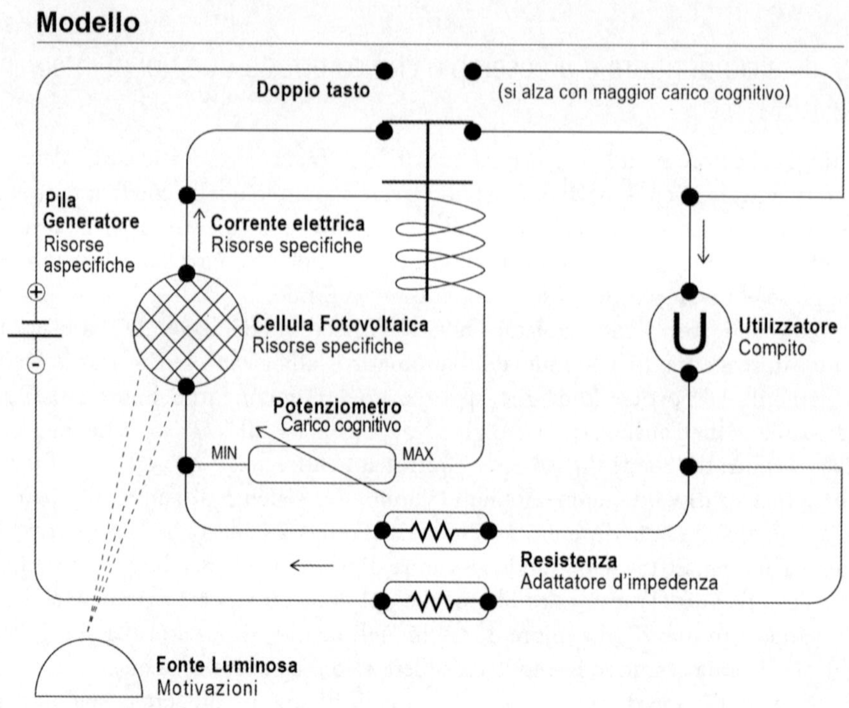

Figura 5.4. Si possono notare due circuiti: uno automatico, che non consuma praticamente risorse, alimentato da una cellula fotovoltaica (risorse specifiche del modulo), che viene attivata da una sorgente di luce (ad es., motivazioni); l'altro volontario, alimentato da una pila (risorse a capacità limitata), che si può esaurire nel tempo e va ricaricata (riattivazione attentiva)

ad escluderlo completamente (in un continuum a gradiente). La pila è a capacità limitata, con un carico cognitivo alto si esaurirà prima, perché avrà il compito di alimentare da sola l'utilizzatore. Un secondo meccanismo rappresenta il soggetto non motivato e, quindi, la mancanza della sorgente luminosa. In questo caso, cessa lo stato di "flusso", il doppio tasto, non più attratto, risale nuovamente a chiudere ed inserire il circuito di sostegno. Senza motivazione c'è bisogno di risorse volontarie che si esauriranno molto presto (come accade alla pila). Quest'insieme di circuiti, grazie al potenziometro che rappresenta il carico cognitivo, illustra anche il gradiente di automatismo (in un continuum e non nella dicotomia), che è massimo quando il carico è minimo e viceversa, e in situazione semiautomatica quando il carico è medio. Un lavoro di potenziamento sul circuito volontario rinforza e migliora le prestazioni della batteria che in tal caso si esaurirà meno frequentemente e riuscirà a sostenere attività più complesse.

Questi modelli circuitali servono a far comprendere che i meccanismi teorizzati a livello di neuroscienze (Sridharan et al., 2008; Dosenbach et al., 2008; Menon e Uddin, 2010), sono plausibili, perché replicabili in altri contesti.

L'intervento dei sistemi centrali durante gli apprendimenti complessi è spesso dato per scontato o, peggio, ignorato; ciò porta a progettare anche esercitazioni (ri)abilitative poco efficaci, perché ripetitive, stereotipate, basate sugli automatismi. La conoscenza dei meccanismi e dell'interazione tra moduli e sistemi esecutivo-attentivi, durante gli apprendimenti, diventa una preziosa guida per instaurare protocolli di stimolazione sia a livello sportivo, sia di (ri)abilitazione clinica.

Viene da ribadire quanto osservato da Denckla (1996) sui sistemi centrali attentivi, sovradeterminati agli aspetti modulari e quanto valutato anche in riferimento all'ontogenesi che rispecchierebbe la filogenesi. Tutto ciò sembra assolutamente estraneo a chi svolge o propone trattamenti abilitativi che ignorano la parte formante, integrante utile allo sviluppo dei sistemi specifici.

5.4.1. Come avviene l'apprendimento di abilità complesse? Punto essenziale per i protocolli (ri)abilitativi

L'intreccio tra componenti neurofisiologiche e cognitive favorisce la formazione di modelli attraverso conferme reciproche e spiega come si formino gli apprendimenti complessi e, di conseguenza, i moduli massivi illustrati nel capitolo 2.

Tang, Rothbart e Posner (2012), valutando i progressi dei meditatori nell'autoregolazione, fanno notare una prima fase dove il "pensiero unico concentrato" viene controllato, soprattutto dalle reti CEN. Vi è però uno stadio più avanzato, che va oltre al "pensiero unico", che verrebbe monitorato in modo più soft dal sistema SN. Anche Davidson e Lutz (2008), illustrando i processi cerebrali sottostanti la meditazione, portano esempi simili. In entrambi i lavori si legge che è lo stesso processo di quando si raggiunge l'expertise in un determinato campo, dopo una lunga applicazione. Riportiamo lo schema del processo in figura 5.5, dove viene evidenziata l'attivazione dell'area DLPF (ormai nota per le sue strette implicazioni in un circuito più ampio, che sorregge l'Executive Attention). Si nota la classica U rovesciata della curva dell'apprendimento, come de-

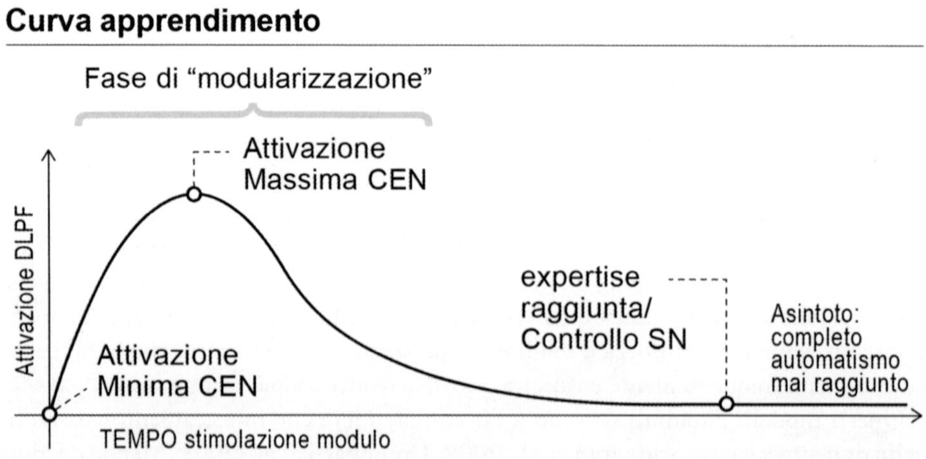

Figura 5.5. L'attivazione della corteccia DLPF (dorsolaterale prefrontale), che supporta come circuito l'Executive Attention, s'incrementa durante gli apprendimenti complessi, per poi scendere nel tempo quando comincia ad affermarsi l'expertise. Tuttavia, la curva rimarrà asintotica all'asse delle ascisse, perché l'automatismo dei moduli più complessi non sarà mai completo

scritto anche in altri studi (cfr., ad es., anche Landau, Schumacher, Garavan, Druzgal e D'Esposito, 2004; Milham, Banich, Claus e Cohen, 2003).

Quando l'apprendimento è avvenuto, finisce la fase della modularizzazione (Karmiloff-Smith, 1992), la DLPF è meno attiva, il sistema si sorregge sull'expertise acquisita ed è controllato dagli SN. Come si nota dalla figura 5.5, l'automatismo non sarà mai perfetto, anche se di grado elevato, lo scarico della DLPF non sarà mai completo, rimane una curva asintotica all'asse delle ascisse (la necessità di continuare ad allenarsi per il pianista, per il ballerino, per il lettore di testi complessi, per il matematico che risolve equazioni differenziali).

Il modulo può essere "ripenetrato", come abbiamo visto abbondantemente in questo volume. È il passaggio tramite SN da DMN a CEN (cfr. figura 5.6, parte superiore). Invece, se le risorse sono deboli i moduli complessi non si sviluppano pienamente. L'abilità in questione sarà sempre appoggiata all'Executive Attention, che dovrà impegnare le poche risorse disponibili in ambiti dove altri instaurano processi routinari (cfr. figura 5.6, parte inferiore). Ciò comporterà la quasi completa mancanza di risorse per altri eventuali compiti concomitanti e la possibilità che il soggetto rifiuti di svolgere attività che richiedano l'impiego dell'abilità non conseguita.

La modularità massiva dei sistemi più complessi come il linguaggio, la percezione, la lettura, il motorio complesso, è inquadrata come una serie di circuiti specializzati. Tali circuiti si sono formati nel tempo seguendo predisposizioni, inclinazioni e pressioni ambientali. Essi cambiano durante lo sviluppo e aumentano le connessioni tra i diversi network, che comunque si specializzano nel loro dominio e possono trovarsi sia in uno stato più modulare, sia in uno stato più controllato. Come si sosteneva più sopra, *non*

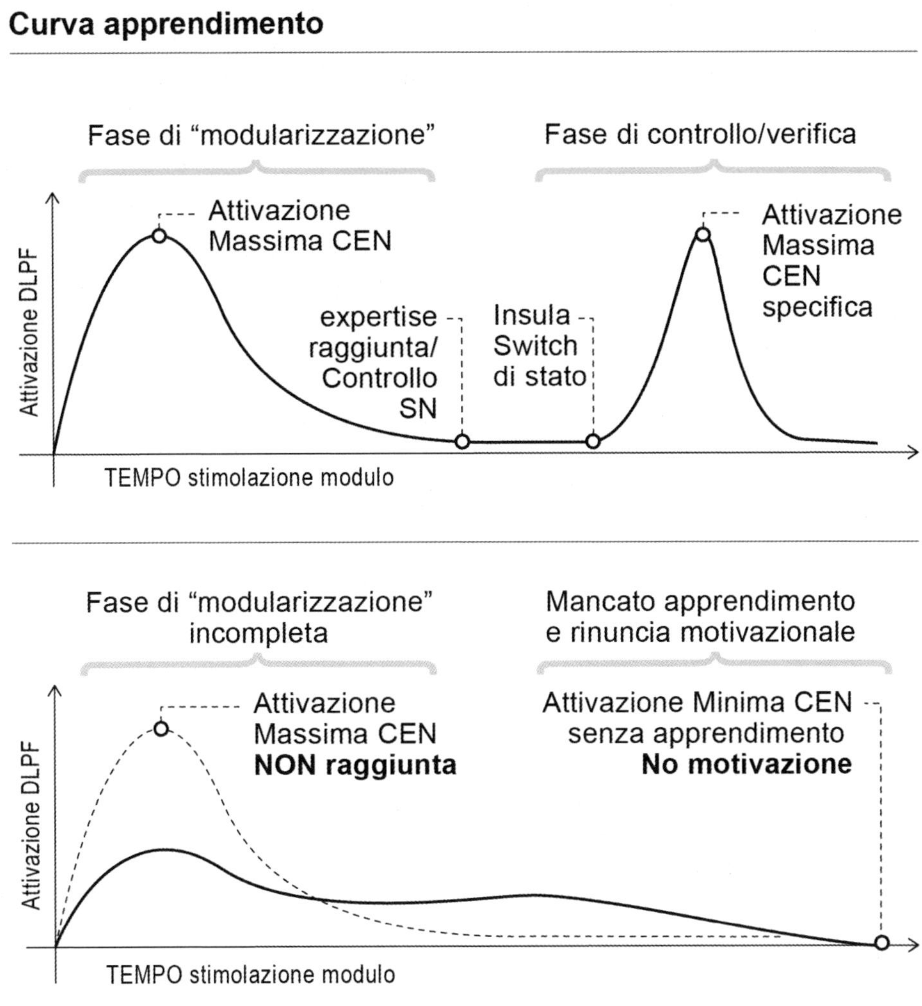

Figura 5.6. In alto: una volta raggiunta la fase di expertise, la DLPF si disattiva e il controllo viene preso dal circuito degli SN, che possono favorire la ripresa del sistema di controllo sul modulo in base alla domanda contestuale o del compito stesso. In basso: la debolezza della DLPF porta al mancato apprendimento; il soggetto non può scaricare il supporto dell'Executive Attention, se non quando, completamente demotivato, non affronterà più il compito

si dovrebbe più definire la modularità con aree cerebrali fisse, si tratta di valutare gli "stati modulari".

Sono rilevanti gli studi dei cambiamenti procurati dagli SN da automatico a controllato entro lo stesso dominio. Queste nuove scoperte nell'ambito delle neuroscienze rafforzano quello già evidenziato a livello di psicologia cognitiva nel capitolo 2 sui moduli. Inoltre, gli SN ci permettono di sostenere con più evidenza che, ad esempio, non vi è un preciso modulo linguaggio, ma il linguaggio in uno "stato" più modulare (ripetizione di una filastrocca) o in uno "stato" più controllato (esposizione orale attraverso il racconto).

Così il modulo "camminare" può essere in uno stato automatico (passeggiare) o in uno stato controllato (muoversi su di una passerella instabile). Questo aspetto sottintende la penetrabilità già discussa nel capitolo 2 e, pertanto, anche una preziosa possibilità per poter agire sul modulo stesso.

5.4.2. Lo sviluppo plastico dei moduli complessi e quello degli apprendimenti

I moduli più complessi vengono visti come circuiti neuronali che collegano diverse aree, alcune più centrali, parzialmente sovrapposte, altre più periferiche, diverse da modulo a modulo (come in figura 5.7). La modularità massiva si afferma nei moduli di secondo e terzo tipo descritti da Moscovitch e Umiltà (1990)[6].

È noto che nello sviluppo plastico avvengono cambiamenti a livello cerebrale che confermano questa modellistica. Ad esempio, la lettura si forma dopo un processo di modularizzazione, che crea dei collegamenti tra aree che formano un circuito robusto.

Keller e Just notano un aumento della mielinizzazione nei soggetti con difficoltà di lettura trattati:

> L'abilità di lettura dipende non solo dall'attivazione di un insieme rilevante di aree corticali, ma anche dalla loro possibilità di comunicazione. La difficoltà di lettura può essere associata ad una bassa connettività (la sincronizzazione dell'attività neurale) tra le aree del network corticale deputato alla lettura. L'aumento di mielinizzazione accrescerebbe la comunicazione tra le aree corticali, dando come risultato una migliore prestazione [Keller e Just, 2009].

Rothbart et al. (2011) spiegano che quando i bambini sviluppano le loro performance cognitive, si verificano, in corrispondenza delle aree prefrontali, delle attivazioni minori, come se vi fosse una sintonizzazione di neuroni meno dispersiva e più specializzata. Tali Autori sostengono altresì che aspetti simili si notano negli adulti che apprendono. Come rappresentato in figura 5.7, con la pratica si riducono il numero e la grandezza delle attivazioni cerebrali (Kelly e Garavan, 2005), e d'altro canto vi è un notevole incremento delle connessioni (Fair et al., 2009). Sempre Rothbart et al. (2011) sostengono in sintesi:

> Questi due effetti suggeriscono due visioni apparentemente opposte dello sviluppo. I dati sull'attivazione cerebrale inducono a pensare che l'aumento dell'età produca un'attività più focale, mentre studi sulla connettività suggeriscono un'attività più distribuita nei bambini più grandi e negli adulti. Un altro modo per visualizzare questi cambiamenti è prendere atto che le computazioni diventano più focalizzate, perché sono necessari pochi neuroni per eseguirle e poiché vengono attivate meno aree, d'altro canto vengono utilizzate più connessioni globali per collegarle. Così i cambiamenti

[6] Ad esempio, i moduli di secondo tipo (linguaggio e riconoscimento degli oggetti), dopo il processo di modularizzazione, si esprimono con le risorse specifiche e, in casi particolari, il filtro 1 (adattatore di impedenza) apre il circuito ai sistemi centrali (come quando dalla semplice comprensione di fonemi, si passa alla metafonologia, che richiede segmentazioni e fusioni di lettere o di sillabe con un impegno importante della Executive Attention). I moduli di terzo tipo (lettura e movimento complesso) attingono direttamente dai sistemi centrali, ma una volta raggiunto un certo grado di automatismo (che sarà elevatissimo, ma mai completo), tenderanno ad un'autonomia computazionale, che sarà spesso sorretta (o disturbata) dalla facilità di ingresso (sempre attraverso il filtro 1) che l'Executive Attention ha verso il modulo di terzo tipo.

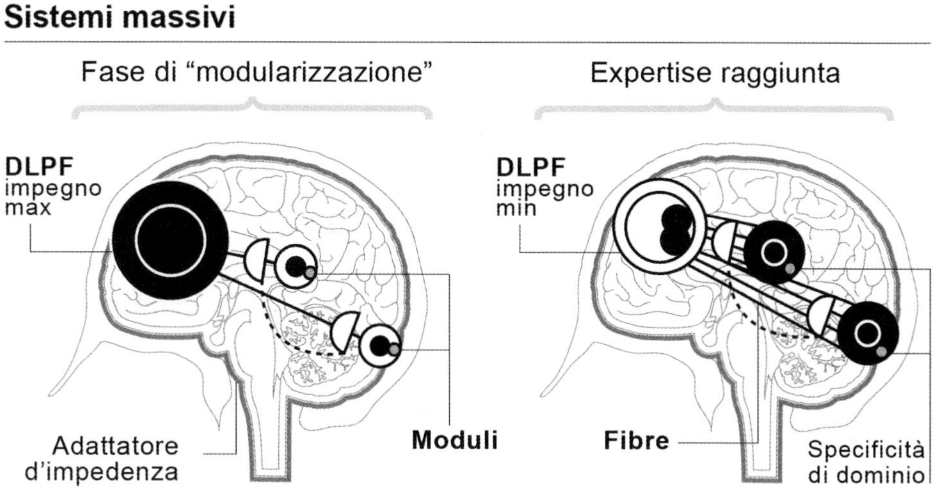

Figura 5.7. A sinistra: due moduli nella fase di modularizzazione, dove la corteccia DLPF è attivata al massimo. A destra: a sviluppo avanzato, aumentano le fibre, la mielinizzazione e i contatti tra i moduli; diminuisce l'attivazione della DLPF. Si teorizzano ed ipotizzano degli "adattatori di impedenza/filtri" che favoriscono o impediscono la penetrabilità dei sistemi top-down e tra i sistemi stessi

nell'attivazione e nella connettività possono lavorare insieme per produrre reti più efficienti, mostrando sia attività locali più piccole e più sintonizzate, sia connessioni più distribuite e più diffuse [Rothbart et al., 2011].

Tutto quanto sopra descritto è ciò che abbiamo presentato nei grafici e nei modelli che abbiamo teorizzato. Nella figura 5.7 si rispecchia il fatto che, quando aumentano sia la mielinizzazione sia il numero di fibre, il conduttore è più efficiente e necessita di minor energia e quindi di meno risorse. La resistenza elettrica diminuisce con l'aumento della sezione del conduttore, e se aumentano i collegamenti l'effetto è analogo. La mielina, isolando di più l'assone dalle dispersioni, ottiene il risultato di risparmiare sulla sezione delle fibre di collegamento, rendendole meno ingombranti. Inoltre dagli studi di Morelli, Ravera e Panfoli (2011) risulta che la mielina sarebbe anche un sito di metabolismo attivo dell'energia aerobica, che produce ATP attraverso il meccanismo di fosforilazione ossidativa. Pertanto, sembra essere molto di più di una semplice guaina isolante, e diventano molto intriganti i risultati di alcuni training cognitivi che, come abbiamo visto, favoriscono la mielinizzazione[7].

[7] Con questa conoscenza, si sono fatte ipotesi alternative per spiegare le malattie degenerative. Ad esempio, la sclerosi multipla sembra non essere una malattia autoimmune, ma una malattia scatenata dalla degenerazione della mielina a seguito di un malfunzionamento di alcuni processi legati alla sua funzione energetica e all'inquinamento da metalli pesanti.

5.4.3. Altre osservazioni sugli interventi (ri)abilitativi

Quando Keller e Just (2009) sostengono che "la difficoltà di lettura può essere associata a una bassa connettività funzionale tra le aree interessate", ci aiutano a far comprendere ciò che abbiamo a lungo argomentato in questo libro. Il senso immediato è che bisogna *collegare, non incapsulare*. Se torniamo ai capitoli precedenti, si comprende come e perché certi trattamenti siano inutili, inefficaci, non mantengano i benefici e, soprattutto, perché per certi aspetti siano anche dannosi (vale per tutte le patologie). Chi (ri)abilita cercando di stimolare settorialmente i sottomoduli di una abilità particolare non sviluppata, può ottenere modesti benefici, molto provvisori nel tempo. Come abbiamo visto, le ripetizioni automatiche e stereotipate tendono ad incapsulare i moduli, peggiorando la possibilità di integrazione e di successiva ridescrizione. Il lavoro sul dominio singolo è necessario, ma è reso possibile solo se si fanno intervenire contemporaneamente i circuiti dell'Executive Attention, coinvolti nella codifica, nella ritenzione e nel recupero in memoria. Tali interventi divengono utili anche per fornire consapevolezza al set (ri)abilitativo e per distribuire l'informazione ai diversi sistemi (*embodiment*). I professionisti che insegnano arti raffinate e complesse come la danza, il canto, la strumentistica, conoscono da sempre queste leggi. Sono quelle che fanno la differenza nella qualità dei risultati delle scuole dove vengono forgiati artisti o studiosi di fama internazionale. Molti maestri di sport si lamentano perché, quando reclutano futuri possibili campioni, devono rinunciare ad alcuni di questi atleti, molto dotati, oramai chiusi in schemi rigidi (imposti dai loro allenatori attraverso attività ripetute anche fuori contesto, quasi solo esclusivamente automatiche). Tali modularizzazioni incapsulate sono difficili da cambiare e pertanto non vi è più la possibilità di incrementare le performance di questi atleti, anche se sono ancora in giovane età.

5.5. Conclusioni e compendio attraverso la lettura di Brown (2006): funzioni esecutive, ADHD, modelli e analisi critiche

Terminiamo questo capitolo con l'analisi dell'articolo di Brown (2006), perché può, almeno in parte, sostituire il riassunto finale di quanto trasmesso in questo volume. È un modo di intendere metodologicamente rigoroso, che riveste per noi una notevole importanza per come riesce lucidamente a centrare le problematiche, nonostante l'imperversare della "razionalità limitata".

L'analisi critica che Brown (2006) svolge sull'articolo di Willcutt, Doyle, Nigg, Faraone e Pennington (2005) è quel compendio che meglio di noi può richiamare quanto scritto in questo volume. Sarà un ripasso che, oltre a fornirci informazioni sui modelli applicabili all'ADHD, potrà far riemergere gli argomenti salienti di tutti i capitoli del libro. Un esempio di come potrebbe analizzare un lavoro scientifico chi ha assimilato e studiato le informazioni metodologiche riportate in questo volume. Informazioni che, come si sarà notato, sono state fornite soprattutto dai numerosi autori che abbiamo citato. Termineremo, pertanto, mantenendo lo stile attuato fino a questo momento, con delle riflessioni congiunte tra diversi autori.

5.5.1. Introduzione

Ci sono lavori come quelli di Willcutt et al. (2005) che valutano in metanalisi o con semplici studi le ipotetiche cause dell'ADHD. Non trovando sufficienti percentuali di ADHD con cadute significative, o valutando le deboli dimensioni dell'effetto in alcune prove che vorrebbero misurare le FE, gli Autori affermano che in futuro, nei manuali, bisognerà dividere i sottogruppi ADHD, per distinguere quelli causati dalla debolezza a livello di funzioni esecutive dagli altri.

Se nelle nostre ricerche trovassimo un certo numero di soggetti definiti ADHD che non cadono a nessuno dei test della batteria che valuta l'attenzione esecutiva (lo stesso vale per i DSA o altri disturbi ancora), non arriveremmo a conclusioni del genere.

Prima di tutto bisogna evitare di credere di avere a disposizione dei test infallibili e precisi, specialmente quando si tratta di valutare i sistemi dell'Executive Attention; comunque ci si colloca nel campo del ragionamento abduttivo probabilistico. Ciò comporta che, prima di fare affermazioni del tipo che "alcuni ADHD non avrebbero problemi alle FE", *dovremmo chiederci: dov'è il punto debole della batteria, quali altre prove avrebbero potuto essere più incisive, qual è il vero profilo degli individui definiti ADHD che resistono alla batteria stessa?* Anche perché, le eventuali affermazioni, come è facile notare, emergerebbero da impropri ed erronei commenti sull'ipotesi nulla.

Tra l'altro, citando anche Denckla (1996), dovrebbe essere chiaro come il disturbo all'Executive Attention sia pervasivo nelle diverse patologie (in appendice v sono riportati alcuni nostri lavori sperimentali a conferma) e come, nello stesso tempo, possa incidere più selettivamente sullo sviluppo di uno o più sottoprocessi cerebrali, magari non in quelli misurati da uno specifico test somministrato.

Ricordiamo anche che due individui etichettati sotto la stessa patologia possono avere risultati diversi allo stesso test: come abbiamo abbondantemente argomentato, non vi sono test così "puri" per permettere la distinzione di quelle funzioni più specifiche che delineano i profili di ADHD, di autismo e altri disturbi, nonostante in diversi articoli appaiano affermazioni del genere (cfr. ad es., Ozonoff e Jensen, 1999).

Come emergerà chiaramente dall'articolo di Brown (2006), ci si è accorti su diversi fronti (cfr. ad es., Sonuga-Barke e Castellanos, 2007) come le batterie di test che indagano l'attenzione esecutiva, pur sensibili per isolare soggetti con ADHD, non siano indicate e specifiche solo per il disturbo dell'attenzione. Cadono anche varie altre tipologie di soggetti, con DSA, con autismo, con disprassie, ecc. (Tang, Rothbart e Posner, 2012; cfr. in appendice v alcuni nostri lavori in proposito). In altri termini, non vi è un marker specifico e questo lo sosteniamo anche noi quando valutiamo che l'attenzione esecutiva è alla base di qualsiasi apprendimento complesso e non è un'esclusiva dell'ADHD.

Apparentemente siamo in accordo con Willcutt et al. (2005), quando dicono dell'influenza delle FE sull'ADHD, ma la nostra interpretazione (come quella di Brown, 2006) evita l'errore di fare affermazioni sull'ipotesi nulla. Se quei soggetti non cadono in alcuni (e forse non adatti) test, non vuol dire che non vi siano problemi all'esecutivo. Diversi altri interrogativi dovrebbero emergere con assoluta priorità: sono ADHD veri? Quali altri test che avrebbero potuto essere più incisivi non sono stati somministrati? Quale è la potenza del test utilizzato per isolare quelle variabili? Sinteticamente, tutto questo si riassume con il fatto che gli Autori nelle loro conclusioni stanno sfidando l'ipotesi nulla.

Inoltre, se vi fosse, paradossalmente, una correlazione anche uguale ad uno tra diagnosi di ADHD e test esecutivi, non si può trasformare una correlazione, anche elevatissima, in una causa. Senza dimenticare che sarebbe anche da considerare il "passaggio" arbitrario nella "black box", che dovrebbe collegare una prova a una funzione che si ipotizza misuri. Tale operazione risulta molto incerta e poco condivisibile anche nei test elencati nel lavoro di Willcutt et al. (2005).

Cominciamo quindi a seguire la logica con cui Brown (2006) inizia il suo articolo inquadrando l'ADHD:

> Un numero crescente di studi ha riportato che i bambini e gli adulti con ADHD tendono ad eseguire peggio dei controlli normali certe presunte misure delle funzioni esecutive, alcuni ricercatori hanno cominciato a descrivere l'ADHD come un disordine delle funzioni esecutive. Nel 1999 Castellanos ha osservato che l'ADHD è "[...] non solo un deficit di attenzione, un eccesso di attività locomotoria o la loro semplice congiunzione" (p. 179). Ha osservato che "l'astrazione unificante che meglio comprende le facoltà prevalentemente coinvolte nell'ADHD è stata definita 'funzione esecutiva', che è un concetto in evoluzione [...] ora c'è un imponente supporto empirico per la sua importanza nell'ADHD" (Castellanos, 1999, p. 179).
> Anche se le definizioni delle funzioni esecutive sono ancora in evoluzione, la maggior parte dei ricercatori concorda sul fatto che il termine dovrebbe essere usato per riferirsi ai circuiti del cervello che privilegiano, integrano e regolano altre funzioni cognitive. Le funzioni esecutive, quindi, gestiscono le funzioni cognitive del cervello; forniscono il meccanismo di "autoregolazione" (Vohs e Baumeister, 2004). Gli sforzi per valutare queste funzioni esecutive con i test neuropsicologici hanno prodotto risultati misti.
>
> Willcutt, Doyle, Nigg, Faraone e Pennington (2005) hanno recentemente fornito una metanalisi di 83 studi dove sono stati somministrati test di misura delle funzioni esecutive quali il compito di Stop-Signal, Porteus Mazes, Torre di Hanoi e il *Wisconsin Card Sorting Test* in gruppi di bambini e adolescenti con (n = 3374) e senza (n = 2969) ADHD. La loro analisi ha indicato che i gruppi con ADHD hanno mostrato un'alterazione significativa delle valutazioni neuropsicologiche dell'inibizione della risposta, della vigilanza, della memoria di lavoro e della pianificazione. Le dimensioni di effetto dell'analisi metanalitica di questi studi erano generalmente nell'intervallo medio (0.46-0.49).

A questo punto, riprendendo quanto delineato in questo volume, verrebbero immediate diverse osservazioni critiche sui test utilizzati e sui costrutti univoci evidenziati, ma preferiamo fare un commento unico più avanti.

Continua Brown (2006):

> Il gruppo di Willcutt ha concluso che mentre i loro risultati "indicano chiaramente che le debolezze nelle FE sono significativamente associate con l'ADHD, non supportano l'ipotesi che i deficit delle FE sono la singola causa necessaria e sufficiente di ADHD in tutti gli individui con il disordine". [...] La conclusione del gruppo di Willcutt che le disfunzioni delle funzioni esecutive non sono la "causa unica e necessaria di ADHD" non è importante per questo articolo [...] L'obiettivo qui non è quello di accertare una causa di ADHD, ma di descrivere la natura del rapporto tra ADHD e le funzioni esecutive. È difficile immaginare come le correlazioni ancora più forti tra i punteggi sui test che valutano le funzioni esecutive e la diagnosi ADHD potrebbero determinare una singola causa necessaria e sufficiente per l'ADHD. La correlazione, per quanto forte, non può stabilire cause.

Anche altre metanalisi condotte da Hervey, Epstein e Curry (2004) su adulti ad ADHD testati con prove che valutano le FE hanno evidenziato che: molti, ma neppure la maggioranza di soggetti con ADHD mostrano una caduta significativa. Se i test neuropsicologici della FE sono considerati come una misura valida di chi è compromesso nel funzionamento esecutivo, solo circa il 30% di quelli diagnosticati con ADHD sembra avere significative compromissioni nelle FE [Brown, 2006].

Aggiungiamo noi, anticipando anche alcune osservazioni dello stesso Brown, che emergono già diversi spunti critici che non sfuggiranno al lettore attento che ci ha seguito fino a questo punto. Controllando, a parte, le tabelle dei lavori presi in considerazione per le metanalisi nell'articolo di Willcutt et al. (2005), notiamo che, ovviamente, i diversi autori hanno interpretato secondo il loro arbitrio (non sempre condivisibile) e con inferenze abduttive i costrutti misurati dai test scelti. Siamo sempre e nuovamente su un piano instabile e precario, ma è lì che si deve stare, mantenendo la consapevolezza della realtà probabilistica molto incerta. Di conseguenza, ci lascia molto perplessi l'impostazione di Willcutt et al. quando accettano (anche se con una certa cautela) una sorta di corrispondenza biunivoca tra le funzioni dichiarate e i test (tra l'altro alcuni molto complessi)[8]. Tale accettazione ripropone il tipico scivolamento dall'ipotetico probabilistico (vera unica certezza) all'approssimazione verso una realtà perfetta, solo immaginata, guidata da inferenze deduttive non applicabili a livello di "black box" (come sappiamo da Poldrack, 2006, capitolo 2). Si cade nell'errore riduzionistico e localizzazionista (aree = funzione = test, fallacia di eccessiva analogia) denunciato più volte da Bernstein e Waber (2007) quando concludono che molti sostengono ancora rigidamente che *Wisconsin Card Sorting Test = set shifting*[9]. È la conseguenza di quel pensiero, anche implicito, che non considera, dopo anni di evidenze, di doversi staccare dalle puntuali corrispondenze test-funzione e localizzazioni cerebrali circoscritte. *Il punto di vista di una realtà formata da reti dinamiche e gradi di attivazione (Duncan, 2001) porterebbe, invece, verso l'integrazione di più circuiti e quindi verso sistemi meno parcellizzati e in continua interazione.*

Infine, vogliamo sottolineare con convinzione, per la nostra esperienza nell'ambito degli studi sull'attenzione (e per dati in nostro possesso, alcuni in preparazione), che non avremmo utilizzato quasi nessuno dei test elencati in questi lavori (anche se molto considerati e, soprattutto, disponibili) per valutare l'Executive Attention nell'ADHD. Riteniamo che tali test vengano spesso utilizzati per motivi storici dovuti a una consuetudine quasi inconsapevole o per l'iniziale disorientamento di chi decide di punto in bianco di occuparsi e di diventare un esperto di FE o di ADHD. In questi casi viene di conseguenza il dover optare per il materiale più facilmente reperibile e più noto in letteratura, non avendo l'esperienza di chi lo ha provato e riprovato più volte affiancandolo a test sempre diversi e anche autoprodotti. Questi test "classici" sono risultati nelle nostre diverse sperimentazioni meno sensibili di altri e pensiamo che abbiano già ottenuto un

[8] Bisogna riconoscere che Willcutt et al. (2005) sono stati almeno cauti quando affermano che gli abbinamenti tra funzione e test utilizzato derivano dall'interpretazione dei diversi autori selezionati nelle loro metanalisi.

[9] Non dimentichiamo, come già dimostrato nel capitolo 3, che Miyake et al. (2000) e McCabe et al. (2010) mettono in evidenza come, ad esempio, il Wisconsin abbia avuto in letteratura interpretazioni diverse che mettono in gioco tutte le funzioni esecutive di base e altre ancora.

ottimo risultato nelle metanalisi, raggiungendo anche solo un livello medio di dimensione dell'effetto nei soggetti definiti ADHD.

Continuando la lettura, Brown spiega i modelli teorizzati per l'ADHD, prima di impostare la sua costruzione critica.

5.5.2. Tre diversi modelli che interessano l'ADHD vengono così descritti da Brown (2006)

Il primo modello è quello di Willcutt et al. (2005):

> Prevedono che l'ADHD sia causato solo parzialmente dalla disfunzione delle funzioni esecutive [Brown, 2006].

Il secondo è quello di Barkley (1997) che:

> [...] definisce l'ADHD come un disturbo dell'autoregolazione dovuto a un mancato sviluppo dell'inhibition che incide negativamente sull'evoluzione delle altre FE. Inoltre, Barkley non trova batterie sensibili che possano isolare l'ADHD. Critica i pochi minuti di durata dei test e pertanto suggerisce di svolgere le valutazioni attraverso l'analisi delle performance individuali nelle diverse situazioni di vita. Il modello si ispira alla teoria di Bronowski (1977), centrata sull'importanza di sviluppare capacità di inibire l'azione e di utilizzare il linguaggio. Barkley teorizza lo sviluppo delle diverse funzioni esecutive come collegato all'inhibition. Elenca le seguenti funzioni: memoria verbale e non verbale; regolazione delle motivazioni e delle emozioni; capacità di riconfigurare e riadattare il comportamento [Brown, 2006].

Il terzo modello è quello di Brown (2001, 2005):

> Il modello include sei gruppi di funzioni cognitive che costituiscono un modo per definire funzioni esecutive per tutti gli individui. Nessuno di questi cluster è una variabile unitaria e puntuale come avviene per le misure di altezza, il peso o la pressione sanguigna. Ogni cluster è simile a un contenitore che ospita una serie di funzioni cognitive correlate.
> Questi raggruppamenti sono:
>
> i) attivazione: organizzazione, saper stabilire priorità e organizzazione sul lavoro;
> ii) focus: concentrarsi, sostenere e spostare l'attenzione sulle diverse attività;
> iii) sforzo: regolazione della vigilanza, sforzo sostenuto e velocità di elaborazione;
> iv) emozione: gestire la frustrazione e regolare le emozioni;
> v) memoria: utilizzo della memoria di lavoro e accesso al ricordo;
> vi) azione: azione di monitoraggio e autoregolazione.
>
> Ognuno di questi cluster è visto come funzioni che operano in dinamiche interattive rapidamente cangianti, di solito abbastanza inconsapevoli, per svolgere un'ampia varietà di attività quotidiane, nelle quali l'individuo deve regolare il sé usando l'attenzione e la memoria per guidare l'azione piuttosto che essere gestito da qualcun altro (Brown, 2001, 2005) [...]
> Un altro punto da rimarcare del [mio] modello è la variabilità situazionale dei disturbi nell'ADHD. Studi clinici [da me] condotti hanno indicato che tutti gli individui con ADHD sembrano avere alcuni settori specifici di attività in cui non hanno difficoltà a svolgere diverse funzioni che sono, per loro, invece compromesse nella vita di tutti i giorni [...]

> Spesso questo è descritto dai pazienti ADHD come semplicemente dipendente dal livello del loro interesse personale nell'attività specifica [...] Questa variabilità situazionale dei sintomi può essere considerata come una prova che le disfunzioni del cervello coinvolte in ADHD non sono le funzioni cognitive fondamentali stesse, ma le reti di gestione centrali che le accendono e disattivano [Brown, 2006].

Brown afferma di non condividere l'ipotesi di Barkley quando sostiene che il comportamento inibitorio sarebbe la funzione esecutiva fondamentale da cui dipenderebbero tutte le altre. Piuttosto, dal suo punto di vista, il comportamento inibitorio è una delle tante funzioni esecutive, interattiva e interdipendente con le altre.

Presentati i tre modelli per l'ADHD, Brown così commenta:

> Il conflitto tra questi diversi punti di vista del rapporto tra le funzioni esecutive e ADHD (Barkley e [me] da un lato, e quello riassunto da Willcutt et al., 2005, dall'altro) si basa su come vengono definite le funzioni esecutive.
> Se le funzioni esecutive sono concettualizzate semplicemente come un insieme di funzioni che possono essere misurate accuratamente con le prove neuropsicologiche esistenti, allora è chiaro che la disfunzione delle funzioni esecutive è caratteristica solo di una minoranza di coloro che sono diagnosticati con ADHD.
> Tuttavia, vi è una buona ragione per rifiutare questa definizione semplicistica delle funzioni esecutive insieme a quello che viene misurato dai "test di FE" [Brown, 2006].

Brown si dice (anche lui) d'accordo con Rabbitt (1997) e altri ricercatori che hanno sostenuto che *i test per valutare le FE violano l'assunzione centrale della natura delle funzioni esecutive stesse*:

> Rabbitt ha spiegato che i metodi tradizionalmente utilizzati dalla psicologia sperimentale non possono essere validamente applicati alle funzioni esecutive. Il solito approccio scientifico nella ricerca è quello di isolare e cercare di misurare una variabile che rifletta un processo specifico e non altri. Ha sostenuto che "questa 'venerabile' strategia è completamente inappropriata per analizzare le funzioni esecutive, perché una proprietà essenziale di tutte le 'funzioni esecutive' è che per sua stessa natura comporta la gestione simultanea di una varietà di diversi processi funzionali" (Rabbitt, 1997, p. 14). Il solito approccio "isolare la variabile e la prova" non può comprendere e misurare la complessa natura interattiva delle funzioni esecutive [Brown, 2006].

5.5.3. Esempio chiarificatore con i pazienti con danno del lobo frontale

Brown esemplifica inoltre con altri contesti e in sostanza dice che è come cercare di reclutare un nuovo direttore d'orchestra sinfonica. Non si possono valutare adeguatamente i candidati semplicemente facendo loro muovere le braccia ritmicamente o suonare un pezzo di uno strumento specifico. È necessario individuare le loro capacità d'integrazione e d'interazione con gruppi di musicisti che suonano strumenti diversi. In altri termini, possiamo dire che una funzione esecutiva non è un solista, ma un direttore di orchestra con tanti processi ed elaborazioni da integrare.

> In uno studio di Shallice e Burgess (1991) i pazienti con danno del lobo frontale dimostrarono di non essere in grado di eseguire adeguatamente gli incarichi quotidiani che richiedevano la pianificazione e il multi-tasking, tuttavia hanno ottenuto punteggi medi o ben al di sopra della norma nei

tradizionali test neuropsicologici del linguaggio, della memoria, della percezione e delle "funzioni esecutive" [Brown, 2006].

Questo aspetto, ben noto a chi ha a che fare con il "trauma cranico adulto", fa comprendere come sia difficile prevedere se un particolare test riuscirà ad isolare soggetti presumibilmente compromessi in determinate funzioni esecutive. Succede che soggetti chiaramente lesionati e sofferenti nelle abilità che richiedono l'apporto dell'attenzione esecutiva possono superare i test. *Queste vere e proprie omissioni dipendono ovviamente dai chiari limiti delle prove, che dovrebbero misurare le funzioni esecutive (anche in età evolutiva). Questi limiti noti, invece di essere valutati, vengono erroneamente interpretati per negare evidenti disturbi alle funzioni esecutive, commentando impropriamente l'ipotesi nulla.*

Le riflessioni che abbiamo fatto sulla "discrepanza fisiologica" sono utili per meglio comprendere[10]*. Lo stesso circuito funzionale per un individuo può essere leggermente diverso rispetto a un altro (come reti e attivazioni), inoltre soggetti che si ritrovano sotto la stessa etichetta diagnostica potrebbero avere risultati diversi allo stesso test (uno cade e l'altro no). Per questo motivo, noi cerchiamo di affrontare il problema con una batteria di prove che capti più sfumature (globalmente), non illudendoci di identificare singole funzioni esecutive, ma debolezze nei servomeccanismi interattivi nelle reti di attivazione. Inoltre, ci cauteliamo nel contempo dai problemi che possono nascere a livello di "specificità" con test troppo "severi". Le tarature devono evitare di far cadere i soggetti del gruppo di controllo.*

In passato, testando adulti traumatizzati cranici, ci è capitato di incontrare queste stesse difficoltà citate da Shallice e Burgess (1991); abbiamo pertanto cercato nel tempo delle tipologie di test (anche per prove ed errori) che avessero tra loro una sorta di complementarietà nell'identificare il disturbo, aumentando così la sensibilità, se abbinati (dove non isolava l'uno isolava l'altro). Questa è un'alternativa ai test "ecologici" (e alle conclusioni finali di Brown), che pur avendo il vantaggio di inserire il paziente nel contesto appropriato, di contro permettono l'ingresso di troppe variabili intervenienti che, a nostro avviso, falsano le misure.

5.5.4. Il problema di attenzione esecutiva va oltre l'ADHD

Nel 2002 Sergeant e colleghi hanno pubblicato un articolo che si chiede "quanto è specifico un deficit delle funzioni esecutive per il disturbo da deficit dell'attenzione/iperattività?". Hanno notato che, mentre in molti studi, bambini, adolescenti e adulti con ADHD hanno dimostrato prestazioni deficitarie su alcuni compiti/test di valutazione delle funzioni esecutive, simili disfunzioni erano state anche riscontrate in individui con altri disturbi – ad esempio, disordine oppositivo provocatorio, disturbo del comportamento, sindrome di Tourette, disturbi dell'apprendimento e autismo ad alto rendimento. L'articolo si conclude: "la specificità delle funzioni esecutive per l'ADHD resta da stabilire" (Sergeant, Guerts e Oosterlaan, 2002, p. 24) [Brown, 2006].

Un individuo con un disordine di lettura ha dei disturbi alle funzioni esecutive, alla memoria di lavoro come pure avrebbe problemi specifici negli aspetti cerebrali coinvolti nella decodifica e nella comprensione delle parole. Una persona con disturbo di Asperger non solo ha dei disturbi alle

[10] Rimandiamo ai paragrafi del capitolo 1.

funzioni esecutive coinvolte nello spostamento della focalizzazione attentiva, nella gestione delle emozioni e nel monitoraggio dell'azione, ma ha anche più disturbi specifici negli aspetti cerebrali essenziali per notare e monitorare le comunicazioni emotive degli altri (Brown, 2005). Infatti, non ha molto senso pensare a tali combinazioni di disturbi, alcune delle quali coinvolgono funzioni esecutive, come eventi occasionali di disordini separati. La situazione non è come avere una caviglia slogata e un'influenza allo stesso tempo. Piuttosto, le disfunzioni delle funzioni esecutive possono essere paragonate con le interruzioni del sistema operativo di un computer che interferisce in vari modi con l'esecuzione di una vasta gamma di software (Brown, 2005) [Brown, 2006].

È quello che sosteniamo noi dal capitolo 2 in avanti, che sintetizzato si riduce a questa affermazione (più volte ripetuta nel testo) densa dei significati appena citati da Brown: *se è ADHD, allora ha un disturbo di attenzione; ma se ha un disturbo di attenzione, non è per forza un ADHD* (evitando così l'errore di anteposizione del conseguente e/o della negazione dell'antecedente).

È la sovradeterminazione degli aspetti esecutivi attentivi su tutte le altre funzioni e processi (Denckla, 1996; cfr. anche lavori sperimentali in appendice v).

5.5.5. Conclusioni

Brown così conclude sui modelli che spiegano l'ADHD:

I due paradigmi contrastanti attualmente offerti per comprendere il rapporto dell'ADHD con le funzioni esecutive coinvolgono interpretazioni molto diverse su quale funzione esecutiva è, come deve essere misurata e come è collegata all'ADHD. La visione di Willcutt et al. (2005), che vedono le funzioni esecutive come misurabili dai tradizionali test neuropsicologici, conclude che solo una percentuale relativamente piccola di individui con ADHD, forse circa un terzo, soffre di significative alterazioni delle funzioni esecutive. Al contrario, Barkley (1997, 2001) e Brown (2000, 2005) sostengono che tutti coloro che soffrono di ADHD soffrono di significative cadute nelle funzioni esecutive e che i disturbi di sviluppo di queste funzioni sono l'essenza dell'ADHD. *Noi sosteniamo che i disturbi delle funzioni esecutive non possono essere misurate adeguatamente dai "test FE" neuropsicologici tradizionali e suggeriamo che tali disfunzioni possono essere individuate molto più chiaramente e validamente nelle valutazioni di come gli individui eseguono nel tempo un'ampia varietà di attività quotidiane che richiede loro di gestire se stessi* [Brown, 2006; corsivo nostro].

Sempre Brown (2006) ci mette al corrente che anche

[...] Joaquin Fuster (2003) ha sostenuto che gran parte della neuroscienza contemporanea è troppo riduttiva nell'analisi delle microunità di funzionamento del cervello e ritiene che tale ricerca "si sposta verso la frammentazione dei sistemi e dei meccanismi" [...] *Le funzioni cognitive della percezione, della memoria, del riconoscimento, del ragionamento e della comprensione, nonché del linguaggio, si basano su vasti territori di corteccia che comprendono, ma certamente si estendono oltre quelle aree e moduli specializzati* (Fuster, 2003, p. 6) (corsivo nostro).
[...] La critica di Fuster sembra particolarmente adatta alla comprensione delle funzioni cognitive più complesse che descriviamo come funzioni esecutive. Egli osserva che la gamma complessiva di attività cognitive conosciuta come "attenzione" svolge un ruolo fondamentale nelle operazioni cognitive sovrapposte multiple.
[...] La percezione fa parte dell'acquisizione e del recupero della memoria; la memoria acquisisce le informazioni acquisite dalla percezione; il linguaggio e la memoria dipendono l'uno dall'altro;

linguaggio e ragionamento logico sono forme speciali di azione cognitiva; l'attenzione serve tutte le funzioni cognitive (Fuster, 2003, p. 16) [Brown, 2006].

Crediamo che ogni ulteriore commento ai modelli e alle osservazioni di Brown 2006 sia superfluo. In un unico articolo abbiamo rivisto molte delle criticità delineate in questo volume e tutto ciò ci permette di concludere per ora il nostro discorso.

Dobbiamo solo rimarcare rispetto a Brown una sottile differenza di punti di vista. *Noi crediamo ancora che si possano formare batterie più soddisfacenti per identificare i vari soggetti con disturbi all'Executive Attention (non solo per l'ADHD). Pensiamo, infatti, che ciò possa essere attuabile se si indaga per "sfumature", affiancando test dalla natura complementare (dove non isola l'uno, isola l'altro); non possiamo e non vogliamo dire che identifichino funzioni esecutive diverse, ma sfumature di funzioni interattive nei circuiti che si attivano e compensano variabilmente anche con lo stesso compito che coinvolge l'Executive Attention.* Non sono test che possono isolare il singolo disturbo e quindi proporre una diagnosi nosografica di ADHD, ma sono prove che possono confermare che il soggetto con tale diagnosi "effettivamente, è debole nell'attenzione esecutiva" e ciò non è poco.

Alcuni esempi di questi tentativi anche abbastanza incoraggianti, li riportiamo nell'appendice v, dove elenchiamo alcune nostre ricerche.

#17. Sintesi conclusiva in dieci punti

Elenchiamo qui a mo' di sintetica conclusione alcuni dei punti salienti di questo scritto, per l'utilità pratica che possono avere per il lettore che insegna o svolge attività clinica o di ricerca.

1. Le richieste e le istruzioni per svolgere un compito non coincidono con tutte le funzioni messe in gioco per portarlo a termine. Una prova di switch dove si devono eseguire cambiamenti repentini tra i compiti necessita di flessibilità, ma anche dell'intervento dell'attenzione sostenuta, dell'avvio, di diversi tipi di memoria e di altro ancora... (Rogers e Monsell, 1995; Rubinstein et al., 2001).

2. Confondere la funzione con il test richiama la fallacia di eccesso di analogia. Ad esempio, nel lavoro di Miyake et al. (2000) appare chiaramente come compiti di Stroop, antisaccade e Stop Signal saturino all'incirca solo il 20% del costrutto "inhibition" (la variabile latente viene predetta dal singolo test per un fattore .40/.45 al massimo). Vi è inoltre una comunalità che fa correlare i tre costrutti (inhibition, shifting, updating) tra di loro, inserendo implicitamente dei processi che non dovrebbero trovarsi in sovrapposizione (ulteriore incognita). Prendendo in considerazione solo il test di Stroop, nella stessa pubblicazione, emerge un .92 di varianza residua, che equivale all'84% di varianza non spiegata! Pensare che il singolo test possa rappresentare la funzione inhibition diventa evidentemente una gravissima fallacia di eccesso di analogia, simile all'errore del medio non distribuito nel sillogismo aristotelico (cfr. inserto #4).

3. L'eccesso di analogia nasce anche dalla confusione che si fa assumendo improprie ed impossibili corrispondenze biunivoche tra test e funzioni. Siamo a livello di "scatola nera" (Poldrack, 2006; cfr. par. 2.1 e fig. 2.1), dove la scelta dei costrutti è arbitraria e si impone l'incertezza e il ragionamento abduttivo probabilistico. In questi casi non possono esistere le bi-implicazioni ("se e solo se"), ma il condizionale semplice ("se... allora"). Ciò porta inevitabilmente a rilevare in diversi e anche autorevoli scritti le fallacie logiche dell'anteposizione del conseguente, della negazione dell'antecedente e, pertanto, l'improprio utilizzo dei commenti sull'ipotesi nulla (cfr. inserto #4).

4. Di conseguenza, risulta non accettabile leggere in determinati articoli, dopo la somministrazione di singoli test, che l'"inhibition" spiega le abilità di calcolo o è presente (o non presente) nell'ADHD nell'autismo, ecc., ecc... Paradossalmente, quello che può covariare con le singole abilità scolastiche o nelle diverse patologie potrebbe essere un insieme di altre funzioni non considerate, appartenenti alla comunalità evidenziata da Miyake et al. (2000), senza mai dimenticare la notevole quantità di varianza non spiegata che non coincide con il costrutto (arbitrariamente) scelto dallo sperimentatore.

5. Meno compromettente dal punto di vista metodologico sarebbe il rifiutare i frazionamenti indebiti delle singole funzioni esecutive, come sostenuto dalla letteratura riportata nel capitolo 3, ed affidarsi a termini più generici come "Executive Attention", "general executive functions" o altri simili. Tali modelli multicomponenziali, comunque, non negano ma esprimono tutte le funzioni esecutive in continua e variabile interazione, come l'Adaptive Coding Model di Duncan (2001) suggerisce. Ricordiamoci che, sostituendo i test che vorrebbero misurare la stessa funzione (arbitrari), cambiano i valori delle equazioni fattoriali e i modelli che ne conseguono (McCabe et al., 2010). Inoltre, abbiamo presentato nel paragrafo 3.8 delle ricerche molto accreditate (e poco citate) che dimostrano di poter spiegare in modo diverso e alternativo i risultati dei test più utilizzati per misurare l'inhibition. Senza dimenticare che alcuni studiosi mettono in dubbio l'esistenza stessa dell'"inibizione strategica" (MacDonald e Joordens, 2000; MacLeod et al., 2003; Kane e Engle, 2003; Unsworth et al., 2004; Turatto e Pascucci, 2016).

6. Nessuno è immune dalla "razionalità limitata" che si esprime attraverso decisioni e osservazioni che coinvolgono i circuiti viscerali emotivi, piuttosto che quelli cognitivi, come illustrato nel capitolo 1 citando i tre psicologi premi Nobel per l'economia (Herbert Simon, Daniel Kahneman, Richard Thaler). Da ciò deriva la tendenza al pensiero dicotomico, alle fallacie e ai giudizi collettivi fuorvianti anche nel campo delle teorie scientifiche. A tal proposito richiamiamo quei comportamenti che emergono quando si identificano rigidamente i sistemi automatici vs controllati, o quando si utilizza univocamente il termine "modulo" senza valutarne il gradiente e il grado di attivazione (si definisce il "linguaggio" senza fare distinzioni di sorta tra il rilevamento delle frequenze acustiche, il ripetere una cantilena e la metafonologia).

7. Si accetta e si condivide ormai largamente che a livello cerebrale si formino circuiti funzionali che si attivano in maniera diversa in base ai compiti, ai contesti, agli aspetti emotivo-motivazionali. Nonostante questo, si continua a scrivere e pensare a livello di aree circoscritte, con funzioni specifiche, valutabili da test precisi, che vengono assimilati impropriamente alla funzione stessa (Bernstein e Waber, 2007).

8. Il concetto di modularità massiva (Carruthers, 2006), le teorie dell'*embodiment* (Binder e Desai, 2011), non solo hanno evidenze sperimentali a sostegno, ma diventano modelli utili per impostare protocolli di trattamento cognitivo, che tengano conto delle stimolazioni mulisensoriali, dell'utilità della componente motoria ed esecutivo-attentiva, nei set (ri)abilitativi, di apprendimento, di potenziamento sportivo.

9. Nel capitolo 4 si evidenzia nuovamente come l'interpretazione univoca di un termine come quello di "memoria di lavoro" porti a contraddizioni e a fraintendimenti tra clinici e tra ricercatori. Ciò avviene quando non si valuta o non si sa che con lo stesso nome si indicano sistemi molto dissimili tra loro, sistemi che cambiano negli anni con lo stesso autore o derivano da modelli teorici molto diversi.

10. La consapevolezza dell'operatore, il lavoro sull'empatia sono fondamentali per l'approccio clinico, scolastico, sportivo, senza dimenticare gli altri principi delineati in ordine sparso in questo volume. Ricordiamo, a tal proposito, gli studi sulla memoria successiva e sui circuiti cerebrali che vanno misurati e attivati durante le sedute. Nonché il lavoro sugli "stati" attentivi per facilitare i fenomeni di "flusso" descritti nell'appendice iii.

Avere questi dieci punti ben chiari diventa utile per il ricercatore, il clinico, lo studioso che voglia cominciare a orientare il suo giudizio critico nella scelta dei modelli teorici e nella valutazione degli studi scientifici che, come dimostrato, soffrono inevitabilmente, alcuni più di altri, delle influenze dei giudizi collettivi fuorvianti. Se ciò avviene anche solo per pochi addetti ai lavori, parte dello scopo di questo nostro sforzo è stato raggiunto.

BIBLIOGRAFIA

AA.VV. (2011). The specialization of function: Cognitive and neural perspectives on modularity. *Cognitive Neuropsychology, 28*(3-4), 147-303.

Adamo, N., Di Martino, A., Esu, L., Petkova, E., Johnson, K., Kelly, S. et al. (2012). Increased response-time variability across different cognitive tasks in children with ADHD. *Journal of Attention Disorders.*

Adee, S. (2012). Zap your brain into the zone: Fast track to pure focus. *New Scientist, 2850.*

Adleman, N.E., Menon, V., Blasey, C.M. et al. (2002). A developmental fMRI study of the Stroop color-word task. *Neuroimage, 16*(1), 61-75.

Albert, N.B., Robertson, E.M. e Miall, R.C. (2009). The resting human brain and motor learning. *Current Biology, 19*(12), 1023-1027.

Alison, M., Wens, V., Op de Beeck, M., Leproult, R., De Tiège, X., Peigneux, P. (2017). Resting-state Functional Connectivity is an Age-dependent Predictor of Motor Learning Abilities. *Cerebral Cortex, 27*(10), 4923-4932.

Altani, A., Protopapas, A. e Georgiou, G.K. (2017). The contribution of executive functions to naming digits, objects, and words. *Reading and Writing, 30*(1), 121-141.

Anderson, P. (2002). Assessment and development of executive function (EF) during childhood. *Child Neuropsychology, 8(2)*: 71–82.

Anderson, V.A., Anderson, P., Northam, E., Jacobs, R. e Mikiewicz, O. (2002). Relationships between cognitive and behavioral measures of executive function in children with brain disease. *Child Neuropsychology, 8*(4), 231-240.

Ashendorf, L. e McCaffrey, R.J. (2008). Exploring Age-Related Decline on the Wisconsin Card Sorting Test. *The Clinical Neuropsychologist, 22*(2), 262-272.

Atkinson, R.C. e Shiffrin, R. (1968). Human memory: A proposed system and its control processes. In K.W. Spence (a cura di), *The psychology of learning and motivation: advances in research and theory, 2*, 89-105. New York: Academic Press.

Au, J., Sheehan, E., Tsai, N., Duncan, G.J., Buschkuehl, M. e Jaeggi, S.M. (2014). Improving fluid intelligence with training on working memory: a meta-analysis. *Psychonomic Bullettin & Review, 22*(2), 366-377.

Baddeley, A.D. (1986). *Working memory*. New York: Clarendon Press/Oxford University Press (trad. it.: *La memoria di lavoro*. Milano: Raffaello Cortina, 1990).

Baddeley, A.D. (1996). Exploring the central executive. *Quarterly Journal of Experimental Psychology, 49*, 5-28.

Baddeley, A.D. (1998). Recent developments in working memory. *Current Opinion in Neurobiology, 8*, 234-238.

Baddeley, A.D. (2000). The episodic buffer. A new component of working memory. *Trends in Cognitive Sciences, 4*(11), 417-423.

Baddeley, A.D. (2002). Fractionating the central executive. In D. Stuss e R.T. Knight (a cura di), *Principles of frontal lobe function*, 246-260. New York: Oxford University Press.

Baddeley, A.D. (2003). Working memory: looking back and looking forward. *Nature Reviews Neuroscience, 4*, 829-839.

Baddeley, A.D. e Bernsen, N.O. (1989). *Research Direction in Cognitive Science: A European Perspective. Vol. 1: Cognitive Psychology*. Lawrence Erlbaum Associates: Londra.

Baddeley, A.D. e Hitch, G.J. (1974). Working memory. In G.H. Bower (a cura di), *The psychology of learning and motivation, 8*, 47-89. New York: Academic Press.

Baddeley, A.D. e Hitch, G.J. (2000). Development of working memory: Should the Pascual Leone and the Baddeley and Hitch models be merged? *Journal of Experimental Child Psychology*, 77(2), 128-137.

Baddeley, A.D. e Logie, R.H. (1999). Working memory: the multiple-component model. In A. Miyake e P. Shah (a cura di), *Models of working memory: mechanism of active maintenance and executive control*, 28-61. Cambridge: Cambridge University Press.

Badre, D. e D'Esposito, M. (2007). Functional magnetic resonance imaging evidence for a hierarchical organization of the prefrontal cortex. *Journal of Cognitive Neuroscience, 19*(12), 2082-99.

Baker, S.C., Frith, C.D., Frackowiak, S.J. e Dolan, R.J. (1996). Active representation of shape and spatial location in man. *Cerebral Cortex, 6*(4), 612-619.

Barkley, R.A. (1997). *ADHD and the nature of self-control*. New York: Guilford Press.

Barkley, R.A. (2001). Executive functions and self-regulation: An evolutionary neuropsychological perspective. *Neuropsychology Review, 11*, 1-29.

Basili, A., Lanzara, C. e Zanobini, M. (2011). *Il metodo Dreźančić nei bambini dai primi mesi di vita ai tre anni. Guida all'utilizzo delle prime stimolazioni, dei giochi fonici e dei primi vocaboli.* Giunti O.S. Organizzazioni Speciali.

Baumeister, R.F., Bratslavsky, E., Muraven, M. e Tice, D.M. (1998). Ego depletion: Is the active self a limited resource? *Journal of Personality and Social Psychology, 74*, 1252.1265.

Baumeister, R.F. e Vonasch, A.J. (2015). Uses of self-regulation to facilitate and restrain addictive behavior. *Addictive Behaviors, 44*, 3-8.

Belger, A., Puce, A., Krystal, J.H., Gore, J.C., Goldman-Rakic, P. e McCarthy, G. (1998). Dissociation of Mnemonic and Perceptual Processes During Spatial and Nonspatial Working Memory Using fMRI. *Human Brain Mapping, 6*, 14-32.

Benso, F. (2004a). I protocolli riabilitativi di tipo cognitivo integrati con trattamenti attentivi: alcune considerazioni teoriche e sperimentali a sostegno. *Giornale Italiano delle Disabilità, 4*(3), 41-48.

Benso, F. (2004b). *Neuropsicologia dell'Attenzione. Teoria e Trattamenti nei disturbi di apprendimento*. Pisa: Edizioni Del Cerro.

Benso, F. (2008a). Tempi di reazione e biochimica dei sistemi attentivi, Approfondimenti. In R. Feldman (a cura di), *Psicologia Generale Ed. Italiana*, 60-61. Milano: McGraw-Hill.

Benso, F. (2008b). Reti cerebrali e neurofisiologia funzionale dei sistemi attentivi. Approfondimenti. In R. Feldman (a cura di), *Psicologia Generale Ed. Italiana*, 55-56. Milano: McGraw-Hill.

Benso, F. (2010). *Sistema attentivo-esecutivo e lettura. Un approccio neuropsicologico alla lettura*. Torino: Il leone verde.

Benso, F. (2012). Sistemi cerebrali centrali e apprendimenti: la pratica dell'arte marziale per la stimolazione delle funzioni cognitive superiori. In R. Travaglini (a cura di), *I processi formativi dell'aikidō. Sguardi su dinamiche e potenzialità*, 51-76. Pisa: Edizioni ETS.

Benso, F. (2013). Sistema Attentivo Esecutivo: osservazioni critiche e sviluppo. In L. Sabbadini (a cura di), *Disturbi Specifici del Linguaggio, Disprassie e Funzioni Esecutive*, 43-86. Milano: Springer Verlag Italia.

Benso, F. (a cura di) (in preparazione). *Trattamenti attentivi integrati Metodo Benso®. Modelli teorici e applicazioni cliniche, scolastiche e sportive* (titolo provvisorio).

Benso, F., Ardu, E., Santoro, G.M. e ANCCRI (2018). *MEA – Measures of Executive Attention*. Firenze: Hogrefe Editore.

Benso, F., Berriolo, S., Marinelli, M., Guida, P., Conti, G. e Francescangeli, E. (2008). Stimolazione integrata dei sistemi specifici per la lettura e delle risorse attentive dedicate e del sistema attentivo supervisore. *Dislessia, 2*, 167-181.

Benso, F., Clavarezza, V., Caria, A. e Chiorri, C. (2013). Validazione di un modello multicomponenziale della lettura. Teorie utili alla prevenzione, allo screening e all'intervento nella dislessia evolutiva. *Dislessia, 1*: 39-65.

Benso, F., Moretti, S., Benso, E., Bellazzini, V., Iachia, A., Vatteroni, T., Ardu, E. et al. (in preparazione). *Miglioramenti mantenuti nel tempo registrati nella lettura di soggetti dislessici sottoposti ad un trattamento integrato* (titolo provvisorio).

Benso, F., Turatto, M., Galfano, G. e Umiltà, C. (1998). The time course of attentional focusing. *European Journal of Cognitive Psychology, 10*, 373-388.

Benso, F., Turatto, M., Galfano, G. e Usai, M.C. (2002). Il Fuoco Attentivo: alcune questioni irrisolte. *Giornale Italiano di Psicologia, 1*, 187-191.

Benso, F. e Umiltà, C. (1998). Doppie dissociazioni in reti neurali artificiali. *Giornale Italiano di Psicologia, 25*, 533-557.

Bergman-Nutley, S. e Klingberg, T. (2014). Effect of working memory training on working memory, arithmetic and following instructions. *Psychological Research, 78*(6), 869-877.

Bernstein, J.H. e Waber, D.P. (2007). Executive capacities from a developmental perspective. In L. Meltzer (a cura di), *Executive function in education from theory to practice*, 39-54. New York: The Guilford Press.

Best, J.R., Miller, P.H. e Jones, L.L. (2009). Executive functions after age 5: Changes and correlates. *Developmental Review, 29*(3), 180-200.

Binder, J.R. e Desai, R.H. (2011). The neurobiology of semantic memory. *Trends in Cognitive Sciences, 15*(11), 527-536.

Binkofski, F., Buccino, G., Posse, S., Seitz, R.J., Rizzolatti, G. e Freund, H.J. (1999). A fronto-parietal circuit for object manipulation in man: evidence from an fMRI-study. *European Journal of Neurocience, 11*(9), 3276-3286.

Bishara, A.J., Kruschke, J.K., Stout, J.C., Bechara, A., McCabe, D.P. e Busemeyer, J.R. (2010). Sequential learning models for the Wisconsin Card Sort Task: Assessing processes in substance dependent individuals. *Journal of Mathematical Psychology, 54*, 5-13.

Bisiacchi, P.S., Cendron, M., Gugliotta, M., Tressoldi, P.E. e Vio, C. (2005). *BVN 5-11 - Batteria di valutazione neuropsicologica per l'età evolutiva*. Trento: Erickson.

Biswal, B., Yetkin, F.Z., Haughton, V.M. e Hyde, J.S. (1995). Functional connectivity in the motor cortex of resting human brain using echo planar MRI. *Magnetic Resonance in Medicine, 34*(4), 537-541.

Biyu H.J. (2013). Spontaneous and task-evoked brain activity negatively interact. *Journal of Neuroscience, 33*(11), 4672-4682.

Blair, C. e Razza, C.B. (2007). Relating Effortful Control, Executive Function, and False Belief Understanding to Emerging Math and Literacy Ability in Kindergarten. *Child Development, 78, 2*, 647-663.

Blumenfeld, R.S. e Ranganath, C. (2006). Dorsolateral prefrontal cortex pro-motes long term memory formation through its role in working memory organization. *Journal of Neuroscience, 26*, 916-925.

Bodrova, E. e Leong, D. (2007). *Tools of the mind: The Vygotskian approach to early childhood education (2nd ed.).* Upper Saddle River, NJ: Pearson Education.

Bolter, N.I., Johnson, J. e Pascual-Leone, J. (2006). Processing Limitations in Children with Specific Language Impairment: The Role of Executive Function. *Child Development, 77*(6), 1822-1841.

Borella, E., Carretti, B., Riboldi, F. e De Beni, R. (2010). Working Memory training in older adults: evidence of transfer and maintenance effects. *Psychology and Aging, 25*, 767-778.

Brahmbhatt, S., Miezin, F. M., Barch, D. M., Raichle, M. E., Petersen, S. E., Schlaggar, B. L. (2007). Development of distinct control networks through segregation and integration. *Proceedings of the National Academy of Science, 104*(33): 13507-13512.

Breznitz, Z. (2006). *Fluency in reading: Synchronization of processes.* Mahwah, Londra: Lawrence Erlbaum Associates.

Breznitz, Z. e Misra, M. (2003). Speed of processing of the visual–orthographic and auditory–phonological systems in adult dyslexics: The contribution of "asynchrony" to word recognition deficits. *Brain and Language, 85*(3), 486-502.

Bronowski, J. (1977). Human and animal languages. In J. Bronowski (a cura di), *A sense of the future*, 104-131. Cambridge, MA: MIT Press.

Brown, T.E. (2000). Emerging understandings of attention deficit disorders and comorbidities. In T. Brown (a cura di), *Attention deficit disorders and comorbidities in children, adolescents and adults.* 33-55. Washington, DC: American Psychiatric Press.

Brown, T.E. (2001). *Brown Attention-Deficit Disorder Scales for Children and Adolescents (2nd ed.) (Brown ADD Scales).* San Antonio, TX: The Psychological Corporation.

Brown, T.E. (2005). *Attention deficit disorder: The unfocused mind in children and adults.* New Haven, CT: Yale University Press.

Brown, T.E. (2006). Executive functions and attention deficit hyperactivity disorder: implications of two conflicting views. *International Journal of Disability, Development and Education, 53*(1), 35-46.

Brunello, D. e Gervasi, G. (2010). Riflessioni sull'apprendimenti ed influenze positive create dal gioco del calcio. In F. Benso (a cura di), *Sistema attentivo-esecutivo e lettura. Un approccio neuropsicologico alla lettura.* Torino: Il leone verde.

Bruner, J.S. e Goodman, C.C. (1947). Value and need as organizing factors in perception. *Journal of Abnormal and Social Psychology, 42*(1), 33-44.

Bunge, S.A. e Zelazo, P.D. (2006). A Brain-Based Account of the Development of Rule Use in Childhood. *Current Directions in Psychological Science, 15*(3), 118-121.

Burgess, P.W. (1997). Theory and methodology in executive function research. In P. Rabbitt (a cura di), *Theory and Methodology of Frontal and Executive Function*, 81-116. Hove: Psychology Press.

Bush, G., Luu, P. e Posner, M.I. (2000). Cognitive and emotional influences in anterior cingulate cortex. *Trends in Cognitive Sciences (4)*6, 215-222.

Button, K.S., Ioannidis, J.P.A., Mokrysz, C., Nosek, B.A., Flint, J., Robinson, E.S.J. e Munafò, M.R. (2013). Power failure: why small sample size undermines the reliability of neuroscience. *Nature Reviews Neuroscience, 14*, 365-376.

Carlson, S.M., Moses, L.J. e Claxton, L.J. (2004). Individual differences in executive functioning and theory of mind: An investigation of inhibitory control and planning ability. *Journal of Experimental Child Psychology, 87*, 299-319.

Carruthers, P. (2006). *The Architecture of the Mind.* Oxford: Oxford University Press.

Case, R., Kurland, D.M. e Coldberg, J. (1982). Operational efficiency and the growth of short-term memory span. *Journal of Experimental Child Psychology, 33*, 386-404.

Case, R., Kurland, D.M. e Daneman, M. (1979). Operational efficiency and the growth of working memory. Relazione presentata al convegno della Society for Research in Child Development, San Francisco.

Casey, B.J., Castellanos, F.X., Giedd, J.N., Marsh, W.L., Hamburger, S.D., Schubert, A.B., Vauss, Y.C. et al. (1997). Implication of Right Frontostriatal Circuitry in Response Inhibition and Attention-Deficit/Hyperactivity Disorder. *Journal of the American Academy of Child & Adolescent Psychiatry, 36*(3), 374-383.

Castaneda, C. (2011). *L'isola del Tonal.* Bur Rizzoli: Milano.

Castellanos, F.X. (1999). Psychobiology of ADHD. In H.C. Quay e A.E. Hogan (a cura di), *Handbook of disruptive behavior disorders*, 179-198. New York: Kluwer Academic/Plenum Publishers.

Castellanos, F.X., Sonuga-Barke, E.J., Scheres, A., Di Martino, A., Hyde. C. e Walters, J.R. (2005). Varieties of attention-deficit/hyperactivity disorder-related intra-individual variability. *Biological Psychiatry, 57*(11), 1416-1423.

Castiello, U. e Umiltà, C. (1990). Size of the attentional focus and efficiency of processing. *Acta Psychologica, 73*(3), 195-209.

Castner, S.A. e Goldman-Rakic, P.S. (2004). Enhancement of working memory in aged monkeys by a sensitizing regimen of dopamine D1 receptor stimulation. *Journal of Neuroscience, 24*(6), 1446-1450.

Castner, S.A., Williams, G.V. e Goldman-Rakic, P.S. (2000). Reversal of antipsychotic-induced working memory deficits by short-term dopamine D1 receptor stimulation. *Science, 287*(5460), 2020-2022.

Chenault, B., Thomson, J., Abbott, R.D. e Berninger, V.W. (2006). Effects of prior attention training on child dyslexics' response to composition instruction. *Dev. Neuropsychol., 29*(1), 243-260.

Churchland, P.M. (1988). Perceptual plasticity and theoretical neutrality: A reply to Jerry Fodor. *Philosophy of Science, 55*(2), 167-187.

Churchland, P.M. (1989). *A Neurocomputational Perspective: The Nature of Mind and the Structure of Science.* Cambridge, MA: The MIT Press.

Ciarmiello, A., Gaeta, M.C., Benso, F. e Del Sette, M. (2015). FDG-PET in the evaluation of brain metabolic changes induced by cognitive stimulation in MCI subjects. *Current Radiopharmaceuticals, 8*(1), 69-75.

Cinan, S. (2006). Age-related changes in concept formation, rule switching, and perseverative behaviors: A study using WCST with 12 unidimensional target cards. *Cognitive Development, 21*(3): 377-382.

Cleary, T. (2012). *L'anima del Samurai.* Mediterranee: Roma.

Cohen, J.D., Dunbar, K. e McClelland, J.L. (1990). On the control of automatic processes: a parallel distributed processing account of the Stroop effect. *Psychological Review, 97*(3), 332-361.

Coltheart, M. (2011). Methods for Modular Modelling: additive factors and cognitive neuropsychology. *Cognitive Neuropsychology 28*, 224-240.

Corballis, M.C. (2009). Comparing a single case with a control sample: Correction and further comment. *Neuropsychologia, 47*(13), 2696-2697.

Corbetta, M. e Shulman, G.L. (2002). Control of goal-directed and stimulus-driven attention in the brain. *Nature Reviews Neuroscience, 3*, 201-215.

Cornoldi, C. e Colpo, G. (1998). *Prove di Lettura MT-2 per la Scuola Primaria.* Firenze: Giunti O.S. Organizzazioni Speciali.

Cornoldi, C. e Vecchi, T. (2003). Congenital blindness and spatial mental imagery. In Y. Hatwell, A. Streri e E. Gentaz (a cura di), *Touching for knowing,* 173-191. Amsterdam, Philadelphia: John Benjamins Publishing Company.

Courtney, M.S., Ungerleider, L.G., Keil, K. e Haxby, J.V. (1996). Object and Spatial Visual Working Memory Activate Separate Neural Systems in Human Cortex. *Cerebral Cortex, 6*(1), 39-49.

Cowan, N. (1988). Evolving conceptions of memory storage, selective attention, and their mutual constraints within the human information-process- sing system. *Psychological Bulletin, 104*(2), 163-191.

Cowan, N. (1995). *Attention and memory: An integrated framework.* Oxford: Oxford University Press.

Cowan, N. (2001). The magical number 4 in short-term memory: a reconsideration of mental storage capacity. *Behavioral and Brain Sciences, 24*, 87-185.

Cowan, N., Elliott, E.M., Saults, J.S., Morey, C.C., Mattox, S., Hismjatullina, A. e Conway, A.R. (2005). On the capacity of attention: Its estimation and its role in working memory and cognitive aptitudes. *Cognitive Psychology, 51*(1), 42-100.

Cowan, N., Saults, J.S., Elliott, E.M. e Moreno, M.V. (2002). Deconfounding Serial Recall. *Journal of Memory and Language, 46*(1), 153-177.

Crone, E.A., Wendelken, C., Donohue, S., Van Leijenhorst, L. e Bunge, S.A. (2006). Neurocognitive development of the ability to manipulate information in working memory. *Proceedings of the National Academy of Science, 103*(24), 9315-9320.

Csìkszentmihályi, M. (1996). *Flow and the psychology of discovery and invention.* New York: Harper Collins.

Curtis, C.E. e D'Esposito, M. (2003). Persistent activity in the prefrontal cortex during working memory. *Trends in Cognitive Sciences, 7*(9), 415-423.

Dahlin, K.I. (2010). Effects of working memory training on reading in children with special needs. *Reading and Writing, 24*(4), 479-491.

Dalai Lama e Goleman, D. (2009). *Emozioni distruttive. Liberarsi dai tre veleni della mente: rabbia, desiderio e illusione.* Milano: Mondadori.

Damasio, A.R. (1994). *Descartes' Error. Emotion, Reason, and the Human Brain.* New York: Putnam Publishing (trad. it.: *L'errore di Cartesio. Emozione, ragione e cervello umano.* Milano: Adelphi, 1995).

D'Ambrosio, M., Bracco, F. e Benso, F. (2016). Misurazioni di fluenza in persone con balbuzie in doppi compiti complessi automatizzati e non automatizzati. *Sistemi intelligenti, 28*(1), 83-104.

Daneman, M. e Carpenter, P.A. (1980). Individual differences in working memory and reading. *Journal of Verbal Learning and Verbal Behavior, 19*(4), 450-466.

Davidson, J.R. e Lutz, A. (2008). Buddha's Brain: Neuroplasticity and Meditation. *IEEE Signal Process Magazine, 25*(1), 176-174.

De Beni, R., Palladino, P., Pazzaglia, F. e Cornoldi, C. (1998). Increases in intrusion errors and working memory deficit of poor comprehenders. *The Quarterly Journal of Experimental Psychology, 51*, 305-320.

Denckla, M.B. (1996). A theory and model of executive function: A neuropsychological perspective. In G.R. Lyon e N.A. Krasnegor (a cura di), *Attention, memory, and executive function*, 263-277. Baltimora, MD: Brookes.

Denckla, M.B. e Cutting, L.E. (1999). History and Significance of Rapid Automatized Naming. *Annals of Dyslexia, 49*, 29-42.

D'Esposito, M., Aguirre, G.K., Zarahn, E., Ballard, D., Shin, R.K. e Lease, J. (1998). Functional MRI studies of spatial and nonspatial working memory. *Cognitive Brain Research, 7*(1), 1-13.

D'Esposito, M., Ballard, D., Aguirre, G.K. e Zarahn, E. (1998). Human prefrontal cortex is not specific for working memory: a functional MRI study. *Neuroimage, 8*(3), 274-282.

D'Esposito, M., Postle, B.R. e Rypma, B., (2000). Prefrontal cortical contributions to working memory: evidence from event-related fMRI studies. *Experimental brain research. Experimentelle Hirnforschung. Expérimentation cérébrale, 133*, 3-11.

Diamond, A., Barnett, W., Thomas, J. e Munro, S. (2007). Preschool program improves cognitive control. *Science, 318*, 1387-1388.

Diamond, A. e Taylor, C. (1996). Development of an aspect of executive control: Development of the abilities to remember what I said and to "Do as I say, not as I do". *Developmental Psychobiology, 29*, 4:315-334.

Di Martino, A., Ghaffari, M., Curchack, J., Reiss, P., Hyde, C., Vannucci, M. et al. (2008). Decomposing intra-subject variability in children with attention-deficit/hyperactivity disorder. *Biological Psychiatry, 64*, 607-614.

Dodd, B. e McIntosh, B. (2008). The input processing, cognitive linguistic and oro-motor skills of children with speech difficulty. *International Journal of Speech Language Pathology, 10*(3), 169-178.

Dosenbach, N.U., Fair, D.A., Cohen, A.L., Schlaggar, B.L. e Petersen, S.E. (2008). A dual networks architecture of top-down control. *Trends in Cognitive Sciences, 12*(3), 99-105.

Dosenbach, N.U., Fair, D.A., Miezin, F.M., Cohen, A.L., Wenger, K.K., Dosenbach, R.A., Fox, M.D. et al. (2007). Distinct brain networks for adaptive and stable task control in humans. *Proceedings of the National Acadademy Sciences of the USA, 104*(26), 11073-11078.

Drevets, W.C. (2000). Functional anatomical abnormalities in limbic and prefrontal cortical structures in major depression. *Progress in Brain Research, 126*, 413-431.

Duncan, J. (2001). An adaptive coding model of neural function in prefrontal cortex. *Nature Reviews Neuroscience, 2,* 820-829.

Duncan, J., Emslie, H., Williams, P., Johnson, R. e Freer, C. (1996). Intelligence and the frontal lobe: The organization of goaldirected behavior. *Cognitive Psychology, 30*, 257-303.

Duncan, J. e Owen, A.M. (2000). Common regions of the human frontal lobe recruited by diverse cognitive demands. *Trends in Neurosciences, 23,* 475-483.

Duncan, L.G., Seymour, P.H.K. e Hill, S. (1997). How important are rhyme and analogy in beginning reading? *Cognition, 6,* 171-208.

D'Souza, D. e Karmiloff-Smith, A. (2011). When modularization fails to occur: A developmental perspective. *Cognitive Neuropsychology, 28,* 276-287.

Elliott, E.M. e Cowan, N. (2001). Habituation to Auditory Distractors in a Cross-Modal, Color- Word Interference Task. *Journal of Experimental Psychology: Leaming. Memory, and Cognition, 27*(3), 654-667.

Elliott, J.G. e Grigorenko, E.L. (2014). *The dyslexia debate*. Cambridge: Cambridge University Press.

Emerson, M.J., Miyake, A. e Rettinger, D.A. (1999). Individual differences in integrating and coordinating multiple sources of information. *Journal of Experimental Psychology: Learning, Memory, and Cognition, 25*(5), 1300-1321.

Engle, R.W. (2002). Dynamic Conditional Correlation. A Simple Class of Multivariate Generalized Autoregressive Conditional Heteroskedasticity Models. *Journal of Business & Economic Statistics, 20*(3), 339-350.

Engle, R.W., Cantor, J. e Carullo, J.J. (1992). Individual differences in working memory and comprehension: A test of four hypotheses. *Journal of Experimental Psychology: Learning, Memory, and Cognition, 18,* 972-992.

Engle, R.W. e Kane, M.J. (2004). Executive attention, working memory capacity and a two-factor theory of cognitive control. In B. Ross (a cura di), *The psychology of learning and motivation, 44*, 145-199. New York: Elsevier.

Engle, R.W., Kane, M.J. e Tuhoski, S.W. (1999). Individual differences working memory capacity and what they tell us about controlled attention, general fluid intelligence and functions of the prefrontal cortex. In A. Miyake e P. Shah (a cura di), *Models of mechanism of active maintenance and executive control*, 102-134. Cambridge: Cambridge University Press.

Engle, R.W., Tuhoski, S.W., Laughlin, J.E. e Conway, A.R.A. (1999). Working memory, short-term memory, and general fluid intelligence: A latent variable approach. *Journal of Experimental Psychology: General, 125*, 309-331.

Engvig, A. et al. (2011). Memory training impacts short-term changes in aging white matter: a longitudinal diffusion tensor imaging study. *Human Brain Mapp, 33*(10), 2390-2406.

Epstein, R.A. e Ward, E.J. (2010). How reliable are visual context effects in the para-hippocampal place area? *Cerebral Cortex, 20*, 294-303.

Ericsson, K.A., Krampe, R.T. e Tesch-Römer, C. (1993). The role of deliberate practice in the acquisition of expert performance. *Psychological Review, 100*(3), 363-406.

Eriksen, C.W. e St. James, J. (1986). Visual attention within and around the field of focal attention: A zoom lens model. *Perception & Psychophysics, 40*(4), 225-240.

Eslinger, P.J. (1996). Conceptualizing, describing, and measuring components of executive function: A summary. In G.R. Lyon e N.A. Krasnegor (a cura di), *Attention, memory, and executive function*, 367-395. Baltimore: Paul H Brookes Publishing.

Fair, D.A., Cohen, A.L., Power, J.D., Dosenbach, N., Church, J.A., Miezin, F.M., Schlaggar, B.L. et al. (2009). Functional Brain Networks Develop from a "Local to Distributed" Organization. *PLoS Computational Biologv, 5*(5).

Farah, M.J. (1994). Neuropsychological inference with an interactive brain: a critique of the "locality" assumption. *Behavioral and Brain Sciences, 17*, 43-104.

Fassbender, C., Zhang, H., Buzyd, W.M., Cortese, C.R., Mizuiria, D., Beckettb, L. e Schweitzer, J. B. (2009). A lack of default network suppression is linked to increased distractibility in ADHD. *Brain Research, 1273*, 114-128.

Filippini, M., Ardu, E., Stefanelli, S., Boni, A., Gobbi, G. e Benso, F. (2016). Neuropsychological profile in new-onset benign epilepsy with centrotemporal spikes (BECTS): focusing on executive functions. *Epilepsy & Behavior, 54*, 71-79.

Fischer, K.W. e Daley, S.G. (2007). Connecting cognitive science and neuroscience to education potentials and pitfalls in inferring executive processes. In L. Meltzer (a cura di), *Executive function in education: from theory to practice*, 5-18. New York: The Guilford Press.

Fodor, J.A. (1983). *The modularity of mind.* Cambridge, MA: MIT Press.

Fodor, J.A. (1988). A reply to Churchland's "Perceptual plasticity and theoretical neutrality". *Philosophy of Science, 55*, 188-19.

Fox, M.D. e Raichle, M.E. (2007). Spontaneous fluctuations in brain activity observed with functional magnetic resonance imaging. Nature Reviews. *Neuroscience, 8*(9), 700-711.

Friedman, N.P. e Miyake, A. (2004). The relations among inhibition and interference control functions: A latent variable analysis. *Journal of Experimental Psychology: General, 133*, 101-135.

Frijters, J.C., Lovett, M.W., Steinbach, K.A., Wolf, M., Sevcik, R.A. e Morris, R.D. (2011). Neurocognitive predictors of reading outcomes for children with reading disabilities. *Journal of Learning Disabilities, 44*(2), 150-166.

Friston, K.J., Price, C.J., Fletcher, P., Moore, C., Frackowiak, R.S. e Dolan, R.J. (1996). The trouble with cognitive subtraction. *Neuroimage, 4*, 97-104.

Frith, C.D., Friston, K., Liddle, P.F. e Frackowiak, R.S.J. (1991). Willed Action and the Prefrontal Cortex in Man: A Study with PET. *Proceedings of the Royal Society B, 244* (1311).

Fuster, J. (2003). *Cortex and mind: Unifying cognition*. Oxford: Oxford University Press.

Gallese, V. (2007). Before and below "theory of mind": embodied simulation and the neural correlates of social cognition. *Philosophical Transactions of the Royal Society* B, *362*, 659-669.

Garavan, H., Kelley, D., Rosen, A., Rao, S.M. e Elliot, A. (2000). Practice- related functional activation changes in a working memory task. *Microscopy Research and the Technique, 51*, 54-63.

Gazzaniga, M.S. (2009) (a cura di). *The cognitive neurosciences*. Cambridge, MA: MIT Press.

Gazzellini, S., Napolitano, A., Bauleo, G., Bisozzi, E., Lispi, M.L., Ardu, E., Castelli, E. e Benso, F. (2016). Time-frequency analyses of reaction times and theta/beta EEG ratio in pediatric patients with traumatic brain injury: A preliminary study. *Journal of Developmental Neurorehabilitation, 20*(7), 393-407.

Gernsbacher, M.A., Varner K.R. e Faust, M.E. (1990). Investigating Differences in General Comprehension Skill. *Journal of Experimental Psychology: Learning, Memory and Cognition, 16*, 430-445.

Giedd, J.N. (2015). Le meraviglie del cervello adolescente. *Le Scienze, 8*, 51-55.

Giedd, J.N., Raznahan, A., Bloch, A., Schmitt, E., Gogtay, N. e Rapoport, J.L. (2015). Child Psychiatry Branch of the National Institute of Mental Health Longitudinal Structural Magnetic Resonance Imaging Study of Human Brain Development. *Neuropsychopharmacology Reviews, 40*, 43-49.

Gilbert, D.T., King, G., Pettigrew, S. e Wilson, T.D. (2016). Comment on Estimating the reproducibility of psychological science. *Research, 351,* (6277).

Gladwell, M. (2009). *Fuoriclasse. Storia naturale del successo*. Milano: Mondadori.

Gödel, K. (1931). Über formal unentscheidbare Sätze der "Principia Mathematica" und verwandter Systeme I. *Monatshefte für Mathematik und Physik, 38*, 173-198. (trad. it. in *Opere, vol. 1 (1929-1936)*. Torino: Bollati Boringhieri, 1999.

Goldman-Rakic, P.S. (1987). Circuity of the prefrontal cortex and the regulation of behavior by representational memory. In V.B. Mountcastle, F. Plum e S.R. Geiger (a cura di), *Handbook of neurobiology*, 373-417. Bethesda, MD: American Physiological Society.

Goleman, D. (2013). *Focus. Perché fare attenzione ci rende migliori e più felici*. Milano: Rizzoli.

Grant, D.A. e Berg, E. (1948). A behavioral analysis of degree of reinforcement and ease of shifting to new responses in a Weigl-type card-sorting problem. *Journal of Experimental Psychology, 38*(4), 404-411.

Greve, K.W., Love, J.M., Sherwin, E., Mathias, C.W., Ramzinski, P. e Levy, J. (2002). Wisconsin Card Sorting Test in chronic severe traumatic brain injury: factor structure and performance subgroups. *Brain Injury*, 16(1), 29-40.

Gronwall, D.M.A. (1977). Paced Auditory Serial Addition Task: A measure of recovery from concussion. *Perceptual & Motor Skills, 44*, 367-373.

Grune, K., Metz, A.M., Hagendorf, H. e Fischer, S. (1996). Information processing in working memory and event-related brain potentials. *International Journal of Psychophysiology, 23*(1-2), 111-120.

Hansen, T., Olkkonen, M., Walter, S. e Gegenfurtner, K.R. (2006). Memory modulates color appearance. *Nature Neuroscience, 9*, 1367-8.

Hartmann, N. (1964). *Ontología V (Filosofía de la naturaleza y El pensar teleológico)*. México: Fondo de Cultura Económica.

Hartmann, T. e Michael, P. (1997). *Attention deficit disorder: A Different Perception*. Nevada City, CA: Underwood Books.

Hasher, L. e Zacks, R.T. (1979). Automatic and effortful processes in memory. *Journal of Experimental Psychology, 108*, 356- 388.

Hazy, T.E., Frank, M.J. e O'Reilly, R.C. (2007). Towards an executive without a homunculus: computational models of the prefrontal cortex/basal ganglia system. *Philosophical Transactions of the Royal Society B, 362*(1485), 1601-1613.

He, B.J. (2013). Spontaneous and task-evoked brain activity negatively interact. *The Journal of Neuroscience, 33*(11), 4672-4682.

Heatherton, F.T. e Wagner, D. (2011). Cognitive Neuroscience of self-regulation failure. *Cognitive Sciences, 15*(3), 132-139.

Heaton, R.K., Chelune, G.J., Talley, J.L., Kay, G.G. e Curtiss, G. (1993). *WCST – Wisconsin Card Sorting Test.* Odessa, FL: PAR (ad. it. Firenze: Giunti O.S. Organizzazioni Speciali, 2000).

Henson, R. (2005). What can functional neuroimaging tell the experimental psychologist? *The Quarterly Journal of Experimental Psychology, 58*(2), 193-233.

Henson, R., Shallice, T. e Dolan, R. (2000). Neuroimaging evidence for dissociable forms of repetition priming. *Science, 287*, 1269-1272.

Hervey, A.S., Epstein, J.N. e Curry, J.F. (2004). Neuropsychology of adults with Attention Deficit Hyperactivity Disorder: A meta-analytic view. *Neuropsychology, 18*, 485-503.

Hillyard, S.A., Hink, R.F., Schwent, V.L. e Picton, W. (1973). Electrical signs of selective attention in the human brain. *Science. 182*, 177-180.

Hofmann, W., Friese, M., Schmeichel, B.J. e Baddeley, A.D. (2011). Working memory and self-regulation. In K.D. Vohs e R.F. Baumeister (a cura di), *Self-regulation. Research, theory and applications, 11.* New York: The Guilford Press.

Holmes, J., Gathercoole, S.E., Place, M., Dunning, D.L., Hilton, K.A. e Elliot, J.G. (2010). Working Memory deficits can be overcome: Impacts of training and medication on working memory in children with ADHD. *Applied Cognitive Psychology, 24*(6), 827-836.

Horowitz-Kraus, T. e Breznitz, Z. (2009). Can the error detection mechanism benefit from training the working memory? A comparison between dyslexics and controls – an ERP study. *Public Library of Science, 4*, (9).

Hu, Y. et al. (2011). Enhanced white matter tracts integrity in children with abacus training. *Human Brain Mapp, 32*, 10-21.

Huizinga, M.M., Dolan, C.V. e Van Der Molen, M.W. (2006). Age-related change in executive function: Development trends and a latent variable analysis. *Neuropsychologia, 44*(11), 2017-2036.

Humphrey, D.G. e Kramer, A.F. (1994). Toward a Psychophysiological Assessment of Dynamic Changes in Mental Workload. Human Factors. *The Journal of the Human Factors and Ergonomics Society, 36*(1), 3-26.

Iacoboni, M. (2008). The role of premotor cortex in speech perception: Evidence from fMRI and rTMS. *Journal of Physiology-Paris, 102*(1-3), 31-34.

Iacoboni, M. e Wilson, S.M. (2006). Beyond a Single Area: Motor Control and Language Within a Neural Architecture Encompassing Broca's Area. *Cortex, 42*(4), 503-506.

Im-Bolter, N., Johnson, J. e Pascual-Leone, J. (2006). Processing limitations in children with specific language impairment: The role of executive function. *Child development*, *77*(6), 1822-1841.

Jaeggi, S.M., Buschkuehl, M.M., Jonides, J. e Perrig, W.J. (2008). Improving fluid intelligence with training on working memory. *Proceedings of the National Academy of Science of the United States of America, 105*, 6829-6833.

James, W. (1890). *Principles of psychology*. New York: Henry Holt.

Jonides, J., Lacey, S.C. e Nee, D.E. (2005). Processes of working memory in mind and brain. *Current Directions in Psychological Science, 14*, 2-5.

Jung, C.G. (1921/2011). *Tipi psicologici.* Torino: Bollati Boringhieri.

Jung, C.G. (1949/1980). *La sincronicità come principio di nessi acausali.* Torino: Bollati Boringhieri.

Jung, C.G. (2006). *La libido, simboli e trasformazioni.* Newton Compton Editori: Roma.

Jung, C.G. (2006). *Psicologia e Alchimia*, in Opere, Vol.12. Bollati Boringhieri: Torino.

Jung, C.G. e Pauli, W. (2016). *Il carteggio originale: l'incontro tra Psiche e Materia.* Bergamo: Moretti & Vitali.

Kane, M.J., Conway, A.R.A., Hambrick, D.Z. e Engle, R.W. (2007). Variation in working memory as variation in executive attention and control. In A.R.A. Conway, C. Jarrold, M.J. Kane, A. Miyake e J.N. Towse (a cura di), *Variation in working memory*, 21-48. New York: Oxford University Press.

Kane, M.J. e Engle, R.W. (2002). The role of prefrontal cortex in working-memory capacity, executive attention, and general fluid intelligence: An individual-differences perspective. *Psychonomic Bulletin and Review*, 9, 637-671.

Kane, M.J. e Engle, R.W. (2003). Working-memory capacity and the control of attention: the contributions of goal neglect, response competition, and task set to Stroop interference. *Journal of Experimental Psychology, 132*(1), 47-70.

Kane, M.J., Hambrick, D.Z., Tuholski, S.W., Wilhelm, O., Payne, T.W. e Engle, R.W. (2004). The domain generality of working-memory capacity: A latent-variable approach to verbal and spatial memory span and reasoning. *Journal of Experimental Psychology: General, 133*, 189-217.

Karasinski, C. (2015). Language ability, executive functioning and behaviour in school-age children. *International J. Lang Commun Disord, 50*(2), 145-150.

Karbach, J., Strobach, T. e Schubert, T. (2015). Adaptive working-memory training benefits reading, but not mathematics in middle childhood. C*hild Neuropsycholo*gy, *21*(3).

Karin, I. e Dahlin, E., (2010). Effects of working memory training on reading in children with special needs. *Springer, 24*(4), 479-491.

Karmiloff-Smith, A. (1992). *Beyond modularity: a developmental perspective on cognitive science.* Cambridge, MA: MIT Press.

Kelly, A.M. e Garavan, H. (2005). Human functional neuroimaging of brain changes associated with practice. *Cerebral Cortex, 15,* 1089-1102.

Keller, T.A. e Just, M.A. (2009). Altering cortical connectivity: remediation induced changes in the white matter of poor readers. *Neuron, 64*, 624-631.

Kimberg, D.Y. e Farah, M.J. (1993). A unified account of cognitive impairments following frontal lobe damage: The role of working memory in complex, organized behavior. *Journal of Experimental Psychology, 122*(4), 411-428.

Kimberg, D.Y., D'Esposito, M. e Farah, M.J. (1997). Effects of bromocriptine on human subjects depend on working memory capacity. *Neuroreport, 8*, 3881-3586.

Klingberg, T., Fernell, E., Olesen, P.J., Johnson et al. (2005). Computerized Training of Working Memory in Children With ADHD-A Randomized, Controlled Trial. *Journal of the American Academy of Child & Adolescent Psychiatry, 44*(2), 177-186.

Klinberg, T., Forssberg, H. e Westerberg, H. (2002). Training of Working Memory in children with ADHD. *Journal of Clinical and experimental Neurosis, 24*(6), 1380-3395.

Köhler, W. (1961). *La psicologia della Gestalt.* Milano: Feltrinelli.

Kosslyn, S.M. (2005). Mental images and the Brain. *Journal Cognitive Neuropsychology, 22*(3-4), 333-347.

Kubler, A., Dixon, V. e Garavan, H. (2006). Automaticity and reestablishment of executive control – an fMRI study. *Journal Cognitive Neuroscience, 18*, 1331-42.

Kuhn, T. (1962). *The Structure of Scientific Revolutions*. Chicago: Chicago University Press (trad. it.: *La struttura delle rivoluzioni scientifiche.* Torino: Einaudi, 1979).

LaBerge, D. e Brown, V. (1989). Theory of attentional operations in shape identification. *Psychological Review, 96*(1), 101-124.

Landau, S.M., Schumacher, E.H., Garavan, H., Druzgal, T.J. e D'Esposito, M. (2004). A functional MRI study of the influence of practice on component processes of working memory. *Neuroimage, 22*(1), 211-21.

Lavie, N. (2000). Selective attention and cognitive control: dissociating attentional functions through different types of load. In S. Monsell e J. Driver (a cura di), *Attention and performance XVIII*, 175-194. Cambridge. MA: MIT Press.

Le Bihan, D. (2003). Looking into the functional architecture of the brain with diffusion MRI. *Nature Reviews Neuroscience, 4*, 469-480.

Legrenzi, P. e Umiltà, C. (2009). *Neuro-mania. Il cervello non spiega chi siamo.* Il Mulino: Bologna.

Levin, D. e Banaji, M. (2006). Distortions in the perceived lightness of faces: the role of race categories. *Journal of Experimental Psychology: General, 135*, 501-12.

Lewis, M.D. e Todd, R.M. (2007). The self-regulating brain: Cortical-subcortical feedback and the development of intelligent action. *Cognitive Development 22*, 406-430.

Lezak, M.D. (1995). *Neuropsychological assessment (3rd Ed.).* New York: Oxford University Press.

Lhermitte, F., Pillon, B. e Serdaru, M. (1986). Human autonomy and frontal lobes. Part I: imitation and utilization behavior: a neuropsychological study of 75 patients. *Annals of Neurology, 19*, 326-334.

Liston, C., Watts, R., Tottenham, N., Davidson, M.C., Niogi, S., Ulug, A.M. e Casey, B.J. (2005). Frontostriatal Microstructure Modulates Efficient Recruitment of Cognitive Control. *Cerebral Cortex, 16*(4), 553-560.

Loosli, S., Buschkuehl, M., Perrig, W. e Jaeggi, S. (2011). Working memory training improves reading processes in typically developing children. *Child Neuropsychology.*

Lorenz, K. (1974). *L'altra faccia dello specchio.* Milano: Adelphi.

Luciana, M. e Collins, P.F. (1997). Dopaminergic modulation of working memory for spatial but not object cues in normal humans. *Journal of Cognitive Neuroscience, 9*, 330-347.

Łukasiewicz, J. (2003). *Del principio di contraddizione in Aristotele*, Macerata: Quodlibet.

Luria, A.R. (1976). *The working brain. An introduction to neuropsychology.* Harmondsworth: Penguin Books (trad. it.: *Come lavora il cervello. Introduzione alla neuropsicologia.* Bologna: Il Mulino, 1977).

MacDonald, P.A. e Joordens, S. (2000). Investigation a memory-based account of negative priming: Support for selection-feature mismatch. *Journal of Experimental Psychology: Human Perception and Performance, 26*(4), 1478-1496.

MacLeod, C.M. (1991). Half a century of research on the Stroop effect: An integrative review. *Psychological Bulletin, 109*, 163-203.

MacLeod, C.M. (2015). The Stroop Effect. *Encyclopedia of Color Science and Technology.* DOI 10.1007/978-3-642-27851-8_67-1.

MacLeod, C.M., Dodd, M.D., Sheard, E.D. et al. (2003). In opposition to inhibition. The psychology of learning and motivation. *Elsevier Science, 43*, 163-213.

Macpherson, F. (2012). Cognitive penetration of color experience: rethinking the issue in light of an indirect mechanism. *Philosophy and Phenomenological Research, 84*(1), 24-62.

Mahone, M., Cutting, L., Singer, H.S. e Denckla, M.B. (2001). Executive function in fluency and recall measures among children with Tourette syndrome or ADHD. *Journal of the International Neuropsychological Society*, 7(1), 102-111.

Malinowski, P. (2013). Neural mechanisms of attentional control in mindfulness meditation. *Frontiers in Neuroscience*, 7, 8.

Manis, F.R., Doi, L.M. e Bhadha, B. (2000). Naming speed, phonological awareness, and orthographic knowledge in second graders. *Journal of Learning Disability, 33*(4), 325-333.

Mary, A., Wens, V., Op de Beeck, M., Leproult, R., De Tiège, X. e Peigneux, P. (2016). Resting-state functional connectivity is an age-dependent predictor of motor learning abilities. *Cerebral cortex, 27*(10), 4923-4932.

Marotta, L., Ronchetti, C., Trasciani, M. e Vicari, S. (2008). *CMF. Valutazione delle competenze metafonologiche*. Trento: Erickson.

Marr, D. (1982). *Vision*. Cambridge, MA: MIT Press.

Marsh, R., Zhu, H., Schultz, R.T. et al. (2006). A developmental fMRI study of self-regulatory control. *Human Brain Mapp*ing, *27*, 848-63.

Maturana, H. e Varela, F. (1987). *L'albero della conoscenza. Un nuovo meccanismo per spiegare le radici biologiche della conoscenza umana*. Milano: Garzanti.

McAdams, C.J. e Maunsell, H.R. (1999). Effects of attention on orientation-tuning functions of single neuron in macaque cortical area V4. *Journal of Neuroscience, 19*, 431-441.

McCabe, D.P., Roediger III, H.L., McDaniel, M.A., Balota, D.A. e Hambrick, D.Z. (2010). The relationship between working memory capacity and executive functioning: Evidence for a common executive attention construct. *Neuropsychology, 24*(2), 222-243.

McCarthy, G., Puce, A., Constable, R.T., Krystal, J.H., Gore, J.C. e Goldman-Rakic, P. (1996). Activation of human prefrontal cortex during spatial and object working memory tasks measured by functional MRI. *Cereb Cortex, 6*, 600-611.

McCloskey, G., Perkins, L.A. e Van Diviner, B. (2008). *Assessment and intervention for executive function difficulties*. New York, Londra: Routledge.

McGurk, H. e MacDonald, J. (1976). Hearing lips and seeing voices. *Nature, 264*, 746-748.

McNab, F., Varrone, A., Farde, L., Jucaite, A., Bystritsky, P. e Forssberg, H. et al. (2009). Changes in Cortical dopamine D1 receptor binding associated with cognitive training. *Science, 323*, 800-802.

McNab, F. e Klingberg, T. (2007). Prefrontal cortex and basal ganglia control access to working memory. *Nature Neuroscience, 11*, 103-107.

Mehta, M.A., Goodyer I.M., Sahakian B.J. et al. (2004), Methylphenidate improves working memory and set shifting in ADHD: relationships to baseline memory capacity. *J Child Psychol Psychiatry, 45*, 293-305.

Mehta, M.A., Owen, A.M., Sahakian, B.J., Mavaddat, N., Pickard, J.D. e Robbins, T.W. (2000). Methylphenidate enhances working memory by modulating discrete frontal and parietal lobe regions in the human brain. *Journal of Neuroscience, 20*, 1-6.

Melby-Lervåg, M. e Hulme, C. (2013). Is working memory training effective? A meta-analysis review. *Developmental Psycholology, 49*(2), 270-291.

Menghini, D., Finzi, A., Benassi, M., Bolzani, R., Facoetti, A., Giovagnoli, S., Ruffino, M. e Vicari, S. (2010). Different underlying neurocognitive deficits in developmental dyslexia: A comparative study. *Neuropsychologia, 48*, 863-872.

Menon, V. e Uddin, L.Q. (2010). Saliency, switching, attention and control: a network model of insula function. *Brain Structure and Function, 214*(5-6), 655-667.

Metcalfe, J. e Mischel, W. (1999). A Hot/Cool-System analisys of delay of gratification: Dynamics of willpower. *Psychological Review,* 106(1): 3-19.

Milham, M.P., Banich, M.T., Claus, E.D. e Cohen, N.J. (2003). Practice-related effects demonstrate complementary roles of anterior cingulate and prefrontal cortices in attentional control. *Neuroimage, 18*(2), 483-493.

Miller, A.I. (1996). *Insights of Genius. Imagery and Creativity in Science and Art.* New York: Springer.

Miller-Shaul, S. e Breznitz, Z. (2004). Electrocortical measures during a lexical decision task: a comparison between elementary school-aged normal and dyslexic readers and adult normal and dyslexic readers. *The Journal of Genetic Psychology Research and Theory on Human Development, 165*(4), 399-424.

Milliken, B. e Tipper, S.P. (1998). Attention and inhibition. In H. Pashler, (a cura di), *Attention*, 191-217. Howe: Psychology Press.

Milner, B., Corkin, S. e Teuber, H.L. (1968). Further analysis of the hippocampal amnesic syndrome: (A) 14 – year follow-up study of HM. *Neuropsychologia, 6*, 215-234.

Mischel, W., Ebbesen, E.B. e Zeiss, A.R. (1972). Cognitive and attentional mechanisms in delay of gratification. *Journal of Personality and Social Psychology, 21*, 204-18.

Mischel, W., Shoda, Y. e Rodriguez, M.L. (1989). Delay of gratification in children. *Science, 244*, 933-938.

Miyake, A. e Friedman, N.P. (2012). The Nature and Organization of Individual Differences in Executive Functions. Four General Conclusions. *Current Directions in Psychological Science, 21*(1), 8-14.

Miyake, A., Friedman, N., Emerson, M., Witzki, A., Howerter, A. e Wager, T.D. (2000). The unity and diversity of executive functions and their contributions to complex "frontal lobe" tasks: A latent variable analysis. *Cognitive Psychology, 41*, 49-100.

Miyake, A. e Shah, P. (1999). Toward unified theories of working memory: Emerging general consensus, unresolved theoretical issues, and future research directions. In A. Miyake e P. Shah (a cura di), *Models of working memory: Mechanisms of active maintenance and executive control*, 442-481. Cambridge: Cambridge University Press.

Moran, J. e Desimone, R. (1985). Selective attention gates visual processing in the extrastriate cortex. *Science, 229*(4715), 782-784.

Morelli, A., Ravera, S. e Panfoli, I. (2011). Hypothesis of an energetic function for myelin. *Cell biochemistry and biophysics, 61*(1), 179-187.

Morin, E. (1986). *La méthode 3. La Connaissance de la Connaissance*. Parigi: Editions du Seuil.

Morra, S. (1998). Magazzini di memoria? Pronti per l'oblio! [Memory stores? Ready for forgetting!]. *Giornale Italiano di Psicologia, 25*, 695-730.

Morra, S. (2000). A new model of verbal short term memory. *Journal of Experimental Child Psychology, 75*, 191-227.

Morra S. (2002). Il contributo di Robbie Case allo studio dell'apprendimento. *Età Evolutiva, 72*, 98-109.

Morra, S. (2011). Intelligenza e memoria di lavoro: paradigmi, fatti, modelli e metafore. *Giornale Italiano di Psicologia, 38*(2).

Morra, S. (2015). How do subvocal rehearsal and general attentional resources contribute to verbal short-term memory span? *Frontiers in Psychology, 6*, 145.

Morra, S. e Camba, R. (2009). Vocabulary learning in primary school children: Working memory and long-term memory components. *Journal of Experimental Child Psychology, 104*(2), 156-178.

Morra, S., Gobbo, C., Marini, Z. e Sheese, R. (2008). *Cognitive development: Neo-Piagetian perspectives*. New York: Lawrence Erlbaum.

Morra, S., Vigliocco, G. e Penello, B. (2001). M capacity as a lifespan construct: A study of its decrease in ageing subjects. *International Journal of Behavioral Development, 25*, 78-87.

Moscovitch, M., Rosenbaum, R.S., Gilboa, A., Addis, D.R., Westmacott, R., Grady, C. e McAndrews, M.P. (2005). Functional neuroanatomy of remote episodic, semantic and spatial memory: a unified account based on multiple trace theory. *Journal of Anatomy, 207*(1), 35-66.

Moscovitch, M. e Umiltà, C. (1990). Modularity and neuropsichology. In M. Schwartz (a cura di), *Modular process in Alzheimer disease* 1-59. Cambridge, MA: MIT Press.

Müller, U., Von Cramon, D.Y. e Pollmann, S. (1998). D1 versus D2 receptor modulation of visuospatial working memory in human. *Journal of Neuroscience, 18*, 2720-2728.

Nadel, L. e Moscovitch, M. (1997). Memory consolidation, retrograde amnesia and hippocampal complex. *Current Opinion in Neurobiology, 7*, 217-227.

Nee, D.E. e D'Esposito, M. (2016). The hierarchical organization of the lateral prefrontal cortex. *eLife, 5*, 12112.

Niaz, M. e Logie, R.H. (1993). Working memory, mental capacity and science education: toward and understanding of the "working memory overload hypothesis". *Oxford Review of Education, 19*(4), 511-525.

Nigg, J.T. (2000). On Inhibition/Disinhibition in Developmental Psychopathology: Views from Cognitive and Personality Psychology and a Working Inhibition Taxonomy. *Psychological Bulletin, 126*(2), 220-246.

Norman, D.A. e Shallice, T. (1986). Attention to action: willed and automatic control of behavior. In R.J. Davidson, G.E. Schwartz e D.E. Shapiro (a cura di), *Consciousness and self-regulation: advances in research and theory,* 1-18. New York: Plenum.

Northoff, G., Qin, P. e Nakao, T. (2010). Rest-stimulus interaction in the brain: a review. *Trends in Neurosciences, 33*(6), 277-284.

Nosek, B., Aarts, A.A., Anderson, C.J., Anderson, J.E. e Kappes, H.B. (2015). Estimating the Reproducibility of Psychological Science. *Science, 349*(6251), 943-953.

Nosek, B. e Hansen, J.J. (2008). Personalizing the Implicit Association Test Increases Explicit Evaluation of Target Concepts. *European Journal of Psychological Assessment, 24*, 226-236.

Odifreddi, P. (2015). *Il diavolo in cattedra*. Einaudi: Segrate.

Olesen, P.J., Nagy, Z., Westerberg, H. e Klingberg, T. (2003). Combined analysis of DTI and fMRI data reveals a joint maturation of white and grey matter in a fronto-parietal network. *Brain Research. Cognitive Brain Research, 18*, 48-57.

Olesen, P.J., Westerberg, H. e Klingberg, T., (2004). Increased prefrontal and parietal activity after training of working memory. *Nature Neuroscience*, *7*, 75-79.

O'Connor, D.H., Fukui, M.M., Pinsk, M.A. e Kastner, S. (2002). Attentional modulates responses in the human lateral geniculate nucleus. *Nature Neuroscience, 5*(11), 1203-1209.

Owen, A.M., Herrod, N.J., Menon, D.K., Clark, J.C., Downey, S., Carpenter, T.A., Minhas, P.S. et al. (1999). Redefining the functional organization of working memory processes within human lateral prefrontal cortex. *European Journal of Neuroscience, 11*(2), 567-574.

Ozonoff, S. e Jensen, J. (1999). Brief report: Specific executive function profiles in three neurodevelopmental disorders. *Journal of Autism and Developmental Disorders, 29*, 171-177.

Pagano, M. (2017). Don't run biomedical science as a business. *Nature, 547*(7664), 381.

Paller, K.A. e Wagner, A.D. (2002). Observing the transformation of experience into memory. *Trends in Cognitive Sciences, 6*(2), 93-102.

Pascual-Leone, J. (1974). *A neo-Piagetian process-structural model of Witkin's psychological differentiation.* Paper presentato al meeting dell'International Association for Cross-Cultural Psychology, Kingston, Ontario.

Pascual-Leone, J. (1987). Organismic processes for neo-Piagetian theories: A dialectical causal account of cognitive development. *International Journal of Psychology, 22*, 531-570.

Pascual-Leone, J. e Goodman, D. (1979). Intelligence and experience: a neo-Piagetian approach. *Instructional Science, 8*, 301-367.

Pashler, H.E. (1998). *The Psycholgy of attention*. Cambridge, MA: The MIT Press.

Penttonen, M. e Buzsáki, G. (2003). Natural logarithmic relationship between brain oscillators. *Thalamus & Related Systems*; *2*, 145-152.

Petersen, S.E. e Posner, M.I. (2012). The attention system of the human brain: 20 years after. *Annual Review of Neuroscience, 35*, 73-89.

Petrides, M. (1994). Frontal lobes and working memory: evidence from investigations of the effects of cortical excisions in nonhuman primates. In F. Boller e J. Grafman (a cura di), *Handbook of neuropsychology,* 59-82. Amsterdam: Elsevier.

Petrides, M. (2005). Lateral prefrontal cortex: Architectonic and functional organization. *Philosophical Transactions of the Royal Society of London B, Biological Sciences*, 360, 781-795.

Peirce, C.S. (1997). P.A. Turrisi (a cura di), *Pragmatism as a principle and method of right thinking: The 1903 Harvard lectures on pragmatism.* Albany, NY: State University of New York Press.

Pham, A.V., Fine, J.G. e Semrud-Clikeman, M. (2011). The influence of inattention and rapid automatized naming on reading performance. *Archives of Clinical Neuropsychology*, *26*(3), 214-224.

Piccini, G., Gazzellini, S., D'Amico A., Pane, M., Castelli, E., Vicari, S. e Alfieri, P. (2015). Developmental lag of visuospatial attention in Duchenne muscular dystrophy Research, *Developmental Disabilities, 36*, 55-61.

Pochon, J. B., Levy, R., Poline, J. B., Crozier, S., Lehéricy, S., Pillon, B., Deweer, B. et al. (2001). The role of dorsolateral prefrontal cortex in the preparation of forthcoming actions: an fMRI study. *Cerebal Cortex, 11*(3), 260-266.

Poldrack, R.A. (2006). Can cognitive processes be inferred from neuroimaging data? *Trends in Cognitive Sciences, 10*(2), 59-63.

Posner, M.I. e Boies, S.J. (1971). Components of attention. *Psychological Review, 78*(5), 391-408.

Posner, M.I. e DiGirolamo, G.J. (1998). Conflict, Target Detection and Cognitive Control. In: R. Parasuraman (a cura di), *The Attentive Brain.* Cambridge, MA: MIT Press.

Posner, M.I. e Petersen, S.E. (1990). The attention system of the human brain. *Annual review of neuroscience, 13*(1), 25-42.

Postle, B.R. e D'Esposito, M. (2002). Evaluating models of the topographical organization of working memory function in frontal cortex with event-related fMRI. *Psychobiology, 28*(2), 132-145.

Pribram, K.H. (1973). The primate frontal cortex-executive of the brain. In: K.H. Pribram e A.R. Lurija (a cura di), *Psychophysiology of the frontal lobes*, 293-314. New York: Academic Press.

Pulvermuller, F. (2005). Brain mechanisms linking language and action. *Nature Reviews Neuroscience*, *6*, 576-582.

Purves, D., Brannon, E.M., Cabeza, R., Huettel, S.A., LaBar, K.S., Platt, M.L. e Woldorff, M.G. (2010). *Neuroscienze cognitive*. Bologna: Zanichelli.

Purves, D., Cabeza, R., Huettel, S.A., LaBar, K.S., Platt, M.L. e Woldorff, M.G. (2015). *Neuroscienze cognitive.* Bologna: Zanichelli.

Pylyshyn, Z. (1999). Is vision continuous with cognition? The case for cognitive impenetrability of visual perception. *Behavioural and Brain Sciences, 22*(3), 341-365.

Rabbitt, P. (1997). Methodologies and models in the study of executive function. In P. Rabbitt (a cura di), *Methodology of frontal and executive function*, 1-38. Howe: Psychology Press.

Raichle, M.E. (2010). Two views of brain function. *Trends in Cognitive Sciences, 14*(4), 180-190.

Raven, J.C., Court, J.C. e Raven, J. (1995). *Coloured Progressive Matrices*. Oxford: Oxford Psychological Press.

Reitan, R.M. e Wolfson, D. (1994). A selective and critical review of neuropsychological deficits and the frontal lobes. *Neuropsychology Review, 4*(3), 161-198.

Repovš, G. e Baddeley, A. (2006). The multi-component model of working memory: Explorations in experimental cognitive psychology. *Neuroscience, 139*(1), 5-21.

Rey, A. (1964). *L'examen clinique en psychologie*. Parigi: Presse Universitaire de France.

Reynolds, J.H., Pasternak, T. e Desimone, R. (2000). Attention increases sensitivity of V4 neurons. *Neuron, 26*(3), 703-714.

Rhodes, M.G. (2004). Age-Related Differences in Performance on the Wisconsin Card Sorting Test: A Meta-Analytic Review. *Psychology and Aging, 19*(3), 482-494.

Ricard, M.C., Lutz, A. e Davidson, R.J. (2015). La mente che medita. *Le Scienze, 1*, 43-44.

Richards, M.C., Hasselhorn, M., Woerner, W., Rothenberger, A. e Banaschewski, T. (2008). Phonological short-term memory and central executive processing in attention-deficit/hyperactivity disorder with/without dyslexia – evidence of cognitive overlap. *Journal of Neural Transmission, 115*(2), 227-234.

Rigoli, D., Piek, J.P., Kane, R. e Oosterlaan, J. (2012). An examination of the relationship between motor coordination and executive functions in adolescents. *Dev. Med. Child Neurol., 54*(11), 1025-1031.

Rizzolatti, G. e Craighero, L. (2004). The mirror neuron system. *Annual Reviews of Neuroscience, 27*, 169-92.

Rizzolatti, G. e Sinigaglia, C. (2006). *So quel che fai, il cervello che agisce e i neuroni specchio*. Milano: Raffaello Cortina.

Rogers, R.D. e Monsell, S. (1995). Costs of a predictible switch between simple cognitive tasks. *Journal of Experimental Psychology, 124*(2), 207-231.

Rosen, V.M. e Engle, R.W. (1997). The role of working memory capacity in retrieval. *Journal of Experimental Psychology: General, 126*(3), 211-227.

Rothbart, M.K., Ellis, L.K., Rueda, M.R. e Posner, M.I. (2003). Developing mechanisms of conflict resolution. *Journal of Personality, 71*, 1113-1143.

Rothbart, M.K., Sheese, B.E., Rueda, M.R. e Posner, M.I. (2011). Developing mechanism of self-regulation in early life. *Emotion Review, 13*, 3-207.

Rubinstein, J.S., Meyer, D.E. e Evans, J.E. (2001). Executive control of cognitive processes in task switching. *Journal of Experimental Psychology: Human Perception and Performance: 27*(4), 763-797.

Ruchkin, D.S., Grafman, J., Cameron, K. e Berndt, R.S. (2003). Working memory retention systems: a state of activated long-term memory. *Behavioral and Brain Sciences, 26*, 709-728.

Rueda, M.R., Posner, M.I. e Rothbart, M.K. (2005). The Development of Executive Attention: Contributions to the Emergence of Self-Regulation. *Journal of Developmental Neuropsychology, 28*(2), 573-594.

Rueda, M., Rothbart, M., McCandliss, B., Saccamanno, L. e Posner, M. (2005). Training, maturation, and genetic influences on the development of executive attention. *Proc. Natl. Acad. Sci., USA*, 102, 14931-14936.

Ruggerini, C., Manzotti, S., Daolio, O. e Lami, G. (2017). *Benessere scolastico negli studenti DSA*. Trento: Erickson.

Rypma, B. e D'Esposito, M. (2003). A subsequent-memory effect in dorsolateral prefrontal cortex. *Cognitive Brain Research, 16*, 162-166.

Sabbadini, L. (2013). *Disturbi specifici del linguaggio, disprassie e funzioni esecutive*. Milano: Springer Italia.

Sakai, K., Rowe, J.B. e Passingham, R.E. (2002). Active maintenance in prefrontal area 46 creates distractor-resistant memory. *Nature Neuroscience, 5*, 479-484.

Salthouse, T.A., Atkinson, T.M. e Berish, D.E. (2003). Executive Functioning as a Potential Mediator of Age-Related Cognitive Decline in Normal Adults. *Journal of Experimental Psychology: General, 132*(4), 566-594.

Sarter, M. e Parikh, V. (2005). Choline transporters, cholinergic transmission and cognition. *Nature Reviews Neuroscience, 6*, 48-56.

Schroeter, M.L., Zysset, S., Wahl, M. e Von Cramon, D.Y. (2004). Prefrontal activation due to Stroop interference increases during development – an event-related fNIRS study. *NeuroImage, 23*(4), 1317-25.

Schmeichel, B.J. (2007). Attention control, memory updating, and emotion regulation temporarily reduce the capacity for executive control. *Journal of Experimental Psychology, 136*(2), 241-255.

Shwaighofer, M., Fische, F.R. e Buhner, M. (2015). Does Working Memory training transfer? A meta-analysis including training conditions as moderators. *Educational Psychologist, 50*(2), 138-166.

Seidler, R.D., Bo, J. e Anguera, J.A. (2012). Neurocognitive Contributions to Motor Skill Learning: The Role of Working Memory. *Journal of Motor Behavior, 44*(6), 445-453.

Sergeant, J.A., Guerts, H. e Oosterlaan, J. (2002). How specific is a deficit of executive functioning for Attention-Deficit/Hyperactivity Disorder? *Behavioural Brain Research, 130*(1-2), 3-28.

Seth, A.K., Izhikevich, E., Reeke, G.N. e Edelman, G.M. (2006). Theories and measures of consciousness: an extended framework. *Proceedings of the National Academy of Sciences of the United States of America, 103*(28), 10799-804.

Shad, M.U., Muddasani, S. e Keshavanc, M.S. (2006). Prefrontal subregions and dimensions of insight in first-episode schizophrenia – A pilot study. *Psychiatry Research: Neuroimaging, 146*(1), 35-42.

Shallice, T. (1988). *From neuropsychology to mental structure*. Cambridge: Cambridge University Press (trad. it.: *Neuropsicologia e struttura della mente*. Bologna: Il Mulino, 1990).

Shallice, T. (2002). Fractionation of the supervisory system. In D.T. Stuss, e R.T. Knight (a cura di), *Principles of frontal Lobe Function*, 261-277. Oxford: Oxford University Press.

Shallice, T., e Burgess, P. (1991). Deficits in strategy application following frontal lobe damage in man. *Brain, 114*, 727-741.

Shaywitz, S.E., Escobar, M.D., Shaywitz, B.A., Fletcher, J.M. e Makuch, R. (1992). Evidence that dyslexia may represent the lower tail of a normal distribution of reading ability. *N Engl J Med., 326*, 145-50.

Shiran, A. e Breznitz, Z. (2011). The effect of cognitive training on recall range and speed of information processing in the working memory of dyslexic and skilled readers. *Journal of Neurolinguistics, 24*, 524-537.

Siegel, L.S. (1989). IQ is irrelevant to the definition of learning disabilities. *Journal of Learning Disabilities, 22*, 469-78.

Siegel, L.S. (1992). An evaluation of the discrepancy definition of dyslexia. *Journal of Learning Disabilities, 25*, 618-629.

Siegel, L.S. (2006). Perspectives on dyslexia. *Pediatrics and Child Health, 11*(9), 581-587.

Simon, H.A. (1955). A Behavioral Model of Rational Choice. *The Quarterly Journal of Economics, 69*(1), 99-118.

Smith, E.E. e Jonides, J. (1998). Neuroimaging analyses of human working memory. *Proceedings of the National Academy of Sciences USA, 95*, 12061-12068.

Smith, E.E. e Jonides, J. (1999). Storage and Executive Processes in the Frontal Lobes. *Sciences, 283*(5408), 1657-1661.

Smith, E.E., Jonides, J., Koeppe, R.A., Awh, E., Schumacher, E. e Minoshima, S. (1995). Spatial vs object working memory: PET investigations. *Journal of Cognitive Neuroscience, 7*, 337-358.

Smith-Spark, J.H. e Fisk, J.E. (2007). Working memory functioning in developmental dyslexia. *Memory, 15*(1), 34-56.

Söderqvist, S., Bergman Nutley, S., Peyrard-Janvid, M., Matsson, H., Humphreys, K., Kere, J. e Klingberg, T. (2012). Dopamine, working memory and training induced plasticity: implications for developmental research. *Developmental Psychology, 48*(3), 836-843.

Sokolov, E.N. (1963). Higher nervous functions: The orienting reflex. *Annual Review of Physiology, 25*, 545-580.

Soliani, L. (2001). *Fondamenti di statistica applicata all'analisi e alla gestione dell'ambiente*. (2001), www.chierici.biz/biblio/statistica%20ambientale.pdf (letto l'8/3/2018).

Sonuga-Barke, E.J.S. e Castellanos, F.X. (2007). Spontaneous attentional fluctuations in impaired states and pathological conditions: A neurobiological hypothesis. *Neuroscience and Biobehavioral Reviews, 31*, 977-986.

Sperber, D. (1994). The Modularity of thought and the epidemiology of representations. In L.A. Hirschfeld e S.A. Gelman (a cura di), *Mapping the Mind: Domain Specificity in Cognition and Culture*, 39-67. Cambridge: Cambridge University Press.

Squire, L.R., Stark, C.E. e Clark, R.E. (2004). The medial temporal lobe. *Annual Review of Neuroscience, 27*, 279-306.

Sridharan, D., Levitin, D.J. e Menon, V. (2008). A critical role for the right fronto-insular cortex in switching between central-executive and default-mode networks. *Proceedings of the National Academy of Sciences, 105*(34), 12569-12574.

Stanovich, K.E. (1991). Discrepancy definitions of reading disability: has intelligence led us astray. *Reading Research Quarterly, 26*, 7-29.

Stanovich, K.E. (2005). The future of a mistake: will discrepancy measurement continue to make the learning disabilities field a pseudoscience? *Learning Disabilities Spring, 28*, 103-106.

Stella, G. e Tintoni, C. (2007). Indagine e rilevazione sulle abilità di lettura nelle scuole secondarie di secondo grado. *Dislessia, 4*, 271-286.

Sternberg, S. (1969). The discovery of processing stages: extensions of Donders' method. *Acta Psychologica, 30*, 276-315.

Sternberg, S. (2011). Modular processes in mind and brain. *Cognitive Neuropsychology, 28*(3-4), 156-208.

Stevens, C. e Neville, H. (2009). Profiles of Development and Plasticity in Human Neurocognition. In M.S. Gazzaniga (2009) (a cura di), *The cognitive neurosciences*. Cambridge, MA: MIT Press 165-181.

Stokes, D. (2012). Perceiving and Desiring: A new look at the cognitive penetrability of experience. *Philosophical Studies, 158*, 479-92.

Stokes, D. (2013). The cognitive penetrability of perception. *Philosophy Compass, 8*(7), 646-663.

Stokes, D. e Bergeron, V. (2015). Modular architectures and informational encapsulation: A dilemma. *European Journal for Philosophy of Science, 5*(3), 315-338.

Stroop, J.R. (1935). Studies of interference in serial verbal reactions. *Journal of Experimental Psychology, 18*, 643-662.

Stuss, D.T., Shallice, T., Alexander, M.P. e Picton, T.W. (1995). A multidisciplinary approach to anterior attentional functions. *Annals of the New York Academy of Sciences, 769*, 191-211.

Sylvester, C.Y.C., Wager, T.D., Lacey, S.C., Hernandez, L., Nichols, T.E., Smith, E.E. e Jonides, J. (2003). Switching attention and resolving interference: fMRI measures of executive functions. *Neuropsychologia, 41*(3), 57-370.

Takeuchi, H., Sekiguchi, A., Taki, Y., Yokoyama, S., Yomogida, Y., Komuro, N. e Kavashima, R. (2010). Training of working memory impacts structural connectivity. *Journal of Neuroscience, 30*, 3297-3303.

Tang, Y.Y., Lub, Q., Fand, M., Yange, Y. e Posner, M.I. (2010). Short-term meditation induces white matter changes in the anterior cingulate. *Proceedings of the National Academy of Science, 107*, 15649-15652.

Tang, Y.Y., Lu, Q., Fand, M., Yang, Y. e Posner, M.I. (2012). Mechanism of white matter changes induced by meditation. *Proceedings of the National Academy* Sciences, *109*(826), 10570-10574.

Tang, Y.Y., Ma, Y., Fan, Y., Feng, H., Wang, J., Feng, S., Lu, Q. et al. (2009). Central and autonomic nervous system interaction is altered by short-term meditation. *Proceedings of the National Academy of Sciences, 106*(22), 865-870.

Tang, Y.Y., Rothbart, M.K. e Posner, M.I. (2012). Neural correlates of establishing, maintaining, and switching brain states. *Trends in Cognitive Sciences, 16*(6), 330-337.

Tarski, A. (1991). Verità e Dimostrazione. *Le Scienze. Quaderni, 60*, 8-21.

Taubert, M., Villringer, A. e Ragert, P. (2011). Learning-related gray and white matter changes in humans: an update. *The Neuroscientist, 18*(4), 320-325.

Teuber, H.L. (1972). Unity and diversity of frontal lobe functions. *Neurobiologiae Experimentalis, 32*, 615-656.

Thaler, R.H. e Sunstein, C.R. (2009). *Nudge. La spinta gentile. La nuova strategia per migliorare le nostre decisioni su denaro, salute, felicità.* Milano: Feltrinelli.

Tipper, S.P. (1985). The negative priming effect: Inhibitory priming by ignored objects. *The Quarterly Journal of Experimental Psychology Section A. Human Experimental Psychology, 37*(4), 571-590.

Tipper, S.P. (2001). Does negative priming reflect inhibitory mechanisms? A review and integration of conflicting views. *The Quarterly Journal of Experimental Psychology Section A. Human Experimental Psychology, 54*(2), 321-343.

Tressoldi, P.E. e Cornoldi, C. (2000). *Batteria per la Valutazione della Scrittura e della Competenza Ortografica nella Scuola dell'Obbligo.* Firenze: O.S. Organizzazioni Speciali.

Tressoldi, P.E., Cornoldi, C., e Re, A.M. (2013). *BVSCO-2 – Batteria per la Valutazione della Scrittura e della Competenza Ortografica - 2.* Firenze: Giunti O.S. Organizzazioni Speciali.

Tressoldi, P.E., Stella, G. e Faggella, M. (2001). The development of reading speed in Italians with dyslexia: a longitudinal study. *Journal of Learning Disabilities, 34*(5).

Troyer, A.K., Moscovitch, M. e Winocur, G. (1997). Clustering and switching as two components of verbal fluency: Evidence from younger and older healthy adults. *Neuropsychology, 11*(1), 138-146.

Turatto, M., Benso, F., Facoetti, A., Mascetti, G.G. e Umiltà, C. (1998). Exogenous and endogenous aspects of attentional focusing. In M. Zanforlin e L. Tommasi (a cura di), *Research in Perception*, 287-290. Padova: Logos.

Turatto, M., Benso, F., Facoetti, A., Mascetti, G.G. e Umiltà, C. (2000). Automatic and Voluntary Focussing of Attention. *Perception & Psychophysics, 62*, 935-952.

Turatto, M., Benso, F., Galfano, G. e Umiltà, C. (2002). Non-spatial attentional shifts between audition and vision. *Journal of Experimental Psychology: Human Performance and Perception*, 28: 628-639.

Turatto, M., Bonetti, F. e Pascucci, D. (2017). Filtering visual onsets via habituation: A context-specific long-term memory of irrelevant stimuli. *Psychonomic Bulletin & Review*, 1-7.

Turatto, M. e Pascucci, D. (2016). Short-term and long-term plasticity in the visual-attention system: Evidence from habituation of attentional capture. *Neurobiology of Learning and Memory, 130*(2016), 159-169.

Unsworth, N., Schrock, J.C. e Engle, R.W. (2004). Working Memory Capacity and the Antisaccade Task: Individual Differences in Voluntary Saccade Control. *Journal of Experimental Psychology: Learning, Memory, and Cognition, 30*(6), 1302-1321.

Varvara, P., Varuzza, C., Sorrentino, A.C.P., Vicari, S. e Menghini, D. (2015). Executive functions in developmental dyslexia. *Frontiers in human neuroscience, 8*, 1-8.

Vendrell, P., Junque´, C., Pujol, J., Jurado, M.A., Molet, J. e Grafman, J. (1995). The role of prefrontal regions in the Stroop task. *Neuropsychologia, 33*, 341-352.

Veneroso, M.C., Di Somma, A., Soria, M., Ardu, E. e Benso, F., (2016). "Dalla teoria alla pratica": un progetto di didattica integrata. *Annali Online della Didattica e della Formazione Docenti, 8(11)*, 123-133.

Vestberg, T., Gustafson, R., Maurex, L., Ingvar, M. e Petrovic, P. (2012). Executive Functions Predict the Success of Top-Soccer Players. *PLoS One, 7*(4), e34731.

Vohs, K.D. e Baumeister, R.F. (2004). Understanding Self-Regulation: An Introduction. In R.F. Baumeister e K.D. Vohs (a cura di), *Handbook of Self-Regulation: Research, Theory and Applications*, 3-10. New York: The Guilford Press.

Vriezen, E.R. e Pigott, S.E. (2002). The relationship between parental report on the BRIEF and performance-based measures of executive function in children with moderate to severe traumatic brain injury. *Child Neuropsychology*, *8*(4), 296-303.

Vygotskij, L.S. (1990). *Pensiero e linguaggio*. Laterza: Bari.

Waber, D., Gerber, E.B., Turcios, V., Wagner, E.R. e Forbes, P.W. (2006). Executive functions and performance on high-stakes testing in children from urban schools. *Developmental Neuropsychology*, *29*(3), 459-477.

Wagner, A.D., Schacter, D.L., Rotte, M., Koutstaal, W., Maril, A., Dale, A.M. e Rosen, B.R. (1998). Building Memories: Remembering and Forgetting of Verbal Experiences as Predicted by Brain Activity. *Science, 281*, 1188-1191.

Warrington, E.K. e Shallice, T. (1969). The selective impairment of auditory verbal short-term memory. *Brain, 92*, 885-896.

Watzlawick, P., Beavin, J.H. e Jackson, D.D. (1967). *Pragmatica della comunicazione umana.* Roma: Astrolabio.

Wegner, D.M. (1994). Ironic processes of mental control. *Psychological Review*, *101*, 34-52.

Weiskrantz, L. (1992). Introduction: Dissociated issues. In A.D. Milner e M.D. Rugg (a cura di), *The neuropsychology of consciousnesss*, 1-10. Londra: Academic Press.

Westerberg, H. e Klingberg, T. (2007). Changes in cortical activity after training of working memory a single analysis. *Physiology & Behaviour*, *92*(1-2), 186-192.

Whipple, B.D. e Nelson, J.M. (2015). Naming speed of adolescents and young adults with Attention Deficit Hyperactivity Disorder: differences in alphanumeric versus color/object naming. *Archives of Clinical Neuropsychology*, *31*(1), 66-78.

Whitehead, A.N. e Russel, B. (1910-1913). *Principia Mathematica, 3*. Cambridge: Cambridge University Press.

Wilhelm, R. (1995). *I Ching. Il libro dei mutamenti.* Milano: Adelphi.

Wilhelm, R. e Jung, C.J. (2001). *Il segreto del fiore d'oro. Un libro di vita cinese.* Torino: Bollati Boringhieri.

Willcutt, E.G., Doyle, A.E., Nigg, J.T., Faraone, S.V. e Pennington, B.F. (2005). Validity of the executive function theory of Attention-Deficit/Hyperactivity Disorder: A meta-analytic review. *Biological Psychiatry, 57*(11), 1336-1346.

Williams, G.V. e Goldman-Rakic, P.S. (1995). Modulation of memory fields by dopamine Dl receptors in prefrontal cortex. *Nature, 376*, 572-575.

Wilson, S.P. e Kipp, K. (1998). The Development of Efficient Inhibition: Evidence from Directed-Forgetting Tasks. *Developmental Review, 18*(1), 86-123.

Woldorff, M.G., Gallen, C.C., Hampson, S.A., Hillyard, S.A., Pantev, C., Sobel, D. e Bloom, F.E. (1993). Modulation of early sensory processing in human auditory cortex during auditory selective attention. *Proceedings of the National Academy of Sciences of the United States of America, 90*(18), 8722-8726.

Yantis, S. e Jonides, J. (1990). Abrupt visual onset and selective attention: Voluntary vs. automatic allocation. *Journal of Experimental Psychology: Human Perception & Performance*, *16*, 121-134.

Yordanova, J., Albrecht, B., Uebel, H., Kirov, R., Banaschewski, T., Rothenberger, A. et al. (2011). Independent oscillatory patterns determine performance fluctuations in children with attention deficit/hyperactivity disorder. *Brain*, *134*, 1740-1750.

APPENDICI

i. Libere riflessioni

Quella che segue è una riflessione meno tecnica, che non pretende di cambiare i punti di vista dei lettori, ma va intesa come un'espressione di un libero pensiero.

Gli esseri umani, quando riescono ad elevarsi fino ad arrivare a controllare le ruminazioni del dialogo interno che oscurano l'espressione del vero Sé, manifestano una forma d'intelligenza così pura, che non è valutabile con nessuno strumento di misura. Sono livelli particolari che chi si occupa di meditazione e di stati attentivi può cominciare capire (sempre per non essere fraintesi, Davidson e Lutz, 2008, Tang, Rothbart e Posner, 2012, e Malinowski, 2013, indicano i circuiti cerebrali attivati durante questi stati). In altri termini, il pensiero che porta l'Io a distinguere e a classificare può diventare anche una forzatura richiesta da particolari strutture sociali. Il filosofo di origine indiana Jiddu Krishnamurti (1895-1986), che ha dialogato con grandi pensatori occidentali come il fisico teoretico David Bohm (1917-1992), in molti scritti ricavati dai suoi dialoghi, porta gradualmente a comprendere che l'origine del conflitto è nel pensiero, nel senso di appartenenza, nei confini esteriori e psicologici che dividono professioni, stati, religioni. Si costruiscono, anche inconsapevolmente, confini e barriere artificiali che prima o poi generano tensioni tra chi è fuori e chi è dentro. La solita storia degli scontri dell'umanità divisa che si perpetua. Tuttavia, parallelamente, vi è un'altra storia che non finisce e cresce anche se non è resa sufficientemente visibile forse perché spaventa, che è quella degli incontri che abbattono le barriere. Pertanto, a nostro parere, il clinico (che ha una responsabilità superiore trattando con materiale "umano") deve resistere all'appartenere e all'identificarsi ciecamente in una professione o in altro. Questo comportamento apparentemente così rivoluzionario è ritenuto indispensabile per la crescita e la realizzazione dai molti pensatori che lo hanno suggerito e coltivato, come Paul Watzlavick, Carl Gustav Jung, Carlos Castaneda, gli estensori dei Veda, Matthieu Ricard, Daniel Goleman. Qualcuno ricorderà quando Watzlawick (1921-2007) raccontava: "Ho conosciuto un pazzo che pensava di essere il rettore di un'università. Ho poi avuto modo di conoscere il vero rettore di quella stessa università... non c'era nessuna differenza tra loro". La vera pazzia è non essere più se stessi a causa del ruolo sociale che interpretiamo senza sospensioni di sorta, direbbe Jung.

Data la delicatezza della professione clinica, si dovrebbe fare esercizio giornaliero di consapevolezza e di distacco dal ruolo. La richiesta stessa dell'esercizio giornaliero fa capire come questo stato che abbassa i conflitti ed esalta l'Uomo sia difficile da trovare per tutti noi e quindi... nessuno può sentirsi superiore... si cade, ci si risolleva, poi si ricade, e così via verso la liberazione, quando almeno c'è la consapevolezza che proviamo a fare del nostro meglio. La valutazione clinica deve avvenire con queste prospettive per il paziente, con la convinzione che ricaviamo dati utili a risolvere il suo disagio. Solo allora i test neuropsicologici, ma soprattutto quelli intellettivi (o meglio, i test che valutano le attitudini attraverso il QI) saranno utili per comprendere una piccolissima parte dell'individuo che stiamo indagando. Non dimenticando mai che a volte i test intellettivi creano dal nulla gruppi di soggetti che vengono implicitamente valutati come inferiori e così trattati con superficialità e distacco. Sarebbe opportuno arrivare a considerare le informazioni dei test intellettivi come un assessment delle attitudini e come indicatori di debolezze da confermare con successive prove più specifiche. Si rivelerebbero come una sorta di presa in visione di informazioni che fanno emergere delle difficoltà che trovano riscontro nelle applicazioni giornaliere. Sarebbero comunque un aspetto prezioso per studiare ed affrontare i disagi che un particolare soggetto può avere, ma non certo una misura di una qualità come l'intelligenza che è sfuggente alle classificazioni puntuali ed è fatta di diversi livelli.

La pressione verso l'utilità materiale, verso l'efficienza e il profitto, tipica delle nostre società, porta a sottovalutare alcuni aspetti che potrebbero essere di arricchimento e di seria riflessione. L'arte, il bello, inteso anche nel senso dello spirito, l'emotivamente ricco e coinvolgente, i silenzi, il raccoglimento, la sofferenza condivisa, l'umorismo, sono il vero nutrimento della Vita e continuano ad influenzarla nonostante i tentativi depressivi e frenanti dell'utilitarismo e della convenienza egoica. Quando c'incontriamo con quello che reputiamo come "diverso", a volte può nascere nascere una tensione "archetipica" e ci troviamo davanti a quello che le società fondate sul profitto non vorrebbero vedere. Non captando la ricchezza che si nasconde dietro un rapporto "diverso", si rischia di perdere spunti preziosi per chi studia l'Uomo. È anche vero che tale rapporto va contenuto e pilotato per adeguarlo minimamente al contesto, va soprattutto aiutato nelle aperture e nelle modalità di comunicazione. Solo allora può diventare occasione di riflessione verso noi stessi, utile per recuperare quella dimensione di possibile godimento di quei rari spazi nascosti dove si pasce lo Spirito. Inoltre, sosteniamo che la specie *Homo sapiens* per progredire ha avuto, ha e avrà bisogno di modi alternativi di pensare. Non è necessaria troppa immaginazione, basta non dimenticare il progresso matematico e scientifico che hanno prodotto soggetti affetti da depressioni gravi, ipocondria, malattie degenerative, da schizofrenia, come il premio Nobel John Nash ("A beautiful mind") e altri ancora... Abbiamo, inoltre, delle conferme che esortano ad allargare i punti di vista, provenienti dalle diverse strutture sociali basate sull'efficienza (spesso solo apparente) e sul profitto (di pochi), che stanno passando da un fallimento a un altro. Viene da riflettere, ad esempio, che un mondo basato sull'economia, che aumenta il numero di poveri, ha già fallito di per sé.

ii. Riflessioni su Carl Gustav Jung e sull'incontro Oriente-Occidente

In ogni secolo vi sono tracce di incontri tra Occidente e Oriente, sia nella scienza, che nella psicologia. Nel secolo scorso ricordiamo Carl Gustav Jung.

L'attuale rivisitazione delle arti meditative e di consapevolezza fatta dalla *mindfulness* ha colmato in parte il *gap* di ritardo che la psicologia occidentale aveva nei confronti delle complesse conoscenze orientali. Questi aspetti sono già apparsi numerose volte sulla scena della psicologia occidentale, magari mascherati da intuizioni dei diversi autori che avevano avuto importanti contatti con la cultura orientale. Jung è l'esempio di chi ha affrontato l'argomento dell'incontro "Occidente-Oriente" con una profondità spesso esoterica e densa di riferimenti simbolici. Jung anticipava quasi di un secolo l'utilizzo delle tecniche di respirazione nella meditazione (dalla tradizione millenaria) applicate alla psicologia, descrivendole come una procedura alchemica di trasformazione delle energie interne dell'uomo, a partire da quella sessuale ("il vil metallo che si trasforma in oro"... ma la materia prima è sempre necessaria). Diverse sue opere furono condivise con Richard Wilhelm, un esperto sinologo che aveva vissuto nella Cina dei primi del '900 e che tradusse *I Ching* (*Il libro dei mutamenti* (pubblicato nel 1948, Jung ne curò la prefazione; 1995). Ne *Il segreto del fiore d'oro* (2001), Wilhelm e Jung descrivono e commentano, insieme ai meccanismi psichici, la "microcircolazione taoista", una tecnica di respirazione in meditazione esoterica molto più diffusa di quanto si pensi. Si tratta di una forma di respirazione che tocca i centri energetici (*chakra*), che vanno dalla base della spina dorsale al centro del cervello, e poi ridiscendono. Ricorda il Kriyā Yoga, tecnica descritta dagli antichi libri sacri Indù e portata in occidente dal mistico indiano Paramahansa Yogananda (1893-1952). Il Kriyā, nei suoi prerequisiti, viene insegnato a un primo livello pratico-divulgativo, mentre la parte "segreta" viene rivelata in un secondo tempo solo a chi raggiunge un certo livello di meditazione[1]. Sostanzialmente, con diverse sfumature che dipendono dai luoghi e dai Maestri, s'intende procedere con la pratica di spostare gradualmente l'energia verso i chakra superiori. Si sale inspirando dalla spina dorsale (*sushumna*) e si scende espirando (con tecniche di visualizzazione diverse, che dipendono dalle scuole o dai luoghi geografici) lungo linee che collegano il centro della fronte al perineo. Questo era ampiamente trattato nel *Segreto*. Questa energia "attorcigliata", al sushumna, è suddivisa in due diverse polarità (definite *pingala*, sole, e *ida*, luna): dove queste si sovrappongono al sushumna, vi sarebbero i chakra. La cosa più sorprendente è che tale simbologia può rappresentare pienamente il "caduceo ermetico" degli antichi egizi. Tale simbolo appare anche in diverse altre antichissime civiltà occidentali: due serpenti che si attorcigliano attorno ad un bastone rappresentano nient'altro che pingala ed ida attorno a sushumna! Si racconta che Hermes, il Mercurio dei Romani, vedendo due serpenti che lottavano, gettò il suo bastone per dividerli e loro si pacificarono attorcigliandosi attorno. È simile al bastone di Asclepio (Esculapio), il simbolo della medicina occidentale (che, però, ha solo un serpente).

Questi collegamenti tra Occidente e Oriente sono quindi cominciati molto presto e hanno giovato non poco ad entrambe le civiltà dal punto di vista del progresso, non solo

[1] Tutto ciò senza pagare niente in più (come invece capita ed è capitato con pseudomaestri orientali molto pubblicizzati che insegnavano monetizzando quello che non sapevano).

spirituale. Tornando a Jung, egli fornì, tra l'altro, una visione moderna della scienza che andò oltre il neopositivismo deterministico del Circolo di Vienna del 1922[2], affermando che "tutte le leggi di natura non sono altro che delle verità probabilistiche costrette perciò ad ammettere delle eccezioni" (Jung, 1949/1980). Egli teorizza il fenomeno della "sincronicità", una combinazione simultanea e numinosa di eventi che non sono l'uno la causa dell'altro, ma ciascuno è collegato all'altro. Tale pensiero trova riscontri nella scienza con il premio Nobel per la fisica Wolfgang Pauli, che utilizza la legge della sincronicità junghiana per sostenere che, nella fisica quantistica, la realtà è coinvolta in una "danza astratta" senza alcuna causa materiale. Pauli doveva trovare nuovi modelli di spiegazione visto che quelli classici risultavano inadeguati e spesso contraddittori con i risultati sperimentali. Pertanto, teorizza una sorta di struttura astratta che si nasconde dietro la superficie della materia atomica e determina il suo comportamento in maniera non-causale. Nasce così da questo incontro il presupposto sperimentale alla legge di sincronicità, sul piano della fisica quantistica (Jung e Pauli, 2016).

La visione junghiana ha aperto un altro ponte tra le conoscenze orientali e occidentali, non disdegnando approfondimenti filosofico-esoterici per entrambe le culture. Richiedeva, però, una conoscenza così ampia e approfondita, che non poteva essere facilmente risistemata *ad usum delphini* attraverso tagli divulgativi (di questi tempi molto utilizzati). Viene da dire con rammarico che, a quanto ne sappiamo, non è per niente consueto vedere psicologi che nei loro piani di studi approfondiscono la psicologia analitica, gli archetipi, il principio di individuazione, la sincronicità, l'animus, l'anima, l'ombra e altro ancora del ricco patrimonio della simbologia che Carl Gustav Jung ci ha lasciato. È più facile vederne derivazioni nell'arte, danza e musicoterapie.

iii. Lo stato di "flusso", l'intuizione e la creatività hanno bisogno della "forma" per esprimersi

Per poter introdurre la spiegazione dello "stato di flusso", passeremo, come di consueto, dalla pratica, di matrice orientale soprattutto, che fornisce gli spunti, le applicazioni sul campo alle necessarie spiegazioni e modellistiche che provengono dalle neuroscienze e dalla psicologia cognitiva.

Un maestro di aikidō viene invitato nel 2012 a una conferenza di taglio scientifico che ha come tema lo "stato di flusso". È il maestro Hiroshi Tada, istruttore all'Università di Waseda a Tokio, 9° dan di aikidō, direttore didattico dell'Associazione di Cultura Tradizionale Giapponese Aikikai d'Italia, nonché allievo diretto di Morihei Ueshiba (1883-1969), fondatore del moderno aikidō. Cosa può dire un maestro di arti marziali sugli apprendimenti? Intanto cominciamo a valutare quello che un qualunque studioso o artista sa. Chiunque desideri affermarsi in una data disciplina è a conoscenza che c'è la necessità di incamerare una grande quantità di nozioni per creare la "forma" su cui

[2] Ricordiamo che il circolo si disgregò fisicamente con l'avvento di Hitler, per gli attacchi nazisti ai numerosi ebrei che ne facevano parte. Inoltre, subì duri colpi teorici, soprattutto da parte di uno dei suoi membri, Kurt Gödel, come abbiamo accennato nel capitolo 1.

appoggerà la sua intelligenza (ammesso che il sistema rimanga ancora flessibile dato l'alto carico di memoria in azione, che non è sempre un fattore positivo). Questi sa anche che quando ha vissuto dei momenti di "passione" per la materia si è sentito in una particolare condizione (lo "stato di flusso"), che ha notevolmente velocizzato il tempo per raggiungere l'expertise necessaria. Molti maestri di arti varie, pur non conoscendo i termini e le teorie, lavorano sugli "stati di flusso". È un atteggiamento mentale studiato anche nell'aikidō del maestro Tada e del maestro Hideki Hosokawa[3], ed è per questo che il maestro Tada partecipa al convegno.

Come nelle altre arti, un istruttore di aikidō, per diventare tale, deve memorizzare centinaia di movimenti, che ricombinati assieme possono sviluppare migliaia di combinazioni diverse, da inserire nelle tecniche del corpo (solo per chi vuole cimentarsi in questa pazzia meditativa benefica per la mente/corpo). Inoltre deve apprendere forme antiche di movimenti di spada e di bastone (Kata), che sono vere e proprie opere d'arte ("pulendo" il gesto e riprendendone il significato) da conservare e tramandare, ma soprattutto da ricordare. Alcune di queste forme, che possono risalire addirittura al diciassettesimo secolo o anche prima, sono ormai praticate solo da poche decine di studiosi (anche in Giappone) e rischierebbero di estinguersi.

Per chi vuole apprendere, trattenere e trasmettere questo sapere, non basterebbe la ripetizione continua, ma conta lo "stato mentale". È lo stesso problema del cantante d'opera o del ballerino, che devono accumulare nel tempo, in memoria, centinaia di copioni. Teniamo anche conto che prima degli anni '80/'90 non erano a disposizione né internet, né youtube o filmati vari. Bisognava memorizzare e ricostruire per settimane tecniche viste anche una sola volta. Nasceva l'abitudine di formare con l'attenzione molto concentrata (e poco pensiero interno) una sorta di "fotografia" dell'evento. Una sequenza da portarsi dietro mentalmente, da riaggiornare, completare, per poi ricuperare il movimento originale, che magari veniva confrontato mesi dopo. Per fare ciò c'era bisogno di uno "stato" mentale diverso, che veniva allenato a parte (con contenuti meditativi e di consapevolezza, come avveniva anche nelle le sedute "a porte chiuse" tenute dal maestro Hiroshi Tada, derivanti dagli studi di Nakamura Tempū[4]).

È una disposizione mentale che conoscono implicitamente ed insegnano alcuni esperti di canto lirico, di strumentistica, attori di teatro, coreografi, maestri di sport. È anche quello "stato" che oggi diversi neuroscienziati stanno studiando, ed è questo il motivo che ci permette di parlarne (come dicevamo, niente che non sia trattato dalle neuroscienze verrà da noi comunicato).

Da diversi anni sono usciti molti articoli sul problema delle diecimila ore, cioè il tempo necessario per diventare esperti in una particolare abilità (cfr. Ericsson, Krampe e Tesch-Römer, 1993). Nel 2009 in Italia viene pubblicato un libro di Malcolm Gladwell

[3] 8° dan di aikidō, profondo conoscitore di oggetti d'arte giapponese e di movimenti di spada e di bastone molto antichi. Vicedirettore didattico di Aikikai, è giunto in Italia nel 1974.

[4] Lo "Yoga giapponese" Shinshin Toitsu hō, ossia il metodo di unificazione tra corpo e mente creato dal maestro Nakamura Tempū (1876-1968), è stato praticato da molti maestri storici dell'aikidō, tra cui il maestro Hiroshi Tada. Ogni anno, dal 1974, incontriamo il maestro Tada, che oggi ha 88 anni, per gli annuali convegni di aikidō e di "Yoga giapponese", dove si studiano anche le tecniche utili a favorire gli "stati di flusso".

(*Fuoriclasse. Storia naturale del successo*), che si rifà a quella teoria. Tutto ciò ha suscitato scalpore, seguito da accesi dibattiti che hanno prodotto, soprattutto, molta confusione, tanto che si è arrivati a citare le scoperte "intuitive", per smontare la tesi delle diecimila ore. Sono due aspetti assolutamente diversi: l'intuizione non ha tempo, viene da una mente libera (almeno al momento) da pensieri rimuginanti, deriva da quelle forme di intelligenza non misurabili (è il dono di Dio citato da Einstein, di cui si è detto nel capitolo 1). Le diecimila ore sono la "forma" che bisogna costruire, giorno dopo giorno, per applicare e dare significato alle intuizioni. Considerazioni simili e ben dettagliate arriva a pubblicarle anche Arthur Miller nel 1996 con il suo libro *Insights of Genius. Imagery and Creativity in Science and Art.* Possiamo dire che un compositore può "intuire" e creare una sonata, ma deve poterla in seguito applicare, provandola al pianoforte (lo studio dei tasti, delle diteggiature e delle note è la "forma" che va costruita nel tempo).

La sfida, piuttosto, è il chiedersi come sia possibile abbreviare il tempo per diventare esperti nella "forma" stessa e, soprattutto, come evitare, attraverso questo cammino verso l'expertise, di chiudersi in stereotipi che ostacolano poi le feconde applicazioni del pensiero intuitivo.

La ricerca sullo stato mentale, definito "di flusso", è in atto, anche nell'ambito delle neuroscienze, nell'intento di affrontare argomenti importanti come possono essere i tempi di apprendimento. Già negli anni '70, lo psicologo Mihály Csíkszentmihályi, della Claremont Graduate University, in California, nota una maggiore concentrazione attentiva non forzata nei bambini, che imparano più velocemente ciò che per loro è più interessante e piacevole (fosse anche la matematica o la storia). Si rende conto come in questi bambini si instauri uno stato mentale di particolare concentrazione, senza troppo sforzo, definito: di "flusso". Csíkszentmihályi (1996) ritraduce e spiega queste osservazioni con un meccanismo a noi ora noto (grazie a quanto citato all'inizio di quest'appendice). Valuta come le mutazioni del pensiero critico, che si ottengono durante i periodi di concentrazione intensa nelle sedute zen, possano portare a sperimentare questo stato (scaricando i pensieri rimuginanti ed entrando in una consapevolezza "qui e ora"). Secondo Csíkszentmihályi, calmare i pensieri autocritici potrebbe liberare quei processi più spontanei, che a loro volta produrrebbero quella sensazione concentrata di "flusso", senza sforzo. Adee (2012) studia il "flusso" con la stimolazione elettrica transcranica che si autosomministra e dichiara di aver sperimentato maggiore consapevolezza durante l'esercizio. In questo caso si tratta di un videogioco, dove l'Autrice ottiene punteggi più alti rispetto a quando non è stimolata. Molti altri esperimenti sono in atto in centri universitari di diverse nazioni per capire come accelerare gli apprendimenti. Noi ci dedichiamo a quello che già sappiamo (almeno in parte), ma non viene applicato; ciò implica scelte più naturali. Lo stato mentale da ricercare e da allenare è quello che viene proposto da esercizi di mindlfulness, dall'aikidō del maestro Tada e del maestro Hosokawa, dallo zen e dallo studio che abbiamo proposto in questi anni degli "stati attentivi" (da sviluppare e da tenere attivi durante gli apprendimenti o i trattamenti).

Da alcuni anni ci occupiamo anche degli stati mentali degli operatori mentre somministrano i trattamenti. Vogliamo ora indirizzare la ricerca sulla trasmissione degli stati di "flusso", come ci è stata insegnata dai nostri maestri e come le evidenze neuroscientifiche cominciano a suggerire. Questo è l'ulteriore passo che vogliamo proporre con sperimentazioni che stiamo allestendo (come siamo soliti fare per ogni nuova proposta). In alcuni nostri corsi di formazione (per lo più maggiorente indirizzati al campo delle neuroscienze cognitive) vengono anche inseriti speciali incontri più centrati su questo ultimo aspetto, perché per studiare lo stato di "flusso" è indispensabile che la pratica esperienziale venga fatta direttamente dall'operatore.

iv. Applicazione dei modelli cognitivi al teatro di improvvisazione che deriva dalla commedia dell'arte

Questo scritto si rivela un interessante esempio di come, in diversi ambiti, attraverso una tradizione che risale a secoli fa, si lavori implicitamente sui modelli cognitivi proposti precedentemente e sullo "stato di flusso". Torniamo, così, alle pagine dove si sosteneva che la strutturazione dei protocolli clinici di abilitazione può ricavare importanti suggerimenti dai maestri d'arte.

È importante notare come in questo breve scritto, che riporta solo due tra le centinaia di esercitazioni proposte, vengono applicati i punti cruciali per il potenziamento cognitivo (doppi compiti, rielaborazioni in memoria di lavoro, n-back). Un aspetto da non trascurare è dato dalla pratica diretta di diverse abilità molto importanti come: l'esposizione orale, il brain storming convergente, il problem solving, la comunicazione continua che implica attenzione sostenuta, l'autoregolazione portata dall'"ascolto", la capacità di entrare negli stati attentivi più consoni al "flusso" e l'esercizio di quella sensibilità crescente, utile a cogliere le più sottili sfumature nel rapporto sociale. Siamo consapevoli che ancora molto di quello che c'è di arricchente in questa attività sfugge alle nostre analisi. Siamo sempre più convinti che anche altre discipline potrebbero proporsi con molte di queste proprietà, ma guardandoci attorno ci accorgiamo che la scuola, i ministeri e i centri che promuovono attività sociali, sono ancora lontani dal comprenderne la vera utilità. Lo si capisce dalla saltuarietà con cui vengono svolte e dal poco tempo dedicato a queste preziose attività a livello scolastico. Spesso, "riduzionisticamente", si è portati a considerare il teatro come una sorta di passatempo (come la pittura, la danza e la musica strumentistica). Sfugge quanto apporto possano fornire la recitazione e la sua preparazione, sia dal punto di vista cognitivo che emotivo. Non a caso è una delle terapie proposte per la psicosi o la devianza sociale. Attività di questo genere, se svolte con costanza entro programmi ministeriali curricolari, farebbero drasticamente scendere il disagio scolastico e potenzierebbero ulteriormente chi è motivato allo studio, oltre che favorire sblocchi emotivi e quant'altro. Lasciamo ora a Michele Di Felice la parola, per una breve descrizione di questa arte.

Il teatro dell'improvvisazione

Michele Di Felice
Psicologo, psicoterapeuta, attore, regista

Non insegniamo l'arte. Insegniamo l'artigianato (tecnica). Un buon artigianato è la premessa imprescindibile di una buona arte.

L'improvvisazione nel teatro è sempre esistita. Dai rituali delle civiltà preindustriali, passando per le compagnie della commedia dell'arte, per arrivare alle avanguardie del '900, come strumento fun-

zionale alla messa in scena di un testo o come spettacolo a sé stante, l'improvvisazione è elemento cardine del processo creativo (in tutte le forme artistiche e sportive).
In questo momento il panorama nazionale italiano è molto ricco di compagnie, più o meno professionali, che portano avanti una ricerca incessante in questa particolare forma di spettacolo.

Per intenderci, possiamo definire l'*improvvisazione teatrale* come la messa in scena di storie davanti a un pubblico senza una sceneggiatura o un canovaccio. Gli attori non sanno un attimo prima quello che faranno un attimo dopo. Il risultato finale non può che essere frutto della collettività. Il requisito fondamentale per questo lavoro, infatti, è l'*ascolto*. Per ascolto non s'intende il lavoro dell'apparato uditivo, ma il complesso lavoro che spetta all'attenzione.
Ogni improvvisatore è, infatti, al contempo autore, attore e regista di se stesso. Interpreta il personaggio, inventa il testo e si coordina con gli altri attori per favorire la narrazione collettiva. Agli occhi del pubblico tutto ciò sembra magico. Gli attori sembrano dotati di telepatia (alcuni sospettano di accordi segreti tra i partecipanti allo spettacolo!), ma c'è una spiegazione: gli attori ascoltano e accettano tutte le proposte dei compagni, una cosa che "normalmente" non accade.
I giocatori (gli attori d'improvvisazione teatrale si definiscono anche così) si allenano costantemente per arrivare a questo risultato. Le competenze necessarie per un buon ascolto sono:
- cogliere tutte le informazioni (rilevanti) in diretta;
- trattenere in memoria queste informazioni per tutto il tempo necessario alla costruzione drammaturgica (la durata delle storie va da qualche minuto a più di un'ora!);
- proporre informazioni (parole e movimenti) che si legano e sostengono le proposte altrui;
- monitorare l'andamento della storia ed, eventualmente, aggiustare il tiro;
- ultimo, non per importanza, avere fiducia nell'altro.

Per questi motivi, l'improvvisazione teatrale non s'improvvisa, si prepara. Ciò che appare spontaneo, infatti, è frutto di un lento e costante esercizio.

Proprio come per un musicista o per un pittore, l'allenamento e il perfezionamento della tecnica sono momenti fondamentali e mai definitivi. Gli improvvisatori sono impegnati in un training psicofisico che ha diverse funzioni:
- creare il gruppo e sperimentare la fiducia reciproca (aspetto rituale);
- raggiungere un'energia (livello di attivazione) ideale per improvvisare durante la formazione;
- incrementare la capacità di ascolto (vedi sopra);
- raggiungere un'energia ideale per andare in scena (attività prima dello spettacolo).

La nostra formazione è organizzata in una lezione settimanale di tre ore circa per otto mesi consecutivi (ottobre-maggio). Durante la lezione la prima parte è dedicata al training. Bisogna scrollarsi di dosso la quotidianità e prepararsi alla lezione. Nella nostra scuola il percorso per poter andare in scena, in uno spettacolo con pubblico pagante, è di quattro anni.
Il training, però, non riguarda solo l'energia e l'ascolto. Alcuni esercizi sono delle vere e proprie metafore di quello che ogni attore dovrà fare in scena, e si offrono come preziose esperienze di apprendimento d'idee e punti di vista sulla scena, e sulla vita.

Partiamo da un classico del teatro: la *zattera*. In questo esercizio gli attori camminano in uno spazio dato (delimitato) con l'obiettivo di occuparlo sempre in modo omogeneo. Proprio come su una zattera, le persone non possono distribuirsi tutte da una parte, pena lo "scuffiamento" dell'imbarcazione. Ogni attore deve valutare in ogni momento dove è più opportuno andare per raggiungere l'obiettivo del gruppo. Non si possono fare piani a lungo termine perché l'ambiente intorno cambia. Cambiare la propria posizione in un contesto mutevole è complesso ed è anche metafora di quello che accade in scena (e nella vita).

La zattera può diventare la "base" per rendere più complicato l'allenamento. Per esempio si possono aggiungere obiettivi durante la zattera:

- cambiare velocità dell'andatura (da fermi alla massima velocità possibile senza farsi male);
- partire e fermarsi insieme senza dirsi nulla, semplicemente guardandosi;
- raccontare una storia, una parola per giocatore (chi si sovrappone paga una penalità, per esempio una flessione sul posto o altro);
- contare da 1 a 20 senza sovrapporsi (se due giocatori dicono lo stesso numero si riparte da 1);
- passarsi delle palline da tennis senza farle cadere;
- passarsi una palla dicendo a) il proprio nome, b) il nome del destinatario, c) il nome di un altro giocatore, al quale il destinatario passerà il pallone (A passa la palla a B dicendo il nome di C, B la passerà a C dicendo il nome di D, e così in avanti).

In stati avanzati del training, sulla base della zattera, si possono fare delle *composizioni*: piani a lungo termine con difficoltà crescente, dove gli attori hanno una serie di obiettivi da raggiungere.
Esempio di composizione: disposti nell'ambiente, fermi; si parte insieme senza dirsi nulla; si passa attraverso tre velocità, per esempio velocità 5, 3 e 8 (in una scala da 0 a 10, dove 0 è fermi e 10 è la massima velocità senza farsi male), per poi fermarsi tutti insieme. Il passaggio da una velocità all'altra sarà deciso dal gruppo senza segnali espliciti, ascoltandosi. In ogni velocità gli attori hanno l'obiettivo di formare silenziosamente delle coppie, solo con l'intesa di uno sguardo; una volta raggiunto l'obiettivo della singola velocità si passa a quella dopo. Alla fine ci si ferma tutti insieme. Il conduttore dà un segnale concordato e tutti corrono verso il partner della velocità 5 e lo si bacia sulla guancia; ad un altro segnale si va verso il secondo partner e lo si abbraccia; all'ultimo segnale si va dal partner della terza velocità e si saluta con una pacca sul sedere. Il tutto può durare svariati minuti!
Le composizioni sono complesse perché bisogna tenere a mente tutti gli obiettivi da raggiungere e bisogna farlo in gruppo. È molto frequente dimenticare o modificare qualche passaggio.

Un'altra tipologia importante di esercizi è quella che come base ha il *cerchio*. I giocatori sono in cerchio, disposizione ideale per iniziare e concludere la seduta di training. Ne riporto due:

Disposti in cerchio, un attore A parte e va verso un attore B per prendere il suo posto; B, prima che A arrivi, va verso un altro attore C per avere il suo posto, e così via. In ogni momento qualcuno potrebbe venire verso me per reclamare il mio posto! L'esercizio può essere fatto con variazione di velocità crescente. Questo esercizio può diventare una base per rendere più complesso il training: per esempio, mentre gli attori si scambiano il posto cercano di raggiungere altri obiettivi (contare senza sovrapporsi, raccontare una storia, ripetere sequenze precedentemente apprese di frutti, città, ecc.);

Un attore in mezzo al cerchio risponde alle domande che i compagni gli fanno, sfalsando le risposte di due: risponde alla 3ª domanda con la risposta della 1ª, alla 4ª con la risposta della 2ª, e così via.

In generale si sollecita l'allievo a rischiare e a fallire. Il fallimento viene celebrato come esito nobile di un'attività mai completamente governabile e prevedibile, non c'è colpa. L'errore è un'opportunità imprevista, quindi un'occasione d'oro. Se non si fallisce significa che non si esce dalla propria zona sicura, per questo la fiducia reciproca è fondamentale: in questo gioco non si è soli, mai.

v. Presentazione di alcuni lavori sperimentali

Alcuni recenti studi svolti dal nostro laboratorio confermano molte delle teorie tratte dalla letteratura e esposte nel libro. Emergono evidenze che non tutti i trattamenti funzionano o permangono nel tempo. Sono meno stabili ed efficaci quelli che si basano su esercizi stereotipati automatizzati senza chiamare in causa l'attenzione, la consapevolezza e la memoria di lavoro. Si conferma che la debolezza attentiva è trasversale nei diversi disturbi (non solo ADHD, ma DSA, disprattici, DSL, ecc.). L'attenzione esecutiva valutata a cinque anni può essere un potente indice predittivo per i futuri disturbi di apprendimento incidendo con elevati valori di varianza spiegata sulla letto-scrittura e la comprensione del testo. Attraverso l'attività motoria complessa si potenziano i sistemi dell'Executive Attention, utili per le future applicazioni sia scolastiche che sportive.

I lavori sperimentali che presentiamo qui di seguito hanno il taglio dell'abstract e sono tratti, tra diversi altri, dal nostro archivio e fino ad adesso non pubblicati.

1. Uno studio breve di efficacia tra tipi di training e la loro relazione con la velocità di lettura

G.M. Santoro, J. Rizzitano, M. Trentin, F. Palmisani, G. Giordano, S. Lo Prete e F. Benso

Premessa: In letteratura stanno emergendo diversi dati che dimostrano come tecniche di apprendimento o abilitazione che si basano su esercizi automatizzati e stereotipati ottengano risultati meno incisivi e destinati a regredire nel tempo, rispetto alle esercitazioni consapevoli effettuate con attenzione concentrata (Keller e Just, 2009). Inoltre, un'ampia letteratura dimostra come l'attivazione concomitante della corteccia dorsolaterale prefrontale sia cruciale durante gli apprendimenti per consolidare il ricordo (cfr. Wagner et al., 1998; D'Esposito, Postle e Rypma, 2000; Paller e Wagner 2002; Blumenfeld e Ranganath, 2006). Tale attivazione si ottiene anche attraverso doppi compiti che stimolano la Working Memory Capacity (WMC) (cfr. D'Esposito, Postle e Rypma, 2000). Allo scopo di verificare l'efficacia tra le due tipologie di training sopra descritte, abbiamo deciso di impiegare compiti di accesso lessicale per due motivi: 1) i compiti di denominazione rapida (RAN) sono utilizzati molto frequentemente nei set abilitativi; 2) un accesso lessicale efficiente sembra correlare positivamente con le abilità di lettura. I compiti di accesso lessicale rapido hanno, comunque, una componente esecutivo-attentiva (cfr. Pham, Fine e Semrud-Clikeman, 2011; Altani, Protopapas e Georgiou, 2017); non va inoltre dimenticato che basse prestazioni ai compiti di RAN risultano correlate a deficit attentivi e disturbi di lettura (cfr. Manis, Doi e Bhadha, 2000; Frijters et al., 2011; Whipple e Nelson, 2015). Lo scopo della ricerca è stato quello di confrontare gli esiti dei due tipi di trattamento.

Ipotesi: Nei compiti di denominazione rapida somministati in concomitanza al coinvolgimento della WMC (compiti in n-back e "doppi compiti") i soggetti così trattati dovrebbero migliorare in modo più stabile e con benefici anche sulla velocità di lettura, rispetto a soggetti stimolati con un training tradizionale che si basa su automatismi ripetuti.

Metodo: Sono stati confrontati due tipi di training: il primo richiedeva un accesso lessicale accompagnato da stimolazioni attentive che hanno coinvolto la WMC; il secondo consisteva in sole attività di accesso lessicale ripetute nel tempo. Sono stati valutati i loro effetti sulle funzioni esecutivo-attentive e sulla lettura a voce alta, non trattata.

- Gruppo sperimentale: 18 soggetti di classe terza della scuola primaria, trattati con attività di RAN di colori, di numeri, di oggetti insieme a compiti di n-back e "doppi compiti".
- Gruppo di controllo: 17 soggetti di classe terza della scuola primaria, trattati con semplici attività di RAN colori, numeri, oggetti.

Sulla base della valutazione iniziale delle abilità, sono stati scartati alcuni soggetti in entrambi gruppi, che sono così risultati bilanciati. Hanno eseguito gli esercizi 3 giorni alla settimana per 15 minuti, per un totale di 12 incontri. Oltre alle valutazioni pre e post-training, è stato effettuato un follow-up a distanza di 4 mesi.

Risultati: Le valutazioni hanno messo in evidenza un bilanciamento iniziale in tutte le attività misurate tra i due gruppi; nel secondo rilevamento si è evidenziato un incremento delle abilità di lettura (non potenziate direttamente mediante gli esercizi svolti) e delle funzioni attentivo-esecutive in entrambi i gruppi, sebbene con maggior consistenza nel gruppo sperimentale che arriva alla significatività e a una maggiore dimensione dell'effetto. Al follow-up, solo il gruppo che ha effettuato il training "potenziato" ha mantenuto i risultati. Si è verificato un incremento significativo, mantenuto dopo 4 mesi, nel gruppo sperimentale ($p < .05$) ai seguenti test: velocità di lettura del brano (*Prove di Lettura MT-2*; Cornoldi e Colpo, 1998); FAS (CMF; Marotta, Ronchetti, Trasciani e Vicari, 2008); PASOT (MEA; Benso et al., 2018); test di categorizzazione (MEA; Benso et al., 2018).

Conclusioni: I training abilitativi o di potenziamento devono essere strutturati in modo da coinvolgere l'Executive Attention perché siano efficaci e si abbia un mantenimento dei risultati. Lo studio conferma, inoltre, il ruolo centrale dell'attenzione esecutiva nello sviluppo degli apprendimenti, come risulta nelle valutazioni post trattamento e al follow-up, in cui la velocità di lettura ad alta voce si è incrementata in maniera significativa nel gruppo sperimentale nonostante non sia stata direttamente trattata. Si conferma inoltre quanto emerso in letteratura negli studi sulla memoria successiva (Wagner et al., 1998; Paller e Wagner, 2002; Blumenfeld e Ranganath, 2006).

2. Individuazione di indici disesecutivi nei disturbi specifici di linguaggio in età prescolare

F. Benso, E. Ardu, G. Pini e G.M. Santoro

Premessa: I bambini con disturbo specifico di linguaggio (DSL) presentano molto spesso cadute significative anche in alcune componenti delle funzioni esecutivo-attentive (FEA), come dimostrano studi recenti (cfr. Bolter, Johnson e Pascual-Leone, 2006; Dodd e McIntosh, 2008; Karasinski, 2015). È stata pertanto avanzata l'ipotesi che lo sviluppo del linguaggio sia fortemente influenzato dalle FEA; tale ipotesi correla con quanto sostenuto dalle teorie gerarchiche neomodulari, che sostengono come lo sviluppo delle funzioni cognitive complesse, qual è anche quella linguistica, avvenga per successivi assemblaggi di moduli più semplici (programmi genetici prestabiliti) attraverso adeguate stimolazioni ambientali e anche grazie a risorse attentive dedicate (Moscovitch e Umiltà, 1990; Posner e DiGirolamo, 1998).

Ipotesi: Se le FEA rivestono un ruolo centrale nello sviluppo dei moduli più complessi, i bambini con DSL dovrebbero dimostrare una debolezza dell'attenzione esecutiva di base.

Metodo:

- Gruppo sperimentale: 30 bambini di 5 anni con diagnosi di DSL.
- Gruppo di controllo: 30 soggetti di pari età senza disturbi di linguaggio.

È stata utilizzata una batteria che andasse a indagare le FEA (MEA; Benso et al., 2018): naming colori, switch di aste, fluenza figurale e un test a tempi di reazione svolto al PC: il flanker test.

Risultati: Si sono rilevate differenze significative tra gruppo sperimentale e gruppo di controllo ($p < .05$), anche applicando la correzione di Benjamini-Hochberg. Tali differenze restano significative (q), con una dimensione dell'effetto buona ($d > .30$) (cfr. tab. A1).

Tabella A1. Risultati nel confronto tra i gruppi

Mann-Withney	Naming colori *tempo compensato*	Switch di aste tempo compensato				Fluenza figurale		Flanker test		
		Prova A	*Prova B*	*Prova C*	*Prova D*	*risposte corrette*	*perseveraz.*	*congrue compensate*	*neutre compensate*	*incongrue compensate*
z	–2.679	–2.908	–4.438	–3.189	–2.787	–3.360	–1.087	–4.232	–3.344	–3.040
p	.007	.004	.000	.001	.005	.001	.277	< .0001	.001	.002
q	.0049	.028	< .0001	.007	.035	.007	< .0001	< .0001	.003	.006
d	.34 moderato	.37 moderato	.56 grande	.40 moderato	.35 moderato	.43 moderato	ns	.54 grande	.42 moderato	.38 moderato

Commento: Le cadute alle prove evidenziate dai DSL rispetto al gruppo di controllo comportano sia la parte motoria che quella esecutiva del test di switch delle aste; le differenze sono significative anche nelle altre prove esecutivo-attentive.

Conclusioni: Lo studio conferma i modelli di multicomponenzialità e di complessità del modulo linguistico, con cadute nel gruppo DSL sia di tipo esecutivo sia motorie. Questi aspetti risultano, altresì, congrui con le teorie dell'*embodiment* dove si afferma che i sistemi percettivi e motori sostengono la conoscenza concettuale (Binder e Desai, 2011; Pulvermuller, 2005; Iacoboni, 2008; Binkofski et al., 1999; Corballis, 2009). Le difficoltà attentive pervadono i diversi disturbi (Denckla, 1996) e non sono una esclusiva peculiare dell'ADHD.

3. L'Executive Attention come base fondante dell'apprendimento del calcolo e della lettura. I DSA hanno problemi attentivo-esecutivi[5]

E. Ardu, A. Giacobbe, G. Iacoponi, F. Mazzoli, F. Rapa, E. Piccione, C. Tornatore, E. Benso e F. Benso

Premessa: La letteratura internazionale ha sottolineato l'importanza dell'attenzione esecutiva nello sviluppo degli apprendimenti scolastici (cfr. Cowan et al., 2005; Brown, 2006; Tang, Rothbart e Posner, 2012).

Ipotesi: Se l'attenzione esecutiva è il fondamento di qualsiasi apprendimento complesso, i soggetti con diagnosi di disturbi specifici di apprendimento (DSA) dovrebbero mostrate cadute anche ai test che indagano le funzioni esecutivo-attentive (FEA), in particolare la Working Memory Capacity (WMC).

Metodo:

- Gruppo sperimentale: analisi post-hoc delle cartelle cliniche di 80 soggetti che hanno avuto diagnosi di dislessia e/o discalculia. In particolare, sono stati analizzati i risultati ai test volti ad indagare diversi aspetti del sistema attentivo-esecutivo.
- Gruppo di controllo: 44 soggetti della scuola primaria e secondaria di primo grado, senza diagnosi, valutati con i test già utilizzati con i soggetti del gruppo sperimentale.

I test utilizzati sono: cancellazione e visual search, fluenza figurale, alpha span ed enumerazione indietro-avanti, dalla batteria MEA (Benso et al., 2018), e il test di spoonerismo della batteria CMF (Marotta et al., 2008).

Risultati: Nel gruppo sperimentale, 80 soggetti su 80 (sensibilità della batteria pari a 1) cadono in almeno una delle prove esecutivo-attentive; se si valutano le cadute in almeno due prove, i soggetti che non superano i test sono 75 su 80, rispetto ai 4 su 40 del gruppo di controllo.
Pertanto, emerge una *sensibilità* della batteria utilizzata, con un intervallo di confidenza di 0.88-0.99, e una *specificità* con un intervallo di confidenza di 0.82-0.99, con un confronto tra proporzioni indipendenti significativo ($p <. 001$, $X^2 = 87.99$, Yates corrected $z = 9.186$).

Conclusioni: Le teorie che sostengono l'Executive Attention come un sistema fondante per la formazione di tutti gli apprendimenti complessi (cfr. Cowan et al., 2005) sono confermate dai risultati ottenuti dalla somministrazione di una batteria breve, costituita da test carta e matita. Tale batteria rileva diverse sfumature delle variegate FEA. Una valutazione dell'attenzione esecutiva, effettuata anche con pochi test che coinvolgono la WMC, può rimarcare la "naturale" debolezza attentiva nei DSA (in questo caso discalculici e dislessici) e, di conseguenza, individuare indici precoci di rischio. Questo

[5] Lavoro presentato alla 5th All European Dyslexia Conference, EDA, Modena, 222-24/9/2016.

implica, anche, che i disturbi attentivo-esecutivi sono sempre presenti nelle difficoltà di apprendimento e che nei protocolli (ri)abilitativi non possano mancare esercizi di stimolazione attentiva.

4. Indici predittivi di futuri disturbi di apprendimento valutati con test che indagano l'attenzione esecutiva

F. Benso, E. Ardu e A. Giacobbe

Premessa: L'attenzione esecutiva, come sostenuto da molta letteratura, è un'abilità cruciale per la riuscita del consolidamento degli apprendimenti e fortemente correlata alle attitudini scolastiche (cfr. Cowan et al., 2005; Tang, Rothbart e Posner, 2012).

Ipotesi: Già a partire dall'ultimo anno della scuola dell'infanzia dovrebbe essere possibile isolare soggetti che svilupperanno debolezze o difficoltà negli apprendimenti negli anni successivi attraverso una batteria mirata ad indagare le funzioni esecutivo-attentive (FEA).

Metodo: Sono stati valutati 24 bambini all'età di 5 anni attraverso una batteria che indaga le FEA (switch di aste, naming di colori, fluenza figurale, cancellazione e visual search, MEA; Benso et al., 2018). Gli stessi soggetti sono stati ritestati al termine della classe seconda della scuola primaria, attraverso l'utilizzo di prove di letto-scrittura (*Prove di Lettura MT-2*; Cornoldi e Colpo, 1998; dettato ortografico di brano (*Batteria per la Valutazione della Scrittura e della Competenza Ortografica nella Scuola dell'Obbligo*; Tressoldi e Cornoldi, 2000) e prove di rapidità di scrittura (BVSCO-2; Tressoldi, Cornoldi e Re, 2013).
Sulla base dei risultati conseguiti ai test di apprendimento i soggetti sono stati divisi in due gruppi:

- gruppo A: formato da 11 soggetti, con debolezze negli apprendimenti di letto-scrittura al termine della classe seconda (z = +/– 1.65 almeno un test);
- gruppo B: formato 13 soggetti, senza debolezze di apprendimento al termine della seconda.

Risultati: L'analisi dei dati mette in luce che nel gruppo A (11 soggetti con debolezze negli apprendimenti) si inseriscono 8 soggetti con difficoltà alla batteria attentivo-esecutiva somministrata a 5 anni, mentre nel gruppo B (13 soggetti senza debolezze negli apprendimenti) viene inserito solo 1 soggetto di quelli che cadevano alla batteria somministrata alla stessa età. Si tratta di 3 omissioni su 11 soggetti con debolezze e 1 falso allarme su 13 soggetti senza difficoltà.
La *specificità* della batteria è risultata pari a .92 (intervallo di confidenza: .77- 1) e la *sensibilità* predittiva a .72 (intervallo di confidenza: .46-.99). Il test di proporzioni indipendenti X^2 con correzione di Yates (z = 2.856; p = .002) risulta significativo.

Conclusioni: La batteria utilizzata risulta essere molto sensibile e specifica già a 5 anni, dimostrandosi dunque uno strumento in grado di individuare indici precoci di possibili debolezze negli apprendimenti. L'individuazione dei fattori di rischio consente di intraprendere percorsi di prevenzione e potenziamento delle abilità di base in bambini di fascia prescolare.

5. L'attività motoria complessa svolta intensamente migliora le risorse dell'attenzione esecutiva[6]

F. Rapa, E. Ardu, S. Moretti, V. Bellazzini, R. Lingua e F. Benso

Premessa: Alcuni tipi di sport, che prevedono un'applicazione coerente e costante di atti motori complessi, sollecitano fortemente l'Executive Attention (Seidler, Bo e Anguera, 2012; Vestberg et al., 2012; Mary et al., 2016).

Ipotesi: Attraverso un trattamento intensivo nell'ambito del gioco del tennis che coinvolga anche l'attenzione esecutiva, ci si aspetta incremento di quest'ultima nel gruppo sperimentale.

Metodo:

- Gruppo sperimentale: 15 bambini (età media: 8.91 anni, *DS*: 1.2) frequentanti un corso intensivo di tennis della durata di 15 giorni.
- Gruppo di controllo: 15 bambini (età media: 9.21 anni, *DS*: 1.3) frequentanti un campo estivo per 15 giorni.

I due gruppi sono stati valutati prima dell'inizio delle attività e alla loro conclusione con la seguente batteria neuropsicologica: fluenza figurale, alpha span e PASOT (MEA; Benso et al., 2018), spoonerismo e fluenza verbale (CMF; Marotta et al., 2008), memoria di cifre (BVN 5-11; Bisiacchi, Cendron, Gugliotta, Tressoldi e Vio, 2005), Copia Figura di Rey (Rey, 1964).

Risultati: La valutazione effettuata prima del training non ha evidenziato differenze statisticamente significative tra i due gruppi ($p > .05$). La valutazione post-training, invece, ha messo in luce un miglioramento del sistema attentivo-esecutivo solo nel gruppo sperimentale e alle seguenti prove: fluenza figurale, alpha span e Copia Figura di Rey ($p < .05$).

Conclusioni: Lo studio conferma quanto già evidenziato da diverse ricerche recenti. Attività sportive strutturate in modo da coinvolgere apprendimenti motori complessi incrementano diversi aspetti delle funzioni esecutivo-attentive, in particolare la Working Memory Capacity (WMC). Questo ha delle ricadute importanti anche nei set abilitativi, dove l'attività motoria complessa può sostituire in molti individui più iperattivi gli esercizi "carta e matita", per arrivare poi ad applicare, alle attività cognitive richieste, una WMC rinforzata e pertanto più efficiente e autoregolante.

[6] Lavoro presentato al X Congresso Nazionale AIDAI-AIRIPA, Sarzana, 15-16/5/2015.

6. Lettura, comprensione del testo ed Executive Attention[7]

A. Sotgiu, G. Gaspa, M. Murgia, E. Ardu e F. Benso

Premessa: Dai dati della letteratura scientifica emerge come una buona comprensione del testo scritto sembri associata ad un sistema attentivo-esecutivo efficiente. Gernsbacher, Varner e Faust (1990), De Beni, Palladino, Pazzaglia e Cornoldi (1998), ad esempio, sostengono che l'abilità di comprendere un testo scritto possa risentire di rallentamenti nella decodifica, unitamente a una debolezza di tipo attentivo-esecutivo e di riaggiornamento nella memoria di lavoro.

Ipotesi: Se è vero che l'Executive Attention è fortemente implicata in un'attività complessa come la comprensione del testo, somministrando una batteria di prove volta ad indagare l'Executive Attention, la capacità di lettura e la comprensione del testo, dovrebbero emergere correlazioni significative tra abilità di decodifica ed accesso al testo scritto e prove esecutivo-attentive. Inoltre, tra i soggetti con difficoltà di comprensione del testo e di lettura dovrebbero essere significativamente più numerosi quelli con debolezza all'Executive Attention.

Metodo: Sono stati valutati 62 soggetti della scuola primaria (classi terza, quarta e quinta) negli ultimi 4 mesi di scuola con una prova di lettura e due di comprensione del testo (*Prove di Lettura MT-2*; Cornoldi e Colpo, 1998) e prove volte ad indagare diversi aspetti dell'Executive Attention: enumerazione indietro-avanti, fluenza figurale, cancellazione e visual search, test di categorizzazione, alpha span, naming di colori (MEA; Benso et al., 2018). In un secondo momento, sulla base dei risultati conseguiti ai test di apprendimento i soggetti sono stati divisi in due gruppi:

- gruppo A: costituito da 24 soggetti con cadute nella lettura e comprensione del testo ($z > +/- 1.65$);
- gruppo B: costituito da 38 soggetti senza cadute nella lettura e comprensione del testo.

Risultati: Tutte le prove attentive esecutive *correlano* significativamente con le misurazioni di lettura e comprensione del testo (*r* Pearson $< .05$; $r > .50$); inoltre si osserva, indagando nei due gruppi, che la batteria è specifica e sensibile per isolare i soggetti con cadute in lettura e comprensione (*specificità:* intervallo di confidenza = 0.80-0.99; *sensibilità:* intervallo di confidenza = 0.78-1**)**, con un confronto tra proporzioni indipendenti significativo ($X^2 = 39.16$, Yates corrected $z = 5.98$, $p < .001$).
Le equazioni di regressione mostrano un modello a 3 fattori, che spiega circa il 44% dell'abilità di comprensione del testo (predittori: cancellazione e visual search, enumerazione all'indietro, alpha span). Per la lettura, invece, mostrano un modello a 5 fattori, che spiega circa l'80% dell'abilità (predittori: test categorie, numerazione inversa meno

[7] Lavoro svolto in collaborazione con il centro CTR Esperienze, Alghero, e presentato con il titolo "Executive Attention and reading comprehension. A correlation study" al XXVII Congresso Nazionale SINPIA, Alghero (OR), 7-9/10/2016.

diretta, alpha span passivo, ricerca visiva 1 del test di cancellazione e numero di risposte corrette alla fluenza figurale).

Conclusioni: La Working Memory Capacity (WMC) e l'Executive Attention hanno un ruolo importante negli apprendimenti di lettura e comprensione del testo. Tali dati suggeriscono che l'Executive Attention è parte fondamentale per lo sviluppo degli apprendimenti complessi. Dal punto di vista abilitativo, emergerebbe che le esercitazioni metacognitive sono assolutamente necessarie, ma non sufficienti se non si aumentano le risorse della WMC del soggetto. Pertanto sarebbe utile inserire misure ed esercitazioni sulla WMC nei protocolli clinici per i DSA come sostenuto anche da Bergman-Nutley e Klingberg (2014; cfr. anche par. 4.7.2).

7. Disprassia e funzioni attentivo-esecutive

F. Benso, L. Michelazzo, E. Ardu, G.M. Santoro, M. Margheriti e L. Sabbadini

Premessa: La letteratura ha evidenziato correlazioni significative tra disturbi della programmazione motoria (disprassia) e sistema attentivo esecutivo (cfr. Rigoli, Piek, Kane e Oosterlaan, 2012). Lo studio ha come obiettivo quello di evidenziare debolezze del controllo esecutivo in un gruppo di soggetti con disprassia, attraverso una batteria testistica rivolta a valutare diversi aspetti dell'Executive Attention.

Ipotesi: I bambini che evidenziano diagnosi di disprassia dimostreranno maggiori difficoltà nelle prove attentivo-esecutive, anche valutando la maggiore distraibilità attraverso i parametri delle ex gaussiane che indicano l'attivazione dei Default Mode Network (DMN), rispetto a un gruppo di controllo senza problemi di programmazione motoria.

Metodo:
- Gruppo sperimentale: 14 bambini di 5 anni con diagnosi di disprassia.
- Gruppo di controllo: 14 bambini di 5 anni, senza problemi di programmazione motoria.

Test somministrati: switch di aste e fluenza figurale (Benso et al., 2018), flanker test a tempi di reazione (cit. in Piccini, Gazzellini, D'Amico, Pane, Castelli, Vicari e Alfieri, 2015).

Risultati: Si rileva una differenza significativa a favore dei controlli nelle misurazioni motorie (nella parte motoria del test dello switch di aste) e nella parte esecutivo-attentiva sempre dello switch di aste ($p < .05$). Tutte le condizioni sono significative anche applicando la correzione di Bonferroni per il numero di confronti ($p < .02$). Per quanto riguarda il test computerizzato che valuta il conflitto cognitivo (flanker test) non vi sono differenze nelle condizioni (congrua, neutra ed incongrua), tuttavia si rileva una differenza statisticamente significativa ($p < .05$) nelle analisi relative alla curva ex gaussiana dei tempi di reazione (per valutare l'intervento del DMN e quindi della distraibilità); in particolare emerge come il parametro $\sigma+\tau$ (sigma + tau), utilizzato in letteratura come stima della variabilità interindividuale e pertanto del DMN (Fassbender et al., 2009), sia significativamente maggiore nel gruppo di disprattici.

Conclusioni: Tra i due gruppi si rilevano differenze statisticamente significative non soltanto nell'aspetto motorio, come atteso, ma anche in alcune sfumature dell'Executive Attention. Inoltre, sulla base di quanto emerso dai tempi di reazione, si può ipotizzare che i soggetti con disprassia presentino una maggiore variabilità intraindividuale ($\sigma+\tau$) e quindi un maggior indice di distraibilità, così come trovato in altri campioni clinici (Castellanos et al., 2005; Tang, Rothbart e Posner, 2012). Questo aspetto conferma ulteriormente quanto affermato da Denckla (1996) che le cadute attentivo-esecutive non sono un'esclusiva peculiarità dell'ADHD. Inoltre mette in evidenza come le prassie stesse siano ricche di una componente attentiva esecutiva.

vi. Breve "dodecalogo sui trattamenti"

Apparentemente, questo libro non è centrato sui training, ma ha riportato molto di ciò che è più importante conoscere per effettuare trattamenti che abbiano sufficiente efficacia. Il riabilitatore attento sa che quanto è stato detto corrisponde alla base indispensabile da dover capire e sperimentare; mentre i manualetti che descrivono i materiali hanno una minima utilità pratica, niente di più. Tuttavia è quello che va cercando l'operatore pigro e poco efficiente. Stiamo preparando un volume sui trattamenti (compresi alcuni materiali), ma se dovessimo interrogare dei nostri riabilitatori per valutarne l'expertise, le domande più importanti sarebbero tratte da questo testo (solo apparentemente teorico, ma chi ha saputo leggerlo anche "tra le righe" avrà tratto molti consigli pratici direttamente ed indirettamente).

Vogliamo adesso aggiungere ancora qualche suggerimento sui trattamenti, non come conclusione, ma come inizio di altri scritti che seguiranno. Ricordando sempre che alcune conoscenze indispensabili, appartenenti ai riabilitatori più raffinati (modelli mentali, architetture funzionali, la ricerca degli stati di flusso, la comunicazione empatica, l'alleanza con il paziente, il lavoro in consapevolezza) possono essere più efficientemente insegnate da "cuore a cuore" (*i shin den shin*), provandole sul posto, piuttosto che con comunicazioni verbali.

Alcune considerazioni sui trattamenti

Ci si chiede a questo punto come poter ottenere l'attivazione concomitante al compito preposto alle diverse aree, comprese quelle attentive (dorsolaterale prefrontale, DLPF; giro del cingolo anteriore, ACC; campi oculari frontali, FEF; solco intraparietale, IPS), ad esempio mentre si palleggia o si fa esercizio di accesso lessicale. La risposta la troviamo (come già detto più sopra) negli insegnamenti dei maestri di arte e dello sport e nei lavori neuroscientifici che abbiamo citato in questo libro (cfr. ad esempio Wagner et al., 1998; D'Esposito et al., 2000; Paller e Wagner, 2002; Rypma e D'Esposito, 2003; Blumenfeld e Ranganath, 2006).

Il riaggiornamento in memoria di lavoro e, pertanto, gli esercizi di visualizzazione (immagini visive), i doppi compiti graduati sul soggetto ("mentre fai una operazione di naming devi anche...”), sono gli esercizi utili per ottenere l’attivazione della DLPF durante la pratica. Indispensabile, però, la presenza “empatica” e competente di un operatore, che mantenga la consapevolezza di quello che si sta svolgendo, motivando, correggendo, dimostrando direttamente (modeling), premiando quando necessario, come risulta anche dalle metanalisi di Schwaighofer, Fische e Buhner (2015). Bisogna saper graduare il doppio compito, saperlo incrementare nei momenti opportuni, sospendere in particolari situazioni (ad esempio, quando durante le performance esterne, reali, l’ambiente stesso agisce sulle risorse anche attraverso il sistema emotivo) e altro ancora...

Inseriamo qui un breve “dodecalogo” ricavato dall’applicazione negli anni dei modelli che derivano direttamente dai suggerimenti che le “maestrie” filtrate sperimentalmente e le neuroscienze ci hanno fornito nel tempo.

Il dodecalogo

Sono molti i protocolli e gli esercizi computerizzati reperibili sul web utili ad effettuare i trattamenti cognitivi. Tuttavia, vi sono delle variabili che vanno oltre il materiale e che possono incidere sull’efficacia del trattamento stesso. Non è facile spiegare come in (ri)abilitazione ciò che conta di più non sono il materiale o le istruzioni pratiche di somministrazione, ma aspetti e caratteristiche legate alle competenze dell’operatore. Egli deve essere, infatti, opportunamente istruito, comprendere e mettere in atto diversi accorgimenti. Riportiamo di seguito alcuni di essi, consapevoli di non poter estendere più oltre il nostro scritto attuale e quindi di non essere minimamente esaustivi.

Per l’operatore che vuole trattare o potenziare è importante:

1. ...comprendere i modelli mentali attraverso una rielaborazione di studio personale e non solo perché si ha fiducia in chi li spiega.
2. ...studiare i diversi stati attentivi (non solo teoricamente, ma anche attraverso esperienze pratiche e personali), come elicitarli e valutarli durante la seduta.
3. ...sapere che la somministrazione di esercizi automatici e stereotipati non solo è meno efficace, ma in determinate condizioni può essere anche controproducente. La conoscenza delle teorie modulari e delle formazioni degli apprendimenti aiuta a comprendere questi aspetti.
4. ...tener presente che l’abilitazione di un particolare sistema, non può avvenire a livello del sistema stesso (ad esempio, non si abilita l’accesso lessicale con l’accesso lessicale), ma bisogna ripercorrere quello che è avvenuto a livello ontogenetico (attenzione, oggetto, parola) e ciò comporta sempre la conoscenza dei processi sottostanti e dei modelli di apprendimento.
5. ...valutare attentamente la gradualità crescente dell’impegno cognitivo del soggetto, che impone, ogni volta, di andare oltre gli automatismi che si formano con l’esercizio.
6. ...comprendere che la taratura degli esercizi ha un senso e può essere efficacemente applicata se ci si riferisce al singolo individuo e non alla sua età o all’etichetta di determinate patologie.
7. ...saper valutare con strumenti adatti il disagio del soggetto e, soprattutto, saper interpretare i dati che derivano dai diversi test. Deve poter valutare le prove per

quello che misurano realmente e saper contestualizzare i risultati nelle architetture e nei modelli teorici di funzionamento.

8. ...instaurare un'"alleanza terapeutica" che possa spingere i soggetti a lavorare motivati, per arrivare a superare il proprio limite del momento.
9. ...avere la capacità di promuovere stati interni propri di consapevolezza controllata (opportunamente allenati), che favoriscano l'empatia con i soggetti trattati (o meglio la "preoccupazione empatica" descritta nel capitolo 1, come da Goleman, 2013).
10. ...ricordare che il rinforzo e la stimolazione degli stati attentivi possono avvenire attraverso diverse attività sia cognitive che motorie complesse (relativamente al soggetto). Sta all'operatore valutare l'ambiente migliore per le caratteristiche del bambino, traducendo, quando necessario e possibile, gli esercizi "a tavolino" nelle stimolazioni che utilizzano la "motricità cognitiva". Inoltre, è bene arrivare a capire come vi siano dei passaggi naturali da sfruttare partendo dagli esercizi mentali più statici per arrivare a quelli più dinamici motoriamente, collegandoli e alternandoli in base alle esigenze del momento.
11. ...sapere che nelle fasi di apprendimento o rinforzo dei sistemi e soprattutto nelle situazioni (ri)abiltative è necessaria la sua continua presenza, come emerge chiaramente anche dagli studi di metanalisi di Schwaighofer et al. (2015). Anche se c'è un software ben costruito, che permette graduali step di crescita, la presenza di un "essere umano" è indispensabile per diversi motivi: c'è la necessità di motivare, graduare, trascinare oltre le possibilità del momento. Situazioni che una macchina non può gestire, perché molto dipende dalla trasmissione empatica ("da cuore a cuore").
12. ...saper distinguere le fasi di attivazione (ripresa e ricarica attentiva) da quelle di potenziamento (sviluppo della WMC), queste ultime necessarie ad affrontare gli apprendimenti complessi come la comprensione del testo, il problem solving, la danza. L'attivazione, come sostiene anche Goleman (2013), è una forma di ricarica delle risorse attentive che comporta un impiego minimo "qui e ora" dell'attenzione. Tale ricarica viene utilizzata anche dai coach sportivi ed è simile all'atteggiamento consapevole degli stadi leggermente più avanzati della meditazione (aspetto che è più facilmente spiegabile se lo si prova direttamente).

Riflessione

Lo scopo è quello di rinforzare i sistemi per portarli all'autoregolazione, all'acquisizione di apprendimenti prima non possibili e, pertanto, verso la massima autonomia raggiungibile dal soggetto. Di conseguenza, l'intervento esterno, molto presente all'inizio (sempre in funzione del grado di debolezza del soggetto), deve tendere a diminuire finché il paziente, lo sportivo o lo studente non siano in grado, attraverso le risorse attentive che hanno acquisito con i training, di gestire più autonomamente diverse situazioni di vita, di studio, di lavoro, di allenamento. In diversi casi, come può accadere nel mondo dello sport, il coach rimane la figura di riferimento, che analizza con maggior freddezza e aiuta a decidere strategie di gioco, in funzione dell'avversario del momento; ma questo è un aspetto che può valere anche in terapia o a livello di strategie scolastiche.

ALTRI VOLUMI IN CATALOGO

Psicologia giuridica. La teoria, le tecniche, la valutazione

A cura di Silvio Ciappi e Sara Pezzuolo

Dal danno psichico alla separazione coniugale, dalla violenza su minori all'imputabilità, dagli adolescenti autori di reato alla psicologia della testimonianza, dai serial killer alla neuropsicologia forense. Questo manuale intende offrire una panoramica, la più aggiornata possibile, sulla teoria, le tecniche, gli strumenti da adoperare in tutte quelle questioni legali in cui è richiesto l'intervento dello psicologo. Il volume raccoglie contributi da parte dei più importanti esperti italiani e stranieri nei vari settori di indagine offrendo una trattazione esaustiva e utile per il professionista e lo studioso.

Un intervento precoce per il tuo bambino con autismo. Come utilizzare l'Early Start Denver Model in famiglia

Sally J. Rogers, Geraldine Dawson e Laurie A. Vismara

Edizione italiana a cura di Costanza Colombi, Antonio Narzisi,
Simone Cuva, Natasha Chericoni e Giovanni Valeri
Prefazione di Filippo Muratori
Postfazione di Giacomo Vivanti

Strumento insostituibile, pensato per i genitori di bambini molto piccoli (0-3 anni) cui è stato diagnosticato un Disturbo dello Spettro Autistico, o che manifestano comportamenti riconducibili a questa patologia, questo testo ha l'obiettivo di fornire a operatori, genitori e alle altre persone che amano e hanno cura del bambino, gli strumenti e le strategie per aiutarlo ad avviare il più presto possibile un percorso di sviluppo positivo.
Per alleviare la frustrazione e la preoccupazione dei genitori, in attesa dell'avvio dell'intervento o per migliorarne gli esiti, il libro offre informazioni, strumenti e strategie che è possibile utilizzare immediatamente, in autonomia. Le strategie descritte sono state concepite per essere messe in atto durante le interazioni quotidiane con il bambino, giocando insieme a lui, cambiandolo, vestendolo, lavandolo, dandogli da mangiare, portandolo a passeggio, giocando insieme con i libri.
Queste strategie potranno trasformare le esperienze quotidiane del bambino in ricche opportunità di apprendimento e migliorare gli esisti a lungo termine del Disturbo, come dimostrato dalla ricerca scientifica.
www.hogrefe.it/esdm

COMPASS. Un modello collaborativo per promuovere la competenza e il successo di studenti con autismo

Lisa A. Ruble, Nancy J. Dalrymple e John H. McGrew

Edizione italiana a cura di Fiorenzo Laghi, Roberto Baiocco e Barbara Pecci
Postfazione di Paola Venuti

Con l'aumento delle diagnosi di Disturbo dello Spettro Autistico (ASD), ci sono sempre più bambini con autismo nella scuola materna e nella scuola primaria. Per garantire agli studenti con autismo un apprendimento efficace, è fondamentale una programmazione educativa individualizzata basata su obiettivi misurabili. Il modello COMPASS, presentato in questo volume, è stato sviluppato proprio per migliorare i risultati scolastici tenendo conto di una programmazione mirata e attenta ai bisogni di ogni singolo studente.
Il libro consente di costruire le competenze e le conoscenze circa i disturbi dello spettro autistico per lavorare con le famiglie e gli insegnanti in un programma di consulenza e coaching sistematico e basato sull'evidenza scientifica. Gli Autori forniscono una solida cornice teorica ed operativa entro cui inserire, con il coinvolgimento della famiglia e dell'insegnante, un processo di valutazione individualizzata e di pianificazione del programma di consulenza, basato su un'attenta analisi delle risorse e delle criticità dello studente. Il programma, articolato in due fasi, di consulenza prima, di coaching poi, riduce al minimo le battute d'arresto che si verificano anche in contesti familiari e scolastici ottimali. Nel volume sono inclusi moduli, schede, script e gli esempi necessari per facilitare l'apprendimento degli studenti con autismo.

Facciamo un Caffè. Dall'idea all'organizzazione: istruzioni per l'uso di un Alzheimer Caffè

Davide Gallo, Sonia Barba, Elisabetta M.L. Geda, Chiara Moffa e Robin Passerini

Il primo Alzheimer Caffè nacque nel 1997 in Olanda, per iniziativa dello psicogeriatra Bère Miesen che, resosi conto di come per i malati di Alzheimer le cure sanitarie fossero insufficienti, comprese la necessità di investire maggiormente negli interventi psicosociali. Gli Alzheimer Caffè (AC) sono realtà che nell'ultimo decennio hanno avuto un grande sviluppo anche nel nostro Paese. In quanto progetti bio-psico-sociali si rivolgono principalmente ai caregiver (il coniuge, i familiari, gli amici del paziente), offrendo loro un supporto nella quotidiana attività di cura, attraverso l'informazione, la formazione e il sostegno psicologico. Oggi sono previsti anche interventi specifici per i pazienti affetti da demenza.
L'avvio di un progetto di AC richiede una riflessione sulla natura della rete dei servizi e della rete sociale esistenti nel territorio, al fine di affidare all'AC obiettivi di sostegno e assistenza che le istituzioni non sono in grado di offrire. Questo manuale, curato dal Gruppo di Lavoro "Alzheimer Caffè" dell'Ordine degli Psicologi del Piemonte, mette a disposizione di operatori, centri di servizi e volontariato, enti sanitari e istituzioni, un vademecum per la progettazione, la messa in atto e la gestione di un AC, definendo in dettaglio attività per i caregiver e pazienti, modalità di lavoro e di formazione dell'équipe, e fornendo linee guida e strumenti di utilizzo immediato.

L'attaccamento agli animali. Una visione integrata della relazione uomo-animale nella pet therapy

Henri Julius, Andrea Beetz, Kurt Kotrschal, Dennis Turner e Kerstin Uvnäs-Moberg

Edizione italiana a cura di Francesca Mugnai

Negli ultimi anni, l'antica simbiosi tra le persone e i loro animali domestici è entrata in una nuova fase, segnata dalla fiorente specialità clinica della terapia uomo-animale. Questo approccio valorizza la relazione tra l'uomo e il proprio animale domestico per supportare lo sviluppo della regolazione delle emozioni, delle competenze sociali e della salute mentale nei bambini, negli adolescenti e negli adulti. Ma come fanno gli esseri umani e gli animali a sviluppare tra loro dei legami forti? Cosa rende possibile che gli animali promuovano un effetto terapeutico sulle persone? E come possiamo usare al meglio queste conoscenze negli interventi assistiti con gli animali? In questo libro, unico nel suo genere, una squadra di esperti biologi e psicologi integra e coniuga
sofisticate conoscenze fisiologiche, comportamentali e psicologiche per rispondere a queste domande. Insieme, gli autori hanno creato un fondamento scientifico integrato per la terapia assistita con gli animali, fondamento che servirà a facilitare lo sviluppo, l'implementazione e la valutazione di nuovi ed efficaci interventi. Nell'ultimo capitolo viene presentato un quadro dell'esperienza della pet therapy in Italia.

Curare il PTSD in età prescolare. Una guida clinica

Michael S. Scheeringa

Edizione italiana a cura di Francesca Locati e Silvia Valadè
Prefazione di Luisa Della Rosa

Più di due terzi dei bambini vive almeno un evento traumatico entro i 16 anni; di questi, oltre un terzo vive più di un evento traumatico. Questa guida offre ai terapeuti un protocollo per il trattamento del disturbo da stress post-traumatico nei bambini piccoli, elaborato in base alla letteratura sull'uso delle tecniche di terapia cognitivo-comportamentale (CBT), ai risultati della ricerca sulla valutazione in età prescolare e all'esperienza clinica dell'autore nel trattamento del PTSD.
Il libro fornisce istruzioni passo-passo per guidare il bambino a una riesposizione graduale in un contesto sicuro e appropriato dal punto di vista del suo sviluppo. Casi ed esempi di dialogo terapeuta-soggetto illustrano come mettere in atto ogni singolo componente della terapia, coinvolgendo sia il bambino che il genitore nel trattamento, adatto per bambini esposti a qualsiasi tipo di trauma. Particolarmente utili ai fini del successo del trattamento, infine, sono le numerose schede bambino o genitore e i moduli per il terapeuta, tutti liberamente riproducibili ed adattabili.

Disturbi di personalità: una nuova prospettiva. Guida sintetica per il clinico

Joel Paris

Prefazione di Luigi Abbate

I disturbi di personalità sono sottodiagnosticati e scarsamente riconosciuti. Una ragione è lo stigma: se siamo quasi tutti sicuri di non essere psicotici, non siamo però così sicuri di non avere un disturbo di personalità. Rifiutare il costrutto ci protegge da quella possibilità. Ma si è poi riluttanti a diagnosticare un disturbo di personalità perché si crede che sia incurabile e perché il costrutto è complesso: l'elemento dell'umore è un aspetto semplice, la personalità no.
Con sapienza clinica, Joel Paris passa al vaglio quello che sappiamo e non sappiamo dei disturbi di personalità e qual è lo stato attuale delle nostre conoscenze riguardo al trattamento. Piuttosto che sostenere un unico metodo, l'autore propone l'integrazione di tutte le psicoterapie evidencebased, ma anche la gestione effettiva dello specifico caso, dimostrando come sia possibile lavorare produttivamente ed empaticamente con questo tipo di paziente. Dopotutto, anche se non è sempre possibile giungere a una completa remissione, è però possibile ridurre i disturbi e promuovere un funzionamento migliore.

La WISC-IV per i clinici. Guida a un'interpretazione aggiornata

Francesco Padovani

In collaborazione con Luigina Archiati, Filippo Gitti, Alessandro Iodice, Maria Francesca Napoli e Vittoria Trebeschi

Il libro vuole essere un riferimento aggiornato per chi usa la WISC-IV a fini clinici. Per ogni subtest sono precisate la richiesta operativa, le finalità della misurazione e le variabili più importanti nell'esecuzione della prova. L'interpretazione adotta criteri di lettura moderni basati sul confronto clinico fra i punteggi alla WISC-IV e quelli derivati da uno studio su 497 bambini italiani con i disturbi clinici più frequenti e sui maggiori dati di letteratura. La denominazione dei fattori e degli indici presa in considerazione nel testo si riferisce all'ultimo aggiornamento della teoria CHC (Schneider e McGrew, 2018). In linea con le spiegazioni più recenti (Kaufman, Raiford et al., 2016; Orsini e Pezzuti, 2016), l'ininterpretabilità del punteggio QI è superata.
Frutto di un rigoroso lavoro sul campo e della pluridecennale esperienza clinica dell'autore, questo nuovo libro sulla WISC-IV è fedele alla visione che David Wechsler aveva delle sue scale, "Prima e innanzitutto, test clinici – non test psicometrici, ma test clinici", per il quale l'esigenza era di mettere al centro della valutazione la persona nella sua totalità, piuttosto che qualche sua caratteristica specifica, per ottenere degli indicatori psicologici validi.